Bücker/Schlimbach · Die Wende in Bonn

Motive – Texte – Materialien (MTM)

Band 22

Die Wende in Bonn

Deutsche Politik auf dem Prüfstand

C. F. Müller Juristischer Verlag
Heidelberg 1983

Dr. Joseph Bücker, Ministerialdirigent, seit 1958 wissenschaftlicher Mitarbeiter mehrerer Ausschüsse des Deutschen Bundestages, seit 1960 beim Ausschuß für Wahlprüfung, Immunität und Geschäftsordnung, ab 1. Januar 1982 Leiter des Fachbereichs „Parlamentsrecht", ab 20. Januar 1983 Leiter der Abteilung Parlamentsdienste

Helmut Schlimbach, von 1970 bis 1983 Beamter in der Verwaltung des Deutschen Bundestages – Fachbereich „Parlamentsrecht" in der Abteilung Parlamentsdienste –, seit 1. Mai 1983 Erster Beigeordneter der Stadt Niederkassel am Rhein.

CIP-Kurztitelaufnahme der Deutschen Bibliothek
Bücker, Joseph:
Die Wende in Bonn: dt. Politik auf d. Prüfstand /
von Joseph Bücker; Helmut Schlimbach. – Heidelberg:
Müller, Juristischer Verl., 1983.
  (Motive – Texte – Materialien; Bd. 22)
  ISBN 3-8114-5383-1
NE: Schlimbach, Helmut: GT

© 1983 C. F. Müller Juristischer Verlag GmbH, Heidelberg
Gesamtherstellung: Pfälzische Verlagsanstalt GmbH, Landau

ISBN 3-8114-5383-1

Vorwort

Seit Beginn der 6. Wahlperiode – 20. Oktober 1969 – wurde die Bundesregierung von einer Koalition aus Sozialdemokraten und Freien Demokraten gestellt. Diese als sozialliberal bezeichnete Koalition endete am 1. Oktober 1982 durch das erste erfolgreiche konstruktive Mißtrauensvotum nach Artikel 67 des Grundgesetzes. Der Deutsche Bundestag sprach Bundeskanzler Helmut Schmidt das Mißtrauen dadurch aus, daß er mit der Mehrheit seiner Mitglieder den Abgeordneten Dr. Helmut Kohl als dessen Nachfolger wählte. Dies war der zweite Mißtrauensantrag in der Geschichte der Bundesrepublik Deutschland. Der am 27. April 1972 von der Fraktion der CDU/CSU eingebrachte Mißtrauensantrag gegen den damaligen Bundeskanzler Willy Brandt scheiterte. Der Kandidat der Unionsfraktion, Dr. Rainer Barzel, erhielt 247 Stimmen. Er verfehlte damit die erforderliche Stimmenzahl von 249 nur um 2 Stimmen.

Die Ereignisse des Jahres 1972 sind jedoch mit denen des Jahres 1983 nicht zu vergleichen. Während es im Jahre 1972 nur den erfolglosen Mißtrauensantrag gab, begann die politische Brisanz des Jahres 1983 mit dem erfolgreichen Vertrauensvotum für Bundeskanzler Schmidt und führte über das Mißtrauensvotum zum Koalitionswechsel; diesem folgte die gewollt gescheiterte Vertrauensfrage von Bundeskanzler Kohl, um auf diesem Wege zu vorgezogenen Neuwahlen zu kommen.

Der Fülle politischer Ereignisse entsprachen zahlreiche z. T. erstmals auftauchende Rechtsfragen. Im I. Teil des Buches werden die politischen Ereignisse im wesentlichen an Hand dokumentarischer Materialien chronologisch nachgezeichnet. Dabei aufgetretene Rechtsfragen werden nur darstellend behandelt; im II. Teil werden sie erneut aufgegriffen und näher analysiert. Soweit es sich um erstmals aufgetretene verfassungs- oder geschäftsordnungsrechtliche Fragen handelt, sollen die Ausführungen zu einer breiteren Diskussion anregen. Aus Gründen der Rechtssicherheit – auch im formellen Bereich – wäre jedenfalls bei einem nicht auszuschließenden Wiederholungsfall Rechtsklarheit wünschenswert. Wenn es sich um bereits in der Literatur aufgegriffene Fragen handelt, ist demnach nur begrenzt auf Fundstellen zurückgegriffen worden. Es sollte vor allem der Eindruck einer abgeschlossenen juristischen Beurteilung vermieden werden. Dokumentationsteil und rechtliche Wertung der aufgetretenen Fragen sollen vielmehr in einer breiten Öffentlichkeit Interesse wecken sowohl am politischen Geschehen als auch an der rechtlichen Beurteilung.

August 1983 *Die Verfasser*

Inhalt

I. **Vom Vertrauensvotum zum Mißtrauensvotum**   1
1. Die Bundestagswahl am 5. Oktober 1980   3
2. Erste Konflikte im Regierungsbündnis   9
3. Die Vertrauensfrage   22
4. Der 27. SPD-Bundesparteitag in München   41
5. Die Regierungsumbildung am 28. April 1982   44
6. Der zweite Genscher-Brief, die Wende?   51
7. Koalitionsstreit erstmals im Bundestag   55
8. Graf Lambsdorffs Sparkonzept   60
9. Konfliktstoff Haushalt 1983   72
10. Das Ende der sozialliberalen Koalition   74
11. Die Koalitionsverhandlungen der neuen Mehrheit   89
12. Das konstruktive Mißtrauensvotum   90
13. Entlassung des Bundeskanzlers Helmut Schmidt – Bildung der neuen Bundesregierung unter Bundeskanzler Dr. Helmut Kohl   141
14. Die FDP am Wendepunkt   145
15. Regierung und Koalition mit neuen Gesetzen unter Zeitdruck   155
16. Die Vertrauensfrage am 17. Dezember 1982   167
17. Die Auflösung des 9. Deutschen Bundestages und die Anordnung von Neuwahlen am 6. März 1983   199
18. Anrufung des Bundesverfassungsgerichts gegen die Anordnungen des Bundespräsidenten über die Auflösung des 9. Deutschen Bundestages und über die Bundestagswahl am 6. März 1983   204
19. Die Bundestagswahl vom 6. März 1983 und die Landtagswahlen in Rheinland-Pfalz und Schleswig-Holstein   223

II. Verfassungs- und geschäftsordnungsrechtliche Fragen 225
Vorbemerkung zum II. Teil 227
1. Der Weg zu Neuwahlen 228
   a) Rechtsfolgen der Änderung von Art. 39 GG 228
   b) Auflösung des Bundestages über den Rücktritt des Bundeskanzlers 230
   c) Neuwahlen über eine gescheiterte Vertrauensfrage 232
   d) Verbindung der Vertrauensfrage mit einer Gesetzesvorlage . 233
   e) Konkurrenz zwischen Mißtrauens- und Vertrauensantrag . . 234
   f) Zusammentreffen von Mißtrauensantrag und Rücktritt des Bundeskanzlers 237
2. Formale Fragen 239
   a) Form der Antragstellung beim Vertrauensantrag 239
   b) Form des Mißtrauensantrags 239
   c) Berechnung der 48-Stunden-Frist 240
3. Fristen für die Anordnung vorgezogener Neuwahlen 243
   a) Die 7-Tage-Frist des Artikels 63 des Grundgesetzes 243
   b) Die 21-Tage-Frist des Art. 68 Abs. 1 GG 243
   c) Die 60-Tage-Frist des Art. 39 Abs. 1 GG 245
   d) Die 60-Tage-Frist und ihre Bedeutung für die Termine nach dem Bundeswahlgesetz 248
4. Vorschläge zur Änderung des Grundgesetzes 263
5. Rechtsfolgen der Entscheidung des Bundespräsidenten 264
6. Einzelfragen nach der Regierungsumbildung und der Anordnung vorgezogener Neuwahlen 266
   a) Mißtrauensantrag nach Anordnung vorgezogener Neuwahlen 266
   b) Zurückziehung von Vorlagen der abgelösten Bundesregierung bzw. der vorausgegangenen Koalition 267
   c) Inkompatibilitäten 269
7. Konstituierung des neugewählten Bundestages 272

I.
Vom Vertrauensvotum zum Mißtrauensvotum

1. Die Bundestagswahl am 5. Oktober 1980

Die Wahl am 5. Oktober 1980 brachte für die im Deutschen Bundestag vertretenen Parteien das folgende Ergebnis (Zweitstimmen):

SPD	16 260 677 Stimmen	= 42,9 %
CDU	12 989 200 Stimmen	= 34,2 %
FDP	4 030 999 Stimmen	= 10,6 %
CSU	3 908 459 Stimmen	= 10,3 %.

Die bisherige Koalition der SPD und FDP erhielt damit zusammen 20 291 676 Zweitstimmen, das sind 53,5 % der abgegebenen gültigen Stimmen. Auf die CDU/CSU entfielen zusammen 16 897 659 Zweitstimmen, das sind 44,5 % der Gesamtstimmen.

Aufgrund dieses Wahlergebnisses setzte sich der Deutsche Bundestag zu Beginn der 9. Wahlperiode am 4. November 1980 wie folgt zusammen:

CDU/CSU	226 Abgeordnete +	11 Berliner
SPD	218 Abgeordnete +	10 Berliner
FDP	53 Abgeordnete +	1 Berliner.

Die Fraktion der CDU/CSU war damit die stärkste Fraktion mit 226 Mitgliedern. Dem standen 271 Mitglieder der Fraktionen der SPD und der FDP gegenüber: eine Mehrheit von 45 Stimmen der vollstimmberechtigten Mitglieder.

Im Laufe der Legislaturperiode traten drei Abgeordnete aus der Fraktion der SPD (Coppik, Hansen, Hoffmann/Kronach) aus und wurden fraktionslos. Die Stärke der SPD-Fraktion verminderte sich auf 215 Abgeordnete. SPD und FDP zusammen konnten sich damit auf 268 Mitglieder des Deutschen Bundestages und auf eine Mehrheit von 42 Stimmen stützen.

Die FDP-Abgeordnete Frau Matthäus-Maier trat aus Protest gegen den Koalitionswechsel noch während des Berliner Parteitages am 5. 11. 1982 aus der Partei aus und verließ die FDP-Fraktion am 9. 11. 1982. Ihr folgten am 23. 11. 1982 die FDP-Abgeordneten Friedrich Hölscher, Andreas von Schoeler und Helga Schuchardt. Sie gehörten dem Deutschen Bundestag ab diesem Zeitpunkt als fraktionslose Abgeordnete an. Die Abgeordneten Matthäus-Maier und von Schoeler verzichteten am 2. bzw. 8. Dezember 1982 auf ihre Mitgliedschaft im Deutschen Bundestag und traten am 2. Dezember 1982 bzw. 8. Dezember 1982 in die SPD ein.

Noch am Wahlabend, dem 5. Oktober 1980, äußerten führende Vertreter der SPD und der FDP, daß die bisherige Koalition fortgeführt werde:

Bundeskanzler **Helmut Schmidt** im Deutschen Fernsehen:
> „das erste Koalitionsgespräch wird am Dienstag sein, haben wir uns verabredet. Da werden wir auch ein paar Schwerpunkte gemeinsam setzen. Heute haben wir nur uns gegenseitig Glück gewünscht, und die beiden Gründerväter

der sozialliberalen Koalition, Herr Brandt und Herr Scheel, die dabei waren, haben daran erinnert, wie klein wir angefangen sind 1969, daß man sich damals nicht vorgestellt hat, daß es 11 Jahre so gut funktionieren würde. Jetzt sind wir sicher, es wird sogar 15 Jahre gut funktionieren. Also wir sind eigentlich ganz zufrieden."

Bundesaußenminister **Hans-Dietrich Genscher** in der ZDF-Sendung um 20.00 Uhr:

Frage: Der liberale Teil der Koalition ist nun gestärkt worden. Damit bekommen Sie eine bessere Position beim Koalitionspartner.

Antwort: Man kann zunächst feststellen, daß die Regierungskoalition über eine breitere Mehrheit im Deutschen Bundestag verfügt. Zu dieser breiteren Mehrheit tragen beide Regierungsparteien bei. Und wir werden wie bisher konstruktiv mit unserem Partner zusammenarbeiten und sehen, daß wir ein hohes Maß an liberaler Politik, wie in der Vergangenheit auch in der Zukunft in dieser Regierung verwirklichen können.

Frage: Gibt es Sachkonflikte ... Wird es eventuell wechselnde Mehrheiten im Bundestag geben können?

Antwort: Ich wünsche mir das nicht. Ich habe nie einen Hehl daraus gemacht, daß ich von wechselnden Mehrheiten nichts halte. Das ist immer eine Schwächung einer Regierung und eine Stärkung der Opposition. Ich glaube, daß wir nach den Ereignissen am Ende der letzten Legislaturperiode auch in der Frage des Abstimmungsverhaltens im Deutschen Bundestag einen neuen Anfang machen sollten. Die Wähler haben uns ja einen Auftrag gegeben, zusammen zu regieren.

In der ZDF-Sendung um 20.40 Uhr:

„Ich glaube, das Wichtigste war, daß es der FDP gelungen ist, in dieser Wahlauseinandersetzung als eine selbständige politische Kraft ihren Weg zu gehen, aber auch mit der klaren Erklärung, daß sie die Absicht hat, die Regierungskoalition fortzusetzen."

Im Deutschen Fernsehen um 22.45 Uhr:

„Wir haben ein gutes Gespräch gehabt; zusammen mit Willy Brandt und Walter Scheel haben wir im Kanzleramt gesessen und waren der Meinung, wir haben eine gute Basis geschaffen für die nächsten Jahre."

Bundeswirtschaftsminister **Dr. Otto Graf Lambsdorff** im Deutschen Fernsehen um 20.07 Uhr:

Frage: Alle sehen dunkle Wolken über der Fortsetzung der Koalition. Sie auch?

Antwort: Das ist sicherlich nicht richtig. Das Wahlziel der FDP war, eine Bestärkung liberaler Politik durch den Wähler zu erfahren und gleichzeitig dann die sozialliberale Koalition fortzusetzen. Wir haben immer gesagt, wir wollen die Fortsetzung der Politik der Regierung Schmidt/Genscher. Dafür haben wir einen deutlichen Zuspruch des Wählers erfahren. Das ist ein guter Auftrag und natürlich ein verantwortungsvoller Auftrag für die nächsten vier Jahre.

Frage: Könnten Sie sich ein oder zwei Ministersessel mehr vorstellen?

Antwort: Genscher hat gesagt – in voller Übereinstimmung mit den Mitgliedern des Präsidiums –, wir werden keine Ansprüche auf ein weiteres Ministeramt stellen. Es geht nicht um Personen, es geht um Inhalte von Politik.

Frage: Und welches ist der wichtigste Inhalt?

Antwort: Wir haben uns in diesem Wahlkampf deutlich auch abgegrenzt von den politischen Zielen der SPD. Wir haben unsere Eigenständigkeit betont. Und ganz sicher sehen wir – insbesondere wenn es zutrifft, was hier heute abend schon gesagt wird, daß wir aus dem Lager zwischen FDP und CDU Wähler abgezogen haben – darin einen klaren Auftrag, dafür zu sorgen, daß in der Tat nicht gerade sozialistische Politik in Bonn gemacht wird, wenn ich das einmal so sagen darf. Die sozialliberale Koalition ist bestätigt worden. Der liberale Teil dieser Koalition ist noch mehr bestätigt worden. Und das wird sich sicherlich auswirken.

Bundeswirtschaftsminister **Graf Lambsdorff** am 6. Oktober 1980 im Deutschlandfunk (auszugsweise Wiedergabe):

Frage: Franz-Josef Strauß, der unfreiwillige Wahlhelfer der Liberalen?

Antwort: Zum einen Teil ist das sicherlich richtig. Für uns hat es diesmal eine außerordentlich günstige Konstellation gegeben, einmal das betrübliche Ereignis vorher, nämlich der Verlust der Landtagswahl in Nordrhein-Westfalen, der viele aufgeschreckt hat, dann in der Tat der Spitzenkandidat der CDU/CSU, der vielen sonst üblicherweise CDU/CSU-wählenden Bürgern nicht akzeptabel erschien. Aber ich glaube auch, einiges haben dazu getan Teile unseres Koalitionspartners, die uns in die Lage versetzt haben, deutlich zu machen, wohin die Reise mit uns in der sozialliberalen Koalition nicht gehen kann. Und so ist insgesamt eine Großwetterlage herausgekommen, die wir dann auch – das, glaube ich, können wir uns zuschreiben – mit einem nach Stil und Inhalt gutem Wahlkampf für uns ausgenutzt haben. Das besagt natürlich nicht, daß wir jetzt etwa davon ausgehen können, wir seien nunmehr mit 10,6 % Stammwählern gesegnet. Im Gegenteil, wir müssen ganz deutlich sehen, daß hier Wechselwähler, bei denen man das Wechseln sehr deutlich unterschreiben und unterstreichen muß, zu uns gestoßen sind, und daß wir nunmehr die Aufgabe haben, in den nächsten vier Jahren dafür zu sorgen, diese Wähler davon zu überzeugen, daß sie richtig entschieden haben und daß sie dann eben auch in Zukunft FDP wählen können und sollten ...

Sicher ist richtig, daß diejenigen, die Marktwirtschaft, sozialverpflichtete Marktwirtschaft wollen, daß diejenigen, die nicht in Interventionen und Dirigieren und Hineindirigieren in die Wirtschaft das Heil der Stunde erblicken, daß die uns gestärkt haben und daß die uns gewählt haben und daß die uns damit auch einen klaren und unmißverständlichen Auftrag gegeben haben, nun für eine solche Politik zu sorgen.

Frage: Wird das Koalitionsklima rauher, nachdem nun die FDP ihre Position ausbauen konnte?

Antwort: Ich glaube, wenn man seine Position aufbauen konnte, braucht man erst recht nicht von einem rauheren Klima zu sprechen. Ich habe in vielen Veranstaltungen darauf hingewiesen, daß unsere Position, die der FDP, sehr viel schwieriger werden dürfte, wenn sich unser relatives Gewicht in der Koalition zu unseren Ungunsten verschieben würde, also wenn die Sozialdemokraten zugelegt und wir etwa nicht oder abgenommen hätten. Das ist nun erfreulicherweise nicht eingetreten. Wir können aus einer sehr bestätigten Position heraus in aller Ruhe mit dem Koalitionspartner reden.

Frage: Es gäbe viele hübsche Gebiete, auf denen die FDP auch mit der CDU stimmen könne, so etwa sind Sie kürzlich Absichten aus Kreisen der SPD begegnet, z. B. in der Mitbestimmungsfrage notfalls mit Abgeordneten aus der CDU zu stimmen. Das deutet immerhin darauf hin, daß es zwischen SPD und FDP schwieriger werden wird?

Antwort: Nein, es war umgekehrt. Sozialdemokraten haben uns mitgeteilt, Herr Wehner hat uns mitgeteilt, er könne mit der CDU oder Teilen der CDU zusammen für die Erweiterung und den Ausbau, oder wie man dort sagt, den Bestand der Montanmitbestimmung stimmen, der Anfang liegt also hier in der Ankündigung an die Freien Demokraten vor einigen Wochen, es ist erst 14 Tage her, das können wir auch gegen euch mit Teilen der Opposition machen. Und darauf habe ich dann gesagt, nun, wenn wir das Spiel betreiben sollten, fielen uns sicherlich einige hübsche Gebiete ein, auf denen die CDU/CSU unserer Meinung nahesteht und in denen wir gemeinsam gegen den Koalitionspartner stimmen könnten. Ich glaube, wir sollten davon ausgehen, daß der Koalitionspartner solche Ankündigungen möglichst schnell vergißt und das wir uns wieder darauf verständigen, wie das in der Vergangenheit gewesen ist, es wird nicht mit wechselnden Mehrheiten abgestimmt. Aber klar muß natürlich dann sein, Montanmitbestimmung und deren Ausweitung wird es mit den Freien Demokraten ebensowenig geben wie das gesetzliche Verbot der Aussperrung, wie die gesetzliche Festschreibung der 40-Stunden-Woche in der Arbeitszeitordnung und andere Dinge, über die ja – Maschinensteuer – in diesem Wahlkampf gesprochen und geredet worden ist. Hier gibt es nunmehr eine klare Wählerentscheidung und einen klaren Wählerauftrag für uns.

Frage: Sie haben einige konfliktträchtige Punkte genannt. Reicht denn trotzdem der Vorrat an Gemeinsamkeiten zwischen SPD und FDP aus, um die kommende Legislaturperiode gemeinsam in einer Koalition zu überstehen?

Antwort: Die entscheidende Grundlage für die Koalition und für die Koalitionsaussage, das haben wir auch im Wahlkampf immer wieder deutlich gemacht, war und ist in erster Linie die gemeinsame Überzeugung in der Außen-, Deutschland- und Entspannungspolitik. Hier liegt der Kern dessen, das wir gemeinsam zu vertreten und das wir gemeinsam durchzusetzen haben, und hier lag auch die völlig unbrauchbare und absolut unnütze Alternative der Opposition, mit der man nichts anfangen kann und mit der man nichts anfangen konnte, und es wird die Aufgabe der Opposition sein, das zu tun, was Helmut Kohl bisher abgelehnt hat – das ist jedenfalls meine Meinung, sein größter Fehler in den letzten Wochen –, zu erklären, die CDU brauche kein außenpolitisches Godesberg. Exakt dies braucht sie. Aber das muß sie nun selber entscheiden und selber sehen, welchen Weg sie geht.

Was den Vorrat an Gemeinsamkeiten anlangt, dies ist immer so hingestellt worden – fälschlich, wie ich meine –, als sei das ein statischer Begriff, als sei das gewissermaßen ein Topf, aus dem man etwas herausnimmt, und wenn der Topf leer ist, gibt es nichts mehr. Das ist ja nicht richtig. Es ist die Frage, ob die auf uns zukommenden Probleme, von denen wir viele heute noch gar nicht kennen, im Laufe von vier Jahren passieren ja in unserer Zeit so unerwartet viele neue Dinge, daß man die gar nicht vorhersehen kann. Es ist die Frage, ob wir diese Dinge dann gemeinsam lösen können. Und das haben wir in der Vergangenheit bewiesen, insbesondere gerade neuen Problemen gegenüber. Das muß sich im Laufe der nächsten vier Jahre auch beweisen. Wir haben die

Absicht, eine Koalition mit den Sozialdemokraten einzugehen, sie fortzusetzen, und selbstverständlich, wie Hans-Dietrich Genscher gestern abend mit vollem Recht gesagt hat, doch nicht für drei Monate, sondern für eine Legislaturperiode.

In seiner 2. Sitzung am 5. November 1980 wählte der Bundestag den Bundeskanzler. Von den 497 vollstimmberechtigten Mitgliedern gaben 491 ihre Stimme ab (6 Abgeordnete der CDU/CSU fehlten entschuldigt). Hiervon waren 490 Stimmen gültig. Für den Abgeordneten Helmut Schmidt wurden 266 Stimmen abgegeben, 222 Abgeordnete stimmten mit „Nein", 2 Abgeordnete enthielten sich der Stimme, eine Stimme war ungültig. Bundeskanzler Helmut Schmidt hatte damit rein rechnerisch 266 von 271 möglichen Stimmen der Koalition erreicht.

Mit dieser Wahl war die Absicht, die bisherige Koalition von SPD und FDP fortzuführen, bestätigt worden, die die beiden Parteien und Fraktionen bereits vorher vereinbart und im Wahlkampf angekündigt haben.

Zu dieser Koalition sagte Bundeskanzler **Helmut Schmidt** in seiner Regierungserklärung am 24. November 1980 vor dem Deutschen Bundestag:

„Die Sozialdemokratische Partei Deutschlands und die Freie Demokratische Partei haben am 5. Oktober von den Bürgerinnen und den Bürgern unseres Landes, mit verstärkter Mehrheit, abermals den Auftrag erhalten, die sozialliberale Koalition und deren politischen Kurs fortzusetzen."

Der SPD-Vorsitzende **Willy Brandt** erklärte in der Aussprache zur Regierungserklärung am 26. November 1980:

„Wir stehen natürlich zu den Vereinbarungen mit unserem Koalitionspartner, den Kollegen von der Freien Demokratischen Partei ...

Ich will gerne vorweg sagen: Die 16 Millionen sozialdemokratischer Wähler am 5. Oktober sollten wissen: Wir kennen ihren Auftrag, ihre Interessen, ihre Wünsche. Hier gibt es keine Abkehr von der Politik der realistischen Friedenssicherung, keine Abkehr von einer Politik der Reformen, durch die dem Auftrag des Grundgesetzes, den demokratischen und sozialen Bundesstaat zu gestalten, Rechnung getragen werden soll. Hier gibt es keinen Schnitt ins soziale Netz und keine Gefährdung der Renten. Hier gibt es auch keinen Ausstieg aus der Mitverantwortung dafür, einen Zustand unter den jeweiligen weltpolitischen Bedingungen zu erreichen, durch den man dem Ziel der Vollbeschäftigung so nahe wie irgend möglich kommt. Nein, hier gibt es keinen antisozialen Rechtsruck. Das wäre, von der Vernunft oder Unvernunft abgesehen, auch gegen den Wählerauftrag; denn die Wähler in der Bundesrepublik Deutschland haben eben am 5. Oktober mehrheitlich gegen Strauß, also gegen rechts gestimmt."

Der FDP-Vorsitzende und Bundesaußenminister **Hans-Dietrich Genscher** äußerte in derselben Sitzung:

„Die Parteien der sozialliberalen Koalition haben am 5. Oktober 1980 von den Wählern der Bundesrepublik Deutschland den Auftrag erhalten, auch für diese Legislaturperiode die Bundesregierung zu stellen. Wir werden entsprechend diesem Auftrag handeln und Politik machen.

Die Regierungserklärung bildet für unsere Zusammenarbeit eine solide Grundlage, die mindestens die hier schon zu Wort gekommenen Sprecher der Opposition sehr wohl veranlaßt hat, sich mit ihr in aller Breite auseinanderzusetzen."

Oppositionsführer **Dr. Helmut Kohl** kritisierte, ebenfalls in der Aussprache zu der Regierungserklärung, die neue Regierung mit den Worten:

„Es war eine Regierungserklärung, die zugleich Beleg für die geistige Austrocknung der Koalition von SPD und FDP ist."

2. Erste Konflikte im Regierungsbündnis

Die Koalition hatte sich in der Folgezeit mit den schwierigen Fragen der Friedens- und Sicherheitspolitik, der Wirtschafts-, Finanz- und Sozialpolitik auseinanderzusetzen.
Rückblickend hierzu äußerte sich der Historiker und Buchautor Prof. Arnulf Baring[1] in der Wochenzeitschrift „Die Zeit":

Arnulf Baring in *Die Zeit* vom 8. Oktober 1982
DIE WENDE KAM SCHON VOR ACHT JAHREN
Dreizehn Jahre sozialliberale Koalition: Die letzte Etappe unserer Staatsgründung

War die sozialliberale Koalition wirklich so wichtig, daß solche Vokabeln am Platze sind? Ich glaube, ja. Aus zwei Gründen verdient zumindest die Regierungszeit Brandt–Scheel den Namen einer „Epoche", einer „Ära".

Erst die neue Ostpolitik machte die Bundesrepublik nach außen endlich zu einem Staat im vollen Sinne des Wortes. Denn klare Grenzen sind die Grundvoraussetzung eigener Identität und international berechenbaren Verhaltens. Ähnlich wie Bismarck mit seiner kleindeutschen Lösung nach 1866 hat Brandt mit seinen Bemühungen um die Fixierung des *Status quo* nach 1966 das Gebilde Bundesrepublik, das nun einmal auf unabsehbare Zeit den Raum unseres gemeinsamen Lebens und Handelns bildet, fest umrissen und damit im Bewußtsein der Deutschen und einer erleichterten Welt verankert. Seither erst ist die Bundesrepublik erwachsen geworden. Erst nach 1966 wurde sie von den Illusionen, den Selbstüberschätzungen ihrer Aufbauphase frei. Erst mit der Hinnahme der bestehenden Grenzen wurde die Bundesrepublik zu einer wirklich handlungsfähigen Einheit. Damit wurde nach 1966 das Westwerk Adenauers nach Osten abgesichert und vollendet.

Die Ostpolitik war also nicht so sehr um ihrer selbst willen wichtig. Spektakuläre Erfolge konnte sie nicht haben – wie alle längst wußten. Nein, ihre historische, bleibende Bedeutung liegt in dem Mut, der Konrad Adenauer gefehlt hatte und zu dem sich später auch die Große Koalition nicht aufraffen konnte: Das Unausweichliche mit Würde zu tun.

Schon seit Mitte der sechziger Jahre war es nachdenklichen Köpfen in allen Parteien klargeworden, daß das Verhältnis zur Sowjetunion und ihren Satelliten-Staaten bereinigt werden müsse, weil sich die Bundesrepublik sonst auch im Westen, sogar im Kreise ihrer engsten Verbündeten, isoliere, wenn sie die Entspannung weiterhin verweigere und sich außerstande zeige, ihren Sonderkonflikt mit der Sowjetunion über die Zukunft der deutschen Frage (zeitweilig) beizulegen.

Bereits während der Regierung Erhard saßen Bundesminister der CDU und der FDP ratlos beisammen, um herauszufinden, wie sich die Bundesrepublik von der selbstauferlegten Last der Hallstein-Doktrin befreien könne, also von

---

1 Arnulf Baring: Machtwechsel – die Ära Brandt–Scheel, Stuttgart, 1982

dem Zwang, die Beziehung zu jedem Staat abzubrechen oder doch einzufrieren, der seinerseits Beziehungen zur DDR aufnehme. Bonn mußte, das sah man schon damals deutlich, einfach von der Behauptung herunter, die – natürlich wünschenswerte und erhoffte – Wiedervereinigung sei tatsächlich unsere zentrale Aufgabe, sei das aktuelle politische Hauptziel der Bundesrepublik, an dem sich Innen- wie Außenpolitik ständig zu orientieren hatten. Und warum? Weil diese Fiktion unseren Staat rundum zu lähmen drohte.

Erhard stürzte 1966, ohne daß man hier vorangekommen wäre. Auch die folgende Große Koalition führte auf diesem Gebiet zu nichts. Sie erwies sich als unfähig, die Stagnation unserer Ostpolitik zu überwinden. Das lag am Starrsinn Moskaus und der CDU/CSU – aber eben auch an diesem. Rainer Barzel hatte schon 1966 vorausgesehen, was mit der Union nicht gehen werde. Zu Beginn der Kanzlerschaft Kurt Georg Kiesingers hatte er dem Regierungschef geweissagt, daß er ost- und deutschlandpolitisch große Schwierigkeiten mit den eigenen Leuten bekommen werde, was sich bald bewahrheitete. Das Bleigewicht der Hinterbänkler, die der CSU-Vorsitzende anführte, wurde immer drückender. Der ostpolitische Fehlschlag der Großen Koalition, der mehr und mehr die äußere Stabilität der Bundesrepublik gefährdete, lieferte 1969 die wesentliche Begründung für das SPD/FDP-Bündnis.

Hingegen sprach 1969 bei der innenpolitischen Gesetzgebung eigentlich nichts für einen Koalitionswechsel. Im Gegenteil: Ihrem wirtschafts- und sozialpolitischen Reformpotential nach war die Große Koalition deutlich weiter links als die ihr folgende sozial-liberale. Willy Brandt wußte, daß er in Walter Scheel einen eher lauen Reformer an seiner Seite hatte. Der FDP-Vorsitzende war zwar von der breiten Welle der Erneuerungssehnsucht mit an die Macht getragen worden. Aber er und seine Liberalen, das sah man schon 1969, würden sofort wieder beharrlich auf dem Boden der Realitäten stehen, sobald sich die Sprudelwasser verlaufen hatten.

Doch weil die Liberalen einen Blick für Realitäten besaßen, sahen sie auch die außenpolitischen: die in Osteuropa seit einem Vierteljahrhundert „bestehende wirkliche Lage", wie es später im Bahr-Papier, dann im Moskauer Vertrag hieß.

Den Wandel in der Ostpolitik wollte auch Scheel wirklich. Von der Notwendigkeit, hier etwas zu ändern, war er wie Brandt seit langem von sich aus überzeugt.

Die Bereinigung unseres Verhältnisses zur Sowjetunion und zu den osteuropäischen Staaten, einschließlich der DDR, war die eigentliche, wenn nicht sogar die einzige wirkliche Basis des sozialliberalen Bündnisses von 1969. Was immer Journalisten sagen und schreiben, was die Bevölkerung vermuten oder hoffen mochte – die Sozial-Liberalen gingen ostpolitisch ohne Euphorie zu Werke. Auch der öffentlich heitere, hoffnungsfrohe Scheel machte intern keinen Hehl daraus, daß hier wenig zu holen sei.

So stellte er vor dem FDP-Bundesvorstand 1970 lapidar fest: Wenn er jetzt immer höre, bei Verträgen, wie man sie mit Moskau und Warschau anstrebe, dürfe man den Zusammenhang von Leistung und Gegenleistung nicht vergessen, man müsse also für das, was man gebe, auch etwas bekommen, dann könne das nur ein völlig geschichtsloser Mensch sagen, jemand, der die Ereignisse des letzten Vierteljahrhunderts nicht begriffen habe. „Was dafür zu kriegen ist, ist weg; dafür ist nichts zu kriegen ... Das hat der letzte Krieg aufgebraucht." Es gehe nur noch darum, die Ergebnisse des Zweiten Weltkrieges in einer für uns möglichst günstigen Form um der gemeinsamen Sicherheit willen als modus vivendi zu stabilisieren.

Josef Ertl wurde mit der ihm eigenen bayerischen Unverblümtheit noch deutlicher, als er an gleicher Stelle sagte: „Es gibt Leute, die meinen, in der Ostpolitik ließen sich große Erfolge erzielen. Da gibt es gar keine großen Erfolge, da gibt es höchstens bittere Erkenntnisse zu sammeln."

Wie die neue Ostpolitik der Sozial-Liberalen die bisherige Westfundamentierung der Bundesrepublik nicht gefährdete, sondern außenpolitisch ergänzte und absicherte, so war die sozial-liberale Epoche im Innern die unerläßliche letzte Etappe unserer Staatsgründung – dies ist der zweite Grund, von einer „Ära" zu sprechen.

Diese Bundesrepublik ist ja nicht an einem Tage entstanden. Ihre Formung dauerte Jahrzehnte. Die beiden entscheidenden Phasen lassen sich an zwei Gruppen von Gründungsvätern ablesen. In der ersten finden wir Ludwig Erhard, Kurt Schumacher und vor allem natürlich Konrad Adenauer. Zur zweiten Gruppe zählen Männer wie Willy Brandt, Gustav Heinemann und Walter Scheel. Was lange gefehlt hatte, war ja die Integration der Linken in das Gehäuse der Republik. Sie wurde von diesen drei Männern, unabhängig voneinander, bewerkstelligt.

Solange es der bisherigen Opposition noch nicht gelungen war, den Regierungschef zu stellen, das Land zu führen, blieb die Bundesrepublik ein CDU-Staat, hatte unser ganzes System seine Lebensfähigkeit noch nicht bewiesen. Länder wie Italien oder Japan zeigen, welche Mißstände das permanente Vorherrschen einer einzigen Parteigruppierung für alle Bereiche gesellschaftlichen und staatlichen Lebens bedeutet. Erst 1969, mit dem Bonner Machtwechsel, der ohne Scheels neue FDP nicht zustande gekommen wäre, zwanzig Jahre nach der Verabschiedung des Grundgesetzes, beinahe vierzig Jahre, nachdem der letzte sozialdemokratische Regierungschef der Weimarer Republik 1930 sein Amt verloren hatte, stellte die deutsche Sozialdemokratie wieder den Kanzler: sichtbares Zeichen der Tatsache, daß nunmehr auch die Linke diesen Staat nicht nur hinnahm (das hatte sie von Anfang an getan), sondern trug und verantwortete – nicht allein die linke Mitte, nein, die ganze Linke, auch die lange heimatlose Linke der Intellektuellen, ja selbst die rabiate Neue Linke, die eben noch gegen das „Establishment" dieser vermeintlich unrettbar autoritären Republik angerannt war, in ihm sogar den Wegbereiter eines neuen Faschismus zu erkennen gemeint hatte.

Der sozial-liberale Sieg von 1969 war nur vordergründig eine Widerlegung des in der Adenauer-Ära Geschaffenen. In Wahrheit bewies er die Integrationsfähigkeit und damit die Lebenskraft dieser Bundesrepublik.

Man kritisiert heute, oft zu Recht, den Egoismus vieler Bürgerinitiativen, beklagt händeringend die häufig partiellen provinziellen Gesichtspunkte der Alternativen, der Grünen. Dennoch und aufs Ganze gesehen war das Aufkommen solcher Spontanaktionen und Protestbewegungen wesentlich positiv. Sie haben die zuvor rein passiv hingenommene Parteienherrschaft herausgefordert, neue Gesichtspunkte in die oft erstarrte öffentliche Debatte gebracht, die formale Demokratie durch die Erfindung des mündigen, aktiven Bürgers überhaupt erst lebendig gemacht. Man rührt sich seither kräftig, zumal unter den Jungwählern und bei den Frauen.

Schon in den späten sechziger Jahren ließen sich Bewußtseinsveränderungen beobachten, die in die Tiefe gingen, seit Apo-Zeiten nicht nur persönlich, sondern auch politisch vielfältige Folgen hatten: zwanglosen Umgang miteinander, viel rasches „Du", ein anderes Verhältnis von Mann und Frau, alternative Lebensformen, neue Werte, wachsende grüne Mentalitäten. Die Wellen eines umfassenden Erneuerungswillens und vielfältiger Demokratisierungsbestrebungen („Mehr Demokratie wagen!" „Wir fangen erst richtig an!"), auch weitreichende Humanisierungshoffnungen werden Ältere zu Recht belächeln. Aber sie haben zur neuen Persönlichkeit und Ausstrahlung der Bundesrepublik in den siebziger Jahren Wesentliches beigetragen.

Erst damals gewannen wir den Ruf, nicht nur eine wirtschaftliche leistungsfähige, sondern auch eine demokratische und progressive Gesellschaft zu sein, ja eine der führenden freiheitlichen Demokratien der Welt. Seither blicken viele Menschen in allen Teilen der Erde mit Bewunderung und Neid auf unser Land. In Deutschland wird häufig übersehen, jetzt besonders, in welchem Maße Willy Brandt dieses neue Bild der Westdeutschen prägte und verkörperte. Er hat damals, was uns allen zugute kam, ein ungleich viel größeres Prestige außerhalb unserer Grenzen erworben als vor ihm Konrad Adenauer. Undenkbar, daß man dem ersten Bundeskanzler für seine doch regional beträchtlichen Verdienste die Ehrung des Friedensnobelpreises hätte zuteil werden lassen.

Die Koalition wurde vor allem durch ihre Ostpolitik zusammengehalten. Sie war 1972 unter Dach und wurde durch die Bundestagswahl vom November gleichen Jahres von der Bevölkerung eindrucksvoll sanktioniert – SPD wie FDP schnitten glänzend ab. Walter Scheel begann schon 1973 nicht ohne Hintersinn über die abnehmende Haltbarkeit erfolgreicher Regierungsbündnisse öffentlich zu spekulieren: Je besser sie arbeiteten, sagte er, desto rascher erschöpften sie ihren Vorrat an Gemeinsamkeiten.

Bereits 1969 war der reformerische Elan der Liberalen gering gewesen. Wie hatte doch der wichtige Punkt 1 der damaligen Koalitionsvereinbarung gelautet? „Die Hallstein-Doktrin wird fallengelassen. SPD und Koalitionsregierung werden keine Initiative zur Ausweitung der paritätischen Mitbestimmung ergreifen." Der erste Satz was unproblematisch zwischen den beiden Partnern und hatte rasch abgehakt werden können. Beim zweiten tat man sich nach wie vor schwer miteinander, was nach 1972 die SPD-Linken in Wut brachte. Sie mißdeuteten das ostpolitisch motivierte Wahlergebnis als energischen Reformauftrag und begannen, laut von sozialistischen Umgestaltungsvorstellungen zu schwärmen – sie meinten, der Genosse Trend werde 1976, spätestens 1980 eine sozialdemokratische Alleinregierung herbeiführen, den lästigen liberalen Bündnispartner also entbehrlich machen. Im gleichen Moment begann die FDP ihre eher traditionellen gesellschaftspolitischen Gedanken, die sie nie wirklich aufgegeben hatte, wieder auszugraben. Der Freiburger Parteitag 1971 mit seinen Thesen war nur etwas für enthusiastische junge Leute, für Seminare und Archive gewesen.

Scheel, wie nach ihm Genscher, war durchaus nicht gegen Reformen, gegen schrittweise, wohlerwogene Verbesserungen – zu ihrer Zeit. Ohne geordneten Wandel, bald in dieser, bald in jener Richtung, fand man, findet man in der FDP, erstarrte jede Gesellschaft. Aber die Liberalen waren undoktrinär. Ihnen ging völlig ab, was Sozialisten meist im Übermaß besitzen: eine Utopie, eine Vision, zielgerichtete, umfassende Erneuerungsabsichten. Keine Sekunde hat man im FDP-Präsidium erwogen, die Partei auf einen sogenannten Reformkurs, auf einen Zwang zu permanenten Veränderungen festzulegen. Denn Scheel, Genscher und ihre Freunde sahen nüchtern: Sobald die Kerninteressen der Bürger bedroht sind (was spätestens seit der Ölkrise von 1973 permanent der Fall war), vergessen sie alle edlen, altruistischen Anwandlungen und Änderungsabsichten. Dann will kein Mensch mehr etwas von kostspieligen Reformen bei zweifelhaften Resultaten hören.

Die FDP müsse, hieß es daher schon 1969, immer Ministerien für Existenzfragen haben – Äußeres, Inneres, Wirtschaft –, sich den Bürgern als Hüter des Gemeinwohls dort einprägen. Weil die SPD ein fairer, ja großzügiger Partner war, der eine langfristige, für die FDP befriedigende Bindung anstrebte, gelang es der FDP in jenen ersten Jahren tatsächlich, diese großen klassischen Ressorts in Besitz zu nehmen, die ihr von der Union in den voraufgegangenen Phasen der Zusammenarbeit immer verweigert worden waren.

Schon 1969 war die FDP-Führung nicht geneigt, auf diejenigen zu hören, die der Partei empfahlen, sich so windige, ruhmlose Bundesministerien wie Bildung oder Raumordnung anhängen zu lassen. Selbst das Justizministerium, in dem Gustav Heinemann nach 1966 seinen frühen Ruhm als Reformer begründet hatte, der ihm 1969 die Bundespräsidentschaft eintrug, machte in den Folgejahren mehr Verdruß als Vergnügen. Man braucht ja nur an den Paragraphen 218 oder an die Scheidungsreform zu denken.

Bereits 1973 war, aus einer Reihe verschiedener Gründe, die Koalition innerlich am Ende. Jedenfalls brachte sie trotz der komfortablen neuen Parlamentsmehrheit und des fehlenden Zwangs, auf Landtagswahlen Rücksicht zu nehmen (es gab 1973 keine), das ganze Jahr über nichts mehr zustande. Herbert Wehner rebellierte von Moskau aus gegen die Führungsschwäche Brandts. Scheel beschloß, aus der aktiven Politik auszuscheiden und in die Villa Hammerschmidt überzusiedeln, gleichsam nach oben zu entschweben. Ölkrise, ÖTV-Streik, Guillaume taten das ihre. Brandt resignierte, trat im Mai 1974 zurück.

Dieses Ende, der Übergang zu Schmidt, hatte einen tieferen Sinn: Angesichts vielfältiger heraufziehender Turbulenzen war seither ein „Weltwirtschaftskanzler" erforderlich, als der nur Helmut Schmidt in Frage kam. Erstaunlicherweise blieb indessen damals eine Blut-, Schweiß- und Tränen-Rede von ihm aus, zu der er – und Erhard Eppler! – bereits im voraufgegangenen Winter Willy Brandt vergebens gedrängt hatten.

Dennoch hat der eigentliche Wechsel schon damals stattgefunden. Hatte man nicht 1973, allerdings reichlich nebulös, von einer „Tendenzwende" zu sprechen begonnen? War die neue Welle nicht bereits ein Jahr früher in der baden-württembergischen Landtagswahl vom April 1972 erstmals sichtbar geworden?

Der Stimmungs- und Richtungsumschwung im Lande, lag irgendwo zwischen 1972 und 1974, nicht 1982. Die Kombination Schmidt–Genscher bedeutete von Anfang an einen Trend zur Vorsicht, die Wende zu einer im wesentlichen konservierenden Politik, einer Politik zur Sicherung des Erreichten. Das wurde vielleicht nicht immer deutlich genug erkennbar. Aber man wird abwarten müssen, ob die Nachfolger mutiger sind, unserem Lande die Wahrheit zu sagen – und vor allem entsprechend zu handeln.

Die Kluft zwischen dem gesellschaftspolitisch Wünschbaren und dem wirtschaftlich Machbaren, also die Krise der Staatsfinanzen, dieser Streitpunkt, an dem die Koalition scheiterte (nachdem der Kanzler lange genug mit Hilfe der FDP dem Unverstand vieler seiner Genossen Widerstand geleistet hatte), ist schon seit mehr als einem Jahrzehnt für jedermann klar zu sehen. Die Rücktritte Alex Möllers 1971, dann Karl Schillers 1972, das Rentendebakel mit dem Rücktritt von Walter Ahrendt nach der Wahl von 1976 sprechen eine deutliche Sprache.

In der historischen Rückschau wird man vielleicht eines Tages, des Rangunterschiedes der beiden Regierungschefs ungeachtet, die Kanzlerschaften Schmidt-Genscher und Kohl-Genscher als benachbart, als gleichgerichtet empfinden und unter die gleiche Rubrik einordnen: als Phasen des Bemühens um Stabilität und Solidität.

Die CDU/CSU wußte lange die Zeichen der Zeit nicht zu deuten und mit der Tendenzwende nichts Rechtes anzufangen. Vor allem fehlte ihr eine personelle Alternative zum brillanten, souveränen Helmut Schmidt. Wäre die Union mit einem weniger provinziellen Kanzlerkandidaten als Helmut Kohl und einem weniger umstrittenen, weniger vergangenheitsbelasteten, temperamentsgefährdeten als Franz Josef Strauß angetreten, dann hätte sie durchaus schon 1976 oder 1980 die Macht in Bonn erobern können.

Der FDP-Vorsitzende und Bundesaußenminister **Hans-Dietrich Genscher** sah sich veranlaßt, am 20. August 1981 ein Schreiben an die Mitglieder der Führungsgremien und an die Mandatsträger der Freien Demokratischen Partei zu richten, das nachfolgend auszugsweise wiedergegeben wird:

Liebe Parteifreunde,

die Konsolidierung des Bundeshaushalts, die Förderung von Investitionen und die Schaffung von Arbeitsplätzen werden die öffentliche Diskussion auch in den kommenden Wochen beherrschen. Auf dem Kölner Bundesparteitag im Mai dieses Jahres haben wir unsere Entschlossenheit zum Ausdruck gebracht, konsequent und ohne Vorbehalte die Probleme anzugehen. Die Entscheidungen, die Regierung und Koalition abverlangt werden, fallen in jeder Beziehung aus dem Rahmen üblicher, auch als schwierig empfundener Probleme. Die jetzt gestellten Aufgaben haben großes gesellschaftspolitisches, innenpolitisches und außenpolitisches Gewicht.

Unser Land steht an einem Scheideweg. Gesellschaftspolitisch stehen wir in einer Bewährungsprobe der Marktwirtschaft. Unsere Marktwirtschaft muß gerade in einer sich strukturell verändernden Weltwirtschaft – Ölpreis-Entwicklung und Prozeß weltweiter Arbeitsteilung sind nur zwei Aspekte – die erforderliche Flexibilität und Anpassungsfähigkeit unter Beweis stellen. Diese Bewährungsprobe kann nur mit marktwirtschaftlichen Mitteln bestanden werden. Die Anerkennung und Förderung von Leistung, Innovation, Investition und Wettbewerb sind dabei unverzichtbar. Vor allem aber muß durch die Folgerichtigkeit und durch die auf die staatliche Ausgabenpolitik sich strukturell auswirkenden Entscheidungen das Vertrauen der Investoren gefestigt werden. Eine solche Vertrauensstärkung wird auch ihre Auswirkungen auf den DM-Kurs haben. Nicht nur die Diskussion über die Ergänzungsabgabe, sondern ganz allgemein die Diskussion über unsere Auffassung, daß Ausgabenverminderungen der bessere Weg sind als Einnahmenerhöhungen, zeigt, daß unter veränderten Bedingungen und mit deshalb auch veränderten Fragestellungen und Antworten eine ähnliche grundsätzliche Auseinandersetzung zu führen ist wie beim Wiederaufbau nach dem Zweiten Weltkrieg.

Damals wie heute lag die Entscheidung, welcher Weg eingeschlagen werden soll, weitgehend in unserer Hand.

Innenpolitisch stehen wir vor einer Bewährungsprobe unserer freiheitlichen Ordnung, weil soziale Stabilität die unverzichtbare Voraussetzung politischer Stabilität ist. Die Lösung der Arbeitsmarktprobleme und positive Perspektiven für die heranwachsende Generation sind untrennbar mit der Stabilität und der Fortentwicklung unserer freiheitlichen Ordnung verbunden. Menschen, die Arbeit suchen und sie nicht finden können, junge Menschen, die keine beruflichen Zukunftsperspektiven für sich sehen – ihnen allen müssen wir Hoffnung und Vertrauen zurückgeben.

Außenpolitisch hängt die Wahrnehmung unserer nationalen Interessen – und das erfordert in einem geteilten Land an der Schnittlinie der Systeme größere Anstrengungen als irgendwo sonst – wesentlich von unserer wirtschaftlichen Leistungsfähigkeit ab. Das gilt für die Entwicklung der Europäischen Gemeinschaft und für unseren Beitrag zum Bündnis ebenso wie für unsere Beziehungen zur DDR und allgemein für unser Verhältnis zu unseren östlichen Nachbarn, und es gilt nicht weniger für die Erfüllung unserer Verantwortung gegenüber den Staaten der Dritten Welt. In keinem dieser Bereiche darf eine aktive gestaltende, auch mit finanziellen Leistungen verbundene Politik der Bundesrepublik Deutschland als Geschenk an andere verstanden oder gar mißdeutet werden, wie das leider auch hierzulande geschieht ...

Wenn wir die jetzt zu treffenden Entscheidungen bewerten, so geht es also um weit mehr als nur um die Deckung von Haushaltslücken. Wir müssen den finanziellen Handlungs- und Gestaltungsraum zurückgewinnen, damit wir unserem Volk auch in Zukunft soziale Gerechtigkeit, Fortschritt und Frieden sichern können. Das ist die Zukunftsperspektive. Sie bestimmt die Bedeutung, die wir dem Entscheidungsprozeß zumessen, in dem Regierung und Koalition jetzt stehen. Das darf nicht die Stunde schwächlichen Taktierens und halbherziger Schritte sein. Wir als Freie Demokraten sind entschlossen, unsere Verantwortung wahrzunehmen.

Ich weiß aus zahlreichen Gesprächen und aus den Beratungen im Juli, daß die verantwortlichen Persönlichkeiten der SPD sich mit dem gleichen Ernst der gestellten Aufgabe widmen. Es sollte deshalb möglich sein, trotz grundsätzlicher unterschiedlicher Positionen der beiden Regierungsparteien in wichtigen wirtschaftlichen und gesellschaftspolitischen Fragen die gestellte Aufgabe zu lösen ...

Weitere Eingriffe in Leistungsgesetze erscheinen uns unvermeidbar. Wir werden auch bei den bevorstehenden Beratungen mit konstruktiven Vorschlägen zur Konsolidierung des Bundeshaushaltes beitragen, und dabei auch Vorschläge unterbreiten, die die Gesamt-Belastung von Arbeitern, Angestellten und Wirtschaft eher einschränken oder mindestens begrenzen, aber sie nicht ausweiten sollen ...

Ganz allgemein ist es erforderlich, die Einsicht zu stärken, daß keine Leistung von Staat und Gesellschaft gewährt werden kann, die nicht vorher oder hinterher von der Allgemeinheit, also von jedem einzelnen von uns, aufgebracht werden müßte. Es gilt, eine Anspruchsmentalität zu brechen, die nicht deshalb entstand, weil die heute lebende und arbeitende Generation weniger leistungsbereit wäre als ihre Vorgänger, sondern weil manches Gesetz geradezu zur „Inanspruchnahme" auffordert, um nicht zu sagen „verleitet". Eine Wende ist notwendig.

Das alles ist nicht ein Eingriff in unser System sozialer Leistungen, sondern im Gegenteil, es sind unverzichtbare Schritte zur Festigung der Grundelemente dieses Systems. Ganz gewiß werden wir – nicht jetzt, aber in den vor uns liegenden Jahren – im Zusammenhang mit der Reform 1984 auch im Rahmen der gesetzlichen Rentenversicherung Entscheidungen zu treffen haben, die nicht ungedeckte Wechsel auf die Zukunft ziehen, sondern die langfristig die Renten sichern, die Rentensteigerungen in dem gleichen Maße möglich machen wie sich die verfügbaren Einkommen der im Arbeitsprozeß Stehenden entwickeln und die damit ohne einen Generationenkonflikt der arbeitenden Generation von heute das Vertrauen in eine gesicherte Zukunft geben können.

Bei allem, was wir anpacken, müssen wir von dem Grundgedanken ausgehen, daß wir die Lasten der Gegenwart nicht unseren Kindern und Enkeln aufbürden dürfen. Unser Ziel muß sein:

Wettbewerbsfähigkeit und nochmals Wettbewerbsfähigkeit,
Investitionen und nochmals Investitionen,
Arbeitsplätze und nochmals Arbeitsplätze.

Das geht aber nur, wenn die Leistungsimpulse unserer Gesellschafts- und Wirtschaftsordnung freigesetzt werden. Verbesserte Rahmenbedingungen für Investitionen – und dazu gehört auch Vertrauensbildung – schaffen Arbeitsplätze wirksamer und dauerhafter als noch so gut gemeinte Konjunkturprogramme, oder wie immer man sie nennt. Vor der Entscheidung über solche Programme müssen sehr genau Ziel, Aufwand und zu erwartende Auswirkungen geprüft werden. Es bleibt abzuwarten, welche Vorschläge die damit notwendig als Grundlage einer soliden zukunftsorientierten, von Optimismus getragenen wirtschaftlichen Entwicklung. Auch die Entscheidungen, die wir noch zu treffen haben, werden an vielen Stellen Einschnitte bedeuten. Aber sie sind notwendig, denn wir entscheiden heute nicht nur für die nächsten Monate und Jahre, sondern über unsere Zukunftschancen schlechthin. Das macht das ganze Maß der Verantwortung deutlich.

Die Opposition hat bisher wenig Konkretes zur Lösung der anstehenden Probleme verlauten lassen, obwohl sie in den Ländern und Gemeinden und vor allem im Bundesrat nicht nur staatspolitische, sondern auch legislative Verantwortung trägt. Aber – und ich will das nicht gering einschätzen – sie hat sich zu einer konstruktiven Mitwirkung bereit erklärt. Wir sollten das nicht zurückweisen, sondern im Gegenteil die Opposition beim Wort nehmen. Ja, wir sollten die Chance nutzen, die darin für unser Land, für unsere Demokratie und unsere Gesellschaft liegt, daß die Opposition bereit ist, durchaus auch Entscheidungen mitzutragen, die von vielen Verbänden je nach Betroffenheit eher mit Kritik als mit Zustimmung aufgenommen werden.

Ich bin überzeugt, die Bürger unseres Landes sind bereit, an einer großen Gemeinschaftsleistung der aktiven Zukunftssicherung mitzuwirken. Sie werden das um so überzeugter tun, je deutlicher unser Wille zu einer Wende wird. Einer Wende, die die Rahmenbedingungen schaffen soll für eine Zukunft in sozialer Sicherheit, in Fortschritt und in Frieden nach innen und außen.

Es besteht kein Anlaß zum Pessimismus. Im Gegenteil: Fleiß und Tüchtigkeit der Bürger unseres Landes sind eine solide Grundlage für eine gesunde wirtschaftliche Entwicklung. Die Rahmenbedingungen müssen Staat und gesellschaftliche Gruppen schaffen. Den Tarifpartnern und den Verbänden kommt dabei neben dem Staat eine besondere Verantwortung zu. Wir sind als Liberale bereit, unsere Verantwortung zu tragen und dabei auf jeden zuzugehen, der konstruktiv mitwirken will. Wir wollen alles tun, damit Regierung und Koalition nach dem ermutigenden Anfang im Juli nun das gesteckte Ziel erreicht.

Ihr
Hans-Dietrich Genscher

Der Brief des FDP-Vorsitzenden, der vielfach schon als „Wende-Brief" angesehen wurde, fand ein vielfältiges Echo.

Auszüge aus Presseartikeln:

Robert Schmelzer in der *Frankfurter Neuen Presse* vom 21. August 1981

KEIN TABU FÜR GENSCHER

Genscher bleibt am Ball. Sein Brief, der an die FDP adressiert ist, ist ausschließlich auf die SPD gemünzt. Der FDP-Vorsitzende verdichtet den Druck auf den Koalitionspartner faktisch zu einem Ultimatum, das den sozialdemokratischen Nerv tief treffen muß. Denn die weiteren Spar-Milliarden im Haushalt 82, die er fordert, müssen nach dem Verständnis von Brandt, Ehrenberg und Wischnewski die Substanz des Sozialstaats in Frage stellen.

Tatsächlich würden der Zugriff aufs Arbeitslosengeld, die Lohnfortzahlung im Krankheitsfall und die Lockerung des Mietrechts der SPD wie ein Attentat auf heiligste soziale Güter vorkommen, die antasten zu lassen, den Ruf der SPD als Partei der kleinen Leute schwer treffen müßte. Der wirtschaftliche Sachverstand, mit dem die FDP operiert, ist für die Sozialspezialisten in der SPD noch nie maßgebend gewesen ...

Der SPD wird bewußt sein, daß Genscher mit hohem Einsatz antritt. In seiner Strategie liegt auch die Möglichkeit, sein radikales Sparprogramm mit einem anderen Partner als dem jetzigen durchsetzen zu können. Wenn er diese Wahl nicht hätte, wenn er die Opposition nicht gesprächsbereit für einen Machtwechsel in Bonn wüßte, wäre Genschers fast diktatorisches Vorgehen gegenüber der SPD abenteuerlich.

Nun hat er sich selbst so festgelegt, daß er nicht mehr umfallen kann. Wenn die SPD in gleicher Weise sich steif macht, brennt die Koalition lichterloh. Genscher hat beziehungsvoll von einem Scheideweg gesprochen. Das ist deutlich genug.

Hamburger Abendblatt vom 24. August 1981

ZWEI BREITSEITEN GEGEN GENSCHER

In Teilen der FDP macht sich wachsender Widerstand gegen die Außenpolitik Genschers und gegen den Stil breit, in dem der Parteivorsitzende mit dem Koalitionspartner SPD umgeht. FDP-Vorstandsmitglied William Borm hielt dem Bundesaußenminister vor, mit ihm sei „die eigentliche Ära sozialliberaler Außenpolitik zu Ende" gegangen.

Der Vorsitzende der Jungdemokraten, Werner Lutz, beschuldigte Genscher der „mutwilligen Anhäufung von Konfliktfeldern" gegenüber den Sozialdemokraten. Im Nachrichtenmagazin „Der Spiegel" setzt sich Borm in ungewöhnlicher Schärfe mit den sicherheitspolitischen Vorstellungen Genschers auseinander, dem er indirekt den Willen zur Fortsetzung der sozialliberalen Entspannungspolitik absprach. Die dem Außenminister anzulastende „ungeprüfte Ablehnung sowjetischer Abrüstungsofferten" und die „rigorose Durchsetzung der weiteren atomaren Aufrüstung auf deutschem Boden" seien „entspannungspolitisch bedenklich und sicherheitspolitisch letztlich existenzbedrohend", sagte Borm.

Im Auswärtigen Amt werde die Rüstungskontrolle mit Bedingungen verknüpft, die sie praktisch unmöglich mache. „Das wiederum fördert das Wettrüsten", warnte der engagierte Gegner der Nachrüstung mit Mittelstreckenwaffen.

Es sei friedenspolitisch bedenklich, die eigene Stärke zu verschweigen, die des Gegners aber extrem zu überzeichnen, „um dann mit dem Gleichgewichtsprinzip je nach Bedarf Abrüstung des Ostens oder eigene Aufrüstung zu verlangen". Wörtlich sagte Borm: „Diese Vorurteilsverzerrung prägt die deutsche Außenpolitik seit 1975."

Der Judo-Vorsitzende Lutz, der vor Überlegungen der Parteispitze warnte in Bonn die Koalition zu wechseln, beschuldigte Genscher „peinlicher Hurra-Rufe selbst bei den unglaublichsten Schritten der USA".

Interview Außenminister **Genschers** im Deutschen Fernsehen für die Sendung „Report" am 25. August 1981 (Auszüge)

Frage: Wird die Koalition über den Haushalt '82 zerbrechen?

Genscher: Nein, sie wird nicht zerbrechen. Und ich denke, wer heute abend die Fernsehnachrichten gesehen hat, konnte beobachten, daß es zwischen dem der FDP angehörendem Wirtschaftsminister und dem der SPD angehörendem Finanzminister in wichtigen Fragen durchaus Übereinstimmung gab, nicht dagegen mit dem Arbeitsminister. Das zeigt, hier geht es nicht um Koalitionsfragen, sondern um schwerwiegende Sachfragen, die man auch sachlich zu diskutieren hat.

Frage: Sie haben selbst von einer Grundsatzentscheidung zwischen Marktwirtschaft und staatlichem Dirigismus gesprochen. Wäre das ein Beispiel dafür?

Genscher: Ja, wir wollen die Rahmenbedingungen verbessern, d. h. wir erhoffen uns von Fleiß, Initiativen, Ideenreichtum – das alles wollen wir fördern – mehr, als wir staatlichen Bürokratien zutrauen und ihren Entscheidungen und Eingriffen in den Wirtschaftsablauf.

Frage: Müssen Sie sich nicht vorhalten lassen, daß Sie gerade an dieser Politik, die dem staatlichen Dirigismus zuviel vertraut hat, zwölf Jahre lang bisher mitgewirkt haben?

Genscher: Wir haben Zukunftsaufgaben zu lösen, denen sich alle freiheitlichen Gesellschaften, und übrigens nicht nur diese, gegenübersehen. Es geht nicht darum, zuviel Staat in der Vergangenheit gehabt zu haben, sondern es geht darum, jetzt strukturelle Herausforderungen zu bewältigen, mit den Mitteln einer freiheitlichen Wirtschafts- und Gesellschaftsordnung und nicht mit Eingriffen in diese Ordnung.

Frage: Und diese Politik wollen Sie mit der SPD fortsetzen, oder sehen Sie da nicht doch z. T. größere Gemeinsamkeiten mit den Oppositionsparteien?

Genscher: Wir sind – und zwar sage ich das jetzt für die Bundesregierung und für die Koalition – ohnehin angewiesen auf die Zusammenarbeit auch mit der CDU/CSU; einmal weil es sich um eine große gesellschaftliche Aufgabe handelt, und die Opposition hat ja erklärt, daß sie bereit ist, unpopuläre Entscheidungen mitzutragen; zum anderen aber auch, weil die Unionsparteien im Bundesrat über die Mehrheit verfügen. Wir hoffen, daß nun auch sachliche, konstruktive Vorschläge von dort kommen; denn es handelt sich ja hier nicht nur um eine politische Mitverantwortung in unserem föderalistischen Staatswesen, sondern die Unionsparteien tragen auch in der Legislative Verantwortung durch ihre Beteiligung an der Mehrheit der Landesregierungen und durch die Mehrheit im Bundesrat.

Frage: Also wird es in Bonn bleiben, wie es war?

Genscher: Es wird eine Entscheidung notwendig sein, die uns befähigt, die Herausforderungen zu bestehen; denn ich denke, niemand, der Verantwortung trägt in der Politik, wird sich abfinden wollen mit Arbeitslosenzahlen über eine Million, ja mit der Sorge, daß sie ansteigen könnten. Hier geht es um Zukunftsperspektiven für die arbeitenden Menschen in unserem Lande, es geht um Zukunftsperspektiven für die junge Generation. Ich halte das für eine große gesellschaftspolitische Herausforderung, an der alle Kräfte mitwirken sollen.

Gerd-Eckard Zehm in den *Badischen Neuesten Nachrichten* vom 24. August 1981

NACH GENSCHERS VORSTOSS SCHWEIGEN IN DER „BARACKE"

Das Bonner Geplänkel um die Sanierung der Staatsfinanzen wächst sich zu einer handfesten Koalitionskrise aus

Zwölf Jahre nach dem Ja-Wort von SPD und FDP droht der sozialliberalen Ehe eine Krise, die aufgeregte Beobachter der Bonner Szene bereits über eine Scheidung spekulieren läßt. Tatsächlich hat sich das Koalitionsgeplänkel über die Sanierung der Staatsfinanzen zu einer Auseinandersetzung hochgeschaukelt, von der anscheinend noch niemand weiß, wie sie wieder auf den Boden sachlicher Diskussionen und Entscheidungen zurückgeholt werden kann.

Auslöser der Spekulationen über eine politische Zeitenwende in Bonn waren zwei Papiere aus der FDP-Zentrale, die innerhalb einer Woche in der politisch sonst weitgehend „toten" Bundeshauptstadt für Wirbel sorgten. Zunächst einmal ließ die FDP-Spitze mit Hilfe einer zeitgerecht bestellten Umfrage die Öffentlichkeit und – vor allem den Koalitionspartner wissen, daß die Liberalen auch bei einem Wechsel zur Union nicht um ihre politische Existenz fürchten müßten. Dann machte Parteichef Genscher seinen Funktionären und Abgeordneten klar, wo es für die FDP bei den weiteren Sparmaßnahmen lang geht, nämlich klar in Richtung auf weitere – und für die Sozialdemokraten wohl unannehmbare – Kürzungen bei den Sozialleistungen...

Brisant ist Genschers Brief aber nicht nur wegen einzelner Forderungen, die Sozialpolitikern bei der SPD die Zornesröte ins Gesicht treiben, sondern auch wegen der großen Bezüge, die der Cheftaktiker der Liberalen herstellt. Von einer „Bewährungsprobe unserer freiheitlichen Ordnung" ist die Rede, von einer Wende, die notwendig sei, vom Scheideweg, an dem die Bundesrepublik in Sachen Marktwirtschaft stehe – große Worte, wenn man sich daran erinnert, daß auch die FDP die Aufgabe der Haushaltskonsolidierung vor wenigen Wochen noch zu 90 Prozent für erledigt hielt.

So scheint der Verdacht nicht ganz unbegründet, daß es der FDP-Spitze hier um mehr geht als lediglich das hohe Pokern vor einem wichtigen Koalitionsspiel, wie man bei der SPD-Fraktion vermutet. Genschers Brief, bei dem nicht nur der Inhalt, sondern auch der Zeitpunkt der Veröffentlichung von taktischer Bedeutung ist, könnte auch als Absetzbewegung von einem Partner verstanden werden, der, glaubt man den Umfragen, in den letzten Monaten in der Wählergunst immer tiefer gesunken ist. Das betretene Schweigen in der SPD-Baracke, die Weigerung der Parteiführung, zu Genschers Vorstoß Stellung zu nehmen, sind auch nicht geeignet, die Spekulationen über eine sozialliberale Götterdämmerung zu zerstreuen.

Dies alles muß nicht heißen, daß die Liberalen auf einen Koalitionswechsel in der laufenden Legislaturperiode hinarbeiten. Gegenteilige Versicherungen führender FDP-Politiker klingen durchaus glaubhaft. Es scheint aber nicht abwegig, zu vermuten, daß für 1984 ein Wechsel zur Union bei führenden FDP-Politikern ernsthaft ins Kalkül gezogen wird.

Fritz Ullrich Fack in der *Frankfurter Allgemeinen Zeitung*
vom 27. August 1981

UNTER KOALITIONSZWANG

Im Umgang mit dem Koalitionspartner bevorzugt Genscher neuerdings eine härtere Gangart. Es wäre unbillig, darin lediglich Taktik zu sehen; die Freien Demokraten haben vielmehr politisch und wirtschaftspolitisch Grund zur Unruhe.

Wie ein roter Faden, zieht sich durch das Dreivierteljahr seit der Regierungsneubildung die Warnung der FDP-Führung, so gehe es mit den Staatsfinanzen nicht weiter. Es müsse Remedur geschaffen, der „strukturell defizitäre Bundeshaushalt" (Staatssekretär Lahnstein vom Kanzleramt) müsse gründlich saniert, die Neuverschuldung energisch zurückgeschnitten werden.

Warnungen vor den wachsenden Haushaltsdefiziten des Bundes, die über Kredite finanziert werden, gehörten in den letzten Jahren zum Standardrepertoire des freidemokratischen Bundestagsabgeordneten Hoppe bei allen Haushaltsdebatten; danach wurde es dann regelmäßig wieder still. Inzwischen aber macht die FDP mobil; die Entwicklung ist ihr unheimlich geworden...

Das ist, von allen sonstigen politischen Mißhelligkeiten mit dem Koalitionspartner abgesehen, die Lage, der sich die Führung der FDP – die das alles mitzuverantworten hat – heute gegenübersieht. Man schrieb den 6. Mai, als Genscher und Lambsdorff auf drastische Weise erfuhren, wie unentrinnbar sie in die Politik des Schuldenmachens verstrickt sind. Damals erhöhte das Bundeskabinett den Neuverschuldungsbetrag des Bundes für 1981 unter dem Zwang zusätzlicher, nicht kalkulierter Defizite ohne viel Federlesens um 7 auf 34 Milliarden Mark...

Dies war freilich nicht die einzige schlechte Erfahrung, die Genscher und Lambsdorff in der letzten Zeit wirtschaftspolitisch mit ihrem Koalitionspartner gemacht haben. Seit der Regierungsneubildung im vergangenen Jahr haben beide ständig verkündet, herauszukommen sei aus der Misere nicht durch immer neue Staatsaktivitäten mit entsprechend wachsenden Staatsschulden, sondern nur durch eine Aktivierung der marktwirtschaftlichen Kräfte, beispielsweise durch Entblockierung der riesigen brachliegenden Investitionen im Wohnungsbau, in der Energiewirtschaft und in der Kommunikationstechnik; da sei viel zu machen.

Aber die Sozialdemokraten geben sich da, innerlich zerstritten und ideologisch ohnedies nicht gerade auf die Aktivierung von Marktkräften fixiert, ausgesprochen schwerhörig. Sie sind am Ende dieses Sommers wieder bei ihrem Lieblingsrezept angelangt, nämlich bei einem neuen großen Ausgabenprogramm, das nun freilich nicht mehr durch Kreditaufnahmen, sondern durch den Griff in die Tasche des Steuerzahlers (Erhöhung von Verbrauchssteuern) finanziert werden soll. Kreislauftechnisch läuft das auf eine Art bürokratisch gesteuertes Kaufkraft-Karussell hinaus: Man gibt hier und nimmt dort. Entsprechend zweifelhaft ist die Wirkung.

3. Die Vertrauensfrage

Bundeskanzler Helmut Schmidt sah sich am 3. Februar 1982 veranlaßt, die Vertrauensfrage gemäß Artikel 68 des Grundgesetzes zu stellen.

In der deutschen Öffentlichkeit wurde dieser Schritt in erster Linie als ein Versuch der Klärung innerhalb der Sozialdemokratischen Partei angesehen.

Hierzu einige Pressestimmen (auszugsweise)

Münchener Merkur vom 18. Januar 1982

KANZLER MAHNT DIE PARTEI: MIT KRITIK AN USA AUF DEM TEPPICH BLEIBEN

Vor dem Münchner Parteitag zunehmender Streit in der SPD

Der Streit um die Sicherheitspolitik, vor allem um den NATO-Doppelbeschluß, gerät in der Vorbereitungsphase für den nächsten Bundesparteitag der SPD im April in München zunehmend in den Mittelpunkt der innerparteilichen Auseinandersetzungen.

Am Wochenende forderte der schleswig-holsteinische SPD-Landesvorsitzende Günter Jansen die Streichung des Nachrüstungsteils des Bündnisbeschlusses vom Dezember 1979. Jansen meinte: „Der Parteitagsbeschluß der SPD von Berlin, der den Doppelbeschluß in beiden Teilen akzeptiert hat, muß in München revidiert werden". Auf dem Bezirksparteitag der fränkischen SPD in Veitshöchheim stellte sich dagegen Bundeskanzler Helmut Schmidt wiederum mit Nachdruck hinter die Bündnisentscheidung, die bei einem Scheitern der Genfer amerikanisch-sowjetischen Verhandlungen über eine Begrenzung von eurostrategischen Waffen ab Ende 1983 die Aufstellung amerikanischer Mittelstreckenraketen in Europa vorsieht. Er sagte, man müsse mit der Kritik an der Bundeswehr, ebenso wie mit der Kritik an den Amerikanern auf dem Teppich bleiben.

Schmidt übte auch Kritik an Teilen der Friedensbewegung. So würde der Eindruck entstehen, der Friede würde durch die noch nicht aufgestellten amerikanischen Raketen stärker gefährdet als durch die schon lange installierten sowjetischen SS 20 Raketen. Der Kanzler mahnte: „Wer den NATO-Doppelbeschluß aus der Welt schafft – aus gutem Willen vielleicht, aber ohne die Konsequenzen einschätzen zu können – der entzieht der Außen- und Sicherheitspolitik der Bundesrepublik eine der gegenwärtig wichtigsten Grundlagen." Er warnte davor, den Splitter im Auge westlicher Freunde größer zu malen als Balken im Auge kommunistischer Diktaturen. Im übrigen gebe es gegen einseitige Abrüstung in der jüngsten Geschichte genügend abschreckende Beispiele.

Auf Kritik ist innerhalb der SPD die überraschende Auflösung der Kommission Sicherheitspolitik beim Parteivorstand gestoßen. Sie sollte unter Leitung der Abrüstungsexperten Egon Bahr und unter Mitwirkung von führenden SPD-Politikern wie Oscar Lafontaine, Peter Corterier und Bundesverteidigungsminister Apel mit dem Hinweis abgelehnt worden sein, dieser Entwurf könne von der Vorsitzenden der Grünen, Petra Kelly, kommen.

Wie die „Frankfurter Allgemeine Zeitung" berichtet, hatte sich der Autor dieses Entwurfes, der Berliner SPD-Politiker Biermann, schon zuvor dafür stark gemacht, die Hauptstoßrichtung des politischen Widerstands gegen die Realisierung des Doppelbeschlusses darauf zu richten, die Stationierung der US-Pershing-II-Raketen in der Bundesrepublik zu verhindern.

Rainer Nahrendorf im *Handelsblatt* vom 1. Februar 1982
AUTORITÄTSVERFALL

Als Willy Brandt am 6. Mai 1974 zurücktrat, trugen die Morgenzeitungen in London die Schlagzeile: „Brandt erschüttert Europa!" Auch ein Rücktritt Helmut Schmidts würde bei weiten Teilen der deutschen und internationalen Öffentlichkeit Bestürzung auslösen. Das Ansehen des zweiten sozialdemokratischen Nachkriegskanzlers hat zwar deutlich gelitten, aber es überragt immer noch turmhoch das seiner eigenen Partei. Ein Rücktritt Helmut Schmidts würde aber auch mit Erleichterung aufgenommen, erschiene die Demission des Kanzlers und das damit einhergehende Ende der sozialliberalen Koalition doch als allgemein erwarteter Abschluß des nach langem Siechtum in Agonie verfallenen sozialliberalen Bündnisses.

Helmut Schmidt hat seine Rücktrittswarnung selbst entschärft und versichert, er wolle nicht von Bord gehen. Er hat zugleich gemahnt, ein Schiff mit 7, 13 oder 27-Möchtegern-Steuerleuten lasse sich auf die Dauer nicht steuern. Aber die Disziplinlosigkeiten einer hypernervös gewordenen Mannschaft sind nur Ausdruck des Autoritätsverfalls des Kanzlers und der an Bord grassierenden Angst, von dem drohenden Untergang des morschen Koalitionsschiffes mit in die Tiefe gerissen zu werden. Angesicht der schweren See einer auf die Zwei-Millionen-Marke zusteuernden Arbeitslosigkeit werden die Wendemanöver immer hektischer ...

Die eigentliche Investitionsblockade in diesem Lande ist der Verlust an Vertrauen zu einer Regierung, deren Politik es an Verläßlichkeit und Berechenbarkeit mangelt. Dies gilt für die Innen-, Wirtschafts- wie für die Außenpolitik. Die Entfremdung von Deutschen und Amerikanern ist eine Folge der deutschen Ungewißheiten.

Wenn die Genfer Verhandlungen bis zum Sonderparteitag der SPD 1983 nicht zu sichtbaren Erfolgen geführt haben, müßte der zweite Teil des Nato-Doppelbeschlusses vollzogen und neue Mittelstreckenraketen in Europa stationiert werden. Ein Nein des SPD-Parteitages ließe Helmut Schmidt keine Wahl. Den Rücktritt, mit dem er jetzt droht, müßte er dann vollziehen.

Bonner General-Anzeiger vom 3. Februar 1982
KEIN ERFOLGSERLEBNIS

Helmut Schmidt stellte die Bonner Koalition mit seinem auf heute befristeten Kanzler-Ultimatum unter Erfolgszwang. Bis in die Nachtstunden wurde darum an einem Kompromiß gefeilt. Mit fast zwei Millionen Arbeitslosen im Nacken ist die Bundesregierung zum Nachweis von Energie und Tatkraft verurteilt. Bei der Auslösung von Beschäftigungsimpulsen wird man sich, wen überrascht es, an die Steuerzahler halten. Um den Einfall war noch keine Regierung verlegen, wie ratlos sie sonst auch erscheinen mochte.

Gegenteiligen Schwüren von FDP-Politikern zum Trotz soll die Mehrwertsteuer bereits Mitte des nächsten Jahres erhöht werden. Zur Bedeckung ihrer

Blöße fordern die Liberalen ein Feigenblatt in Gestalt der Zusage, die Steuern ab 1984, dem Bundestagswahljahr, zu senken. Steueranhebung und Steuerreform sollen als zum verwechseln ähnlicher Zwilling vorgestellt werden. Die Erhöhung der Mineralölsteuer scheint vom Tisch zu sein. Sie liefe auf eine Bestrafung sparsamer Energieverbraucher hinaus. Hier bewährt sich die Vernunft offenbar genauso wie beim Verzicht auf ein neues Schuldenmachen.

Die Kritiker des mühsamen Koalitionskompromisses bieten schon ihre Überschriften an: Strohfeuer und Flickwerk. Um das unverkennbare Gefälle zwischen Geräuschentfaltung und Resultat zu verschleiern, offeriert die Koalition Sonderangebote wie eine Belebung des Wohnungsbaus oder eine Verkürzung der Lebensarbeitszeit. Das in den Laden gestellte Vorschlagspaket soll nicht zu ärmlich aussehen. Die Opposition trat mit einem Konkurrenzprogramm an die Öffentlichkeit, ist aber außerhalb der Regierungsverantwortung der Mühe enthoben, den Beweis dafür anzutreten, wie sich die Meinungsverschiedenheiten im großen Bogen zwischen ihrem Wirtschaftsrat und den Sozialausschüssen überbrücken ließen...

Das Tauziehen um einen Kompromiß zur Bekämpfung der Arbeitslosigkeit war für die Bonner Koalition kein Erfolgserlebnis. Im nächtlichen Ringen um verbliebene Streitpunkte machten sich Ermüdungs- und Verschleißerscheinungen bemerkbar. Die sozialliberale Vernunftehe, in der Außen- und Sicherheitspolitik noch auf recht stabilen Beinen, entwickelt sich in der Wirtschaftspolitik zu einer Zwangsehe, bei der ein Partner wie beim kostspieligen deutschen Scheidungsrecht nur noch wegen der unübersehbaren Folgekosten vor dem letzten Schritt zurückschreckt. Der Zusammenhalt bedarf in längeren oder kürzeren Abständen der Rücktrittsdrohung eines Bundeskanzlers, der ein Machtwort sprechen und auf seine Richtlinienkompetenz hinweisen wollte und doch zum Lavieren und Taktieren gezwungen war. Bei der Vorlage des Kompromißprodukts werden sich die Sprecher der Bundesregierung um den Beweis des Gegenteils bemühen, das strapaziöse Vorspiel auf dem Koalitionstheater aber nicht in Vergessenheit geraten lassen können.

Hilde Purwin in *Neue Ruhrzeitung,* Essen vom 4. Februar 1982
Dramatischer Schritt zur Sicherung des Beschäftigungspakets
DER BUNDESKANZLER: „JA" ODER ICH GEHE!
SPD-Fraktion will Schmidt einstimmig Vertrauen aussprechen

Bundeskanzler Helmut Schmidt stellt morgen im Bundestag die Vertrauensfrage. Mit diesem dramatischen Schritt bringt sich der Kanzler selbst auf den Prüfstand: Entweder gibt die Bundestagsmehrheit ihm das Vertrauen, oder sie wählt einen neuen Kanzler, oder der Bundestag wird aufgelöst und es kommt zu Neuwahlen. Helmut Schmidt gestern vor der Bonner Presse: „Der Ausgang der Vertrauensfrage wird die Stellung des Kanzlers nicht schwächen, sondern stärken."

Den einsamen Entschluß, die Vertrauensfrage zu stellen, hat Helmut Schmidt im Zusammenhang mit dem mühsam zustandegebrachten Beschäftigungsprogramm gefaßt. Er gab ihn unmittelbar nach Erläuterung dieser „Gemeinschaftsinitiative für Arbeitsplätze, Wachstum und Stabilität" vor den Journalisten bekannt.

Vizekanzler und FDP-Chef Genscher, der den Kanzler begleitete, sagte dazu: „Der FDP-Fraktionsvorsitzende Mischnick und ich haben dem Kanzler mitgeteilt, daß wir der FDP-Fraktion empfehlen, ihm das Vertrauen auszusprechen.

Wir begrüßen, daß damit deutlich gemacht wird, daß in dieser schwierigen Beschäftigungslage die Handlungsfähigkeit der Regierung voll gesichert ist." Die SPD-Fraktion hat sich unterdessen einstimmig dafür ausgesprochen, Schmidt das Vertrauen zu erteilen.

Der Kanzler richtete eindringliche Appelle an Länder und Gemeinden, Bundesbank und Tarifpartner, die Gemeinschaftsinitiative zu unterstützen. Schnell wirkende Patentrezepte gebe es nicht, längerfristige Anstrengungen seien notwendig. Dazu gehöre auch die Beendigung der öffentlichen Diskussion.

Die Abstimmung über die Vertrauensfrage soll nach seinen Worten außerhalb und innerhalb des Bundestages klarstellen, „daß sich diese Bundesregierung auf ein klares Vertrauen der beiden Koalitionsfraktionen stützen kann und daß Herr Kohl seine weitreichenden Hoffnungen noch etwas in die Zukunft auszudehnen hat".

Das Programm wird von 1982 bis 1985 mit 12,5 Mrd DM finanziert. Es soll durch Investitionszulagen und Zinsverbilligungen die Wirtschaft ankurbeln. Um den Wohnungsbau zu fördern, werden unbebaute Grundstücke stärker belastet und das Mietrecht auch für schon bestehende Wohnungen liberalisiert, was zu Mieterhöhungen bis zu 30 Prozent in drei Jahren führen kann.

Berliner Morgenpost vom 5. Februar 1982

SCHMIDT UND GENSCHER VÖLLIG ZERSTRITTEN
Kanzler brüskierte seinen Vize mit 60-Minuten-Ultimatum

Das Verhältnis zwischen Bundeskanzler Helmut Schmidt (SPD) und Vizekanzler Hans-Dietrich Genscher (FDP) ist auf dem Tiefpunkt. Die beiden Politiker sind völlig zerstritten. Vor der für heute auf 17 Uhr angesetzten Bundestagsabstimmung über die Vertrauensfrage des Kanzlers ist es erneut zu einer schweren Verstimmung zwischen den beiden gekommen. Das verlautete gestern aus Regierungskreisen in Bonn.

Das persönliche Verhältnis der beiden Spitzenpolitiker der Koalition wird, wie es in Bonn heißt, wegen der scharfen Auseinandersetzungen zwischen Kanzler und Vizekanzler auch dann belastet bleiben, wenn Schmidt heute erwartungsgemäß von SPD und FDP einstimmig das Vertrauen ausgesprochen wird ...

In beiden Koalitionsfraktionen der Sozialliberalen in Bonn gibt es nach einer langen Durststrecke plötzlich eine neue Gemeinsamkeit: den Ärger auf den Bundeskanzler. Die immer barscheren Rücktrittsdrohungen Helmut Schmidts, seine als politische Erpressung empfundene Vertrauensfrage, die durchsichtige Taktik zur Verhinderung von Diskussionen über die Finanzierung des Beschäftigungsprogramms: all das führte nicht nur in der SPD-Fraktion zu Protestaktionen, auch in der FDP regt sich Zorn ausgerechnet beim „linken" Flügel, der sich eine „heile Welt" in Bonn sonst ohne die SPD überhaupt nicht vorstellen kann.

Am 3. Februar 1982 informierte Bundeskanzler Schmidt den Bundestagspräsidenten Stücklen fernmündlich gegen 14.30 Uhr, daß er den Antrag gemäß Art. 68 des Grundgesetzes stellen werde; unmittelbar danach wurde der entsprechende Antrag in Schriftform dem Bundestagspräsidenten zugeleitet.

Aus Absatz 2 dieses Schreibens war zu entnehmen, daß man davon ausgegangen war, mit der Übermittlung des Antrags an den Bundestagspräsidenten – gegen 14.30 Uhr – beginne die 48-Stunden-Frist des Artikels 68 Abs. 2 des Grundgesetzes zu laufen.

Dazu heißt es in den Lübecker Nachrichten vom 5. Februar 1982 unter der Überschrift „Uhrenvergleich zur falschen Zeit – Schmidt und Stücklen irrten bei der Bonner Terminplanung –:

> Als der Kanzler am Mittwoch bei Bundestagspräsident Richard Stücklen die Vertrauensfrage telefonisch beantragt hatte, blickten beide auf ihre Uhren. Es war 14.30 Uhr, sie stellten übereinstimmend fest: Dann können wir am Freitag um 14.30 Uhr abstimmen."

Im Präsidium des Deutschen Bundestages bestand jedoch Einmütigkeit darüber, daß es nicht auf die Kenntnis des Bundestagspräsidenten bezüglich der Antragstellung ankommen könne, sondern für den Fristbeginn die Kenntnisnahme durch die Mitglieder des Bundestages entscheidend sei.

Unverzüglich nach Übermittlung dieser Rechtsauffassung an das Bundeskanzleramt richtete der Bundeskanzler ein erneutes Schreiben an den Bundestagspräsidenten, in dem nur noch der Satz enthalten war:

> „Gemäß Artikel 68 des Grundgesetzes stelle ich den Antrag, mir das Vertrauen auszusprechen."

Dieser Antrag wurde als Drucksache 9/1312 am selben Tage – 3. Februar 1982 – an die Mitglieder des Deutschen Bundestages verteilt; die Verteilung war um 17.02 Uhr abgeschlossen.

Deutscher Bundestag **Drucksache 9/1312**
9. Wahlperiode 03. 02. 82

Antrag

des Bundeskanzlers gemäß Artikel 68 des Grundgesetzes

Gemäß Artikel 68 des Grundgesetzes stelle ich den Antrag, mir das Vertrauen auszusprechen.

Bonn, den 3. Februar 1982

Schmidt

Nach Art. 68 Abs. 2 des Grundgesetzes müssen zwischen dem Antrag und der Abstimmung 48 Stunden liegen. Die Geschäftsordnung des Bundestages (GOBT) sieht bezüglich des Beratungsbeginns in § 78 Abs. 5 vor, daß die Beratung einer Vorlage frühestens am dritten Tag nach der Verteilung der Drucksache beginnen kann. Bei der Berechnung der Frist wird der Tag der Verteilung nicht mitgerechnet; sie gilt als verteilt, wenn sie den Mitgliedern des Bundestages in ihre Fächer gelegt worden ist (§ 123 Abs. 1 GOBT).

Bei Anwendbarkeit bzw. Anwendung dieser Vorschriften hätte über den Vertrauensantrag frühestens am Samstag, dem 6. Februar 1982, ab 0.00 Uhr abgestimmt werden können.

Wie wenig klar die Rechtslage war, ergibt sich aus einer Aufzeichnung aus dem Jahre 1972 des Ministerialdirektors Döring im Bundespräsidialamt für den damaligen Bundespräsidenten Heinemann.

Willy Brandt stellte am 20. September 1972 im Plenum einen Vertrauensantrag gemäß Art. 68 des Grundgesetzes.

Die Aufzeichnung Dörings setzt Baring in seinem Buch „Machtwechsel" (S. 449) folgenden Satz voraus: „Wiederum war es Döring, der die maßgeblichen Gesichtspunkte zu Papier brachte, wobei er die herrschende Rechtsunsicherheit zu skizzieren hatte:

Betr.: Eventueller Vertrauensantrag des Bundeskanzlers nach Art. 68 GG am heutigen Tage

Zwischen dem Vertrauensantrag nach Art. 68 GG und der Abstimmung darüber müssen 48 Stunden liegen. Nach dem Kommentar von Trossmann beginnt die 48-Stunden-Frist am Tage nach der Verteilung der Drucksache. Danach könnte die Abstimmung über den Vertrauensantrag erst am Freitag erfolgen. Die Meinung stützt sich auf § 124 Geschäftsordnung Bundestag (alte Fassung), wonach bei Fristen der Tag der Verteilung der Drucksache nicht eingerechnet wird.

Nach anderer Auffassung beginnt die Frist mit der Verteilung der Drucksache und endet genau 48 Stunden danach. Das würde zur Folge haben, daß die Abstimmung nicht erst am dritten Tag nach Verteilung der Drucksache, sondern schon einen Tag früher stattfinden könnte. Für diese Auffassung könnte sprechen, daß Art. 68 Abs. 2 GG nur eine 48-Stunden-Frist vorschreibt und keine weiteren Erfordernisse vorsieht. Danach könnte über den Vertrauensantrag ebenfalls am Donnerstag abgestimmt werden, wenn er heute noch eingebracht wird. Das Plenum müßte dann darüber entscheiden, welcher Antrag auf der Tagesordnung am Donnerstag den Vorrang haben soll, der Mißtrauensantrag oder der Vertrauensantrag. In dieser Geschäftsordnungsfrage müßten die Berliner Stimmen mitgezählt werden. Auf diese Weise könnte u. U. durchgesetzt werden, daß der Vertrauensantrag vor dem Mißtrauensantrag auf die Tagesordnung kommt. Bei einer Ablehnung des Vertrauensantrages könnte dann auf Antrag des Bundeskanzlers der Bundestag aufgelöst werden, solange die Abstimmung über den Mißtrauensantrag noch nicht begonnen hat."

Da die Rechtsunsicherheit bezüglich der Anwendbarkeit der §§ 78 Abs. 5 und 123 Abs. 1 GOBT auch zu Beginn des Jahres 1982 nicht beseitigt war und die Neufassung der Geschäftsordnung insoweit keine Klarheit gebracht hatte, einigten sich die Fraktionen vorsorglich darauf, von der Fristenregelung der Geschäftsordnung abzuweichen. So beschloß der Bundestag in seiner Sitzung am 4. Februar 1982 gemäß § 126 GOBT von der Regelung des Paragraphen 123 Abs. 1 GOBT abzuweichen und die Frist mit der abgeschlossenen Verteilung des Antrags des Bundeskanzlers auf Drucksache 9/1312 beginnen zu lassen. Gleichzeitig wurde die Aufsetzung des Antrags auf die Tagesordnung der Sitzung vom 5. Februar 1982 beschlossen. Im Plenarprotokoll über die 83. Sitzung des Bundestages vom 4. Februar 1982 heißt es hierzu:

> Präsident **Stücklen**: Die Sitzung ist eröffnet ...
>
> Am 3. Februar 1982 hat der Bundeskanzler gemäß Art. 68 Abs. 1 des Grundgesetzes den Antrag gestellt, ihm das Vertrauen auszusprechen. Aufgrund einer interfraktionellen Vereinbarung wird die morgige Tagesordnung um die Beratung dieses Antrags erweitert.
>
> Gemäß Art. 68 Abs. 2 des Grundgesetzes müssen zwischen dem Antrag und der Abstimmung 48 Stunden liegen. Da nach § 123 Abs. 1 unserer Geschäftsordnung bei der Berechnung der Fristen der Tag der Verteilung nicht mitgerechnet wird, wird aufgrund einer interfraktionellen Vereinbarung vorgeschlagen, gemäß § 126 der Geschäftsordnung von der Regelung des § 123 Abs. 1 abzuweichen und die Frist mit der abgeschlossenen Verteilung des Antrags des Bundeskanzlers auf Drucksache 9/1312 beginnen zu lassen.
>
> Für die *Abweichung von der Geschäftsordnung* ist gemäß § 126 eine Zweidrittelmehrheit der anwesenden Mitglieder des Bundestages erforderlich. Erhebt sich gegen diese interfraktionelle Vereinbarung Widerspruch? – Dies ist nicht der Fall. So ist diese Änderung mit der erforderlichen Mehrheit beschlossen.
>
> (Unruhe bei Abgeordneten der CDU/CSU)
>
> Da die Drucksache 9/1312 gestern, Mittwoch, den 3. Februar 1982, um 17.02 Uhr verteilt worden ist, darf die Abstimmung über den Antrag des Bundeskanzlers frühestens am Freitag um 17.02 Uhr erfolgen.
>
> Wir treten in die Tagesordnung ein.

Wie sich aus dem Plenarprotokoll der Sitzung vom 4. Februar 1982 ergibt, wurde zunächst die Tagesordnung für Freitag, den 5. Februar 1982 um die Beratung des Antrags des Bundeskanzlers gemäß Artikel 68 Abs. 1 des Grundgesetzes erweitert.

Bei der nachfolgenden Bekanntgabe der interfraktionellen Vereinbarung bezüglich des Abweichens der Geschäftsordnung gemäß § 126 GOBT um die 48-Stunden-Frist zu wahren, entstand Unruhe bei den Abgeordneten der CDU/CSU (siehe Plenarprotokoll Seite 4887). In der Sitzung des Ältestenrates vom selben Tage wurde seitens der CDU/CSU bemängelt, die Abweichung von der Geschäftsordnung sei nicht ausreichend konkretisiert, der Präsident habe lediglich gefragt, ob sich gegen die interfraktionelle Vereinbarung Widerspruch erhebe. Außerdem wurde gerügt, die Abstimmung über diese Abweichung von der Geschäftsordnung sei vorher nicht angekündigt worden.

Weder die Erweiterung der Tagesordnung noch ein Beschluß über die Abweichung von der Geschäftsordnung können als Beratungspunkt auf die Tagesordnung einer Plenarsitzung gesetzt werden. In beiden Fällen handelt es sich um Geschäftsordnungsanträge. Eine Erweiterung der Tagesordnung erfolgt in den meisten Fällen aufgrund einer interfraktionellen Vereinbarung; darüber hinaus kann gemäß § 20 Abs. 2 GOBT jedes Mitglied des Bundestages eine Änderung der Tagesordnung, d. h. auch eine Erweiterung beantragen, wenn es diesen Antrag bis spätestens 18.00 Uhr des Vortages dem Präsidenten vorgelegt hat.

Der Geschäftsordnungsantrag betreffend Abweichung von der Fristenberechnung des § 123 Abs. 1 GOBT wird grundsätzlich bei Aufruf des zur Beratung anstehenden Verhandlungsgegenstandes behandelt. Die Abweichung bezüglich des Fristbeginns für die Behandlung des Antrags des Bundeskanzlers gemäß Art. 68 Abs. 1 des Grundgesetzes konnte schon in der Sitzung am 4. Februar 1982 entschieden werden, weil nur dadurch die vorgesehene Behandlung des Vertrauensantrags des Bundeskanzlers am nachfolgenden Tage ermöglicht wurde.

Aufgrund der Beanstandungen aus den Reihen der CDU/CSU Fraktion in der Sitzung des Ältestenrates vom 4. Februar 1982 wurde im Ältestenrat vereinbart, die Abstimmung über die Abweichungen von der Geschäftsordnung zu Beginn der Mittagssitzung am 4. Februar 1982 nach der Fragestunde wiederholen zu lassen.

Dazu Vizepräsident **Windelen** in der Plenarsitzung:

> Meine Damen und Herren, vor Eintritt in die Beratung habe ich Ihnen aufgrund einer interfraktionellen Vereinbarung eine Mitteilung zu machen. Aufgrund einer Vereinbarung zwischen den Fraktionen wurde heute vormittag die *Tagesordnung* der morgigen Plenarsitzung erweitert. Ferner hat der Bundestag dabei über die interfraktionelle Vereinbarung abgestimmt, gemäß § 126 der Geschäftsordnung von den Regeln des § 123 Abs. 1 der Geschäftsordnung abzuweichen und die Frist mit der abgeschlossenen Verteilung des Antrags des Bundeskanzlers auf Drucksache 9/1312 beginnen zu lassen. Da die Abstimmung über die Ergänzung der Tagesordnung, die Abweichung von der Geschäftsordnung, vielen Mitgliedern des Bundestages nicht bekannt war, schlägt der Ältestenrat eine Wiederholung der Abstimmung vor.
>
> Bestehen bezüglich der Erweiterung der Tagesordnung für morgen Bedenken? Ich muß darüber abstimmen lassen. Wer der Erweiterung der morgigen Tagesordnung seine Zustimmung gibt, den bitte ich um das Handzeichen. – Die Gegenprobe! – Enthaltungen? – Bei zwei Gegenstimmen und einigen Enthaltungen ist die Erweiterung der Tagesordnung so beschlossen. Ich stelle fest, daß das Haus der Erweiterung der morgigen Tagesordnung mit Mehrheit zugestimmt hat.
>
> Die *Abweichung von der Geschäftsordnung* bedarf nach § 126 der Geschäftsordnung eine Zweidrittelmehrheit der anwesenden Mitglieder des Bundestages. Wer für die Abweichung von § 123 der Geschäftsordnung, über die heute vormittag bereits abgestimmt wurde, ist, den bitte ich um das Handzeichen. – Wer

ist dagegen? – Wer enthält sich der Stimme? – Bei einer Gegenstimme und einer Reihe von Enthaltungen wurde das Zweidrittelquorum erreicht. Es ist so beschlossen. Ich stelle fest, daß die nach § 126 der Geschäftsordnung erforderliche Zweidrittelmehrheit der anwesenden Mitglieder erreicht ist.

Aufgrund der mit der erforderlichen Mehrheit beschlossenen Abweichung von der Geschäftsordnung begann die Beratung des Antrags des Bundeskanzlers, ihm das Vertrauen auszusprechen, in der Plenarsitzung am 5. Februar 1982 um 15.00 Uhr.

Zur Begündung seines Antrags erklärte Bundeskanzler **Schmidt** u. a.:

„Mit dem Recht, das der Artikel 68 des Grundgesetzes dem Bundeskanzler gegeben hat, habe ich am Mittwoch die Vertrauensfrage gestellt. Bevor die Mitglieder des Bundestages heute darüber entscheiden, will ich meinen Antrag begründen.

Als die Vertrauensfrage im September 1972 von Willy Brandt zum ersten Mal gestellt wurde, ging es darum, nach einer nicht vom Wähler legitimierten, sondern durch Fraktionswechsel mehrerer damaliger Abgeordneter zustande gekommenen Veränderung der Mehrheitsverhältnisse den Weg zur Neuwahl aller Abgeordneten frei zu machen.

Diesmal geht es bei der Vertrauensfrage um etwas ganz anderes, nämlich darum, den Bürgerinnen und Bürgern unseres Landes, die gerade in schwieriger Zeit Anspruch darauf haben, und der internationalen Öffentlichkeit ein Signal der Klarheit zu geben. Wer den Sozialdemokraten und den Freien Demokraten am 5. Oktober 1980 seine Stimme gegeben hat, weil er die Politik der sozialliberalen Koalition fortgesetzt sehen wollte, der braucht Gewißheit darüber, daß die Regierung ihr für vier Jahre erteiltes Mandat auch tatsächlich ausüben wird, gestützt auf eine solide parlamentarische Mehrheit der beiden Parteien SPD und FDP. Auch unsere Verbündeten im Westen müssen Klarheit darüber haben, woran sie mit der Bundesrepublik sind. Auch die Staaten im Osten, mit denen die sozialliberale Koalition Verträge zustande gebracht hat, mit denen sie Ausgleich und Versöhnung sucht, müssen wissen, woran sie sind. Unsere Partner in der Dritten Welt sollten keinen Zweifel daran haben, daß unsere Politik des fairen Interessenausgleichs fortgesetzt wird.

Die notwendige Klarheit war in den zurückliegenden Tagen, Wochen und Monaten nicht immer hinreichend vorhanden ...

Man sprach in der Mitte des vergangenen Jahres vom „Sommertheater". Einige haben jetzt auf ein „Wintertheater" gehofft.

Es gab auch Spekulationen über den Kurs der Friedens- und Sicherheitspolitik. Manche Vorkommnisse haben in der Tat den Kurs der Bundesregierung und den Zusammenhalt der sozialliberalen Koalition zeitweise unklar erscheinen lassen, und niemand in der Koalition wird sich von Schuld hieran gänzlich freisprechen wollen. Auch die von weniger Berufenen angestellten Überlegungen, ob die sozialliberale Koalition nun ein Bündnis oder ob sie eine Zweckehe sei, haben Verwirrung gestiftet.

Alle solche Überlegungen gehen am Kern der Sache vorbei. Die sozialliberale Koalition steht für die Fortsetzung der von Willy Brandt und Walter Scheel durchgesetzten, von Hans-Dietrich Genscher und mir fortgeführten, von der CDU/CSU damals wie heute bekämpften Politik des Dialogs und der Kooperation mit dem Osten, für die Bewahrung des sozialen Friedens, für die Sicherung der Beschäftigung, des sozialen Netzes und der wirtschaftlichen Leistungsfähigkeit.

SPD und FDP sind verschiedene Parteien. Sie haben unterschiedliche Programme und verschiedene Wege in der deutschen Geschichte. Jeder weiß, der Bundeskanzler ist ein Sozialdemokrat. Aber jeder weiß auch, der Bundeskanzler muß sich dafür verantwortlich fühlen, daß Meinungsverschiedenheiten zu einem Kompromiß geführt werden. Wenn dies letztere schon innerhalb einer einzigen Fraktion gilt, gilt es umsomehr zwischen zwei Fraktionen. Dabei kann niemand sich oder seine Interessen allein durchsetzen. Vielmehr muß man einander entgegenkommen und das ist auch immer tatsächlich erreicht worden.

In der Bündnispolitik, in der Ostpolitik, in der Sicherheits- und Friedenspolitik insgesamt war das oft leichter als in den Fragen der Wirtschafts- und Sozialpolitik. Aber auch auf diesem letzteren Feld haben wir dies immer wieder, auch in der gegenwärtigen Woche, möglich gemacht. Wir haben seit zwölf Jahren gemeinsam nicht nur erfolgreich Frieden und Verständigung, sondern ebenso erfolgreich soziale Sicherheit, wirtschaftlichen Fortschritt, Solidarität und sozialen Konsens gesichert.

Durch die heutige Abstimmung soll dieser gemeinsame Weg für jedermann wieder eindeutig werden: für alle, die auf sozialliberale Koalition setzen, und auch für diejenigen, die darauf hoffen, uns aus der Verantwortung herauszudrängen...

Ich bitte um Vertrauen. Ich bitte um Vertrauen in meine außen- und innenpolitische Stetigkeit und Verläßlichkeit. Ich bitte um Vertrauen für die von den Fraktionen der Sozialdemokraten und der Freien Demokraten gemeinsam getragene Bundesregierung. Bitte zeigen sie, daß wir auch in rauhem Wetter nicht daran denken zu schwanken, sondern daß wir ähnlich einer Kompaßnadel – gleich von welchem Ort aus – unverrückbar dem gleichen gemeinsamen Ziel zustreben. Unsere Aufgabe heute ist eine solidarische gemeinschaftliche Initiative. Nur gemeinsam können wir Arbeit und Ausbildung schaffen für die, die einen Arbeitsplatz oder einen Ausbildungsplatz suchen. Keineswegs geht das ohne eigene Opfer; aber es ist in einer freien Gesellschaft des gesicherten Friedens durchaus möglich, es ist durchaus erreichbar.

Dabei wird uns aller wirtschafts- und friedenspolitische Vernunft den Wagen nicht aus der Spur geraten lassen. Weil aber die Wegstrecke, die vor uns liegt, uneben und steil ist, vertraue ich darauf, daß alle mit in die Speichen greifen.

Hören wir auf, meine Damen und Herren mit dem Zerreden von Maßnahmen, ehe diese überhaupt wirksam werden können! Machen wir uns gemeinsam an die Arbeit. Gemeinsam können wir es schaffen, und wir werden das auch schaffen!"

Für die CDU/CSU-Fraktion nahm deren Vorsitzender Dr. Helmut Kohl zu dem Antrag und den Ausführungen des Bundeskanzlers Stellung:

„Herr Bundeskanzler, als eben der Beifallsorkan ihrer Freunde aus der SPD hier im Saal erklang, dachte ich doch: Was können Sie eigentlich davon halten, daß Sie hier klatschen und draußen außerhalb des Saales ganz anders abstimmen? Damit sind wir bereits beim Problem.

Zu Beginn der Wahlperiode des Bundestages, am 24. November 1980, haben Sie, Herr Bundeskanzler, als Thema über Ihre Regierungserklärung geschrieben ‚Mut zur Zukunft'. Heute, auf den Tag genau 16 Monate nach der Bundestagswahl, nach einer Wahl, in der die Koalition von SPD und FDP eine Mehrheit von 45 Mandaten erhielt, stellen Sie die Vertrauensfrage. Nun, Herr Bundeskanzler, lange hat Ihr Mut nicht angehalten.

Herr Bundeskanzler Sie haben ja nicht einmal den Mut, die Vertrauensfrage mit einem bestimmten politischen Vorhaben zu verbinden. Sie wünschen eine Generalvollmacht der Koalition für Ihre Gesamtpolitik, und doch bleibt Ihre Politik – das ist auch heute wieder spürbar geworden – nebelhaft.

Sie spüren vor allem den rapiden Verfall Ihrer Autorität, und zwar nicht nur bei unseren Mitbürgern, die von den Ergebnissen Ihrer Politik tief enttäuscht sind, sondern auch in Ihrer eigenen Partei. Viele Parteitage bezeugen dies, vor wenigen Tagen erst der Parteitag in Hamburg, wo Sie in Ihrer Heimatpartei eine bittere und schwere Niederlage erlitten haben. – Nun, Herr Kollege Wehner, Hamburg ist auch Ihre Heimat. Auch Sie haben dann – wenn Sie das noch mit hinzufügen wollen – diese Niederlage mit erlitten.

Herr Bundeskanzler, Sie wissen ganz genau: Was immer heute in diesem Saal vonstatten geht, des Rückhalts Ihrer eigenen Kollegen in der SPD-Fraktion sind Sie längst nicht mehr sicher. Die Abstimmung, die heute hier vorgenommen wird, soll deshalb eine allgemeine Zustimmung vorspiegeln, eine Zustimmung, die sie in den konkreten Sachfragen deutscher Politik längst nicht mehr besitzen. Ganz offenkundig ist das in den beiden zentralen Bereichen der deutschen Politik, in der Außen- und Sicherheitspolitik und in der Wirtschafts-, Finanz- und Sozialpolitik ...

Sie können es doch in Wahrheit gar nicht wagen, auf ihrem Bundesparteitag in wenigen Wochen in München in Ihrer eigenen Partei eine unmißverständliche, eindeutige und von keinem Flügel Ihrer Partei unterschiedliche interpretierbare Entschließung zu dem Doppelbeschluß der NATO vom Dezember 1979 zur Abstimmung zu stellen. Sie sprachen zu Recht – ich will das unterstützen und unterstreichen – von einer breiten Mehrheit der deutschen Bevölkerung in dieser Frage. Sie können in dieser Frage auch zu Recht von einer breiten Mehrheit des Deutschen Bundestages sprechen. Aber diese Mehrheit wird im Kern von der CDU/CSU und nicht von Ihrer Fraktion gebildet.

Herr Bundeskanzler, warum weisen Sie uns in diesem Saal darauf hin, daß in dieser Frage Geschlossenheit am Platze sei? Vor knapp zwei Wochen fand in Hamburg der Landesparteitag der Hamburger Sozialdemokraten statt. Zeitungsberichten zufolge – an diesem Parteitag nahmen Sie und unser Kollege Apel teil – haben Sie dort insgesamt beinahe vier Stunden mit den Delegierten um die Abstimmung diskutiert und gerungen. Das Ergebnis war dann ein Beschluß für ein Moratorium und eine atomwaffenfreie Zone in Europa, der im klaren, entschiedenen Widerspruch zu erklärten Sicherheitspolitik Ihrer eigenen Regierung steht. Herr Bundeskanzler, ist das eine verläßliche Politik für das Ausland, wenn es hierher schaut? Nicht nur Ihre Bundespartei, sondern auch Ihr eigener Landesverband ist inzwischen doch soweit nach links abgeglitten, daß Sie dort keine Mehrheit mehr haben. Sie mögen es als Trost empfunden haben – wir haben es als blanken Hohn empfunden –, wenn der Bürgermeister von Hamburg, Herr von Dohnanyi, dieses Ergebnis dann als eine Panne bezeichnet hat. Meine Damen und Herren, das alles ist doch kein Einzelfall. Was in Hamburg geschehen ist, geschah zuvor in Schleswig-Holstein, im Saarland, in München, in Baden-Württemberg.

Sie sprachen von Vertrauen im Ausland für uns. Sie waren dafür, daß wir Gemeinsamkeit pflegen. Nun, Herr Bundeskanzler, ich habe von Ihnen in diesen Tagen kein Wort gehört, als gerade vor zwei Tagen Ihr Präsidiumsmitglied – das sage ich jetzt dem stellvertretenden Parteivorsitzenden der SPD, Helmut Schmidt – Erhard Eppler hier in Bonn zu neuen Demonstrationen gegen den amerikanischen Präsidenten aufgerufen und – wörtlich – „den Gegendruck von der Straße her" gefordert hat. Herr Bundeskanzler, das ist doch die Politik Ihrer eigenen Partei. Sie vertreten mit Ihren Meinungen doch gar nicht mehr Ihre eigene Partei. Dieser törichte und für die Republik lebensgefährliche Antiamerikanismus ist doch vom äußersten linken Flügel längst in die Sozialdemokratische Partei Deutschland eingewandert...

Meine Damen und Herren, ein wahres Miraculum ist ja nun die Haltung der Kollegen von der FDP in diesen Wochen. Da sitzt vor mir der von mir besonders geschätzte Kollege Hoppe. Der sagte hier von dieser Stelle vor 14 Tagen – es war offensichtlich gar keine schlechte Rede, denn im Deutschen Fernsehen konnte man dann erfahren, daß der Kanzler ihn dafür gerügt hat – wörtlich auf meine Frage:

Die Freien Demokraten werden auf ihrer Position beharren, die da lautet: Wer beschäftigungswirksame Maßnahmen über Kredite oder Steuererhöhungen finanzieren will, gefährdet die Grundlage solider Finanzpolitik.

Was Herrn Hoppe billig ist, ist Graf Lambsdorff natürlich recht. Der sagte in der gleichen Debatte einen Tag später, er sei nach gründlicher Diskussion zu dem Ergebnis gekommen, daß die Nachteile der Steuererhöhungen die Vorteile überwiegen, wenn eine auf das Jahr 1982 beschränkte Investitionszulage durch eine Mehrwertsteuererhöhung um einen Punkt finanziert werde.

Meine Damen und Herren, natürlich macht es mir Freude, den Herrn Hoppe und den Kollegen Lambsdorff anzusprechen, aber es macht mir natürlich auch Freude, den Kollegen Genscher anzusprechen. Herr Kollege Genscher, es darf doch bei einer solchen Gelegenheit wenigstens gefragt werden, was sich ereignet hat, daß all das, was Sie in den letzten Wochen sagten und was eine so breite, sympathische Zustimmung bei uns gefunden hat, jetzt nicht mehr gilt. Da sagten Sie im August, daß Ausgabeminderung der bessere Weg ist als Einnahmenerhöhung. Da kann ich nur sagen: ganz richtig. Da sagten Sie im Oktober: „Wir mußten verhindern" – das war natürlich auf die Sozialdemokraten mit ihren linken Umtrieben gemeint –, „daß weitere Steuererhöhungen kommen. Wir mußten verhindern, daß ein kostenaufwendiges, in der Sache unwirksames Beschäftigungsprogramm vorgelegt wird."

Dann sagten Sie, Herr Kollege Genscher – das war im November –, in der gegenwärtigen Lage würden alle staatlichen Beschäftigungsprogramme allenfalls ein Strohfeuer sein. Dann sagten Sie, Herr Kollege Genscher – ich zitiere Sie wirklich wörtlich; wer uns beide kennt weiß auch, ohne jeden Soupcon – – Ja doch, natürlich, das ärgert Sie an der SPD. Aber ich sage es trotzdem. Da sagten Sie: „Die FDP vertritt die Linie des wirtschaftlichen Sachverstands in unserem Land." Herr Kollege Genscher, bei dem was heute vorliegt, frage ich Sie: Welcher wirtschaftlicher Sachverstand gilt? Der vom August? Der vom Oktober? Der vom November? Der vom Januar? Der vom Februar? Aber das Jahr hat 12 Monate, meine Damen und Herren. – Herr Kollege Genscher, damit kein Zweifel aufkommt: Die Mehrheit der SPD-Fraktion hat an diesem Beifall eben mehr Freude gehabt, als Sie...

Herr Bundeskanzler, Sie verpfänden dabei nicht nur Ihre Amtsautorität, sondern auch Ihre persönliche Autorität. Nach vielen Rücktrittsdrohungen haben Sie sich jetzt entschlossen, diesen Antrag im Bundestag zu stellen. Ich frage

Sie: Was bezwecken Sie damit? Das Votum, das Sie heute anstreben, wird Ihnen die Regierungsarbeit in Wahrheit nicht leichter machen. Der Erkenntniswert dieser Abstimmung ist gleich null. Da die Geschäftsordnung des Bundestags bei der Abstimmung über die Vertrauensfrage eine geheime Abstimmung nicht vorsieht, werden sich ihre Gegner in der eigenen Partei leicht bedeckt halten können. Deshalb werden Sie auch heute nicht mehr erfahren als das, was die Mitglieder Ihrer Fraktion schon am Mittwochabend dem Deutschen Fernsehpublikum erklärt haben: daß Sie auch weiterhin und auf jeden Fall an der Macht bleiben wollen. Das ist es, um was es heute geht.

Dennoch besteht zwischen Ihrer Vertrauensfrage und dem Maßnahmenkatalog ein Zusammenhang. Es ist doch offenkundig – und Sie wußten das – daß Sie weder in Ihrem Kabinett noch in Ihrer Fraktion mit Ihren wirtschafts- und arbeitsmarktpolitischen Vorstellungen überzeugen können. Sie selbst sind ja auch nicht davon überzeugt; denn sonst hätten Sie das, was Sie jetzt tun, nicht noch vor kurzer Zeit als blanken „Aktionismus" bezeichnet. Deshalb müssen Sie mit Ihrem Rücktritt drohen. Deshalb haben Sie bei den Programmberatungen Ihre Fraktion übergangen und setzen Sie sie jetzt mit der Vertrauensfrage unter Druck. Natürlich werden Sie auch das leugnen. Aber wir haben das ja alles in diesen Tagen miterlebt.

Es ist klar – meine Reverenz dazu –: Die Einpeitscher in den beiden Fraktionen haben natürlich auf den heutigen Tag ganze Arbeit geleistet. Die Propagandaabteilungen von SPD und FDP werden morgen diesen „Erfolg" hinausposaunen. Aber, meine Damen und Herren, der Umweg über die heutige Abstimmung bringt Ihnen gar nichts! Herr Bundeskanzler, er täuscht ein Vertrauen vor, das Sie für den konkreten Inhalt Ihrer Politik in Ihrer eigenen Fraktion und Partei längst nicht mehr besitzen. Wie wollen Sie denn draußen den Menschen Vertrauen geben, den Unternehmern und den Arbeitnehmern, den Selbständigen, den Menschen, die noch Arbeit haben, und jenen, die dringend Arbeit suchen? Sie haben das Vertrauen der Mehrheit der Deutschen nicht nur enttäuscht; Sie haben es verloren.

Ihr Taktieren mit der Vertrauensfrage nützt weder Ihnen, noch nützt es dem Land; denn die Lage ist zu ernst, als daß Sie mit solchen Manövern zu meistern wäre. Eine schwache Regierung, die nur noch ein Ziel hat, nämlich in den Sesseln zu bleiben, deprimiert das Land. Das Land braucht eine Regierung, die die Wahrheit sagt, die Mut hat, die das Notwendige tut. Das Land, unsere Bundesrepublik Deutschland, braucht eine Regierung, die Vertrauen verdient. Ihre Regierung verdient dieses Vertrauen nicht!"

Für die SPD-Fraktion erklärte der SPD-Parteivorsitzende **Willy Brandt** unter anderem:

„Wer hier für seine Partei und Fraktion spricht, hat der Öffentlichkeit klarzumachen, wie er und seine politischen Freunde zu dem vom Bundeskanzler erbetenen Vertrauensvotum stehen. Wir Sozialdemokraten und unsere Bundestagsfraktion – für die gesamte Sozialdemokratische Partei Deutschlands – sagen dazu: Ja, der Bundeskanzler hat unser Vertrauen.

Nun hat niemand von uns erwartet, daß Herr Kohl bekanntgeben würde, seine Fraktion werde auch ja sagen oder sich der Stimme enthalten. Doch niemand hätte sich der Illusion hingeben dürfen, er könne uns auseinanderdividieren und uns daran hindern, unser Vertrauen in namentlicher Abstimmung – die ich beantrage, Herr Präsident – auszusprechen.

Sie werden, verehrte Kolleginnen und Kollegen der Unionsparteien, zur Kenntnis zu nehmen haben: Unser Vertrauen ist eindeutig, und es ist einmütig. Wir verbinden damit den Wunsch, daß der Bundeskanzler seine verdienstvolle und aufopfernde Arbeit an der Spitze der Bundesregierung im Interesse der breiten Schichten unseres Volkes noch lange fortsetzen möge...

Die Regierung der sozialliberalen Koalition verfügt durch den Wählerentscheid im Herbst 1980 über eine klare Mehrheit. Diesmal dient die Vertrauensfrage offenkundig dem Ziel, die volle Handlungsfähigkeit der Regierung vor der deutschen, europäischen und internationalen Öffentlichkeit unter Beweis zu stellen und, indem wir dies tun, verehrte Kolleginnen und Kollegen, die von der Opposition und von Teilen der veröffentlichten Meinung genährten Zweifel nachdrücklich zu widerlegen...

Für meine Partei und für meine Fraktion will ich sagen: Wenn wir deutschen Sozialdemokraten dem Bundeskanzler Helmut Schmidt unser Vertrauen nach Artikel 68 des Grundgesetzes bestätigen, unterstreichen wir zugleich den Wunsch und den politischen Willen, die bewährte Zusammenarbeit mit den Freien Demokraten, also die sozialliberale Koalition, fortzusetzen. Damit haben uns die Wähler beauftragt, und wir haben weder die Absicht noch hätten wir das Recht, von diesem Wählerauftrag davonzulaufen. Es gibt dazu keine vernünftige Alternative. Und für mich hat das, was mein Vorredner beizutragen hatte, diese Erkenntnis bestätigt...

Nachdem sich der Bundeskanzler entschlossen hat, dem Bundestag die Vertrauensfrage zu stellen, ist es für seine Partei und Fraktion eine selbstverständliche Pflicht, ihm vor dem eigenen Volk und zugleich vor der europäischen und internationalen Öffentlichkeit zu bekunden: Jawohl, der Bundeskanzler Helmut Schmidt hat unser Vertrauen."

Der FDP-Fraktionsvorsitzende **Mischnick** erklärte zu dem Antrag des Bundeskanzlers unter anderem:

„Weil wir Freien Demokraten zur Regierung Schmidt/Genscher und zur Regierungserklärung vom 24. November 1980 stehen, stimmen wir dem von Ihnen, Herr Bundeskanzler, gestellten Vertrauensantrag zu. Ich bin überzeugt: Wenn die Abstimmung gewesen ist, werden sich die Nebelgespinste aus der Gerüchteküche der letzten Tage und Wochen in Nichts auflösen...

Weil dies alles so ist, haben wir heute eine Vertrauensabstimmung. Dazu hat es zweifelnde Stimmen aus dem Lager der Opposition gegeben. Ich kann dazu nur sagen, daß es für die parlamentarische Demokratie gewiß besser ist, unnötige Spekulationen möglichst im Keim zu ersticken, als eine notwendige Auseinandersetzung zu verhindern, wie es durch die Union im Jahr 1966 geschah, als die Forderung, Erhard solle den Vertrauensantrag stellen, durch die Union nicht mitgetragen worden ist und der Vertrauensantrag nicht gestellt worden ist...

Wir haben den Wahlkampf 1980 mit dem Ziel geführt, die Regierung Schmidt/Genscher fortzusetzen. Der Wähler hat uns dazu den Auftrag gegeben; wir erfüllen diesen Auftrag. Damit haben wir gewollt Verantwortung übernommen. Wir werden uns weiter bemühen, dieser Verantwortung gerecht zu werden. In sonnigen Zeiten Verantwortung zu tragen bringt selten Probleme mit sich. Wir sind auch bereit, in schwierigen Zeiten Verantwortung zu tragen. Wir zieren uns nicht, wenn es wenig Lob, aber viel Kritik gibt, weil wir zu dem stehen, was wir im Interesse dieses Landes für notwendig halten.

Mit diesem Ja unterstreichen wir unsere unveränderte Auffassung, daß die auf der Grundlage des Regierungsprogramms von 1980 von der Regierung Schmidt/Genscher postulierte Politik von uns konsequent fortgesetzt wird. Deshalb ist unser Ja auch ein Ja zu dem im Zusammenhang mit dem Jahreswirtschaftsbericht vorgelegten Paket von Maßnahmen. Wir stehen dazu; wir wollen sie schnellstmöglich umsetzen.

Ich habe mit Interesse gelesen, daß fünf Kollegen der FDP-Fraktion nicht zugestimmt hätten, und das sei doch prozentual sehr viel, mehr als beispielsweise in der SPD. Dazu kann ich nur sagen: Von den fünf haben vier erklärt: Wir werden im Plenum dem Paket auf jeden Fall zustimmen, weil wir die Gesamtpolitik unterstützen und unsere persönlichen Bedenken in Einzelfragen zurückstellen. Das heißt, die Kollegen wissen durchaus zwischen dem, was in Einzelfragen an Bedenken schwerwiegend sein kann, und dem zu unterscheiden, was im Gesamtkonzept als Paket von Maßnahmen im Gesamtinteresse notwendig ist.

Ich kann nur hoffen, daß die so oft geschworene gemeinsame Verantwortung von Bund und Ländern – wir wissen, daß wir den Bundesrat für bestimmte Dinge brauchen –, bei den praktischen Entscheidungen sichtbar wird. Das gilt auch für uns, für die Fortsetzung der Haushaltspolitik auf der Grundlage der Operation '82. Wir unterstützen insbesondere die Bundesregierung dabei, die staatliche Neuverschuldung allmählich, stetig und nachhaltig zu verringern und deshalb Subventionen, Finanzhilfen, Steuervergünstigungen und sonstige Leistungen auch mit dem Ziel zu überprüfen, die wachstumsfördernden Impulse des Haushalts zu verstärken.

In gemeinsamen Anstrengungen haben wir im Dezember 1981 10 Prozent des Haushalt umstrukturiert. Zusammen mit den Kabinettsbeschlüssen vom Mittwoch werden wir ein weiteres Investitionsvolumen im großen Umfang anregen. Die sozialliberale Koalition hat immer wieder bewiesen, daß sie auch unter schwierigen Umständen handlungsfähig ist. Gemeinsam werden wir die Arbeitslosigkeit bekämpfen und die internationale Wettbewerbsfähigkeit der Bundesrepublik Deutschland erhalten und ausbauen. Eine solide Reformpolitik ist heute genauso wichtig wie zur Zeit von Brandt und Scheel als Bundeskanzler und Außenminister.

Herr Bundeskanzler, die Freien Demokraten stehen zu Ihrer Koalitionsaussage, sie stehen zum gemeinsamen Regierungsprogramm. Wir stimmen dem Vertrauensantrag zu."

Kurz nach 17.00 Uhr wurde fristgerecht mit der Abstimmung begonnen. An der Abstimmung nahmen 493 der 497 vollstimmberechtigten Abgeordneten teil. Für den Antrag, Bundeskanzler Helmut Schmidt das Vertrauen auszusprechen, stimmten 269 vollstimmberechtigte Abgeordnete, mit „Nein" stimmten 224 Abgeordnete. Für die Annahme des Antrags des Bundeskanzlers, ihm das Vertrauen auszusprechen, ist die Zustimmung der Mehrheit der Mitglieder des Bundestages erforderlich. Der Präsident stellte fest, daß die erforderliche Mehrheit von 249 Stimmen erreicht und der Antrag des Bundeskanzlers, ihm das Vertrauen auszusprechen, damit angenommen war.

Mit dieser Abstimmung, die vom rein zahlenmäßigen Ergebnis her ein eindeutiger Vertrauensbeweis für Bundeskanzler Helmut Schmidt war, konnten die Probleme innerhalb der Sozialdemokratischen Partei und mit dem Koalitionspartner FDP jedoch keinesfalls aus der Welt geschaffen werden. Der Bundeskanzler und der FDP-Vorsitzende äußerten sich hierzu auch nach der Vertrauensfrage wiederholt in der Presse:

Bernd Kieffner in der *Westfälischen Rundschau* vom 8. Februar 1982
HELMUT SCHMIDT: SPD MUSS SICH GEWALTIG ANSTRENGEN, UM DIE REGIERUNG ZU BEHALTEN
Kanzler warnt vor endlosen Debatten: „Bürger hat die Schnauze voll"

Bundeskanzler Helmut Schmidt hat die SPD aufgerufen sich „gewaltig" anzustrengen, „daß wir die Regierung behalten und nicht abgeben an die, die uns ausliefern würden an fremde Entschlüsse". Auf dem außerordentlichen Parteitag des SPD-Bezirks Niederrhein sagte Schmidt gestern in Essen, wenn die SPD den Staat der CDU/CSU-Opposition ausliefere, sei die Bundesrepublik verstärkt der internationalen Wirtschaftskrise ausgesetzt. Zugleich bestehe die Gefahr, daß sich aus der „polnischen Tragödie" eine Weltkrise entwickele.

Mit drastischen Worten ging der Kanzler und stellvertretende Parteivorsitzende mit der SPD selbst ins Gericht. Die Bürger, sagte er, hätten die „Schnauze voll davon, daß sich die Sozialdemokraten miteinander herumstreiten". Die Partei habe mehr zu verlieren, „als nur Mandate". Schmidt: „Mein Gott, was für eine Papierpartei!" Die SPD sei aber im Kern eine Partei der Arbeitnehmer. Das müsse auch so bleiben. Sie sei natürlich auch offen für Intellektuelle und Akademiker. Sie brauche ein breites Bündnis, dürfe aber nicht die „Partei der intellektuellen Papiere werden, die die Arbeiter nur als Stimmen braucht".

Die Anziehungskraft der Sozialdemokratie werde um so größer sein, „je besser wir es verstehen, trotz der Vielfalt ein klares Profil von uns für die Außenstehenden zu geben". Tatsächlich jedoch habe es die Partei verstanden, ein Bild von sich zu zeichnen, „als wären wir zerstört". Die ganze Kraft, die hier verbraucht werde, brauche die Partei aber für die Bewältigung der schwierigen politischen Probleme. „Unsere Meinungsführerschaft ist verlangt und nicht ein endloses Gesabbel über Anträge."

Der Kanzler erklärte erneut, warum er im Bundestag die Vertrauensfrage gestellt habe. Ihm sei es vor allem darum gegangen, die Geschlossenheit des Regierungslagers nach innen und nach außen zu demonstrieren. Die „großartige" Geschlossenheit mache „Hoffnung".

Schmidt verteidigte zugleich das von der Bundesregierung beschlossene Beschäftigungsprogramm. Er räumte ein, daß er selbst statt der vorgesehenen Mehrwertsteuererhöhung lieber eine Ergänzungsabgabe für Höherverdiener gesehen hätte. Dies sei aber nicht machbar gewesen. Die Sozialdemokraten in der Verhandlungskommission hätten ihrerseits Vorschläge der FDP zurückgewiesen, die unter anderem auf Kürzung des Arbeitslosengeldes und die Einführung von 14 Karenztagen hinausliefen.

Süddeutsche Zeitung, München vom 8. Februar 1982 (Auszug)
IN DER BONNER KOALITION WIRKEN DIE MEINUNGSVERSCHIEDENHEITEN FORT

Kritische Äußerungen aus der SPD zum Beschäftigungsprogramm veranlassen FDP-Vorsitzenden Genscher zu Warnungen vor einem „Zerreden" des Regierungsbündnisses / Wehner mahnt zu Rücksichtnahme

Die bereits in den vertraulichen Koalitionsgesprächen aufgetretenen massiven Meinungsverschiedenheiten zwischen SPD und FDP über geeignete beschäftigungspolitische Maßnahmen wirken fort. Kritische Äußerungen aus der SPD an Einzelheiten des gemeinsam beschlossenen Programms veranlaßten am Sonntag den FDP-Vorsitzenden Hans-Dietrich Genscher zu der Warnung: „Wer dieses Programm zerredet, der zerredet Arbeitsplätze und der zerredet diese Koalition." Der SPD-Fraktionsvorsitzende Herbert Wehner schrieb eingedenk des im Koalitionskreis mühsam errungenen Kompromisses an die SPD-Bundestagsabgeordneten einen Brief mit der Bitte, bei Änderungswünschen an das Programm die Beziehungen zur FDP einzukalkulieren: „Bedenkt, daß man sich auch mit dem Koalitionspartner verständigen muß."

Genschers Interview im *Zweiten Deutschen Fernsehen* und Wehners Brief an die Fraktionskollegen machten am Sonntag in Bonn deutlich, daß die Koalitionsspitzen ihre internen Meinungsverschiedenheiten trotz des einstimmigen Vertrauensvotums für Bundeskanzler Helmut Schmidt nicht für ausgestanden halten. Der FDP-Vorsitzende wurde zu Äußerungen der sozialdemokratischen Minister Haack und Ehrenberg befragt, die Einzelheiten der Koalitionsbeschlüsse kritisch kommentiert hatten. Er könne nur erstaunt sein über das, sagte Genscher, „was wir aus der SPD wenige Stunden nach der Abstimmung im Bundestag gehört haben". Er wolle keinen Zweifel daran lassen, daß, wer das Programm zerrede, auch die Koalition zerrede. Die Freien Demokraten bekennen sich zu dem Programm, „und wir sind der Meinung, wer jetzt neue Zweifel und Unsicherheiten schafft, der trägt dazu bei, daß eine weitere Zurückhaltung bei Investitionen erfolgt". Auf die Frage, ob er glaube, die von der FDP im vergangenen Sommer eingeläutete „Wende" in der Wirtschafts- und Finanzpolitik mit der SPD weiter durchstehen zu können, antwortete Genscher: „Wenn die SPD zu dem steht, was vereinbart worden ist: Ja."

In seinem Brief an die SPD-Fraktionsmitglieder wertete Wehner die Vertrauensabstimmung als einen Beweis für Geschlossenheit und Handlungsfähigkeit der Koalition. Die Koalitionsverhandlungen über das Beschäftigungsprogramm seien „schwierige, streckenweise sogar sehr, sehr schwierige Arbeiten" gewesen. Nunmehr sei aber klar: „Hier wurde keiner zerrupft, hier ist niemand ‚umgefallen', hier wurde niemand herauskatapultiert'." Wehner schloß den Brief, dem die Beschlüsse der Regierung als Argumentationspapier angefügt sind, mit den handschriftlich hinzugefügten Worten: „Gemeinsam werden wir's schaffen!"

Wie Wehner so hat auch Bundeskanzler Schmidt die letzte Runde der Koalitionsgespräche letzte Woche als äußerst schwierig empfunden. Schmidt soll, wie jetzt bekannt wurde, sogar von den kritischsten Koalitionsverhandlungen während seiner Amtszeit gesprochen haben. Diese Einschätzung deckt sich mit Beobachtungen aus dem Kreis von Beteiligten, wonach in der Nacht zum vergangenen Mittwoch ein Auseinanderbrechen der Regierung nicht auszuschließen war. Erst in dieser Nacht hatte Schmidt – ohne vorher mit Genscher zu reden – sich entschlossen, die Vertrauensfrage im Bundestag zu stellen. Nach der Abstimmung am Freitagabend hatte Schmidt im Fernsehen erklärt, das Vertrauensvotum habe allen Angehörigen der Fraktionen von SPD und FDP ins Bewußtsein gerückt, daß ihre Streitereien gefährlich gewesen seien. „Für uns alle, auch für mich", sagte Schmidt bei dieser Gelegenheit, sei das ein Anlaß, etwas kooperativer miteinander umzugehen. Entschieden widersprach Wehner Vermutungen, die Vertrauensfrage sei gestellt worden, um die SPD-Fraktion zu disziplinieren oder die Freien Demokraten von „Abwanderungsgedanken" abzubringen.

Auch der SPD-Vorsitzende Willy Brandt verteidigte nachdrücklich den Kompromiß. Zwar könne „keiner immer ganz zufrieden sein". Die entscheidende Frage aus sozialdemokratischer Sicht sei aber gewesen, daß durch dieses Programm der Regierung demonstrativ deutlich gemacht worden sei, der Staat dürfe sich nicht aus seiner Mitverantwortung zurückziehen.

Schmidt selbst bezeichnete das Abstimmungsergebnis über die Vertrauensfrage im Bundestag als „großartig". Nach den „endlosen Verhandlungen" mit dem Koalitionspartner sei er über den Ausgang der Abstimmung „nicht ganz so sicher" gewesen. Sie sei jedoch nötig gewesen, um einen Schlußstrich unter die Diskussion der vergangenen Wochen und Monate zu ziehen.

Für die FDP ist es nach den Worten ihres Generalsekretärs Günter Verheugen unerläßlich, daß sich die beiden Koalitionsparteien zu den von der Regierung beschlossenen beschäftigungspolitischen Beschlüssen bekennen und sie auch zügig verwirklichen. Die Forderung Genschers nach „Ruhe an der Vorschlagsfront" gelte „jetzt erst recht", sagte Verheugen im Südwestfunk. Die Liberalen hätten es zwar vorgezogen, wenn die geplanten Maßnahmen durch weitere Einsparungen im Bundeshaushalt finanziert worden wären. Mit dieser Meinung stehe die FDP allerdings im Bundestag „sehr allein". Widersprüchliche Äußerungen aus der CDU/CSU hätten es auch äußerst ungewiß erscheinen lassen, ob derartige Vorstellungen in Bundestag und Bundesrat würden durchgesetzt werden können.

Für „überhaupt nicht mehr erstrebenswert" hält CSU-Generalsekretär Edmund Stoiber eine Koalition der Unionsparteien mit der FDP. Eine Wende in entscheidenden politischen Bereichen sei nur über eine absolute Mehrheit, notfalls erst 1984, zu erreichen. Die Freien Demokraten hätten im Zuge der Auseinandersetzungen um ein Beschäftigungsprogramm eine Politik „bodenloser Unmoral" betrieben.

Joachim Westhoff in der *Westfälischen Rundschau* vom 15. Februar 1982

ABSETZMANÖVER

Genschers Antwort auf die Vertrauensfrage

Hans-Dietrich Genscher hat mit öffentlich noch nicht erlebter Deutlichkeit die sozialliberale Koalition in Frage gestellt. Und damit nur ja niemand glaube, er habe es nicht so gemeint, hat er es gleich mehrfach getan. Die SPD konterte eher vorsichtig: Genscher habe zur Besorgnis keinen Grund. Die Sozialdemokraten stünden zu ihrem Wort.

Ist es soweit? Bereiten sich die Liberalen auf den immer wieder berufenen von Helmut Kohl so heiß ersehnten Wechsel vor? Könnte sein.

Aber es mag auch andere Gründe geben, die den FDP-Chef zu seinem Vorstoß bewogen haben.

1. Es ist anzunehmen, daß der Vizekanzler dem Kanzler weder die barsche Rücktrittsdrohung vergessen hat, noch dessen Weigerung, die Vertrauensfrage an das Beschäftigungsprogramm zu knüpfen. Den ersten Teil der Antwort gaben die Liberalen mit ihrem einstimmigen Ja im Bundestag – den zweiten Teil sparte sich ihr Vorsitzender für dieses Wochenende auf.

2. Nach der unverhüllten Ablehnung mit der Untergliederungen der SPD die Bonner „Gemeinschaftsinitiative" kommentierten, will Genscher seine FDP offenbar vor unliebsamen Überraschungen schützen, wenn es jetzt um die Formulierung gesetzgeberischer Details – etwa zum Mietrecht – geht.

3. In einem Jahr des Dauerwahlkampfs muß den Freidemokraten an einem Höchstmaß eigenen Profils gelegen sein.

Nur: Keiner dieser möglichen Beweggründe schafft die Tatsache aus der Welt, daß der FDP-Chef den ohnehin schweren Belastungen, denen die Koalition in letzter Zeit ausgesetzt war und mit Sicherheit in den kommenden Monaten ausgesetzt sein wird, ohne Not eine weitere hinzugefügt hat. Was immer an Absichten dahinterstand, und was immer auch folgen mag: Die Genscher-Drohungen dieses Wochenendes können sehr wohl als Absetzmanöver gewertet werden.

4. Der 27. SPD-Bundesparteitag in München

Neue Unruhe in die Koalition brachten die Beschlüsse des Münchener-Parteitags der SPD vom 19. bis 23. April 1982.

Die zusätzlichen Steuer- und Abgabeforderungen zur Bekämpfung der Arbeitslosigkeit und die Forderung nach umfassenderen staatlichen Lenkungseingriffen stellten sich im klaren Gegensatz zu den Absichten der Regierungskoalition. Die FDP lehnte diese Forderungen deshalb auch kategorisch ab.

Die vor allem im außen- und sicherheitspolitischen Bereich zutage getretenen tiefen Gegensätze wurden zwar durch Mehrheitsbeschlüsse zugunsten der Linie des Kanzlers entschieden, aber von einer wirklichen Überwindung dieser Gegensätze konnte trotz allseitiger Bemühungen keine Rede sein. Die Zustimmung zum vorläufigen weiteren Festhalten am Nato-Doppelbeschluß konnte nur mit massivem Einsatz der Regierungsmitglieder erreicht werden. Der Parteitag stellte sich damit jedoch keineswegs hinter eine Verwirklichung der westlichen Nachrüstung. Vielmehr ist diese Entscheidung gemäß dem Leitantrag der Parteiführung auf den Herbst 1983 vertagt worden. Danach erst soll im Lichte der Genfer Verhandlungsergebnisse geprüft werden, ob und in welchem Umfang die SPD der Aufstellung neuer amerikanischer Mittelstreckenwaffen zustimmen will.

Auch im Energiebereich prallten die unterschiedlichen Auffassungen innerhalb der SPD hart aufeinander. Der Leitantrag der Parteiführung sah ein zweijähriges Moratorium für den Bau neuer Kernkraftwerke vor. Diese Forderung war als Konzession und Beruhigungspille für die Kernkraftkritiker aufgenommen worden. Der Antrag wurde jedoch bei der Abstimmung im Plenum mit nur knapper Mehrheit abgelehnt.

Zu den Parteitagsbeschlüssen hier Auszüge aus Kommentaren der Deutschen Presse:

Volksblatt Berlin vom 23. 4. 1982

FDP-Generalsekretär Günther Verheugen meinte, nach den Entschließungen von München lägen die Grundpositionen der Koalitionspartner weit auseinander. Die FDP setze nicht auf Dirigismus, sondern auf die Kräfte des Marktes.

Hamburger Abendblatt vom 24. April 1982

Nach dem Münchner-SPD-Parteitag gehen die Freien Demokraten noch deutlicher als bisher auf Distanz zum Bonner Koalitionspartner. Für das krisengeschüttelte Regierungsbündnis zeichnen sich neue schwere Belastungen ab. Schon die nächsten Wochen, wenn SPD und FDP sich über den Bundeshaushalt 1983 einigen müssen, können den endgültigen Bruch bringen. Unverhüllt droht die FDP mit dem Ende der Koalition für den Fall, daß die SPD versuchen sollte, ihre in München gefaßten Beschlüsse zur Wirtschaftspolitik durchzusetzen.

‚Das werden wir nicht mitmachen! Jeder Versuch einer Umsetzung der SPD-Parteitagsbeschlüsse wird auf den entschiedenen Widerstand der Freien Demokraten treffen', bekräftigte Bundeswirtschaftsminister Otto Graf Lambsdorff (FDP) in einem Interview mit dem Hamburger Abendblatt.

Kommentar von *Jürgen W. Möllemann* in den *Westfälischen Nachrichten* vom 24. April 1982

Der Preis für diese Ergebnisse war hoch. Die wichtigsten Entscheidungen zur Wirtschafts-, Finanz- und Sozialpolitik, die angeblich die Arbeitslosigkeit mindern und bestehende Arbeitsplätze sichern sollen, würden – wollte man sie verwirklichen – das Gegenteil bewirken: es sind ‚Job-Killer'-Beschlüsse. Steuererhöhungen, weitere Staatsverschuldung, Investitionslenkung, weniger Markt und mehr Behördenapparat – das wird mit der FDP nicht laufen.

Frankfurter Allgemeine Zeitung vom 26. April 1982:

Bundeswirtschaftsminister Graf Lambsdorff (FDP) hat den sozialdemokratischen Koalitionspartner vor die Alternative gestellt, entweder den bisherigen wirtschaftspolitischen Kurs weiterzufahren oder aber einen Bruch des Bonner Regierungsbündnisses zu riskieren. Zu dem auf dem Münchener SPD-Parteitag beschlossenen Maßnahmenkatalog zur Belebung der Konjunktur sagte Lambsdorff auf dem rheinland-pfälzischen FDP-Landesparteitag in Vallendar: ‚Mit unserer Hilfe wird das, was in München wirtschaftspolitisch beschlossen worden ist, nicht zu machen sein!

Deshalb brauchen wir hier schnellstens Klarheit, daß die Koalition diese Vorschläge (der SPD in München) nicht in die Tat umsetzt, sondern vielmehr an dem festhält, was man sich gemeinsam vorgenommen hat.

Die Welt vom 29. April 1982:

Die Abgeordneten der FDP-Bundestagsfraktion haben sich auf einer mehrstündigen Klausursitzung – zu der keine Fraktionsangestellten zugelassen waren – mit der politischen Situation nach dem SPD-Bundesparteitag in München befaßt. Wie zuverlässig verlautete, wurde im Beisein des Parteivorsitzenden Genscher Kritik und Sorge vor allem über die SPD-Beschlüsse zur Steuer- und Arbeitsmarktpolitik deutlich. Bundeswirtschaftsminister Otto Graf Lambsdorff gab bekannt, daß ihn der frühere Wirtschafts- und Finanzminister Karl Schiller (SPD) angerufen und sich dabei von den Beschlüssen der SPD distanziert habe. Schiller habe die Bewertung ‚blanker Sozialismus' gefunden.

Bundeskanzler Schmidt reagierte auf diese Kritik aus der FDP mit einem Brief an Bundeswirtschaftsminister Otto Graf Lambsdorff.

Der *Bonner General-Anzeiger* meint hierzu in seiner Ausgabe vom 10. Mai 1982 (Auszug):

DER BUNDESKANZLER VERSUCHT DIE WOGEN IN DER KOALITION ZU GLÄTTEN

Lambsdorff Gespräch über Münchener Beschlüsse angeboten

Bundeskanzler Schmidt ist offensichtlich bemüht, die Wogen in der Koalition zu glätten und den Bonner Regierungspartner FDP davon zu überzeugen, daß die wirtschafts- und beschäftigungspolitischen Beschlüsse des Münchner SPD-Parteitages lediglich als Denkanstöße zu bewerten sind. Nach den heftigen, insbesondere von Bundeswirtschaftsminister Graf Lambsdorff (FDP) geführten Attacken gegen den von den Parteitagsdelegierten vorgezeichneten sozialdemokratischen Kurs bot der Kanzler in einem am Wochenende bekanntgewordenen Brief an Lambsdorff dem Vernehmen nach eine offene Aussprache über den wirtschafts- und finanzpolitischen Kurs der Koalition an.

In Bonner Regierungskreisen wurde das Schreiben als im Ton „sehr freundlich" bezeichnet. Nähere Einzelheiten wurden allerdings nicht mitgeteilt. Ungeachtet des Gesprächsangebotes von Schmidt ging die koalitionsinterne Auseinandersetzung über den richtigen Weg zur Konsolidierung der Staatsfinanzen sowie zur Überwindung der Arbeitslosigkeit jedoch auch am Samstag und Sonntag weiter und wurde von führenden Unions-Politikern zur Aufforderung an die Freien Demokraten genutzt, das Bonner Bündnis mit den Sozialdemokraten aufzukündigen.

Nach Meinung des CSU-Politikers Zimmermann ist ein Regierungswechsel im Juni möglich. Im Süddeutschen Rundfunk sagte er, zehn Tage nach der Hamburger Bürgerschaftswahl am 6. Juni sei für die Regierenden bei der Grundsatzentscheidung über den Bundeshaushalt 1983 eine „ganz hohe Hürde" aufgebaut. Wenn sich die Koalition auch dann noch weiterschleppen sollte, dann sei der 26. September mit der Landtagswahl in Hessen das Datum, an dem das Sich-Hinschleppen wirklich ein Ende haben werde. An die Adresse der FDP warnte er, irgendwann nach der Hessen-Wahl komme der Zeitpunkt, da die Union nicht mehr bereit sein werde, die Initiative zu einem Regierungswechsel zu ergreifen.

5. Regierungsumbildung am 28. April 1982

Bundesfamilienministerin Antje Huber leitete am 6. April 1982 vorzeitig die erwartete Kabinettsumbildung durch ihren Rücktritt ein. Schon nach den Sommerferien 1981 tauchten erste Gerüchte über Rücktrittsabsichten der Ministerin auf, die aber jeweils unverzüglich dementiert wurden.

Die *Süddeutsche Zeitung* vom 12. September 1981 (Auszug):
ANTJE HUBER ERHÄLT MEHR KOMPETENZEN
Bundeskanzler Schmidt wendet Rücktrittswunsch der Gesundheitsministerin ab

Die Bundesministerin für Jugend, Familie und Gesundheit Antje Huber (SPD), wird einige Aufgabenbereiche aus dem Arbeits- und Sozialministerium ihres Parteifreundes Herbert Ehrenberg übernehmen. Diese Zusage und die Bitte des Bundeskanzlers, sie möge im Kabinett bleiben, haben Frau Huber bewogen, nicht von ihrem Amt zurückzutreten, obwohl sie dazu fest entschlossen war. Helmut Schmidt hat sich inzwischen in einem Gespräch mit dem SPD-Vorsitzenden Willy Brandt und dem SPD-Fraktionsvorsitzenden Herbert Wehner Klarheit über Wehners Absichten verschafft. Es wird angenommen, daß Wehner noch einmal kandidiert, obwohl die Ärzte ihm geraten haben, sich von dem Amt des Fraktionsvorsitzenden zurückzuziehen.

Den dennoch unerwarteten Rücktritt von Frau Huber kommentierte die Presse wie folgt:

Maximillian Kölmbach in den *Stuttgarter Nachrichten*
vom 8. April 1982 (Auszug):
KANZLERS KABINETTS-KARUSSELL KOMMT JETZT IN FAHRT
Helmut Schmidt mochte der einzigen Frau in seiner Regierung keinen politischen Persilschein ausstellen

Antje Huber, einzige Frau im Bonner Kabinett, blieb zumindest an ihrem letzten Arbeitstag ihrem ministeriellen Genre treu: Exakt am Weltgesundheitstag überreichte die Gesundheitsministerin ihrem Kanzler das Rücktrittsschreiben. Schlagzeilen wie heute waren der 57jährigen glanzlosen Politikerin bislang nicht beschieden. Mangelnde Fortune in der Kindergeldpolitik, ihre vielkritisierte Farblosigkeit und „Großmutterart" machten ihr den Abschied leicht – zumal Schmidt Meldungen über eine Ablösung Antje Hubers nicht dementieren mochte. „Nichts Neues" aus Kanzlers Personalküche wußte jüngst Regierungssprecher Becker zu verkünden. Nun ist Schmidts Kabinetts-Karussell von selbst in Fahrt geraten.

Der Rücktritt schlug gestern in Bonn wie eine Bombe ein. Plötzlich stand da nicht nur Antje Huber (von der bekannt ist, daß ihr 1981 ein Rücktrittsersuchen kühl abgelehnt wurde) im Mittelpunkt, sondern gleich tauchten auch andere Namen von Rücktritts-Kandidaten auf: Herbert Ehrenberg, Kurt Gscheidle, Hans Matthöfer... – eben all die Namen, die vor wenigen Tagen noch bei den Spekulationen um eine Kabinettsumbildung der Regierung Schmidt/Genscher genannt worden waren. Vor allem stellte sich den Mitarbeitern in Bundespresseamt, Kanzleramt und auch in der SPD-Baracke immer wieder die Frage von Journalisten, ob Frau Hubers Rücktritt nicht eine „Personal-Lawine" auslösen könnte und Schmidt sein Kabinetts-Revirement unfreiwillig vorziehen müßte. Doch Antworten blieben zunächst aus. Der Schritt Antje Hubers hatte offensichtlich die Regierungs- und Parteispitze völlig überrascht, auch wenn der Kanzler die Demission unverzüglich annahm.

Sicher ist jedenfalls bis jetzt nur eines: Die zum Ärger Schmidts vorzeitig in die Öffentlichkeit gedrungene Absicht, das Kabinett umzubilden, hatte wesentlich zur politischen Verunsicherung innerhalb der gesamten Ministerriege beigetragen.

TÄGLICH IN DEN MEDIEN: HUBER IST „ABSCHUSSKANDIDAT"

Und fast tagtäglich konnte Frau Huber den Zeitungen entnehmen: Sie gehöre zu den sichersten „Abschuß-Kandidaten" des Kanzlers. Weil Schmidt da nichts dementieren mochte und selbst gestern in einem Vier-Augen-Gespräch hart blieb, zog die Ministerin nun verärgert die Konsequenz: Enttäuscht vom Taktieren Schmidts, genervt von den anhaltenden Spekulationen um ihr Amt trat sie zurück.

Daß die Ministerin in der Partei unter den Kanalarbeitern eine erkleckliche Hausmacht hat, brachte ihr im Kabinett nichts ein. Ihr blasses Auftreten, ihre mangelnde Energie waren zu schwach, um sich gegenüber Widersachern in den Reihen der Kabinetts-Sparkommissare – etwa Verteidigungsminister Apel in Sachen Kindergeld-Kürzung – zur Wehr zu setzen.

Für Schmidt brachte der Rücktritt zugleich trotz aller Überraschung einen Vorteil. Denn als die Demission bekannt wurde in Bonn, hatten sich die Mächtigen in Regierung und Parteien schon längst auf die Eiersuche zu Ostern vorbereitet und ihren Urlaub angetreten. Einhellige Meinung unter den Beobachtern in Bonn: Das könnte dem Kanzler über Ostern hinaus Luft verschaffen. Denn die Feiertage bremsen erst einmal alle sonst möglichen politischen Turbulenzen und Personal-Querelen ab. „Es sieht ganz so aus, als wenn Schmidt seinen Plan, das Revirement erst nach dem Parteitag durchzuziehen, doch einhalten kann", war zu hören. Zumindest mit ihrer Terminplanung hat Antje Huber dem Kanzler noch einen Dienst erwiesen.

Dem Rücktritt der Bundesministerin für Jugend, Familie und Gesundheit folgte am 28. April 1982 die Umbildung des Kabinetts Schmidt/Genscher.

Mit Schreiben vom 28. April 1982 teilte der Bundespräsident dem Präsidenten des Deutschen Bundestages die Regierungsumbildung mit:

Der Bundespräsident   Bonn, den 28. April 1982

An den
Präsidenten des
Deutschen Bundestages
Herrn Richard Stücklen
Bundeshaus
5300 Bonn

Sehr geehrter Herr Präsident!

Gemäß Art. 64 Abs. 1 des Grundgesetzes für die Bundesrepublik Deutschland habe ich heute auf Vorschlag des Herrn Bundeskanzlers

den Bundesminister für Arbeit und Sozialordnung,
Herrn Dr. Herbert *Ehrenberg,*

den Bundesminister für Jugend, Familie und Gesundheit,
Frau Antje *Huber*

sowie

den Bundesminister für das Post- und Fernmeldewesen,
Herrn Kurt *Gscheidle,*

aus ihren Ämtern als Bundesminister entlassen

und

Herrn Bundesminister Hans *Matthöfer*
zum Bundesminister für das Post- und Fernmeldewesen,

Herrn Staatssekretär Manfred *Lahnstein*
zum Bundesminister der Finanzen,

Frau Anke *Fuchs*
zum Bundesminister für Jugend, Familie und Gesundheit

sowie

Herrn Heinz *Westphal*
zum Bundesminister für Arbeit und Sozialordnung

ernannt.

Mit vorzüglicher Hochachtung

Karl Carstens

Die Presse kommentierte die Regierungsumbildung mit „Von Aufbruch nicht zu spüren – Keine Begeisterung in der deutschen Öffentlichkeit – Kein Meisterstück –":

Klaus Dreher in der *Süddeutschen Zeitung* vom 28. April 1982 (Auszug):

VON AUFBRUCH NICHTS ZU SPÜREN

Helmut Schmidts Kabinettsumbildung weist so deutlich die Handschrift ihres Urhebers auf, daß man sich fast wundern muß, etwas anderes erwartet zu haben. Womöglich schwebte dem Bundeskanzler sogar eine Zeitlang vor, sich mit einem „großen Wurf" Luft zu verschaffen, wozu ihn seine Ratgeber und die Partei zu inspirieren versuchten. Aber am Ende kehrte Schmidt zu dem Muster zurück, nach dem er schon sein erstes Kabinett gebildet hat. Er sieht in seiner Umgebung gern solide, gestandene Leute, die ihr Handwerk verstehen, lieber gehobenes Mittelmaß als glänzende Begabungen, und je vertrauter die Gesichter sind, in die er blickt, desto lieber sind sie ihm.

Mit der Kabinettsumbildung hat der Bundeskanzler nahezu alle Möglichkeiten erschöpft, die ihm nach der Verfassung und den politischen Umständen zur Verfügung stehen, um in zunehmender Bedrängnis die SPD an der Macht zu halten. Dazu gehörte auch, bei der Haushaltskonsolidierung und dem Beschäftigungsprogramm bis an die Grenzen des Kompromisses mit dem Koalitionspartner zu gehen und mit der Vertrauensfrage die Parlamentsmehrheit an seine Seite zu zwingen. Solche Kraftproben sind nicht unbegrenzt wiederholbar. Zu oft sah sich Schmidt dabei genötigt, offen oder versteckt mit seinem Rücktritt zu drohen, als daß er nicht gewärtigen müßte, irgendwann einmal beim Wort genommen zu werden. Schon beim nächsten oder übernächsten Mal kann er das Opfer werden, wenn er den Bogen überspannt.

Neue Züricher Zeitung vom 29. April 1982

SCHMIDTS NEUES KABINETT – DAS „LETZTE AUFGEBOT"?

Keine Begeisterung in der deutschen Öffentlichkeit

Die inzwischen nun komplett bekanntgewordene Umbildung von Bundeskanzler Schmidts Ministerrunde hat nirgendwo in der deutschen Öffentlichkeit Begeisterung ausgelöst. Wenn Schmidt ursprünglich mit diesem Revirement ein Signal für eine kraftvolle *innere Erneuerung* seiner angeschlagenen Regierung setzen wollte, so ist dieser Effekt durch wochenlanges Gerede und Zögern gründlich verscherzt worden. Auch zeigt die neue Ministerliste allzu offensichtlich, daß eine ganze Reihe von Ressorts bei weitem nicht optimal besetzt werden konnten, weil verschiedene führende Köpfe in der SPD – die Rede ist in diesem Zusammenhang insbesondere von *Horst Ehmke* und *Hans-Jochen Vogel* – aus mancherlei Gründen nicht bereit waren, dem Ruf des Kanzlers Folge zu leisten. Ebensowenig ist die Neubesetzung von Schlüsselposten durch frühere Amtsinhaber – wie im Falle des Kanzleramtsministers und des Regierungssprechers – geeignet, inspirierende Vorstellungen von einem Neuanfang zu wecken. Kein Wunder deshalb, wenn in den Kommentaren zu Schmidts neuer Kabinettsliste immer wieder vom „letzten Aufgebot" die Rede ist.

Die wichtigste Umbesetzung betrifft das Finanzministerium. Entgegen den Wünschen des Bundeskanzlers war der bisherige Ressortchef Hans Matthöfer aus gesundheitlichen Gründen nicht mehr bereit, auf diesem schwierigen und aufreibenden Posten auszuharren. Schmidt konnte sich die weitere Mitarbeit dieses tüchtigen Politikers im Kabinett nur dadurch sichern, daß er ihm das offenbar weniger strapaziöse Postministerium anbot. Dessen bisheriger Verwalter, *Kurt Gscheidle,* zieht sich angeblich – und paradoxerweise – ebenfalls aus Gesundheitsgründen von diesem Posten zurück. Matthöfers Nachfolger im Finanzministerium wird der bisherige Kanzleramtschef *Manfred Lahnstein.* Der 44jährige Finanzfachmann war bereits vor seiner Berufung in den engsten Mitarbeiterstab des Regierungschefs Staatssekretär in Matthöfers Ressort gewesen. Gegen seine Berufung als neuer Finanzminister haben sich innerhalb der SPD aber einige Widerstände geregt: erstens weil man ihn politisch eher zum *rechten* Parteiflügel rechnet und zweitens weil er kein Bundestagsmandat hat. Ohne persönlichen Rückhalt in der Fraktion wird Lahnstein – anders als der auch politisch sehr eigenständige Matthöfers – somit völlig von der Rückendeckung Schmidts abhängig sein. Gegen den neuen und den alten Finanzminister läuft übrigens im Zusammenhang mit den unbereinigten Parteispendenaffären weiterhin ein Ermittlungsverfahren wegen *Bestechungsverdachts.* Schmidt scheint dem Ausgang dieser Angelegenheit ziemlich zuversichtlich entgegenzublicken, sonst hätte er Matthöfer und Lahnstein schwerlich in seinem Kabinett behalten.

Nachfolger Lahnsteins als Chef des Bundeskanzleramts wird der bisherige Staatssekretär im Verkehrsministerium, *Gerhard Konow.* Der parteilose Manager hatte schon in früheren Jahren unter Schmidt wichtige Funktionen in der Zentrale des Regierungschefs ausgeübt, außerdem war er unter Hans-Jochen Vogel für kurze Zeit Berliner Senator für Bundesangelegenheiten. An seinen früheren Platz als Minister im Kanzleramt kehrt der im Partei- und Regierungsapparat gleichermaßen erfahrene „trouble-shooter" Hans-Jürgen Wischnewski zurück. Sein Vorgänger *Huonker* wechselt zur Unterstützung Lahnsteins als Staatssekretär ins Finanzministerium. Nachfolger des bisherigen glücklosen Arbeitsministers *Ehrenberg* wird der SPD-Bundestagsabgeordnete *Heinz Westphal.* Obwohl Ehrenberg sich in jüngster Zeit verschiedene Schnitzer geleistet hat, wird seine Ablösung von den Gewerkschaften mit einigem Stirnrunzeln registriert. Für die schon vor drei Wochen aus Protest über Schmidts Hinhaltetaktik bei der Kabinettsumbildung zurückgetretene Familienministerin Antje Huber übernimmt *Anke Fuchs* die Ressortleitung. Manche Kommentatoren sprechen in diesem Zusammenhang von der notorischen *„Alibi-Frau"* im sonst exklusiven Bonner Männerkabinett. Frau Fuchs machte bei ihren bisherigen Auftritten als Staatssekretärin im Arbeitsministerium oder als redegewandte SPD-Sprecherin für Wirtschafts- und Sozialfragen allerdings nicht den Eindruck, als würde sie sich mit einer bloß dekorativen Rolle zufriedengeben.

Wie berichtet, kehrt der frühere Regierungssprecher Klaus Bölling auf seinen alten Bonner Posten zurück. Dem bisherigen Amtsinhaber *Kurt Becker* brandet in diesen Tagen aus der Presse wegen der unwürdigen Art seiner Verdrängung eine ungewöhnliche Sympathiewelle entgegen. Der gradlinige Becker war auf seinem schwierigen Posten, den er nur knapp anderthalb Jahre bekleidete, trotz einigen Ungeschicklichkeiten zweifellos wesentlich besser, als seine zahlreichen Kritiker in der Journalistenzunft und namentlich in der SPD-Fraktion wahrhaben wollten. Manche Leute scheinen vergessen zu haben, welche Glanzleistung er während des Breschnew-Besuches vom vergangenen Herbst in Bonn geboten hatte, als er den hemdsärmligen Informationschef des Kreml, *Samjatin,* bei den gemeinsamen Pressekonferenzen durch überlegene Sachlichkeit glatt an die Wand spielte. Beckers Vorgänger und Nachfolger Bölling mangelt es unbestrittenermaßen weder an gekonnter Beredsamkeit noch an Erfahrung, doch ist über seine Rückkehr mit Recht bemerkt worden, daß auch der beste „Verkäufer" einer Regierung nicht helfen kann, die nichts Überzeugendes anzubieten hat.

Im übrigen wird im Zusammenhang mit diesem Manöver daran erinnert, daß auch Bundeskanzler *Adenauer* 1956 seinen früheren Regierungssprecher Felix von Eckhardt wieder auf diesen Posten zurückgeholt habe. Weiter wissen die Chronisten zu berichten, daß Adenauer anderthalb Jahre später einen triumphalen Wahlsieg errang, bei dem die CDU/CSU zum ersten und bisher einzigen Mal in der Geschichte der Bundesrepublik die absolute Mehrheit im Parlament verbuchen konnte. Selbst Optimisten in der Umgebung Schmidts rechnen allerdings nicht damit, daß sich durch die Neuberufung des alten Regierungssprechers ein gleiches Wunder auch für die SPD ereignen könnte. Nachfolger Böllings als ständiger Vertreter Bonns in Ostberlin wird der Diplomat und Deutschlandexperte *Hans Otto Bräutigam*.

Rolf Zundel in *Die Zeit* vom 30. April 1982 (Auszug)
ENDLICH VORBEI
Die Kabinettsumbildung: Kein Meisterstück

Vor dem Hintergrund des monatelangen Geredes und Geraunes hätte sich jedes Revirement ärmlich ausgenommen. Selbst wenn das Kabinett mit faszinierenden Figuren neu bestückt worden wäre, das Ergebnis hätte kaum mit den Erwartungen Schritt halten können. Das gilt erst recht für das „Löcherstopfen", zu dem die Kabinettsumbildung jetzt gediehen ist. Auch Wohlwollende vermögen darin keinen Neuanfang zu erblicken; es ist eine Umbesetzung ohne überzeugendes politisches Muster, passabel unter den schwierigen Umständen, aber es bleibt eine Notoperation.

Ein schneller und radikaler Schnitt, so lehrt die Erfahrung, macht Revirements erfolgreich, beweist die politische Kraft des Regierungschefs. Auch dann bleiben Wunden zurück, aber sie sind leichter zu ertragen als jene Beschädigungen, die jetzt eingetreten sind, weil die Hälfte der SPD-Minister auf offenem Markt als Versager gehandelt wurde. In dem manchmal ziemlich konfusen Entscheidungsprozeß ist die Fürsorgepflicht sträflich vernachlässigt worden.

Sucht man ein politisches Muster im Revirement, so drängen sich zwei Überlegungen auf, und beide stimmen bedenklich.

Erstens ist die gouvernementale Tendenz verstärkt worden: Ein Beamter übernimmt das nach dem Grundgesetz wichtigste Ressort, das Finanzministerium, und auch der politisch hochrangige Posten des Ständigen Vertreters in Ostberlin wird mit einem Karrierebeamten besetzt. Nichts gegen deren Tüchtigkeit, aber ganz so hatte sich das Parlament das politische Signal, das von der Regierungsumbildung ausgehen sollte, wohl nicht vorgestellt.

Zweitens wird ein erstaunlicher Hang zur Nostalgie spürbar. Der neue Regierungssprecher Bölling und der Staatsminister Wischnewski kehren in dieselben Ämter zurück, die sie früher wahrgenommen haben. Und auch der neue Kanzleramtschef, Gerhard Konow, ehemals Abteilungsleiter im Amt, wurde heimgeholt. Aber läßt sich die Zeit zurückdrehen?

Personen sind viel bewegt worden bei diesem Revirement, eine neue Heerschar parlamentarische Staatssekretäre nicht zu vergessen. Aber Begeisterung stellt sich beim Anblick des Resultats nicht ein. Die Regierungsmannschaft hat sich verändert, ob sie besser geworden ist, bleibt zweifelhaft. Treffender läßt sich das Revirement wohl nicht charakterisieren als in jenem Stoßseufzer, der dieser Tage in Bonn oft zu hören war: gut, daß es endlich vorbei ist.

6. Der zweite Genscher-Brief: die Wende?

Am 5. August 1982 sah sich der Vorsitzende der Freien Demokratischen Partei, Bundesaußenminister **Hans-Dietrich Genscher,** erneut veranlaßt, ein Rundschreiben an die Mitglieder der Führungsgremien und an die Mandatsträger der Freien Demokratischen Partei zu richten. Ziel dieses Briefes war, so Genscher, den Führungsgremien und den Mandatsträger der Partei sowie der Öffentlichkeit deutlich zu machen, welche Aufgaben sich die Freie Demokratische Partei gestellt hatte.

Der Brief hatte den folgenden Wortlaut:

Liebe Parteifreunde,

wir haben es zur Zeit nicht leicht, und wir machen es uns nicht leicht. Aber gerade jetzt kommt es darauf an, daß die Partei entschlossen und geschlossen ihre Aufgabe als die liberale Kraft des Fortschritts in der Bundesrepublik Deutschland wahrnimmt.

Drei Aufgaben sind uns gestellt:

Die Bekämpfung der Arbeitslosigkeit ist und bleibt das innenpolitische Problem Nummer 1. Es zu meistern, müssen wir die Beschlüsse, die wir in der Bundesregierung verabschiedet haben, im Gesetzgebungsgang konsequent durchsetzen und ihre richtungsweisende Bedeutung den Wählern erklären. Es besteht kein Zweifel, wir haben mit diesen Beschlüssen einen weiteren wesentlichen Schritt zur strukturellen Konsolidierung der öffentlichen Haushalte getan. Wir wissen und wir lassen die Bürger darüber nicht im Unklaren, weitere sozial ausgewogene Schritte in dieser Richtung sind notwendig. Ebenso unzweifelhaft ist, daß wir gerade mit der Entscheidung für die Selbstbeteiligung diesen Beschlüssen eine deutliche liberale Handschrift gegeben haben. Hier brauchen wir unser Licht nicht unter den Scheffel zu stellen. Als ich in meinem Brief vom 20. 8. 1981 schrieb, „die Stärkung der Selbstverantwortung ist in einer freien Gesellschaft mündiger Bürger nicht nur ein möglicher, sondern aus unserer Sicht der einzig richtige Weg, um einer Erstickung des Leistungswillens durch immer höhere Steuern, Abgaben und Beiträge entgegenzuwirken. Die Kostenexplosion in der gesetzlichen Krankenversicherung fordert geradezu die Stärkung der Selbstverantwortung", haben manche ungläubig gefragt, ob das denn überhaupt durchsetzbar sei? Es ist durchsetzbar, und es zeigt, daß wir die richtige Richtung eingeschlagen haben.

Inzwischen dämmert es auch bei SPD und CDU, daß künftige Rentensteigerungen sich an der Entwicklung der *verfügbaren* Einkommen der im Arbeitsprozeß stehenden orientieren müssen und nicht an den Bruttoeinkommen. Jetzt müssen den Worten Taten folgen, wenn langfristig die Renten gesichert werden sollen.

Als ich im August 1981 die Notwendigkeit einer Wende unterstrich, waren auch bei uns einige kleinmütig. Inzwischen hat der Bundeskanzler kurz vor dem SPD-Parteitag, wie ich in meinem Brief vom 20. 8. 1981, von der Notwendigkeit einer Wende zum Realismus gesprochen. Und in diesen Tagen fordert Annemarie Renger eine innere Wende der SPD. Das alles dürfen wir als Bestätigung für eine richtige, weitsichtige und realistische, in ihrem Kurs von uns maßgeblich bestimmte Politik ansehen. Angesichts der Kritik, die aus der SPD an den Beschlüssen der Bundesregierung laut wird, vor allem auch aus den SPD-geführten Ländern, ist es jetzt an uns, als Garanten einer vorausschauenden, für Verbraucher und Investoren vertrauensbildenden Politik zu handeln. Wir werden uns dabei auch mit der Kritik von Gewerkschaften und Verbänden auseinandersetzen. Wir wollen das sachlich tun und selbstbewußt einen konstruktiven Dialog suchen. Ein erstes Gespräch in diesem Sinne habe ich mit dem neugewählten Vorsitzenden des DGB, Herrn Breit, schon geführt. Ein Gespräch zwischen dem Präsidium und dem Geschäftsführenden Vorstand des DGB ist in Aussicht genommen. Auch mit dem Vorstand des Deutschen Beamtenbundes und dem Präsidium des Zentralverbandes des Deutschen Handwerks haben wir die Lage ausführlich diskutiert. Ich bin überzeugt, daß auch gegenüber den Gewerkschaften und Verbänden eine verantwortungsbewußte Vertretung der Regierungsbeschlüsse einen stärkeren Eindruck hinterlassen wird als Kritik an Beschlüssen, die man selbst mitgetragen hat, oder als der Versuch der CDU, den Betroffenen nach dem Munde zu reden und gleichzeitig die Sparmaßnahmen als unzureichend zu kritisieren ...

Bei allem, was wir anpacken, müssen wir von dem Grundgedanken ausgehen, daß wir die Lasten der Gegenwart nicht unseren Kindern und Enkeln aufbürden dürfen. Unser Ziel muß sein:

- Wettbewerbsfähigkeit und nochmals Wettbewerbsfähigkeit,
- Investitionen und nochmals Investitionen,
- Arbeitsplätze und nochmals Arbeitsplätze.

Das geht aber nur, wenn die Leistungsimpulse unserer Gesellschafts- und Wirtschaftsordnung freigesetzt werden. Das gilt heute wie damals.

Unsere zweite Aufgabe ist es, unter Einsatz aller Kräfte die vor uns stehenden schweren Wahlkämpfe in Hessen und Bayern zu führen. Wir haben es immer so gehalten, daß wir die Entscheidungen der Landesverbände für ihre Wahlkampfziele einschließlich der Koalitionsaussage respektieren. Das sollte auch jetzt für alle Mitglieder der Partei eine Selbstverständlichkeit sein. Ich selbst möchte keinen Zweifel daran lassen, daß ich die hessische wie auch die bayerische Entscheidung für richtig halte. Wir werden diese Wahlkämpfe – wie wir das in der Vergangenheit gehalten haben – anständig und fair führen. Wir werden uns sachlich auseinandersetzen – mit allen Konkurrenten –, wir werden weder holzen noch andere verunglimpfen.

Drittens wollen wir uns auf die Vorbereitung des Bundesparteitages konzentrieren. Dieser Parteitag muß die Rolle der Liberalen als der innovatorischen und perspektivischen politischen Kraft in der Bundesrepublik Deutschland neu begründen und unterstreichen.

Fortschritt ist für uns ein qualitativer Begriff: wir wollen möglichst viel Freiheit für möglichst viele schaffen, in dem Bewußtsein, daß ohne den Willen zur Verantwortung und zur Leistung ein solcher Fortschritt nicht möglich ist. Deshalb kann es in der F.D.P. keinen Streit darüber geben, ob die F.D.P. noch die Partei von Freiburg ist oder nicht. Sie ist es, sie wird es bleiben, und sie wird das in Berlin erneut bestätigen. Wir werden allerdings den Anspruch von Freiburg nur behaupten können, wenn wir die Kraft finden, Freiburg fortzuschreiben und dort, wo notwendig, zu ergänzen. Ein solches Gebiet der Ergänzung liegt z. B. im Bereich der Sozialpolitik. Wer sonst, wenn nicht wir, kann gerade unter veränderten Wachstumsvoraussetzungen sowohl quantitativ als auch qualitativ dem Grundsatz der sozialen Gerechtigkeit ebenso zur Durchsetzung verhelfen wie dem der Selbstbeteilung und Selbstverantwortung...

Der Berliner Parteitag muß mit seinen Beschlüssen zur Außenpolitik unsere Vorstellungen von einer europäischen Friedensordnung weiter konkretisieren, um damit die Perspektive einer Politik zu verdeutlichen, die den Nicht-Krieg durch Abschreckung ablösen soll durch einen Frieden durch Vertrauen. Diese Friedensordnung muß politisch, sicherheitspolitisch und wirtschaftlich verankert sein. Dabei ist für uns unverzichtbar und lebensnotwendig der Fortgang der europäischen Einigung und das Fortbestehen der Bindung zwischen den europäischen Demokratien und den Vereinigten Staaten. Der Platz Westeuropas ist nicht zwischen der Sowjetunion und den Vereinigten Staaten, die Demokratien Nordamerikas und ihrer europäischen Verbündeten gehören zusammen. Die Grundgedanken dieser Politik müssen in aller Welt wirken. Dritte-Welt-Politik, friedliche Konfliktlösung (Namibia) und eine restriktive Rüstungsexportpolitik sind hier Testfelder.

Liebe Parteifreunde,

auch wenn der Wind uns um die Ohren pfeift, Anlaß zum Pessimismus haben wir nicht. Das Schicksal unserer Partei liegt allein in unserer Hand, und wir werden auch die bevorstehenden Wahlen meistern, wenn wir selbstbewußt und offensiv unsere Ziele vertreten. Wenn der Parteitag die an ihn gestellten Ansprüche erfüllt, dann werden wir auch für die Wahlen des Jahres 1983 eine solide Grundlage geschaffen haben. Lassen wir uns nicht von außen neue Koalitionsdiskussionen aufreden und brocken wir sie uns nicht selbst neu ein. Bleiben wir uns selbst treu. Überzeugen wir durch Verläßlichkeit und beweisen wir durch die Tat, daß wir die Politik der Bundesregierung überall konsequent vertreten und nicht in Frage stellen, weder innen- noch außenpolitisch. Über Koalitionen zu philosophieren – so rum und so rum – ist leichter, über die Sache zu sprechen ist lohnender, hier will der Wähler unsere Identität erkennen können.

In einem haben die Meinungsforscher sicher Recht: Die Bürger erwarten außer einer klaren Zielsetzung auch politische Handlungsfähigkeit der politischen Parteien und nicht Zerstrittenheit und Gegeneinander.

Ich appelliere an alle Mitglieder der Partei, sich dieser Einsicht nicht zu verschließen. Die gewählten Gremien unserer Partei, Parteitage eingeschlossen, sind der Ort der offenen Diskussion. *Außerhalb dieser Gremien kann es nur das gemeinsame Eintreten für die gemeinsame Sache geben.*

Am 7. Juni 1980 haben wir in Freiburg den Wählern versprochen: Unser Land soll auch morgen liberal sein – das ist unsere Aufgabe.

Dieser zweite „Wende"-Brief Genschers fand ein vielfältiges Echo in der Öffentlichkeit (Auszüge):

Heinz Schweden in der *Rheinischen Post* vom 7. August 1982

GENSCHER WILL DAS LIBERALE PROFIL ERNEUERN
FDP-Chef macht seiner Partei Mut / „Prüfsteine für Bonner Koalition"

Was will Genscher? Die Partei, die Anhängerschaft, die Wähler und vor allem die Wechselwähler, sie alle sollen begreifen, daß eine von Genscher geführte FDP am liebsten die Bonner Koalition fortführen würde, wenn dem nicht der ausgezehrte und zuletzt in den Haushaltsberatungen aufgebrauchte Vorrat an

Gemeinsamkeiten entgegenstünde. Das bedeutet konkret und auch unabhängig vom Landtagswahlergebnis in Hessen: Sperrt sich die SPD in Bonn angesichts der drohenden, neuen Zahlen über Mindereinnahmen zur Bestreitung des Haushalts 1983 dem Zwang, in Leistungsgesetze einzugreifen, um statt dessen den Weg noch höherer Verschuldung zu gehen, würde sich die FDP querlegen. In welcher Form und mit welchen Folgen deutet Genscher in seinem Brief nicht an. Er redet nur vom Selbstverständnis der Partei, von sozial ausgewogenen Sparmaßnahmen, einschließlich der Selbstbeteiligung im sozialen Bereich und meint, dies alles werde von einer einsichtsvollen Bevölkerung angenommen werden.

Ganz offensichtlich soll die FDP nach dem Studium des Genscher-Briefes begriffen haben, daß bei einem denkbaren Bonner Koalitionsbruch Ursache und Wirkung nicht verwechselt werden dürfen. Nicht die FDP verläßt das Regierungsbündnis, sondern die SPD zwingt die Liberalen, einem selbstzerstörerischen Selbstverleugnungsprozeß nicht weiter tatenlos zuzusehen.

Jochim Stoltenberg im *Hamburger Abendblatt* vom 7. August 1982
ERNSTE ZEILEN AUS DEM URLAUB

Die in einen linken und einen rechten Flügel aufgespaltene FDP läuft derzeit wie ihr Koalitionspartner SPD Gefahr, wegen interner Richtungskämpfe zu zerbrechen. Das ist für eine kleine Partei, die in wenigen Wochen in Hessen in eine Schicksalswahl zieht, lebensgefährlich. Deshalb verknüpft Genscher in diesem Brief sein weiteres politisches Schicksal abermals mit dem Wahlausgang in Hessen, indem er sich voll zur Koalitionswende Richtung CDU und Dregger bekennt. Er sucht damit zugleich die Entscheidung über die Zukunft der Gesamtpartei.

Weil die FDP im hessischen Wahlkampf nur überleben kann, wenn sie geschlossen auftritt, versucht Genscher, alle Liberalen in die Pflicht zu nehmen. Gelingt dies und haben die Liberalen in Hessen Erfolg, dann hat auch Genscher persönlich gesiegt. Dann könnte für ihn auch der Weg frei werden, den insgeheim lange angepeilten Sprung zur CDU auch in Bonn vorzubereiten.

Genscher, der vorsichtige, ist ein hohes Risiko eingegangen. Doch er kämpft für sein Ziel: gegen den linksliberalen, blind auf ein Bündnis mit der SPD vertrauenden Parteiflügel; für eine wieder koalitionsoffene, in sich geschlossene FDP. Denn nur dann haben die Liberalen nach Genschers Vorstellung eine Chance, weiterhin Politik in Bonn zu beeinflussen.

7. Koalitionsstreit erstmals im Bundestag

Der Konflikt der beiden Koalitionsfraktionen wurde zum ersten Mal am 9. September 1982 im Deutschen Bundestag deutlich angesprochen. In seinem Bericht zur Lage der Nation äußerte sich Bundeskanzler **Helmut Schmidt** wie folgt:

> „Offenbar gibt es auch bei der FDP den einen oder anderen Kollegen, der einen solchen Wechsel in einer ungewissen Zukunft erhofft. Die Zeitungen berichten seit Wochen darüber. Es handelt sich meist um doppeldeutige Äußerungen.
>
> Wir Sozialdemokraten jedenfalls erstreben keinen Wechsel, ich auch nicht. Ich hantiere auch nicht mit einem sogenannten Minderheitenkabinett...
>
> Die Sozialdemokraten wissen: Wir stellen innerhalb der sozialliberalen Koalition zwar die Mehrheit, aber wir stellen nicht die Mehrheit des Bundestages, erst recht nicht die des Bundesrates. Wenn sich im Bundestag eine andere Mehrheit für eine andere Politik finden sollte: Bitte sehr, dafür hält das Grundgesetz den Artikel 67 bereit.
>
> Machen Sie von Artikel 67 Gebrauch! Bringen Sie den Antrag auf ein konstruktives Mißtrauensvotum ein, Herr Dr. Kohl! Lassen Sie uns nächste Woche darüber abstimmen...
>
> Ich brauche gegenwärtig kein erneutes Vertrauensvotum. Die Wählerinnen und Wähler haben der sozialliberalen Koalition und der Bundestag daraufhin mir ein vierjähriges Mandat gegeben. Das Vertrauensvotum im Februar 1982 entsprach diesem Auftrag.
>
> Wenn Sie aber, Herr Dr. Kohl, in geheimer Wahl vom Bundestag zum Nachfolger gewählt werden sollten, so müßten Sie allerdings Neuwahlen erzwingen, und zwar aus zwei Gründen:
>
> Erstens: Weil ein Bundeskanzler nicht nur grundgesetzliche Legalität braucht, sondern auch – über jede verschleierte Vorbereitung eines konstruktiven Mißtrauensantrags hinaus – die geschichtliche Legitimität, die nur der Wähler Ihnen geben kann;
> und
> Zweitens: weil Sie dem Volke vorher sagen müssen, was Sie tatsächlich anders machen wollen, vom Kindergeld bis zur Ergänzungsabgabe, vom Verteidigungshaushalt bis zur Deutschlandpolitik und vom Umweltschutz bis zur Abrüstung, über das ganze Feld, was Sie wirklich anders machen wollen.
>
> Wenn Ihnen die Wähler des Landes eine Mehrheit verschafften, so könnten wir darüber zwar nicht froh sein, aber selbstverständlich hätten wir uns vor dem Urteil der Wähler zu verneigen. Es könnte trotzdem sein, daß einige Ihrer potentiellen Mißtrauensvotumspartner statt dessen Neuwahlen umgehen wollen – aus mir durchaus verständlichen Gründen. Auch derjenige, der das Risiko des Wechsels zu einer anderen Politik auf sich nehmen wollte, benötigte dafür Legitimität.
>
> Wir achten die Gewissensentscheidung jedes Abgeordneten.
> Höchster Maßstab der Gewissensprüfung müssen aber die Achtung vor dem

Votum der Wähler, die Funktionsfähigkeit des demokratischen Systems und das Ansehen der politischen Parteien sein.

So hat Walter Scheel heute vor zehn Jahren hier an diesem Pult gesagt.

Und er hat hinzugefügt:

Wer hat denn jemals einen Volksvertreter daran gehindert, seinem Gewissen zu folgen und sein Mandat in die Hände der Wähler ... zurückzulegen? Hüten wir uns davor, große Worte zu strapazieren, wenn es um ganz handfeste Dinge geht.

Man kann nicht, sage ich, weder Sozialdemokraten noch Freie Demokraten, davonlaufen, wenn die Zeitläufe schwierig sind. Das kann man nicht. Ich habe bisher, in über acht Jahren, von der Richtlinienkompetenz nach Artikel 65 des Grundgesetzes keinen Gebrauch gemacht. Ich habe es vielmehr immer als meine Pflicht angesehen, große Anstrengungen auf das Zustandebringen von vernünftigen, praktisch brauchbaren, beiden Seiten gleichermaßen zumutbaren Kompromissen zu verwenden. Insofern waren die Richtlinien der Politik immer gemeinsam erarbeitet. Aber sobald sie dann vom Bundeskanzler festgestellt sind, gilt für sie der Artikel 65 des Grundgesetzes. Dem kann man sich nur durch Ausscheiden aus der Bundesregierung entziehen. Und der Bundeskanzler weiß, daß man reisende Leute nicht aufhalten soll.

Wir haben bisher unser Land gemeinsam sehr viel besser durch die politische und wirtschaftliche Doppelkrise der Welt gesteuert als viele andere. Das können wir auch in Zukunft gemeinsam tun. Dabei ist kein Koalitionspartner jemals majorisiert worden. Das kann auch in Zukunft niemals anders sein.

Daß man in der Regierung Fehler machen kann, daß man sogar Schuld auf sich laden kann, das weiß ich wohl. Bei diesem Satz steht mir in den dreizehn Jahren der sozialliberalen Koalition nichts deutlicher vor Augen als die zermürbenden langen Wochen täglicher Entscheidungsnotwendigkeiten, tägliche Ungewißheiten über die Werteabwägungen, Zweckmäßigkeiten und Schuld, die wir damals während der Entführung von Dr. Schleyer und von dem „Landshut"-Flugzeug heute vor fast genau fünf Jahren zu tragen hatten. Ich bin heute noch dankbar, daß alle vier Bundestagsparteien diese Last über Wochen gemeinsam getragen haben.

Aber auch in weniger dramatischen, in weniger tragischen Situationen muß eine Regierung anderen immer wieder etwas zumuten. Demokratie bedeutet Zumutung, hat Hans Heigert jüngst geschrieben. Er hat Recht.

Aber natürlich gibt es auch Grenzen des Zumutbaren, auch für uns Sozialdemokraten, auch für mich.

Erstens. Eine prinzipielle deflationistische Finanzpolitik ist uns nicht zuzumuten, und zwar weil sie im eigenen Lande aber auch international alle nur noch in tiefere Rezession treiben würde ...

Zweitens. Für Sozialdemokraten ist eine bloße Hinnahme von struktureller Arbeitslosigkeit unzumutbar ...

Drittens. Nur begrenzt kann dafür zusätzlich Kredit in Anspruch genommen werden ...

Viertens: Bei alledem muß die soziale Gerechtigkeit gewahrt werden ...

Fünftens: Die Sozialdemokraten sind unter der Voraussetzung sozialer Ausgeglichenheit und Symmetrie bereit, über langfristige Veränderungen im sozialen

Netz als Folge der geänderten gesamtgesellschaftlichen, gesamtwirtschaftlichen Strukturen nachzudenken...

Ich klebe nach 13 Jahren Regierungsarbeit nicht an meinem Stuhl. Aber ich bin gegen eine Kanzlerschaft des Kollegen Kohl, weil ich unser Land weder außen- noch sicherheits-, weder finanz- und wirtschafts- noch sozialpolitisch einer bisher profillosen anderen Mehrheit anvertrauen möchte. Einige werden gestern im konservativen „Londoner Daily Telegraph" gewiß den Leitartikel gelesen haben, in dem für den Fall von Herrn Kohls Kanzlerschaft vorausgesagt wird, er würde praktisch sehr ähnliche Politiken verfolgen wie die sozialliberale Koalition, aber sie mit weniger Erfahrung handhaben.

Wer nun trotz alledem wechseln will – das ist legitim –, soll das offen und ehrlich sagen.

Danach sollten dann allerdings die Bundestagswählerinnen und -wähler nicht übergangen werden..."

Oppositionsführer Dr. **Helmut Kohl** antwortete hierzu:

„Wirklich interessant an dieser langen Erklärung waren doch, Herr Bundeskanzler, eigentlich nur Ihre Äußerungen zu Ihrem Koalitionspartner. Ich glaube, es ist nicht meine Sache, darauf näher einzugehen. Aber wenn man eine Koalition hat und wenn man die Koalition so beschwört, wie Sie es hier getan haben, gehe ich davon aus, daß Ihr Koalitionspartner vor dem Forum der deutschen Öffentlichkeit heute das dazu sagt, was zu sagen ist. Herr Bundeskanzler, das ist schon deswegen notwendig, weil Sie hier von Kontinuität und Legitimität gesprochen haben. Bisher war es in der Geschichte der parlamentarischen Demokratie in Deutschland nicht üblich, daß eine Regierungserklärung, die eine Erklärung der sie tragenden Parteien ist, im wesentlichen zur Profilierung in der eigenen Partei herhalten mußte. Aber in diesen Zeiten, wo ja so vieles nicht mehr der Tradition, der Gegebenheit im übrigen auch der Würde entspricht, mag das eine Sache sein, die mit Ihnen heimgeht.

Sie haben viel von Wahrheit und von Klarheit gesprochen. Sie haben in einer markigen Weise uns und andere aufgefordert, dafür einzutreten. Sie haben dann in einem anderen Teil, dem ich sehr zustimmen kann, uns alle gemeinsam aufgefordert, mit gutem Beispiel voranzugehen...

Noch etwas in Ihrer Rede muß hier zu Protokoll genommen werden. Sie sprachen von der geschichtlichen Legitimität eines Bundeskanzlers. Sie sollten uns noch etwas mehr dazu sagen; denn ich gehe davon aus, daß das freigewählte deutsche Parlament, das die Abgeordneten, die in freier, geheimer und direkter Wahl in dieses Hohe Haus entsandt werden und die im Rahmen ihrer verfassungsmäßigen Rechte einen Regierungschef wählen, ob dies Adenauer war, ob dies Erhard, ob dies Kiesinger, ob das Brandt war oder ob Sie das gewesen sind, immer in der vollen Legitimität standen. Herr Bundeskanzler, ich gehe schon davon aus, daß wir wenigstens noch in dem Punkt übereinstimmen, daß auch zukünftige Abgeordnete des Deutschen Bundestages in voller Legitimität handeln werden.

Ich erwähne dies deswegen, weil jetzt nach dem sich die Ära dem Ende nähert, offenbar ist, daß die Legende schon gestrickt wird. Da kommen solche Ausdrücke wie „Machtwechsel" wieder; da kommen Begriffe wie „Königsmord". – Meine Damen und Herren, der Wechsel einer Regierung in einer demokratischen Gesellschaft ist die normalste Sache der Welt. Es ist ja eine der großen Errungenschaften der freiheitlichen Demokratie, daß der Wechsel im Amt, daß der Wechsel auch in der politischen Macht- und Amtsausübung in den zivilisierten Formen einer Verfassungsnorm vonstatten geht. Wir können nicht gestatten, daß Sie jetzt, wo Sie am Ende sind, hier im Lande wieder eine Stimmung erzeugen, als sei es etwas Unrechtes, darüber nachzudenken, daß Sie endlich von Ihrem Amt zurücktreten ...

Dann haben Sie – natürlich auch in der Ihnen eigenen Weise – das Thema einer Verfassungsbestimmung angesprochen: das konstruktive Mißtrauensvotum. – Herr Bundeskanzler, wir wollen doch schlicht und einfach einmal die Realitäten festhalten. Gegenwärtig amtiert immer noch Ihre Regierung. Diese Regierung ist ja durchaus in der Lage – wenn das alles stimmen würde, was Sie sagen –, über eine Mehrheit von 43 Abgeordneten im Haus zu verfügen. Es ist Ihre Sache – Sie versuchen das ja von Zeit zu Zeit; wir haben das im Frühsommer bei der Vertrauensfrage erlebt –, dies über einen Appell deutlich zu machen. Es ist eine andere Sache – das ist auch ganz demokratisch, weil es den Grundrechten entspricht –, daß wir und alle anderen im Lande unseren Blick auch darauf richten, was eigentlich die Wähler zu der Entwicklung in diesen zwei Jahren sagen. Herr Bundeskanzler, auch wenn Sie uns noch so beschimpfen, es ist wahr: Ihre Koalition hat längst jedes Vertrauen in der Bevölkerung verloren ..."

Der FDP-Vorsitzende und Bundesaußenminister **Hans-Dietrich Genscher** äußerte sich zu den Aufforderungen des Bundeskanzlers und des Oppositionsführers unter anderem wie folgt:

„von Anbeginn in der heutigen Debatte hat die Zusammenarbeit von Freien Demokraten und Sozialdemokraten in der Koalition eine Rolle gespielt. Darüber darf man sich nicht beklagen; denn hierzulande redet man ja schon sehr lange lieber über die Organisation der Macht als über den Zweck, für den politische Macht ausgeübt werden soll. Wir Freien Demokraten, die wir zur Verwirklichung unserer Ziele immer auf die Zusammenarbeit mit anderen angewiesen sind, haben klare Prinzipien, aus denen wir unser Verhalten in der Regierungskoalition ableiten ...

Parteien, die die Regierung gemeinsam tragen, haben sich auch in einer solchen Zeit und angesichts solcher Probleme ihrer gemeinsamen Verantwortung zu stellen. Sie werden, gerade wenn Sie zusammen Regierungsverantwortung tragen, die demokratische Pflicht zum Kompromiß in besonderer Weise erfüllen müssen. Beide Regierungsparteien, FDP und SPD, haben sich dieser Verantwortung im Laufe der letzten zwölf Monate gewachsen gezeigt. Wir haben auf beiden Seiten gezeigt, wie sehr wir uns auch in die Pflicht zu nehmen wissen. Die Grenze muß dort liegen, wo man sich gegenseitig überfordert, ja wo einer von beiden oder gar beide in Gefahr geraten, ihre Identität zu verlieren. Identitätsverlust demoktratischer Parteien kann zu Substanzverlusten in der parlamentarischen Demokratie führen ...

Wenn ich von der ungeteilten Unterstützung der gemeinsamen Politik durch Parteien in einer Koalition spreche, so umfaßt das alle politischen Bereiche, und dazu gehört die Außen- und Sicherheitspolitik. Sie wissen, Herr Bundeskanzler, da haben Sie keine Probleme mit unserer Fraktion. Die Probleme liegen überhaupt nicht zwischen uns und Ihnen – nicht nur in diesem Bereich ...

Wir haben bei der Einhaltung der vereinbarten Inhalte der Regierungserklärung mit Verläßlichkeit zu handeln. Wir haben auch bei den vor uns stehenden wahrlich nicht leichten Beratungen vertrauensvoll und verständnisvoll miteinander umzugehen. Wir haben um die Sache zu ringen, um den Haushalt, um die Politik, die er ausdrückt. Das ist weit mehr als der technokratische Ausgleich von Einnahmen und Ausgaben. Das ist die Entscheidung zwischen solider Finanzpolitik oder Flucht in die Verschuldung. Es ist die Entscheidung zwischen der Anregung von Investitionen und Verbrauch oder Entmutigung und Behinderung. Es ist die Entscheidung zwischen Selbstverantwortung und Subsidiarität auf der einen und immer stärkere Inanspruchnahme durch Abgaben und Steuern auf der anderen Seite. Es ist letztlich die Beantwortung der Frage, die für Liberale die Kernfrage ist: Erweitert eine Entscheidung die Freiheit oder schränkt eine Entscheidung die Freiheit ein? Hier stehen wir in der Tradition des deutschen Liberalismus, der sich bei allen Anfechtungen, bei allen Irrwegen, bei allen Fehlern und Fehlentscheidungen in Deutschland immer wieder als unverzichtbare Kraft der Freiheit erwiesen und bewährt hat. Hier liegen die Beiträge der Freien Demokratischen Partei für die deutsche Nachkriegsdemokratie.

Herr Bundeskanzler, Sie haben gesagt, Sie seien stolz auf die sozialliberale Koalition und auf den inneren Wandel, den Sie in unserem Lande ausgelöst hat. Wir sind darauf auch stolz. Wir bekennen uns zu jeder der gemeinsam getroffenen Entscheidung. Wir bekennen uns auch zu denjenigen, die sich im nachhinein als korrekturbedürftig erweisen. Wir sind wie Sie, Herr Bundeskanzler, stolz auf das gemeinsam mit der SPD zustande gebrachte Ansehen, daß die Bundesrepublik Deutschland heute in Europa und in der Welt genießen.

Wenn wir aber unseren Anteil an der deutschen Nachkriegsgeschichte würdigen, dann sind wir genauso stolz darauf, daß wir in der Koalition mit der CDU/CSU in diesem Lande nach dem Zweiten Weltkrieg die Soziale Marktwirtschaft durchgesetzt haben, die Wirtschaftsordnung, die uns die wirtschaftliche Position gegeben hat, die uns heute befähigt, die weltweiten Probleme besser als alle anderen konkurrierenden Staaten zu lösen. Das werden wir nicht verspielen, und für diese Politik steht, getragen vom Vertrauen aller seiner Freunde, mein Kollege Otto Graf Lambsdorff...

8. Graf Lambsdorffs Sparkonzept

Mit dem von Bundeswirtschaftsminister Otto Graf Lambsdorff erarbeiteten Wachstums- und Sparkonzept wurde die Entscheidung über das Schicksal der sozialliberalen Koalition eingeläutet. Der Bundeskanzler stellte aufgrund von öffentlichen Äußerungen den Bundeswirtschaftsminister zur Rede und bat ihn, schriftlich seine wirtschaftspolitischen Vorstellungen zu übermitteln. Graf Lambsdorff sagte zu, dem Kanzler innerhalb von 10 Tagen ein entsprechendes Papier zustellen zu können.

Der Bundeswirtschaftsminister trug am 3. September 1982 die Grundgedanken seines Papiers dem FDP-Bundesvorstand in Wiesbaden vor und informierte am 7. September 1982 die FDP-Bundestagsfraktion über seine Vorstellungen. Er erhielt für sein Konzept überwiegende Zustimmung. Am 13. September 1982 erörterte das FDP-Präsidium das Wachstums- und Sparkonzept.

Am 9. September 1982 wurde das „Lambsdorff-Papier" dem Bundeskanzler zugestellt.

In einer Dokumentation hat die FDP-Bundespartei das Konzept des Bundeswirtschaftsministers für eine Politik zur Überwindung der Wachstumsschwäche und zur Bekämpfung der Arbeitslosigkeit am 9. Dezember 1982 allen Parteimitgliedern ungekürzt zugänglich gemacht.

Die Dokumentation hat den folgenden Wortlaut (Auszug):

Sparkonzept von Bundeswirtschaftsminister Otto Graf Lambsdorff
KONZEPT FÜR EINE POLITIK ZUR ÜBERWINDUNG DER WACHSTUMSSCHWÄCHE UND ZUR BEKÄMPFUNG DER ARBEITSLOSIGKEIT

Nach der Besserung wichtiger Rahmenbedingungen (Lohn- und Zinsentwicklung, Leistungsbilanz) und der leichten Aufwärtsbewegung der Produktion im ersten Quartal 1982 haben sich *seit Ende des Frühjahrs die Wirtschaftslage und die Voraussetzungen für einen baldigen Aufschwung erneut verschlechtert:*

Unerwartet starker Rückgang der Auslandsnachfrage bei stagnierender und zuletzt wieder rückläufiger Binnennachfrage

Verschlechterung des Geschäftsklimas und der Zukunftserwartungen in der Wirtschaft (Ifo-Test)

Einschränkung der gewerblichen Produktion

Anstieg der Arbeitslosigkeit und Zunahme der Insolvenzen.

Der Zinssenkungsprozeß ist zwar – nach zeitweiliger Unterbrechung – zuletzt wieder in Gang gekommen; das Zinsniveau ist aber trotz der insgesamt angemessenen Geldpolitik der Bundesbank immer noch vergleichsweise hoch. Diese erneute Verschlechterung der Lage ist zum Teil Reflex von Vorgängen im internationalen Bereich (anhaltende Schwäche der Weltkonjunktur, ungewisse Konjunktur- und Zinsentwicklung in den USA, amerikanisch-europäische Kontroversen). Die gesamte Weltwirtschaft steht offensichtlich in einer hartnäckigen Stabilisierungs- und Anpassungskrise. Bei immer noch hohen Inflationsraten und weiter zunehmender Arbeitslosigkeit hält die Wachstumsschwäche in Nordamerika und Europa nun schon ungewöhnlich lange an; auch Japan ist inzwischen in ihren Sog geraten.

Diese weltweite Wachstumsschwäche darf aber nicht darüber hinwegtäuschen, daß die derzeitigen weltwirtschaftlichen Schwierigkeiten die Summe einzelstaatlicher Fehlentwicklungen sind und daß ein wesentlicher Teil der Ursachen unserer binnenwirtschaftlichen Probleme auch im eigenen Lande zu suchen ist.

Eine Hauptursache für die seit Jahren anhaltende Labilität der deutschen Wirtschaft liegt zweifellos in der weitverbreiteten und eher noch wachsenden *Skepsis im eigenen Lande.* Die seit über zwei Jahren andauernde Stagnation, die immer neu hervortretenden Strukturprobleme, die wachsende Arbeitslosigkeit, die große Zahl von Insolvenzen, das Bewußtwerden internationaler Zinsabhängigkeit sowie nicht zuletzt die Auseinandersetzungen und die Unklarheit über den weiteren Kurs der Wirtschafts-, Finanz- und Gesellschaftspolitik haben in weiten Bereichen der deutschen Wirtschaft zu Resignation und Zukunftspessimismus geführt. Dieser offenkundige Mangel an wirtschaftlicher und politischer Zuversicht dürfte auch ein wesentlicher Grund dafür sein, daß die kräftige Expansion der Auslandsnachfrage im vergangenen Jahr – entgegen aller bisherigen Erfahrung – nicht zu einer Aufwärtsentwicklung der Binnenwirtschaft geführt hat ...

Die gegenwärtig besonders deutliche Vertrauenskrise ist nicht kurzfristig entstanden. Sie muß im Zusammenhang mit tiefgreifenden *gesamtwirtschaftlichen Veränderungen* gesehen werden, die zwar zumeist schon in einem längeren Zeitraum eingetreten sind, deren volle Problematik aber teilweise erst in den letzten Jahren – nicht zuletzt im Zusammenhang mit den neuen internationalen Herausforderungen aufgrund der zweimaligen Ölpreisexplosion, des Vordringens der Schwellenländer und der Stabilisierungspolitik wichtiger Partnerländer – deutlich geworden ist. Es handelt sich hierbei vor allem um:

einen gravierenden Rückgang der gesamtwirtschaftlichen *Investitionsquote* (Anteil der Anlageinvestitionen am BSP) von durchschnittlich 24,1 % in den 60er Jahren auf durchschnittlich 20,8 % in der zweiten Hälfte der 70er Jahre (nach einem leichten Wiederanstieg zwischen 1976 und 1980 seither erneuter Rückgang auf unter 21 %); die Ursachen hierfür dürften nicht zuletzt in der schon seit längerem *tendenziell sinkenden Kapitalrendite* der gewerblichen Wirtschaft (bei gleichzeitigem Anstieg der Umlaufrendite der festverzinslichen Wertpapiere) und damit zusammenhängend in der geringeren Eigenkapitalausstattung der Unternehmen sowie in den vielseitig gewachsenen Risiken und in den zunehmenden Hemmnissen gegenüber gewerblichen Investitionen liegen;

den besonders in der ersten Hälfte der 70er Jahre entstandenen starken Anstieg der *Staatsquote* (Anteil aller öffentlichen Ausgaben incl. Sozialversicherung am BSP) um über 10 %-Punkte von rd. 39 % auf 49,5 % (seither bewegt sie sich zwischen 48 % und fast 50 %); dieser strukturelle Anstieg des Staatsanteils am Sozialprodukt ist *ausschließlich* zustandegekommen durch die *überaus expansive Entwicklung der laufenden Ausgaben zwischen 1970 und 1975, insbesondere für den öffentlichen Dienst, die Sozialleistungen* (einschließlich Sozialversicherungsleistungen) *und auch die Subventionen an Unternehmen.* Die staatliche Sozialleistungsquote allein (Anteil der öffentlichen Sozialleistungen am BSP) nahm in den 70er Jahren um rd. 6 %-Punkte zu, während die öffentliche Investitionsquote (Anteil der öffentlichen Investitionen am BSP) im gleichen Zeitraum rückläufig war; nach den bisherigen Haushaltsplanungen wird die öffentliche Investitionsquote auch in den nächsten Jahren weiter sinken;

den tendenziellen Anstieg der *Abgabenquote* (Anteil der Steuer- und Sozialabgaben am BSP) in den 70er Jahen um 5 %-Punkte von knapp 36 % auf rd. 41 %; dieser Anstieg ist *nahezu ausschließlich* auf die *Anhebung der Sozialbeiträge* insbesondere in der Kranken-, Renten- und Arbeitslosenversicherung zurückzuführen. Die gesamtwirtschaftliche Steuerlastquote ist dabei zwar weitgehend konstant geblieben; die direkte Steuerbelastung durch Lohn- und Einkommensteuer hat jedoch – trotz mehrmaliger Steuersenkungen – deutlich zugenommen, während die indirekte Steuerbelastung insbesondere bei den Verbrauchsteuern rückläufig war;

den tendenziellen Anstieg der *Kreditfinanzierungsquote* der öffentlichen Haushalte (Anteil der öffentlichen Defizite am BSP) seit Ende der 60er Jahre um rd. 5 %-Punkte, wobei dieser Anstieg durch die vorübergehenden Bundesbankablieferungen an den Bundeshaushalt noch unterzeichnet ist. Trotz der bisherigen Konsolidierungsmaßnahmen dürfte der überwiegende Teil dieser Defizite struktureller und nicht konjunktureller Natur sein.

Diese fundamentalen gesamtwirtschaftlichen Veränderungen haben zusammen mit einer Vielzahl von gesetzlichen, bürokratischen und tarifvertraglichen Verpflichtungen sowie mit tiefgreifenden Verhaltensänderungen in der Gesellschaft (z. B. gegenüber dem technischen Fortschritt, der wirtschaftlichen Leistung, der Eigenverantwortung) wesentlich dazu beigetragen,

die Anpassungsfähigkeit der deutschen Wirtschaft an binnenwirtschaftliche und weltweite Marktänderungen zu schwächen,

die frühere Eigendynamik und das Selbstvertrauen der deutschen Wirtschaft zu erschüttern,

die Unternehmen in ihren Investitionsdispositionen zu verunsichern und die Bereitstellung von Risikokapital zu mindern (verfügbare Geldmittel sind in den letzten Jahren offenbar in weit größerem Maße als bisher in Form von Geldvermögen oder im Ausland angelegt worden).

Ähnliche, ja zum Teil noch weitergehende gesamtwirtschaftliche Strukturprobleme gibt es zwar auch in einer Reihe von anderen Industrieländern. Insofern handelt es sich hierbei sicherlich auch um generelle Veränderungen und Schwierigkeiten in hochentwickelten Volkswirtschaften mit ausgebauten Sozialsystemen. Diese Erkenntnis ist jedoch angesichts der sich auftürmenden Probleme am Arbeitsmarkt, in den öffentlichen Haushalten und den sozialen Sicherungssystemen kein wirklicher Trost; und sie entbindet vor allem nicht von der Notwendigkeit ihrer Lösung durch eigene Anstrengungen...

Auch die derzeit wieder verstärkt zu hörende Forderung nach einer Politik der *forcierten* staatlichen Nachfragestützung durch zusätzliche mehrjährige kreditfinanzierte öffentliche Ausgabenprogramme verkennt, daß dadurch allein (schon wegen der damit verbundenen Folgekosten) die strukturellen Probleme in den öffentlichen Haushalten eher noch vergrößert würden. Der damit ausgelöste Nachfrageeffekt dürfte zudem angesichts der pessimistischen Grundstimmung weitgehend verpuffen, zumal auch der Anteil der öffentlichen Investitionen an den gesamten Anlageinvestitionen nur 16 % ausmacht. Die Erwartungen der privaten Investoren hinsichtlich der künftigen Zins- und Abgabenbelastung würden dagegen weiter verunsichert und die private Investitionstätigkeit dadurch eher gedämpft als stimuliert werden. Deswegen dürfte zumindest eine *isolierte* Politik zusätzlicher staatlicher Nachfragestützung nach wie vor eher kontraproduktiv sein. Das bedeutet allerdings nicht, daß die weitere Entwicklung der staatlichen Nachfrage – insbesondere im investiven Bereich – im Rahmen eines Gesamtkonzepts nicht auch eine wichtige Rolle zu spielen hat.

Auch die Fortsetzung der in den letzten Jahren eingeleiteten Politik der schrittweisen und patiellen Korrekturen im Rahmen von Gesamtkompromissen und ohne ein von der Gesamtkoalition akzeptiertes Grundkonzept könte sich in der derzeitigen Lage insgesamt eher als problemverschärfend denn als problemlösend erweisen. Wenn in der Öffentlichkeit immer wieder von Kurzatmigkeit, Halbherzigkeit sowie systemlosen bzw. gar in sich widersprüchlichen Kompromissen gesprochen wird, so verhindert dies nicht nur die notwendige Vertrauensbildung; es kumulieren sogar die unmittelbaren negativen Effekte staatlicher Nachfragekürzung mit neuer Unsicherheit für den privaten Bereich.

Notwendig und allein erfolgversprechend ist wohl nur eine Politik, die

im Rahmen eines in sich widerspruchsfreien Gesamtkonzeptes,

das auf mehrere Jahre hin angelegt und in seinen Eckwerten soweit wie möglich durch gesetzliche Entscheidungen im voraus abgesichert ist,

schrittweise auf einen Abbau der dargelegten gesamtwirtschaftlichen Strukturprobleme hinarbeitet,

die Investitionsbedingungen zuverlässig verbessert und

der Wirtschaft damit wieder den Glauben an die eigene Leistung und die eigene Zukunft gibt...

Ein solches zukunftsorientiertes *Gesamtkonzept* der Politik muß sich auf folgende Bereiche konzentrieren:

1. Festlegung und Durchsetzung einer überzeugenden *marktwirtschaftlichen* Politik in allen Bereichen staatlichen Handelns mit einer klaren Absage an Bürokratisierung. Wirtschaftsrelevante Forschung und Entwicklung sind primär Aufgabe der Wirtschaft selbst. Die Politik muß jedoch dafür generell möglichst günstige Bedingungen schaffen und in besonderen Fällen auch gezielte Hilfen geben.

2. Festlegung und Durchsetzung eines mittelfristig angelegten und gesetzlich abgesicherten überzeugenden *Konsolidierungskonzeptes* für die öffentlichen Haushalte, das eine Erhöhung der *Gesamtabgabenbelastung* ausschließt und das durch seine verläßliche Festlegung finanzielle Unsicherheiten abbaut und die Voraussetzungen für weitere Zinssenkungen schafft.

3. Festlegung und Durchsetzung einer mittelfristig angelegten und möglichst gesetzlich abgesicherten *Umstrukturierung* der öffentlichen Ausgaben und Einnahmen von konsumtiver zu investiver Verwendung, um die private und öffentliche Investitionstätigkeit nachhaltig zu stärken und die wirtschaftliche Leistung wieder stärker zu belohnen.

4. Festlegung und Durchsetzung einer *Anpassung der sozialen Sicherungssysteme* an die veränderten Wachstumsmöglichkeiten und eine längerfristige Sicherung ihrer Finanzierung (ohne Erhöhung der Gesamtabgabenbelastung), um das Vertrauen in die dauerhafte Funktionsfähigkeit der sozialen Sicherung wieder herzustellen und zugleich der Eigeninitiative und der Selbstvorsorge wieder größeren Raum zu geben.

Eine solche Gesamtpolitik, deren Aktionsfelder weit über den Bereich der traditionellen Wirtschafts-, Finanz- und Sozialpolitik hinausgehen, kann trotz der damit in der Übergangszeit verbundenen Einschränkungen für die öffentliche und private Nachfrage wesentlich dazu beitragen, in der Wirtschaft neues Vertrauen zu schaffen und den Mut zur Zukunft und damit zur Investition zu stärken.

Ihr Erfolg wird allerdings nicht zuletzt davon abhängen, ob die *Lohnpolitik* auch bei einer solchen Orientierung der staatlichen Politik die notwendige Verbesserung der Ertragsperspektiven sowie die relative Verbilligung des Faktors Arbeit zuläßt. Sicherlich wird es bei einer solchen Politik zu Auseinandersetzungen mit den Gewerkschaften kommen, die sich auch negativ auf das Stimmungsbild auswirken können. Die Gewerkschaften selbst müssen jedoch vorrangig an einer Lösung der Beschäftigungsprobleme interessiert sein. Es wird deswegen sehr darauf ankommen, daß Bundesregierung und Bundesbank übereinstimmend die beschäftigungspolitische Mitverantwortung der Tarifparteien deutlich machen. Der notwendige soziale Konsens kann dauerhaft nur gesichert werden, wenn die Arbeitslosigkeit konzentriert und nachhaltig bekämpft wird.

Wer bei einer solchen Politik den – in der Sache vordergründigen – Vorwurf einer „sozialen Unausgewogenheit" oder einer Politik „zu Lasten des kleinen Mannes" macht, dem kann und muß entgegengehalten werden, daß nur eine solche Politik in der Lage ist, die wirtschaftliche Grundlage unseres bisherigen Wohlstandes zu sichern und die Wachstums- und Beschäftigungskrise allmählich und schrittweise zu überwinden. Die notwendigen Korrekturen müssen auch vor dem Hintergrund des außerordentlich starken Anstiegs der Sozialleistungsquote (Anteil der Sozialleistungen am BSP) in den letzten beiden Jahrzehnten gesehen werden. Die schlimmste soziale Unausgewogenheit wäre eine andauernde Arbeitslosigkeit von 2 Millionen Erwerbsfähigen oder gar noch mehr.

Das erforderliche Gesamtprogramm für eine Politik zur Überwindung der Wachstumsschwäche und zur Bekämpfung der Arbeitslosigkeit sollte insbesondere *folgende Aktionsbereiche* (die in einem inneren sachlogischen Zusammenhang zueinander stehen) umfassen:

A. Wachstums- und beschäftigungsorientierte Haushaltspolitik...

Ansatzpunkte für konkrete haushaltspolitische Maßnahmen

1. Zusätzliche wachstums- und beschäftigungsfördernde Ausgaben (möglichst ohne Folgekosten) im Bundesbereich für etwa drei Jahre (Finanzierung vgl. Ziff. 2) für z. B.

Verstärkung von Infrastrukturmaßnahmen im *Umwelt*schutz (z. B. Gewässerschutz)

Wiederaufstockung der Mittel für die *Gemeinschaftsaufgabe* „Regionale Wirtschaftsförderung" sowie „Agrarstruktur und Küstenschutz"

Verstärkung der Mittel für *Existenzgründung* (vgl. D 2)

Erhöhung der Mittel für *Fernwärmeprogramm* Bund/Länder

Überwindung von Engpässen im *Straßenbau* (Bundesfernstraßen, kommunaler Straßenbau) und im öffentlichen Personennahverkehr (ÖPNV)

Zeitgerechten Ausbau der für die Stahlindustrie benötigten *Bundeswasserstraßen* (z. B. Saar-Ausbau)

Ausbau und Modernisierung der *Deutschen Bundesbahn*, wenn ein umfassendes Rationalisierungskonzept des neuen Vorstandes verwirklicht werden kann.

Diese Maßnahmen des Bundes sollten flankiert werden durch entsprechende, in eigener Verantwortung zu entscheidende wachstums- und beschäftigungsfördernde Aktionen der *Länder* und *Gemeinden*.

Geprüft werden sollte darüber hinaus,

ob und inwieweit die *Deutsche Bundespost* ihre Investitionen (z. B. im Bereich der Verkabelung) noch verstärken kann

ob durch Neuauflage eines zeitlich begrenzten *Bausparzwischenfinanzierungsprogramms* der noch immer stockende und steuerlich inzwischen eher benachteiligte Eigenheimbau unterstützt werden sollte

ob durch ein auf die nächsten Jahre (starke Schulabgängerjahrgänge) befristetes Programm in Zusammenarbeit mit den Kammern *zusätzliche überbetriebliche Ausbildungsmaßnahmen* für solche Jugendliche durchgeführt werden können, die bis zu einem bestimmten Zeitpunkt des jeweiligen Jahres keinen Ausbildungsvertrag abschließen konnten.

2. Weitere Einschränkungen konsumtiver bzw. eindeutig nicht wachstums- und beschäftigungsfördernder Ausgaben

zur Absicherung der noch bestehenden Haushaltsrisiken (z. B. für 1983: Bundesanstalt für Arbeit, Kindergeldregelung Bund/Länder, Zinsaufwand, Wohngeld, Bundesbahn).

zur Finanzierung der unter Ziff. 1 genannten Mehrausgaben sowie

zum Ausgleich für die unter B. genannten Steuermaßnahmen insoweit sie nicht durch Umstrukturierung des Steuersystems abgedeckt werden.

a) Öffentlicher Dienst
(hätte auch Auswirkung für die Haushalte von Ländern und Gemeinden)

Im Voraus festgelegte Begrenzung des Anstiegs der *Beamtenbesoldung* für z. B. 3 Jahre. (Jedes % weniger für Beamte, Soldaten und Versorgungsempfänger bei Bund [plus Bahn und Post], Ländern und Gemeinden: rd. 1,23 Mrd/Jahr; davon Bund: 0,24 [plus Bahn: 0,13, Post: 0,14], Länder: 0,63 und Gemeinden: 0,10 Mrd DM)

Neugestaltung der *Beihilferegelung* z. B. durch Einschränkung der erstattungsfähigen Ausgaben, Begrenzung der Erstattung auf 100 % und eventueller Absenkung der Beihilfesätze oder Einführung zusätzlicher Eigenbeteiligung

Generelle Herabstufung der *Eingangsbesoldung bzw. -vergütung*, insbesondere für Akademiker.

b) Finanzhilfen (Subventionen) und steuerliche Vergünstigungen
(vgl. auch Teil D)

Notwendig ist ein weiterer Abbau von Finanzhilfen und Steuervergünstigungen (allerdings ohne Anhebung der Gesamtabgabenbelastung).

Dies kann am besten durch eine weitere *gezielte* Reduzierung im Rahmen eines mehrjährigen Stufenplanes geschehen. Angesichts der damit verbundenen Schwierigkeiten könnte aber auch ein genereller *linearer* Abschlag von 5 %

bzw. 10 % (nach Schweizer Muster) gewählt werden, wobei dann einige wenige Bereiche ausgenommen werden könnten.

Den bekannten Nachteilen des linearen Abschlags steht der Vorteil einer großen Breitenwirkung und einer Gleichbehandlung aller Betroffenen gegenüber. Außerdem wird im Vergleich zur gezielten Kürzung die „Beweislast" umgekehrt.

c) Arbeitsförderungsgesetz

Verringerung der Leistungen:

Verringerung des Leistungssatzes für Arbeitslosengeld am Anfang der Bezugsdauer (z. B. erste drei Monate nur 50 % des letzten Nettoeinkommens, evtl. Mehrstufenregelung)

oder

Generelle Senkung des Arbeitslosengeldes für Alleinstehende (ohne Unterhaltsverpflichtung); anknüpfen an frühere Regelung

oder/und

Einführung von Karenztagen bei der Zahlung von Arbeitslosengeld (Beiträge zur Krankenversicherung werden jedoch durch Bundesanstalt gezahlt)

Begrenzung des Arbeitslosengeldbezuges auf *maximal 1 Jahr,* auch bei Krankheit; kein Entstehen von neuen Arbeitslosengeldansprüchen durch Teilnahme an Maßnahmen der Bundesanstalt (erhebliche Einsparungen zu erwarten)

Anpassung der Leistungsgrundsätze für Teilnehmer an *Rehabilitationsmaßnahmen* an die niedrigeren Leistungssätze für Fortbildungs- und Umschulungsmaßnahmen und bei Abbruch oder Beendigung der Maßnahme keine Weiterzahlung des Übergangsgeldes

Keine Kumulation mit alten Ansprüchen auf Arbeitslosengeld, wenn zwischenzeitlich gearbeitet wird

Überprüfung von extrem *verwaltungs- und damit personalaufwendigen* AFG-Leistungen (z. B. 16jährigen-Regelung für Kindergeld, Mehrfachberechnungen der Fahrtkostenzuschüsse für Unterhaltsempfänger, Bagatellbeträge bei Widerspruchs- und Sozialgerichtsverfahren, Verfolgung der Ansprüche aus Konkursausfallgeld, übertriebene Härteregelungen)

Überprüfung der *Kosten für Träger* der Maßnahmen von Unterhaltsgeld und Rehabilitation.

d) Mutterschaftsurlaubsgeld

(Umfang der Leistungen: 1981: 913 Mio DM

Zahl der Leistungsbezieher: 1981: 320 000)

Ersatzlose Streichung, mindestens aber mehrjährige Aussetzung.

e) BAFöG (Einsparung auch für die Länder wegen 35 %-Beteiligung)

Streichung der *Schüler*-BAFöG (rd. 1 Mrd. DM)

Umstellung des BAFöG für *Studenten* auf (Voll-)Darlehen mit einer neugefaßten, verwaltungseffizienten Härteklausel (je nach Ausgestaltung allerdings größere Einsparung erst bei Rückzahlung).

f) Wohngeld

Änderung des *Einkommensbegriffes* (z. B. Anrechnung von Grundrenten)

Absenken der überhöhten Pauschalen bei der *Einkommensberechnung* (z. B. 30 % wegen Belastung durch Steuern und Sozialabgaben; 12,5 % bei Bezug von Lohnersatzleistungen) auf die tatsächlichen durchschnittlichen Belastungen durch Steuern und Abgaben

Reduzierung der maximal bezuschussungsfähigen *Wohnfläche*.

B. Investitions- und leistungsfördernde Steuerpolitik

Die gegenwärtige und mehr noch die für die Zukunft erwartete Steuerbelastung ist für Investitionsentscheidungen zweifellos von erheblicher Bedeutung; mindestens ebenso bedeutsam sind jedoch die Erwartungen des Investors hinsichtlich der künftigen Lohn-, Arbeitszeit-, Sozial-, Umwelt-, Rechts- sowie Wirtschafts- und Finanzpolitik schlechthin. Insofern darf die Wirkung isolierter Steuermaßnahmen nicht überschätzt werden ...

Ansatzpunkte für konkrete steuerpolitische Maßnahmen im Rahmen eines mehrjährigen, verbindlich festgelegten Stufenplanes

1. Schrittweise Abschaffung der Gewerbesteuer

In einem *ersten* Schritt Halbierung der Gewerbesteuerbelastung der gewerblichen Wirtschaft nach DIHT-Modell (formale Beibehaltung der Gewerbesteuer, jedoch halbe Anrechnung bzw. Erstattung der gezahlten Gewerbesteuer bei der Umsatzsteuer. Problem: verbleibende Hebesatz-Autonomie der Gemeinden zu Lasten des Umsatzsteueraufkommens für Bund und Länder; daher Einschränkung der Hebesatz-Autonomie durch Höchstbetrags- bzw. Koppelungsvorschriften notwendig)

In einem *zweiten* Schritt Abschaffung der Gewerbesteuer und Umsetzung der dann notwendigen Neuordnung des Finanzausgleichs unter Beteiligung der Gemeinden am Umsatzsteueraufkommen nach einem noch zu findenden Schlüssel (z. B. Vorschlag des Instituts „Finanzen und Steuern").

2. Partielle Entlastung des gewerblich genutzten Vermögens von der Vermögensteuer

Beseitigung der Doppelbelastung durch Anrechnungsmethode oder Halbierung der Bemessungsgrundlage auf Ebene der Kapitalgesellschaft und Anteilseigner.

Denkbare kleinere Lösungen:

Übernahme der Ertragsteuerwerte in die Vermögensaufstellung

Herabsetzung der Grenze für das Schachtelprivileg (z. B. auf 10 %).

3. Entlastung der Lohn- und Einkommensbezieher
(und damit auch der Personen-Unternehmen)

vor allem durch Abflachung der Tarifkurve im extrem steilen mittleren Progressionsteil.

4. Steuerliche Anreize für Investitionen und Anlage in Risikokapital
(evtl. nur für Übergangszeit)

Einkommensteuerliche Begünstigung der längerfristigen Anlage in Risikokapital im Inland, z. B. von Einzahlungen in Beteiligungsfonds (wie in Österreich) bei mindestens 10jähriger Festlegung, jedoch vorzeitiger steuerunschädlicher Verwendungsmöglichkeit zur Existenzgründung (vgl. D 2). Durch Einbeziehung nicht nur von Aktien, sondern auch von stillen Beteiligungen und GmbH-Anteilen Stärkung der Eigenkapitalbildung auch der mittelständischen Wirtschaft.

5. Anhebung der Mehrwertsteuer zum Ausgleich für investitions- und arbeitsplatzfördernde Steuerentlastungen
(nicht jedoch für Rückgabe „heimlicher" Steuererhöhungen)

Probleme:

Preiserhöhungseffekte mit möglicher Rückwirkung auf Lohn- und Sozialpolitik.

Neuer Druck zur Abwanderung in die Schattenwirtschaft (allerdings kaum stärker als bei bisheriger Steuerstruktur).

C. Konsolidierung der sozialen Sicherung sowie beschäftigungsfördernde Sozial- und Arbeitsmarktpolitik

Ansatzpunkte für konkrete sozial- und arbeitsmarktpolitische Regelungen

1. Rentenversicherung (incl. Knappschaft und landwirtschaftliche Altershilfe)

a) Mittelfristige Maßnahmen (bis Ende der 80er Jahre)

Sicherung der Aufwandsneutralität der 84er Reform und Verzicht auf ausgabensteigernde Maßnahmen

Anhebung der Beteiligung der Rentner an den Kosten ihrer Krankenversicherung über die bisher für 1986 vorgesehenen 4%-Punkte hinaus bis zur Höhe des Arbeitnehmer-Anteils zur gesetzlichen Krankenversicherung (z. Z. rd. 6 %)

Keine Einschränkung der bisher vorgesehenen Bundeszuschüsse

Einschränkung des Aufwands für Kuren (größere Selbstbeteiligung)

Verschärfung der Bedingungen für die Erwerbs- und Berufsunfähigkeitsrente.

b) *Längerfristige* Maßnahmen (ab Ende der 80er Jahre)

Einführung eines kostendeckenden Abschlags bei der Inanspruchnahme der flexiblen Altersgrenze

Berücksichtigung des steigenden Rentneranteils in der Rentenformel

Anhebung der Altersgrenze (einzige Möglichkeit, weiter steigender Belastung durch Steigerung der Lebenserwartung zu begegnen).

2. Krankenversicherung (GKV)

Verstärkte Kostendämpfung bei Leistungserbringern, z. B. Einführung eines gespaltenen bzw. degressiven Krankenhaus-Pflegesatzes und Abschaffung des Kostenersatzprinzips (Wiederzulassung von Gewinn/Verlust-Möglichkeit)

Ausbau der Selbstbeteiligung im Krankenversicherungsbereich (z. B. bei Arzneimitteln und Arztbesuchen)

Neben der Selbstbeteiligung bei Kuren auch Teilanrechnung auf den Urlaub.

3. Lohnfortzahlung im Krankheitsfalle
(lt. BMA Aufwand 1980: 27,15 Mrd. DM)

Auch in diesem Bereich wäre die Einführung von Maßnahmen der Selbstbeteiligung (Karenztage, Abschläge, Änderung des Finanzierungsmodus) angebracht; sie stößt allerdings auf erhebliche Probleme (finanzielle Entlastung z. T. fraglich, Vorrang von Tarifverträgen, Alimentationsprinzip bei Beamten).

Positive Signale könnten aber auch schon von kleineren Korrekturen ausgehen. Z. B.:

Ausschluß von Prämien/Überstundenzuschlägen aus dem Entgeltbegriff

Wegfall der Leistungen bei Ausübung von Nebentätigkeiten

Einführung einer Teil-Arbeitsunfähigkeit

Verstärkte Bekämpfung medizinisch unbegründeter Krankschreibungen (z. B. Vertrauensarzt) . . .

D. Politik zur Förderung von Marktwirtschaft, Wettbewerb und wirtschaftlicher Selbständigkeit

Die Leistungs- und Innovationsfähigkeit der Wirtschaft wird entscheidend bestimmt durch die Funktionsfähigkeit des Wettbewerbs und die Vielfalt der unternehmerischen Initiativen. Insbesondere die kleineren und mittleren Unternehmen sind infolge ihre Kreativität, ihres unternehmerischen Wagemutes und ihrer Anpassungsfähigkeit unverzichtbare Träger des wirtschaftlichen und gesellschaftlichen Fortschritts. Deswegen muß der Förderung der wirtschaftlichen Selbständigkeit und der Bereitstellung von Risikokapital in den nächsten Jahren besondere Aufmerksamkeit gelten . . .

Konkrete Ansatzpunkte für Maßnahmen

1. Verstärkte Förderung der wirtschaftlichen Selbständigkeit und insbesondere der gewerblichen Existenzgründung

Breit angelegte *Informationskampagnen* über Wert und Möglichkeiten der wirtschaftlichen Selbständigkeit (Schulbücher, Lehrpläne, Medien etc.)

Gezielte Förderung der gewerblichen Existenzgründung durch

wesentlich attraktivere Ausgestaltung des *Eigenkapitalhilfeprogramms* (evtl. zeitlich begrenzt) als Anreiz für Unternehmensgründungen und -übernahmen auch im industriellen Bereich (Aufstockung der Förderhöchstbeträge, deutliche Verbesserung der Zinskonditionen, Vereinfachung des Antragsverfahrens)

Einführung von zuschußbegünstigten Ansparverträgen für *Existenzgründungen,* die zunächst neben, später ggf. an die Stelle des Eigenkapitalhilfeprogramms treten könnten (vgl. hierzu auch B, 4)

Verbesserung der *Beratungshilfe* für Existenzgründungen.

2. Steuerliche Erleichterungen bei der Übernahme insolventer bzw. insolvenzbedrohter Unternehmen oder Betriebe

Zur Berücksichtigung des erhöhten Risikos Gewährung einer befristeten steuerfreien Rücklage in bestimmter Höhe der Anschaffungskosten; stufenweise Auflösung nach einigen Freijahren (Genehmigung durch Länderbehörden mit Bescheinigungsverfahren) – als Ergänzung zur bestehenden § 6 b-Regelung, die nur bei Finanzierung des Anteilserwerbs durch Veräußerung anderer Beteiligungswerte greift.

3. Weiterer Abbau der Reglementierung in der Wohnungswirtschaft

Weitergehende Liberalisierung des *Mietrechts* z. B. durch

Ermittlung der Vergleichsmieten nur anhand von Neumieten (z. B. nur Mieten der letzten 2 oder 3 Jahre)

Zulassung von Staffelmieten auch für den Wohnungsbestand

Nachweis bei Mieterhöhungsverlangen auch durch Mieten aus dem eigenen Bestand.

Auflockerung des *Kündigungsschutzes* (über die Zeitmietverträge hinaus) durch weitgehende Zulassung der Änderungskündigung (vom Wissenschaftlichen Beirat beim BMWi vorgeschlagen).

Denkbare Lösungen:

Abdingbarkeit aller Kündigungsschutzbestimmungen bei Aufrechterhaltung des Vollstreckungsschutzes (vertragliche Vereinbarung des Kündigungsschutzes möglich)

Aufhebung bzw. Abdingbarkeit nur von § 524 BGB (Vermieter muß bisher bei Kündigung „berechtigtes Interesse" nachweisen), aber Beibehaltung der Sozialklausel gemäß § 556 a BGB („soziale Gründe" können Kündigung entgegenstehen)

Verstärkung der Bemühungen um eine Vereinfachung des *Baurechts* (primär allerdings Ländersache).

Diese Überlegungen gehen über den konventionellen Rahmen der bisher als durchsetzbar angesehenen Politik hinaus. Die politischen Schwierigkeiten ihrer Durchsetzung werden nicht übersehen. Die Entwicklung der Arbeitslosigkeit gebietet es aber, daß die Politik für die Wirtschaft einen neuen Anfang setzt und eine Zukunftsperspektive gibt, die frei ist von entbehrlichen staatlichen Belastungen, so daß Investitionen in neue Arbeitsplätze und zur Sicherung vorhandener Arbeitsplätze wieder vertretbar und lohnend erscheinen.

Wir stehen vor einer wichtigen Wegkreuzung. Wer eine solche Politik als „soziale Demontage" oder gar als „unsozial" diffamiert, verkennt, daß sie in Wirklichkeit der Gesundung und Erneuerung des wirtschaftlichen Fundaments für unser Sozialsystem dient. „Sozial unausgewogen" wäre dagegen eine Politik, die eine weitere Zunahme der Arbeitslosigkeit und eine Finanzierungskrise der sozialen Sicherungssysteme zuläßt, nur weil sie nicht den Mut aufbringt, die öffentlichen Finanzen nachhaltig zu ordnen und der Wirtschaft eine neue Perspektive für unternehmerischen Erfolg und damit für mehr Arbeitsplätze zu geben.

Die Konsequenz eines Festklammerns an heute nicht mehr finanzierbare Leistungen des Staates bedeutet nur die weitere Verschärfung der Wachstums- und Beschäftigungsprobleme sowie eine Eskalation in den Umverteilungsstaat, der Leistung und Eigenvorsorge zunehmend bestraft und das Anspruchsdenken weiter fordert – und an dessen Ende die *Krise des politischen Systems* steht.

Die Presse sah die Vorschläge des Bundeswirtschaftsministers überwiegend als Kampfansage an die bestehende Koalition an (Auszüge):

Die Welt vom 13. September 1982

SCHEIDUNGSURKUNDE

Ein galantes Billet war das nicht, was Graf Lambsdorff dem Bundeskanzler übersandte. Der Brief stellt ökonomisch die Scheidungsurkunde zwischen SPD und FDP dar, politisch muß sie der Empfänger als Kriegserklärung empfinden. Auch wer krampfhaft nach versönlichen Kompromißformeln fahndet – er wird sie nicht finden.

Frankfurter Rundschau vom 15. September 1982

SCHMIDT KANZELT GRAF LAMBSDORFF AB

Bundeskanzler Helmut Schmidt wertet das auf seine Veranlassung von Wirtschaftsminister Otto Graf Lambsdorff (FDP) angefertigte Spar- und Wachstumskonzept als „sachlich falsch und unausgegoren". In der SPD-Zentrale wurden personelle Konsequenzen im Bundeskabinett schon am heutigen Mittwoch oder am Donnerstag nicht ausgeschlossen.

Vor der SPD-Fraktion attestierte der Regierungschef dem Wirtschaftsminister am Dienstag einen „erstaunlichen Mangel an analytischen Fähigkeiten für einen Wirtschaftsminister". Angesichts der zunehmenden Nachfrageschwäche dürfe der Staat die Wirtschaft nicht „kaputtsparen". Schon in seiner Analyse gehe Graf Lambsdorff, so Schmidt, deshalb von einer unvollständigen, uneinsichtigen und enttäuschenden Ausgangslage aus. Der Wirtschaftsminister werde den ihm gesetzten Zielen nicht gerecht und lasse außen-, geld- und energiepolitische Aspekte völlig außer acht.

Der Kanzler räumte ein, daß einige Vorschläge Graf Lambsdorffs durchaus sinnvoll, und andere diskussionswürdig und -bedürftig seien. Manche seien jedoch provozierend, weil sie ohne Rücksicht auf die sozial Schwachen gemacht würden. Völlig vernachlässigt sei der Wert des sozialen Friedens. Es gebe keinen Versuch, die notwendig werdenden Opfer und Lasten zu verteilen. Lambsdorff habe, so Schmidt, zwar das Recht, seine abweichende Meinung vorzutragen; er müsse jedoch daran erinnert werden, daß der Wirtschaftsminister bereits seit 1977 Kabinettsmitglied sei und von ihm nie Widerspruch zu Kabinettsbeschlüssen zu hören gewesen sei, zumal die Regierung sich immer auf seine Daten gestützt habe ...

Süddeutsche Zeitung vom 15. September 1982

SCHMIDT UND BRANDT FORDERN LAMBSDORFF INDIREKT ZUM RÜCKTRITT AUF

Die SPD-Führung hat am Dienstag Bundeswirtschaftsminister Otto Graf Lambsdorff (FDP) wegen dessen wirtschaftspolitischer Forderungen indirekt zum Rücktritt aufgefordert. Vor der SPD-Fraktion sagte der SPD-Vorsitzende Willy Brandt, Lambsdorff müsse selbst prüfen, „wie er Mitglied des Kabinetts bleiben kann, wenn er ein Papier vorlegt, das den Grundlinien der Koalitionspolitik widerspricht". Auch Bundeskanzler Helmut Schmidt sprach in der Fraktion von „Konsequenzen", die es aus dem Verhalten des Grafen Lambsdorff zu ziehen seien. In dieser koalitionspolitisch äußerst gespannten Atmosphäre wird Bundesfinanzminister Manfred Lahnstein am heutigen Mittwoch den umstrittenen Haushaltsplan 1983 im Bundestag einbringen. Es wird nicht mehr ausgeschlossen, daß der Bundeskanzler in der heutigen Kabinettssitzung die Freien Demokraten auffordert, entweder sich von Lambsdorffs Konzept zu distanzieren oder die Konsequenzen zu ziehen ...

9. Konfliktstoff Haushalt 1983

Für neue Auseinandersetzungen zwischen SPD und FDP in der Öffentlichkeit und im Deutschen Bundestag sorgte der Entwurf des Haushalts 1983, der in erster Lesung am 15. und 16. September 1982 beraten wurde. Die Frankfurter Allgemeine Zeitung berichtete bereits in ihrer Ausgabe am 10. Juli 1982 darüber, daß Bundeswirtschaftsminister Graf Lambsdorff bei den schwierigen Beratungen des Bundeshaushalts 1983 im Kabinett seinen Rücktritt erwogen habe.

Die öffentlichen Auseinandersetzungen zwischen den Koalitionspartnern verschärften sich zunehmend:

Frankfurter Allgemeine Zeitung vom 15. Juli 1982
> MIT SCHAUM VOR DEM MUND DISKUTIERT ES SICH SCHLECHT.
>
> Mit diesem Satz hat Bundeswirtschaftsminister Lambsdorff am Mittwoch auf Angriffe des SPD-Abgeordneten und stellvertretenden Vorsitzenden des sozialpolitischen Arbeitskreises der SPD-Bundestagsfraktion, Lutz, geantwortet. Dieser hatte am Vortag Zweifel des Wirtschaftsministers an den dem Etat für 1983 zugrunde gelegten Rahmendaten zum Anlaß genommen, dem FDP-Politiker vorzuwerfen, er trickse als „sonderbarer Ehrenmann" den Bundeskanzler aus und untergrabe die Koalition. Lambsdorff sagte daraufhin, diese Äußerung des SPD-Abgeordneten schließe sich „würdig" an eine Reihe ähnlicher Bemerkungen an...

Der stellvertretende FDP-Fraktionsvorsitzende Dieter Julius Cronenberg bezeichnete die Äußerungen von Lutz als gezielte Unverschämtheiten gegen Lambsdorff (Bildzeitung vom 14. Juli 1982).

Die Welt berichtete in ihrer Ausgabe vom 15. September 1982 unter der Überschrift

> TRETEN DIE FDP-MINISTER IM OKTOBER (2. HÄLFTE) ZURÜCK?
>
> Der FDP-Bundesvorsitzende Hans-Dietrich Genscher erwägt für die zweite Oktoberhälfte den Rücktritt der vier FDP-Bundesminister. Nach Informationen aus der FDP-Führung will Genscher dann auf dem Anfang November in Berlin stattfindenden FDP-Bundesparteitag die Entscheidung für eine Koalition mit den Unionsparteien herbeiführen. Eine Legitimation für eine koalitionspolitische Neuorientierung auf so breiter Basis halte Genscher auch deshalb für notwendig, weil ein Regierungswechsel nur mit Hilfe eines konstruktiven Mißtrauensvotums gegen Bundeskanzler Helmut Schmidt erzwungen werden könnte...

In der Etatdebatte am 15. und 16. September 1982 wurden die unterschiedlichen Auffassungen von SPD und FDP zum Haushalt 1983 im Bundestag sichtbar.

Die Süddeutsche Zeitung meint hierzu in ihrer Ausgabe vom 17. September 1982 unter dem Titel

KOALITIONSSTREIT IM BUNDESTAG:

Die Bonner Koalitionsfraktionen von SPD und FDP haben ihren Grundsatzstreit über den weiteren Kurs in der Wirtschafts- und Finanzpolitik erstmals am Donnerstag in aller Offenheit im Bundestag ausgetragen. Am 2. Tag der Debatte über den Entwurf des Bundeshaushalts 1983 gaben sich weder die Redner der Sozialdemokraten noch die der Freien Demokraten erkennbare Mühe, die tiefgreifenden Meinungsverschiedenheiten über den Inhalt des wirtschaftspolitischen Grundsatzpapiers von Bundeswirtschaftsminister Graf Lambsdorff zu verdecken. Solidaritätsbekundungen der FDP für Lambsdorff sowie gereizte Reaktionen von SPD-Abgeordneten kennzeichneten die Debatte...

10. Das Ende der sozialliberalen Koalition

Am Freitag, dem 17. September 1982, fiel dann die Entscheidung über den Fortbestand der sozialliberalen Koalition.

Die Bundestagssitzung wurde um 10.03 Uhr auf Antrag der SPD-Fraktion unterbrochen. Die Fraktionen der SPD und der CDU/CSU traten zu getrennten Sitzungen zusammen. Um 11.30 Uhr erhielt dann der Bundeskanzler in der wiedereröffneten Plenarsitzung das Wort zur Abgabe einer Regierungserklärung:

Präsident Stücklen: Die unterbrochene Sitzung ist wieder eröffnet.

Das Wort zur *Abgabe einer Erklärung* hat der Herr Bundeskanzler.

Schmidt, Bundeskanzler: Herr Präsident! Meine Damen und Herren! Im Bericht zur Lage der Nation am Donnerstag, dem 9. September 1982, habe ich mit großer Sorge zur innenpolitischen Situation in der Bundesrepublik Deutschland gesprochen. Die Lage war und blieb auch danach durch Unsicherheit und Ungewißheit über den Bestand der sozialliberalen Koalition gekennzeichnet. Seit Herr Kollege Genscher im Sommer 1981 das Wort von der „Wende" geprägt und seitdem viele Male ausgesprochen hat, war zweifelhaft geworden, ob die FDP bis zum Ende der vierjährigen Wahlperiode an der vom Wähler 1980 eindrucksvoll bekräftigten Regierungskoalition mit den Sozialdemokraten festhalten will.

(Beifall bei der SPD)

Diese Zweifel hatten sich seit der Koalitionsaussage der hessischen FDP zunehmend verstärkt. Die für jene Zusage an die CDU zunächst gegebene Begründung, man wolle durch eine CDU/FDP-Koalition in Hessen die sozialliberale Koalition im Bundestage weiterhin stützen, ist zu keiner Zeit glaubhaft gewesen; sie wird auch heute schon längst nicht mehr gebraucht.

(Beifall bei der SPD)

Ich habe deswegen in der vorigen Woche den Bericht zur Lage der Nation zum Anlaß genommen, nachdrücklich den Anspruch der Bürgerinnen und Bürger auf Wahrheit und Klarheit zu unterstreichen. *Wahrheit und Klarheit der politischen Willensbildung* sind Voraussetzung für eine handlungsfähige Regierung und Gesetzgebung,

(Beifall bei der SPD)

Voraussetzungen für innere und soziale Stabilität, für die wirtschaftspolitische Stabilität und vor allem für die außenpolitisch notwendige Verläßlichkeit der Regierungspolitik.

(Beifall bei der SPD)

Mit einem Wort: Die politische und wirtschaftliche Weltkrise verlangt eine voll handlungsfähige Bundesregierung.

Mein Appell und die Plenardebatte am Donnerstag letzter Woche haben – leider – die notwendige Klärung nicht gebracht. Herr Dr. Kohl hat meine Aufforderung nicht angenommen, die von ihm angestrebte Kanzlerschaft unverzüglich über ein konstruktives Mißtrauensvotum nach Art. 67 des Grundgesetzes zu erreichen und danach Neuwahlen herbeizuführen. Aber ebensowenig haben sich die Kollegen Genscher und Mischnick eindeutig und unmißverständlich ohne Wenn und Aber für das Festhalten ihrer Partei an der sozialliberalen Koalition ausgesprochen. Der eine klare Satz hat immer gefehlt, und er fehlte auch in dieser Woche, die morgen zu Ende geht, nämlich der Satz: Die FDP steht fest zur sozialliberalen Koalition.

Mit Recht hat z. B. eine Zeitung am Tage nach der Debatte zur Lage der Nation geschrieben: „Herr Genscher lieferte eine auf charakteristische Weise zweideutige Rede, die es vermied, seine Partei in der Koalitionsfrage festzulegen." Seitdem sind täglich Zweifel und Ungewißheit über Wege und Ziele der FDP gewachsen. Ich bedaure dies außerordentlich. Denn ich bin nach wie vor der Überzeugung, daß es auch heute einen großen und soliden Bestand substantieller politischer Gemeinsamkeit zwischen Sozialdemokraten und Liberalen gibt.

(Anhaltender lebhafter Beifall bei der SPD – Beifall bei Abgeordneten der FDP)

Ich glaube deshalb, daß es uns in einer großen gemeinsamen Anstrengung hätte gelingen müssen, soweit das einem einzelnen außenwirtschaftlich hochabhängigen Industriestaat überhaupt gelingen kann, aus den gegenwärtigen Schwierigkeiten herauszukommen, und zwar ohne die soziale Gerechtigkeit zu verletzen und ohne den sozialen Frieden zu stören.

(Anhaltender Beifall bei der SPD)

Voraussetzung dafür wäre ein ehrlicher, vor allem ein uneingeschränkter Wille zur politischen Gemeinsamkeit. Er müßte deutlich stärker sein als Freude und Lust an vielfach wechselnden Taktiken und Interview-Gefechten je nach tagespolitischer Opportunität.

(Beifall bei der SPD)

Zusammenarbeit ist nicht möglich bei unausgesprochen bleibenden versteckten Vorbehalten.

(Beifall bei der SPD)

Die mehrfach wiederholte, öffentlich gebrauchte Redensart von den – ich zitiere – „neuen Sachfragen, die sich neue Mehrheiten suchen" hat Anlaß genug gegeben, innere Vorbehalte des Redners, nämlich des Kollegen Genscher, zu erkennen. Denn bisher, Herr Kollege Genscher, hatten wir doch alle Sachfragen einvernehmlich gelöst.

Die Bürger, die Medien und die öffentliche Meinung insgesamt haben die von einem Bundesminister mir am 10. September abends vorgelegte *Denkschrift* nahezu übereinstimmend als „Scheidungsbrief" oder – ich zitiere – als „Manifest der Sezession" verstanden – das heißt auf deutsch: als Dokument der Trennung.

Dieses Verständnis ist durch die gestrige Erklärung *des Bundesministers für Wirtschaft* hier vor dem Bundestag keineswegs aufgehoben worden. Daß die Denkschrift mit dem vom gleichen Ressortminister zu verantwortenden Jahreswirtschaftsbericht übereinstimmt, kann ich ebensowenig anerkennen. Es bleibt auch unverständlich, daß die Denkschrift ganz neuerdings bloß mittelfristig und nicht auch schon für die unmittelbare Zukunft gemeint gewesen sein soll. Zu alledem hatte ja der gleiche Redner noch im Mai mehrfach vor der Industrie gesagt, ein etwaiger Regierungswechsel in Bonn werde nicht zum großen oder wichtigen Wechsel in der Wirtschaftspolitik führen; dazu fehle es unserem Staate objektiv an Handlungsspielraum.

Im übrigen aber hat die öffentliche Meinung die Denkschrift sehr richtig verstanden. Sie will in der Tat eine Wende, und zwar eine Abwendung vom demokratischen Sozialstaat im Sinne des Art. 20 unseres Grundgesetzes und eine Hinwendung zur Ellenbogengesellschaft.

(Anhaltender lebhafter Beifall bei der SPD – Oh-Rufe von der CDU/CSU)

– Auf die Zwischenrufe aus der CDU/CSU kann ich nur sagen: Fragen Sie die katholische Arbeiterbewegung, wie sie das versteht!

(Beifall bei der SPD)

Offenbar soll die Denkschrift als Wegweiser dienen zu anderen Mehrheiten. Jedenfalls wird dieser Eindruck bewußt in Kauf genommen, und er wird nicht überzeugend korrigiert.

Der durch das Verhalten mehrerer FDP-Politiker eingetretene Zustand der Unsicherheit darf nicht fortgesetzt werden. Wenn ganze Landesverbände und viele einzelne Politiker des Koalitionspartners FDP miteinander öffentlich Streit führen über die Frage, ob man der Koalition treu bleiben solle oder ob man ein konstruktives Mißtrauensvotum wagen solle – und wenn ja, wann man es wagen solle –, so hätte die dadurch entstandene große Unsicherheit und zusätzliche Verunsicherung auch der Wirtschaft durch die Parteiführung ausgeräumt werden müssen. Dies ist nicht geschehen.

(Beifall bei der SPD)

Im Interesse unseres Landes, im Interesse unseres parlamentarisch-demokratischen Regierungssystems und seines Ansehens, nicht zuletzt im Interesse des sozialdemokratischen Koalitionspartners kann und will ich nicht länger zusehen, wie die Handlungsfähigkeit und das Ansehen der Bundesregierung stetig beschädigt werden. Es wird mir niemand verdenken, daß ich auch mich selbst nicht demontieren lassen möchte.

(Anhaltender lebhafter Beifall bei der SPD)

Ich habe letzte Woche die Opposition aufgefordert, einen konstruktiven Mißtrauensantrag einzubringen und damit einen anderen Bundeskanzler zu wählen. Die Oppositionsführer haben darauf geantwortet, man wolle erst die Wahlen zu den Landtagen in Wiesbaden und in München abwarten. Erst danach werde man weitersehen. Ich habe daraus entnommen, Herr Dr. Kohl, daß Sie gegenwärtig noch nicht glauben, genug Abgeordnete des Deutschen Bundestages hinter sich bringen zu können.

Aus der öffentlichen Diskussion von FDP-Politikern ist zu entnehmen, daß diejenigen, die den gegenwärtigen Bundeskanzler stürzen und durch Herrn Dr. Kohl ersetzen wollen, ebenfalls zunächst die beiden Landtagswahlen abwarten wollen, um damit die Reaktionen der Wählerinnen und Wähler auf den für Wiesbaden angekündigten Koalitionswechsel der FDP auszuprobieren. Mit anderen Worten: Wenn die FDP in Wiesbaden die Fünf-Prozent-Schwelle überschreiten sollte, so würde dies einigen Bonner FDP-Politikern genug Mut zum Kanzlersturz einflößen; wenn umgekehrt die FDP in Wiesbaden unter 5 % bleiben und damit aus dem Landtage ausscheiden sollte, dann wollten dieselben Kollegen – vielleicht – bereit sein, die sozialliberale Koalition in

Bonn fortzusetzen. Aber 1% mehr oder 1% weniger in Wiesbaden ist keine solide Grundlage für eine Bundesregierung.

(Anhaltender lebhafter Beifall bei der SPD)

Für den ersten Fall, 1% mehr, wird schon jetzt – so habe ich registriert –, vorsorglich daran gearbeitet, die Schuld für den angestrebten Koalitionsbruch den Sozialdemokraten zuzuweisen.

Ich habe letzte Woche betont, daß ungeachtet meines nachdrücklichen Hinweises auf die verfassungsrechtliche Möglichkeit eines konstruktiven Mißtrauensvotums nur Neuwahlen zum Bundestag eine volle demokratische Legitimität für einen anderen Bundeskanzler, für eine andere Bundesregierung, für eine andere Politik ergeben können. Ich wiederhole: die Bürger haben das Recht, zu wissen, mit welcher Absicht eine sogenannte neue Mehrheit tatsächlich antritt, welche Antworten ein anderer Bundeskanzler auf die Lebensfragen der Nation geben will und wie seine Führungsmannschaft, seine Ministermannschaft aussehen soll. Herr Dr. Kohl hat bisher darauf mit keinem Wort geantwortet –

(Beifall bei der SPD)

welche Antworten? Welche Absichten? Außer Ihnen selbst, Herr Dr. Kohl, weiß niemand, ob Sie andere oder gar bessere Lösungen für die uns alle bedrängenden Probleme zur Verfügung haben.

Ich habe seit der Kabinettssitzung vorgestern mit meinen engsten politischen Freunden die Situation nüchtern geprüft. Herr Brandt, Herr Wehner und ich sind übereinstimmend zu dem Ergebnis gekommen, daß *Neuwahlen* zum Bundestage in der Tat der beste Weg wären, um aus der gegenwärtigen innenpolitischen Krise herauszuführen. Sie sollten so schnell stattfinden, wie dies verfassungsrechtlich möglich ist.

(Starker Beifall bei der SPD)

Wir stimmen also ausdrücklich dem Ministerpräsidenten Stoltenberg zu, ebenso den Ministerpräsidenten Albrecht, Späth und Strauß, ebenso den Kollegen Barzel, Biedenkopf, Ihrem Generalsekretär Geißler. Diese CDU- und CSU-Führungspersonen, aber auch viele andere im Land, haben sich in den letzten Tagen ganz eindeutig für Neuwahlen ausgesprochen.

Sie selbst, Herr Dr. Kohl, haben vor einigen Tagen der „Westfälischen Rundschau" in Dortmund gleichfalls gesagt, am liebsten hätten Sie Neuwahlen. Allerdings, haben Sie hinzugefügt, sähen Sie im Augenblick keinen realistischen Weg dorthin. Und Sie haben dann noch hinzugefügt – ich zitiere wörtlich –:

Eine von der Union geduldete Minderheitsregierung unter Bundeskanzler Helmut Schmidt wäre nur möglich, wenn sie in Absprache mit der Opposition Neuwahlen vorbereitet.

Und weiter wörtlich:

Ich sehe noch nicht den Kanzler der SPD, der solche Absprachen trifft.

Herr Dr. Kohl, Sie irren sich; denn ich bin zu solcher Absprache und Vereinbarung bereit. Und ich bin sehr gespannt, ob Sie zu Ihrem Worte stehen können.

(Lebhafter Beifall bei der SPD)

Ich mache hiermit den im Bundestag vertretenen Parteien und Fraktionen den Vorschlag einer Absprache, wie Herr Kohl sagte, oder einer Vereinbarung zum Zwecke der unverzüglichen Herbeiführung von Neuwahlen. Jeder weiß, daß das Grundgesetz dafür einen Weg anbietet. Es ist allerdings ein sehr komplizierter Weg, und er bedarf einer politischen Willensbildung und Übereinstimmung einer Mehrheit des Bundestages. Dieser Weg ist heute vor zehn Jahren schon einmal beschritten worden. Er führt über die Vertrauensfrage des Bundeskanzlers nach Art. 68 des Grundgesetzes. Danach kann der Bundespräsident auf meinen Vorschlag den Bundestag dann auflösen, wenn vorher ein Antrag des Bundeskanzlers, ihm das Vertrauen auszusprechen, nicht die Mehrheit des Bundestages gefunden hat.

Aber als zweite Bedingung schreibt das Grundgesetz vor: Der Bundestag kann nur dann aufgelöst werden, wenn nicht inzwischen durch ein konstruktives Mißtrauensvotum ein anderer Bundeskanzler gewählt wird.

Der Weg der Vereinbarung, die ich Ihnen anbiete, ist für mich und vor allem für die mich tragende größere Regierungspartei wahrlich nicht leicht zu gehen, weil ja doch in Wirklichkeit volles Vertrauen zwischen der sozialdemokratischen Bundestagsfraktion und dem Bundeskanzler besteht.

(Anhaltender lebhafter Beifall bei der SPD)

Ich für meine Person bin aber bereit, diese Bedenken zurückzustellen – für meine Parteifreunde wird mein Parteivorsitzender Willy Brandt im Laufe der Debatte das Wort ergreifen –, um – erstens – nach Verabredung die Vertrauensfrage zu stellen und – zweitens – meine eigenen Freunde zu bitten, sich der Abstimmung darüber fernzuhalten, damit ich anschließend dem Herrn Bundespräsidenten die Auflösung des Bundestages vorschlagen kann.

Dieser Weg setzt – drittens – voraus, daß er auf der Grundlage einer Vereinbarung durch eine klare Mehrheit des Bundestages beschritten wird, und – viertens – muß diese Vereinbarung natürlich einschließen, daß die Opposition von Art. 68 Abs. 1 Satz 1 keinen Gebrauch macht.

(Lachen bei der CDU/CSU)

– Ich erkläre es gleich für diejenigen, die das Grundgesetz nicht unter der Achsel haben. – Mit anderen Worten: Die Verabredung muß den Verzicht der Opposition auf ein zwischenzeitliches Mißtrauensvotum einschließen, denn damit würden Neuwahlen auf unbestimmte Zeit verschoben, sofern Sie überhaupt Neuwahlen wirklich wollen.

(Beifall bei der SPD)

Tatsächlich würde die Frage der Neuwahl des Deutschen Bundestages dann zum Handelsobjekt bei bevorstehenden Koalitionsverhandlungen zwischen Ihnen und unserem bisherigen Partner FDP, vielleicht finden die Neuwahlen dann überhaupt nicht statt. Ich will eines klarstellen: Ich kann Ihnen keineswegs – ich will das natürlich auch gar nicht – den Weg über das *konstruktive Mißtrauensvotum* abschneiden, zu dem ich Sie ja letzte Woche aufgefordert hatte, ohne bisher eine Antwort zu erhalten. Selbst wenn Sie ihn jetzt noch beschreiten wollen, so kann es für diesen Weg natürlich keine Mitwirkung durch den Bundeskanzler geben. Sie müssen dann selbst ausprobieren, ob Sie bei der FDP genug Stimmen finden können. In jedem Falle aber muß, so denke ich, der Oppositionsführer alsbald erklären, wann eigentlich er die Neuwahl will, von der die ganze CDU und die ganze CSU öffentlich reden.

(Beifall bei der SPD)

Ich bin also bereit, alle Partei- und Fraktionsvorsitzenden des Bundestages für nächste Woche zum gemeinsamen Gespräch für eine solche Vereinbarung einzuladen. Dabei gehe ich davon aus, daß die *Neuwahl zum Bundestag* noch in diesem Herbst stattfinden soll. Wie Sie wissen, besteht die grundgesetzliche Vorschrift aus Art. 39, daß die Neuwahl nicht später als 60 Tage nach Auflösung des Bundestages zu erfolgen hat. Ich denke also an Neuwahl für etwa Ende November.

Wir sind uns gewiß alle darüber im klaren, daß die *Auflösung des Bundestages* mitten in einer Wahlperiode eine Ausnahme bleiben muß. Deshalb haben die Väter des Grundgesetzes ja unter dem Eindruck der negativen Erfahrung mit häufigeren Reichstagsauflösungen in der Weimarer Republik die Parlamentsauflösung bewußt außerordentlich schwierig gemacht. Das war eine gute und richtige Entscheidung. Sie haben nur diesen einen von mir soeben beschriebenen komplizierten Weg offengelassen.

Weil aber die Bundesrepublik inzwischen politisch erwachsen geworden ist, weil Weimarer Verhältnisse auch in Zukunft in Bonn nicht zu befürchten sind, zweifle ich nicht, daß die Wählerinnen und Wähler meinen Vorschlag verstehen werden. Im Gegenteil, ich bin überzeugt, die öffentliche Meinung Deutschlands wird den Vorschlag für unverzügliche Neuwahlen einhellig begrüßen.

(Beifall bei der SPD)

Herr Brandt, Herr Wehner, alle meine politischen Freunde und ich, wir sind uns dessen sehr bewußt, daß sich die Sozialdemokratie gegenwärtig in einem handfesten politischen Tief befindet. Wir wissen, daß wir bei *Neuwahlen* wahrscheinlich Federn lassen müssen. Angesichts der Weltwirtschaftskrise kann gegenwärtig kaum irgendwo in einem parlamentarisch-demokratischen Staat der Welt eine Regierungspartei zusätzliche Wähler für sich gewinnen. Das wird wohl auch uns so gehen. Aber die *SPD* ist eine selbstbewußte Partei, die auch Krisen durchstehen kann!

(Lebhafter Beifall bei der SPD)

Dies hat sie im Laufe ihrer 120jährigen Geschichte in weit schwereren Zeiten oft genug bewiesen. Wir tragen die Regierungsverantwortung mit innerer Überzeugung, aber wir kleben nicht an unseren Stühlen.

(Beifall bei der SPD)

Ich verkenne keineswegs, daß *Neuwahlen* auch für die *FDP* schwerwiegende Fragen aufwerfen. Sie wird Mut brauchen, um Neuwahlen zuzustimmen. Denn wenn sie im Wahljahr 1980 mit 10,6 % der Zweitstimmen in den Bundestag eingezogen ist, so steht ein solches Ergebnis gegenwärtig für sie nicht in Aussicht. Aber es wäre nicht in Ordnung, meine Damen und Herren von der FDP, wenn Sie Ihre 1980 mit den Plakattiteln „Schmidt/Genscher gegen CSU und CDU" gewonnenen Mandate jetzt in eine Regierung aus CDU/CSU und FDP einbrächten.

(Anhaltender lebhafter Beifall bei der SPD)

Die kritische Lage der FDP ist von einigen ihrer Führungspersonen selbst verursacht worden.

(Beifall bei der SPD)

Ich kann Ihnen die Feststellung nicht ersparen, daß Sie demnächst aus vorangegangenem Tun haften müssen, und ich hoffe, daß Sie gute Schuldner sein werden.

Wenn jetzt, meine Damen und Herren, eine geschichtliche Epoche in der Entfaltung unseres demokratischen Gemeinwesens beendet wird, wenn jetzt die Zukunft dieser Entfaltung ungewiß ist, so will ich in diesem Zusammenhang meinen Stolz auf das in der sozialliberalen Koalition Geleistete noch einmal hervorheben.

(Beifall bei der SPD und bei Abgeordneten der FDP)

Das gilt für die *Aufarbeitung des Reformdefizits,* das wir 1969 vorgefunden haben, das gilt für den *Ausbau des Sozialstaats,* das gilt ebenso für unsere *Friedenspolitik* im Verein mit unseren Bündnispartnern, aber auch gegenüber den Nachbarn im Osten.

(Beifall bei der SPD und bei Abgeordneten der FDP)

Ich bin stolz auf diese gemeinsame Leistung und ich werde sie mit großem persönlichem Einsatz verteidigen. Ich stehe ebenso eindeutig zu allem, was wir bis zum heutigen Tage miteinander verabredet haben.

(Carstens [Emstek] [CDU/CSU]: Schulden und Arbeitslosigkeit!)

Ich gehöre zu denjenigen Sozialdemokraten, die im Laufe der gemeinsamen Arbeit zu vielen Abgeordneten der FDP sehr enge kollegiale und menschliche Bindungen gefunden haben. Ich danke Ihnen allen, besonders Wolfgang Mischnick,

(Lebhafter Beifall bei der SPD und Beifall bei Abgeordneten der FDP)

ebenso besonders denen, die bis zur letzten Stunde treu zur sozialliberalen Koalition stehen.

(Beifall bei der SPD)

Ich bin auf sehr viel guten Willen in Ihrer Fraktion zur *sozialliberalen Zusammenarbeit* gestoßen. Das ging schon meinem Vorgänger im Amte, Herrn Willy Brandt, so. Das hat uns immer wieder Kraft gegeben für die Anstrengungen, die nötig waren, um bei Meinungsverschiedenheiten Kompromisse zu finden, die zugleich sowohl dem öffentlichen Wohle nützlich als auch beiden Koalitionspartnern tragbar waren.

Dies galt zuletzt für die schwierigen Beratungen zum Haushaltsgesetzentwurf für 1983 und für die ihn begleitenden Gesetzestexte am 30. Juni und am 1. Juli. Ich habe mich danach in einem langen Gespräch am 31. Juli mit Herrn Kollegen Genscher um Stabilisierung der Gemeinsamkeit bemüht, erneut in der Kabinettssitzung am 25. August. Im gleichen Sinne habe ich am Abend des 25. August Herrn Genscher einen persönlichen Brief geschrieben; der Brief hat am 30. August zu einem weiteren Gespräch geführt.

Ich habe bis zu diesem Mittwoch jede denkbare Anstrengung zur *Aufrechterhaltung der Gemeinsamkeit* unternommen – gegen die Skepsis fast der gesamten deutschen Presse und gegen viele Skeptiker in beiden Koalitionsfraktionen. Ich habe es an gutem Willen nicht fehlen lassen.

(Beifall bei der SPD)

Aber nach den Ereignissen der letzten Tage mußte ich das politische Vertrauen zu einigen Führungspersonen der FDP verlieren. Eine weitere Zusammenarbeit ist weder den sozialdemokratischen Bundesministern noch dem Bundeskanzler zuzumuten.

(Beifall bei der SPD)

Die Herrn Genscher und Mischnick kennen den Text der Erklärung, die ich Ihnen gegenwärtig unterbreite, seit anderthalb Stunden. Herr Genscher teilt mir daraufhin soeben den *Rücktritt der vier FDP-Minister* mit. Ich habe die Absicht, bis zur Neuwahl des Bundestages das Auswärtige Amt selbst zu führen. Ich habe die Absicht, bis zur Neuwahl des Bundestages den Bundesminister Lahnstein zugleich für das Bundesministerium für Wirtschaft, den Bundesminister Schmude zugleich für das Bundesministerium des Innern und den Bundesminister Engholm zugleich für das Landwirtschaftsministerium zuständig zu machen.

(Beifall bei der SPD – Lachen bei der CDU/CSU)

Wenn in einer so ernsten Stunde angesichts der freundlichen Gesichter in der CDU auch eine Freundlichkeit meinerseits erlaubt ist: Björn Engholm natürlich deshalb, weil er neben Josef Ertl einer derjenigen ist, die wirklich etwas von Fisch verstehen.

(Heiterkeit und Beifall bei der SPD)

Der Oppositionsführer hat heute in einer Frankfurter Zeitung einen politischen Neuanfang verlangt. „Neuanfang", Herr Dr. Kohl, ist ein sehr unklares Wort. Bekennen Sie sich zur Neuwahl in der kürzesten Frist, wie sie in der letzten Woche schon in vielen Zwischenrufen von den Bänken der Opposition verlangt worden ist! Ich habe Sie vorhin zitiert; Sie sprachen da in einem anderen Zeitungsgespräch von einem Minderheitskabinett. Ich wiederhole: Damit will ich nicht hantieren, sondern ich bin für die Neuwahl des Bundestages.

In der Zwischenzeit werden die sozialdemokratischen Minister und ich unsere Pflicht tun. Die *laufende Regierungsarbeit* wird keinen Schaden nehmen. Sie hat auch bisher keinen Schaden genommen, wenn die Bürger das auch kaum zur Kenntnis gebracht bekommen haben.

Ich fasse zusammen. Nicht nur viele junge Deutsche, sondern auch eine große und zunehmend größer werdende Zahl von älteren Bürgern fühlen sich in den letzten Monaten durch das, was „die in Bonn" tun oder lassen, zunehmend bedrückt. Ich kann diese Sorgen gut verstehen, denn ich teile sie. Weil ich meine Verantwortung ernst nehme, weigere ich mich, taktischen Manövern noch länger zuzusehen.

(Lebhafter Beifall bei der SPD)

Uns Sozialdemokraten sind *Ansehen und Festigkeit der Demokratie* wichtiger als taktische Vorteile zugunsten der eigenen Partei.

(Lebhafter Beifall bei der SPD)

Ich habe Mal um Mal dem Koalitionspartner das ernstgemeinte Angebot gemacht, in einer großen und gemeinsamen Anstrengung die Handlungsfähigkeit der sozialliberalen Bundesregierung zu kräftigen und über den Haushalt 1983 hinaus schöpferische Regierungsarbeit auch in der zweiten Hälfte dieser Legislaturperiode zu leisten. Ich bin Mal um Mal ohne eine klare Antwort geblieben. Ein einziger Satz hätte Klarheit schaffen können. Er ist bis heute ausgeblieben. Statt dessen habe ich viele Male von Herrn Kollegen Genscher hören oder lesen müssen, neue Sachfragen schüfen sich neue Mehrheiten. Es drängt sich mir der Eindruck auf, daß die Haushaltsberatungen von einigen Führungspersonen der FDP nur noch zum Schein geführt werden, weil ein *Vorwand* gesucht wird, mit dem der *Partnerwechsel* dem Publikum erklärt werden soll.

(Beifall bei der SPD)

Was da seit Wochen über Zeitpläne und Fahrpläne für den Wechsel geredet und geschrieben, aber niemals richtiggestellt worden ist, berührt die Selbstachtung der Sozialdemokratischen Partei Deutschlands, berührt die Selbstachtung der sozialdemokratischen Bundesminister und berührt meine eigene Selbstachtung. Aber auch wenn meine persönlichen Empfindungen nicht so wichtig sind: Wichtig bleibt, das Regierungsamt nicht durch Machenschaften beschädigen zu lassen!

(Lebhafter Beifall bei der SPD)

Eigensüchtiges parteiliches Handeln schadet dem Ansehen der Bundesrepublik Deutschland auch jenseits unserer Grenzen. Verläßlichkeit für unsere Partner im Bündnis und unsere Nachbarn in West und Ost schaffen wir nicht allein durch die Kontinuität unserer Außen- und Sicherheitspolitik, sondern die Berechenbarkeit für unsere Verbündeten und für unsere Partner hängt in erster Linie von der Glaubwürdigkeit unseres demokratisch-parlamentarischen Systems ab.

(Beifall bei der SPD)

Ich bitte deshalb die im Bundestag vertretenen Parteien und Fraktionen, gemeinsam einen mutigen Schritt zu tun, um die gegenwärtige innenpolitische Krise zu beenden, auf überzeugende Weise und schnell zu beenden. – Ich danke Ihnen.

(Anhaltender lebhafter Beifall bei der SPD, die Abgeordneten der SPD erheben sich)

Präsident Stücklen: Die Fraktion der CDU/CSU hat gemäß § 44 Abs. 3 unserer Geschäftsordnung die Aussprache über die Erklärung des Herrn Bundeskanzlers beantragt.

Es besteht eine interfraktionelle Vereinbarung, daß die Sitzung für eine Stunde unterbrochen wird. Wir setzen diese Sitzung also um 13.10 Uhr fort.

Die CDU/CSU-Fraktion hat darum gebeten, daß ich bekanntgebe, daß sie gleich anschließend eine Fraktionssitzung durchführt.

Die Sitzung ist unterbrochen.

(Unterbrechung von 12.10 bis 13.11 Uhr)

Der FDP-Vorsitzende **Hans-Dietrich Genscher** antwortete dem Bundeskanzler:

Genscher (FDP): Herr Präsident! Meine sehr verehrten Damen und Herren! Herr Bundeskanzler, wir sind mit Ihnen und Herrn Kollegen Brandt der Auffassung: Die Koalition aus SPD und FDP ist beendet. Sie wie wir haben jetzt die Freiheit, in eigener Verantwortung zu entscheiden.

Nach wochenlangen Gerüchten über Pläne zu einer Minderheitenregierung – –

(Widerspruch bei der SPD)

– Meine Kollegen von der SPD, wir haben alles angehört, was von allen Seiten gesagt wurde. Der Ernst der Stunde sollte es gebieten, daß Sie in Anstand und Ruhe das hören können, was ich sage,

(Beifall bei der FDP und der CDU/CSU – (Liedtke [SPD]: Dann sagen Sie auch etwas Anständiges!)

auch wenn Sie es für falsch halten.

Nach wochenlangen Gerüchten über Pläne zu einer Minderheitenregierung, zur erneuten Stellung der Vertrauensfrage, zur Entlassung meines Kollegen Graf Lambsdorff – das war das mindeste, was über ihn gesagt wurde – und zum Bemühen um eine Neuwahl-Vereinbarung ist jetzt politisch der Weg geöffnet für alle Möglichkeiten, die das Grundgesetz bietet.

Was immer in dieser Aussprache schon gesagt wurde, was heute und in Zukunft noch gesagt werden wird, ich stelle fest: Wir Freien Demokraten werden auch in dieser schweren, unser Land aufwühlenden Zeit mit *Respekt und Achtung* allen anderen *Demokraten* in unserem Lande gegenübertreten, Ihnen, Herr Bundeskanzler, Ihren politischen Freunden, unseren Partnern von gestern, mit besonderem Respekt.

(Beifall bei der FDP)

Wir bekennen uns zu jeder Phase unserer Geschichte, zu unserer Mitwirkung in Regierung und Opposition unseres Landes. Wir bekennen uns zu den Erfolgen, zu den Rückschlägen, zu den Entscheidungen, die Bestand haben werden, und denen, die korrekturbedürftig sind. Wir bekennen uns ebenso zu den großen wie zu den schweren Stunden. Es hat Phasen gegeben, in denen unsere Zusammenarbeit leichter, und andere, in denen sie schwerer war. Was dabei an menschlichen Bindungen entstanden ist, werden wir von uns aus weder heute noch in Zukunft beschädigen. Wo wir auch in Zukunft stehen mögen, Herr Bundeskanzler: Unsere Verantwortung, für unser Land zu handeln – und das ist für Demokraten eine gemeinsame Verantwortung –, diese Verantwortung bleibt.

Es ist offenkundig, daß die *Einigungs- und Kompromißmöglichkeiten* in der *Regierungskoalition* aus Freien Demokraten und Sozialdemokraten immer schwerer wurden, um so schwerer, je stärker durch strukturelle Veränderungen im Haushalt auch fühlbare Eingriffe notwendig wurden. Auch uns ist keiner dieser Eingriffe leichtgefallen, vor allem dort nicht, wo sie Empfänger kleiner Einkommen trafen, und dort, wo sie für Menschen fühlbar wurden, die als Rentner ihre Lebensleistung schon erbracht haben. Wir wußten und wir wissen, daß wir immer das Ziel im Auge behalten müssen, unser soziales System nicht in Gefahr geraten zu lassen, sondern es zu sichern. Wir sind überzeugt, daß die *Arbeitslosigkeit* derzeit die *größte Bedrohung des sozialen Rechtsstaats und des sozialen Friedens* ist. Deshalb muß es vorrangige Aufgabe unserer Innenpolitik werden, sie zu überwinden.

(Beifall bei der FDP und der CDU/CSU)

Mein Brief vom 20. August 1981 war der Versuch, einen gemeinsamen Weg zu zeigen, wie die veränderten ökonomischen Bedingungen als Reformchance für mehr Freiheit, Selbstverantwortung und Subsidiarität begriffen und genutzt werden können. In den Beratungen im Herbst 1981, Anfang 1982 und im Sommer 1982 hat sich gezeigt, daß unter den gegebenen Bedingungen die *Unterschiede in den Grundsatzpositionen* einer liberalen Partei und einer sozialdemokratischen Partei deutlich zum Ausdruck kommen, ja daß die Gefahr besteht, daß einer von ihnen oder beide beim Überschreiten der Kompromißmöglichkeiten Verluste ihrer Identität erleiden.

Deshalb habe ich in öffentlicher Sitzung des Deutschen Bundestages am 9. September 1982 und auch bei anderen Gelegenheiten davon gesprochen, daß der Haushalt 1983 zur Bewährungsprobe der Koalition werden würde.

Die Kritik aus den Reihen Ihrer Partei, Herr Kollege Brandt, an den Beschlüssen vom 1. Juli 1982 haben überdeutlich gemacht, daß die Sorge um den

Bestand der Koalition jeden aufmerksamen Beobachter schon den ganzen Sommer über beschäftigen mußte. Es waren nicht die Freien Demokraten, die diese Beschlüsse an irgendeiner Stelle in Frage gestellt haben. Aber mit jedem Tag wurden die Wirkungen Ihres Münchener Parteitages deutlicher.

Der Herr Bundeskanzler hat am 21. August 1982 die folgende Frage beantwortet:

Sehen Sie, von heute aus betrachtet, bis zur nächsten Bundestagswahl 1984 überhaupt eine Chance, daß Ihre Partei, die sozialliberale Koalition aus diesem Tief wieder herausfinden, und wenn ja, woraus soll diese Chance entstehen?

Der Bundeskanzler hat gesagt:

Die Chance ist keineswegs gleich Null. Aber ich will nicht behaupten, daß die Chance sehr groß sei.

Ich glaube, das war in der Tat eine realistische Einschätzung.

Meine Damen und Herren, Art und Form der Reaktion auf das von dem Herrn Bundeskanzler erbetene Papier meines Kollegen Graf Lambsdorff haben der deutschen Öffentlichkeit gezeigt, daß der *Münchener Parteitag* die Regierungsarbeit der SPD endgültig eingeholt hatte. Was angesichts von 2 Millionen Arbeitslosen Anspruch auf eine sachliche und kritische Diskussion, zu der wir aufgefordert hatten, gehabt hätte, wurde letztlich zum Mittel der innenpolitischen Auseinandersetzung, ja in einigen Fällen sogar Anlaß zu persönlicher Herabsetzung eines Mitglieds der gemeinsamen Regierung und Koalition.

(Beifall bei der FDP)

Meine Damen und Herren, wer nicht einen einzigen der *Vorschläge* von *Graf Lambsdorff* für richtig gehalten hätte, durfte sich dennoch zu dieser Form der Auseinandersetzung nicht hinreißen lassen. Der Vorwurf, die Denkschrift meines Kollegen richte sich gegen das Sozialstaatsprinzip unserer Verfassung, wendet sich gegen jeden, der ihn erhebt. Er erhellt aber, daß auch bei einer 13jährigen Zusammenarbeit mit einer liberalen Partei die Übereinstimmung über das, was Liberalität und Toleranz gegenüber der Meinung des anderen gebieten, doch nicht so groß ist, wie es gelegentlich beschworen worden ist.

In der Entwicklung, die mit den Beschlüssen Ihres Münchener Parteitages beschleunigt wurde, liegt der Grund für die schwere Krise, in die die Koalition von Tag zu Tag mehr geriet. Die Wochenzeitung „Die Zeit" schrieb am 16. September 1982 – ich zitiere wörtlich –:

Geschichtsverfälschung sollte kein Vorschub geleistet werden. Nicht die FDP, sondern die SPD ist als erste von dem für die Koalition vereinbarten Kurs abgewichen – durch Widerstand gegen notwendige Etatkürzungen, durch Forderung nach höheren Steuern und Abgaben, schließlich durch ständiges Gemäkel an gemeinsamen Beschlüssen.

Meine Damen und Herren, und das ist die Wahrheit.

(Beifall bei der FDP)

Sie gilt leider nicht nur für die Wirtschafts- und Finanzpolitik, sie galt zunehmend auch für die *Außen- und Sicherheitspolitik*. Die deutsche Öffentlichkeit ist in den letzten Jahren Zeuge der Probleme geworden, die hier aus der Sozialdemokratischen Partei entstanden sind. Hier liegen die Besorgnisse im Hinblick auf Glaubwürdigkeit und Berechenbarkeit der deutschen Außenpolitik, die ich oft gehabt habe.

(Dr. Barzel [CDU/CSU]: Sehr wahr!)

In den letzten Tagen gab es dann Versuche, auch die Außen- und Sicherheitspolitik noch in die Auseinandersetzung um die Koalition hineinzuziehen. Das einhellige Urteil der deutschen Presse über meinen *Aufsatz* in der amerikanischen Zeitschrift *„Foreign Affairs"* hat diese Versuche untauglich werden lassen. Aber angesichts der Bedeutung, die gerade in der vor uns liegenden Phase die deutsche Außen- und Sicherheitspolitik für unsere nationalen Interessen, für den Frieden in Europa und in der Welt hat, will ich doch die drei Gedanken wiederholen, die ich schon in der gestrigen Debatte vorgetragen habe.

Lassen wir uns nicht dazu hinreißen, die Außen- und Sicherheitspolitik zum Prügel der innenpolitischen Auseinandersetzung zu machen.

(Beifall bei der FDP und der CDU/CSU)

Lassen wir uns auch in noch so heftigen Auseinandersetzungen nicht dazu verleiten, dem innenpolitischen Gegner den Friedenswillen und Friedensfähigkeit abzusprechen.

(Beifall bei der FDP und der CDU/CSU)

Halten wir auch in einer veränderten innenpolitischen Lage an dieser in aller Welt respektierten Außen- und Sicherheitspolitik fest. Wir stehen zu unserer Politik des inneren und des äußeren Friedens.

Herr Bundeskanzler, meine *Bitte um Entlassung aus meinem Amt* ist die Konsequenz aus der Beendigung der Koalition. Ich habe das meinem Freund und Kollegen Wolfgang Mischnick in den frühen Morgenstunden mitgeteilt und Sie unterrichtet, als wir uns heute morgen vor Beginn der Fraktionssitzung zu einer Unterredung trafen, in der Sie mir auch den Text Ihrer Rede übergaben.

Sie schlagen *Neuwahlen* vor, Herr Bundeskanzler. Wir fürchten die Entscheidung der Wähler nicht.

(Lachen bei der SPD – Liedtke [SPD]: Dann los!)

Wir sehen aber keinen Nutzen in einer Vereinbarung über die Möglichkeiten zur Ausnutzung oder Nichtausnutzung dessen, was das Grundgesetz vorsieht. Ich denke, es sollte auch zum Konsens der Demokraten gehören, daß niemand herabgesetzt wird – hier im Hause und außerhalb –, der legale, durch das Grundgesetz vorgesehene Möglichkeiten erwägt und sie möglicherweise auch nutzen will.

(Beifall bei der FDP und der CDU/CSU)

Meine Damen und Herren, wir sind der Überzeugung, das Land darf sowohl aus außen- wie auch aus wirtschaftspolitischen Gründen nicht einer mehrmonatigen Periode der Entscheidungsunfähigkeit, übrigens auch der parlamentarischen Handlungsunfähigkeit, überlassen werden.

(Zuruf von der SPD: Auf keinen Fall!)

Wir sind deshalb bereit, dazu beizutragen, eine handlungsfähige Regierung zu bilden. Wenn diese Regierung die jetzt unmittelbar vor uns liegenden Aufgaben erledigt hat, sollte sie sich mit diesen Aufgaben, ihrer Erledigung und ihrem Programm dem Wähler zur Wahl stellen. Sollte die Bildung einer solchen Regierung aus diesem Bundestag heraus nicht möglich sein, so muß es zu Neuwahlen kommen. Wir Freien Demokraten sind überzeugt: Unser Land braucht eine *handlungsfähige Regierung.* Wir sind bereit, zu ihrer Bildung beizutragen. Wir werden unsere Pflicht erfüllen – gegenüber unserem Land, gegenüber unseren Wählern, gegenüber unseren Grundüberzeugungen. – Ich danke Ihnen.

(Beifall bei der FDP und der CDU/CSU)

Ein wesentlicher Punkt der Regierungserklärung war die Mitteilung des Bundeskanzlers, daß er mit dem Parteivorsitzenden Brandt und dem Fraktionsvorsitzenden Wehner übereinstimmend zu dem Ergebnis gekommen sei, daß Neuwahlen zum Bundestag der beste Weg wären, um aus der gegenwärtigen innenpolitischen Krise herauszuführen. Er machte den im Bundestag vertretenen Fraktionen den Vorschlag einer Absprache oder einer Vereinbarung zum Zwecke, unverzüglich Neuwahlen herbeizuführen. Der Weg hierzu sollte unter folgenden Bedingungen beschritten werden:

a) Er werde nach Verabredung die Vertrauensfrage stellen und

b) seine eigenen Freunde bitten, sich der Abstimmung über die Vertrauensfrage fernzuhalten, damit er anschließend dem Bundespräsidenten die Auflösung des Bundestages vorschlagen könne

c) dieser Weg könne nur auf der Grundlage einer Vereinbarung durch eine klare Mehrheit des Bundestages beschritten werden

d) die Vereinbarung müsse natürlich einschließen, daß die Opposition von dem konstruktiven Mißtrauensvotum nach Artikel 67 Abs. 1 des Grundgesetzes keinen Gebrauch mache.

Unter diesen Umständen denke er an Neuwahlen für etwa Ende November 1982.

Oppositionsführer Dr. Kohl lehnte diesen Vorschlag ab und forderte den Bundeskanzler auf, die Vertrauensfrage nach Artikel 68 des Grundgesetzes zu stellen. Die Verfassung sehe nicht den vom Bundeskanzler jetzt vorgeschlagenen Weg vor. Die CDU/CSU gehe den von der Verfassung vorgesehenen Weg. Sie werde versuchen, so rasch wie möglich eine handlungsfähige Regierung zu bilden, um sich dann der Wahlentscheidung der Mitbürger zu stellen.

Dr. Kohl erklärte im einzelnen:

Herr Präsident! Meine sehr verehrten Damen und Herren! Ich will mich direkt an Sie wenden, Herr Bundeskanzler, und zunächst zum Ausdruck bringen, was wir zu dieser letzten Rede denken.

Jede Regierung, Herr Bundeskanzler, hat für Ihre Arbeit Respekt verdient, und den wollen wir Ihnen auch am Ende Ihrer Regierungszeit nicht vorenthalten.

(Beifall bei der CDU/CSU)

Aber, Herr Bundeskanzler, dieser Respekt hätte eine noble und eine menschlich faire Form des Abschieds von einem Partner erfordert, mit dem Sie immerhin 13 Jahre zusammengearbeitet haben und dem Sie Ihre Kanzlerschaft mit verdanken.

(Beifall bei der CDU/CSU und der FDP)

Vieles von dem, was Sie gesagt haben, zielte nicht auf diese Stunde, sondern auf das Bild der Geschichte, das beeinflußt werden soll. Und so will ich der beabsichtigten Legendenbildung klar entgegentreten: *Wechsel in der Demokratie* ist keine „Machenschaft", wie Sie es bezeichnet haben.

(Lebhafter Beifall bei der CDU/CSU und der FDP)

Es ist schade, Herr Bundeskanzler, daß Sie in Ihrer Abschiedsrede Ihre Erbitterung über sich Herr werden ließen. Es ist schade wegen des Beispiels. Sie haben von den Jungen im Lande gesprochen. Was sollen eigentlich junge Mitbürger denken,

(Oh-Rufe bei der SPD)

wenn Wechsel in der Demokratie zur „Machenschaft" degradiert wird?

(Beifall bei der CDU/CSU und bei den Abgeordneten der FDP)

Das Grundgesetz, unsere Verfassung, sieht ausdrücklich den Wechsel der politischen Macht auch durch den Willen der Mehrheit der frei in den Bundestag gewählten Abgeordneten vor.

(Beifall bei der CDU/CSU und bei Abgeordneten der FDP)

Demokratie, Herr Bundeskanzler, ist Herrschaft auf Zeit. Darin unterscheidet sie sich von allen anderen Regierungsformen.

(Beifall bei der CDU/CSU und bei Abgeordneten der FDP)

Es ist ein völlig normaler Vorgang, und es hat nichts mit Machtwechsel, mit „Königsmord" und anderem zu tun, wenn eine handlungsunfähig gewordene Regierung abtritt und durch eine neue, handlungsfähige Regierung ersetzt wird.

(Beifall bei der CDU/CSU und bei Abgeordneten der FDP)

Herr Bundeskanzler, Sie haben zutreffend die großen schweren internationalen Probleme geschildert; Sie haben zutreffend die innere Entwicklung und Lage unseres Landes geschildert. Wir stimmen dieser Lagebeurteilung zu. Wir verstehen aber nicht, Herr Bundeskanzler, warum Sie nach dieser Bilanz Ihrer Regierungszeit nicht die selbstverständlichste, die einfachste Konsequenz ziehen und einfach zurücktreten.

(Anhaltender lebhafter Beifall bei der CDU/CSU)

Sie haben versucht, als Patriot in Ihrem Amt das Beste zu tun. Jetzt wäre es eine patriotische Pflicht, zurückzutreten.

(Beifall bei der CDU/CSU)

Sie haben gesagt – und dabei auf die große Tradition Ihrer Partei hingewiesen –, den Sozialdemokraten seien Ansehen und Festigkeit der Demokratie wichtiger als taktische Vorteile. Ziehen Sie doch bitte daraus die Konsequenz, und lassen Sie das Taktieren!

(Beifall bei der CDU/CSU)

Ich habe Ihnen am vergangenen Donnerstag in der Debatte zur Lage der Nation gesagt – und ich bleibe dabei –: Unsere Verfassung, unser Grundgesetz enthält gerade für die jetzt eingetretene politische Situation überzeugende

Lösungsvorschläge. Art. 68 des Grundgesetzes fordert Sie förmlich auf, Herr Bundeskanzler, die *Vertrauensfrage* zu stellen.

(Beifall bei der CDU/CSU)

Die Verfassung sieht nicht den von Ihnen jetzt vorgeschlagenen Weg vor.

Ich kann keinen Sinn in einem Parteiführergespräch erkennen, dessen eigentlicher Zweck doch letztlich nur darin besteht, die Zeit Ihrer Minderheitsregierung zu verlängern.

(Lebhafter Beifall bei der CDU/CSU)

Wir, die CDU/CSU, gehen den von der Verfassung vorgesehenen Weg. Wir werden zu unserer Verantwortung stehen. Wir werden versuchen, so rasch wie möglich eine handlungsfähige Regierung zu bilden, und uns dann der *Wahlentscheidung* unserer Mitbürger stellen.

(Lebhafter Beifall bei der CDU/CSU – Beifall bei Abgeordneten der FDP)

Herr Bundeskanzler, warum sollten wir, die CDU/CSU, uns vor diesem Urteil fürchten?

Ich finde es auch nicht gut, daß Sie anderen unterstellen, sie vermieden aus Angst oder bloßem Taktieren das, was demokratische Pflicht in dieser Situation ist. Ich habe gesagt: Pflicht. Wir, die CDU/CSU, stehen in der Pflicht: für die junge Generation, die Hoffnung und Taten braucht, die sie lange genug entbehren mußte;

(Beifall bei der CDU/CSU)

für die alten Mitbürger, die an ihrem Lebensabend Sicherheit erwarten; für die Arbeitslosen, nicht zuletzt für die jungen Arbeitslosen, die Arbeitsplätze suchen; für die Wirtschaft, die Vertrauen braucht, um das alles zu ermöglichen, was jetzt zu geschehen hat.

Herr Bundeskanzler, mit einem Wort – ich wiederhole das, was Sie gesagt haben, in anderer Form –: Wir sind überzeugt, unser Volk braucht einen neuen Anfang. Wir sind dazu bereit.

(Anhaltender lebhafter Beifall bei der CDU/CSU)

Mit diesen Erklärungen und dem Rücktritt der vier FDP-Bundesminister war die sozialliberale Koalition am 17. September 1982 beendet. Bundeskanzler Helmut Schmidt und die Bundesregierung konnten sich nicht mehr auf die Mehrheit der Mitglieder des Deutschen Bundestages stützen.

11. Die Koalitionsverhandlungen der neuen Mehrheit

In den folgenden Tagen trafen sich Vertreter der CDU, der CSU und der FDP zu Koalitionsverhandlungen mit dem Ziel, eine Koalitionsvereinbarung auszuhandeln, die die Zustimmung der CDU/CSU-Fraktion und der FDP-Fraktion finden konnte.

In der FDP-Fraktion formierte sich eine Minderheit von rund einem Drittel der Fraktionsmitglieder, die gegen Genscher und gegen die Wahl Kohls zum Bundeskanzler kämpfte.

Die Entscheidung fiel am Dienstag, dem 28. September 1982.

Nach mehr als achtstündiger Diskussion entschied sich die FDP-Fraktion mit 34 gegen 18 Stimmen bei zwei Enthaltungen dafür, Helmut Schmidt durch ein konstruktives Mißtrauensvotum abzulösen und Oppositionsführer Dr. Helmut Kohl zu seinem Nachfolger zu wählen. Für das Ergebnis der Koalitionsverhandlungen stimmten 32 FDP-Parlamentarier, 20 votierten dagegen, 2 enthielten sich der Stimme. Mit der FDP-Bundestagsfraktion tagte auch der FDP-Bundesvorstand. Er lehnte mit 18 gegen 17 Stimmen eine Vertagung der Regierungsneubildung auf einen Zeitpunkt nach einem möglichen Sonderparteitag am 16. Oktober 1982 ab. Der FDP-Bundesvorstand stimmte auch über die Empfehlung an die Fraktion ab, den Vorschlägen der Verhandlungsführer Hans-Dietrich Genscher und Wolfgang Mischnick zu folgen, dem Ergebnis der Koalitionsvereinbarung zuzustimmen und Dr. Helmut Kohl zum Bundeskanzler zu wählen. 19 Vorstandsmitglieder stimmten dem zu, 16 waren dagegen. In der vorhergehenden Woche hatten in der FDP-Fraktion 33 Abgeordnete für Koalitionsverhandlungen mit der CDU und der CSU gestimmt, 18 waren dagegen, ein Mitglied enthielt sich der Stimme.

Die CDU-Fraktion beschloß am gleichen Abend einstimmig, den Mißtrauensantrag nach Artikel 67 des Grundgesetzes zu stellen.

Zu dem Ergebnis der Abstimmungen äußerten sich Dr. Helmut Kohl und Hans-Dietrich Genscher um 19.00 Uhr in der Heute-Sendung des ZDF. Dr. Kohl erklärte, seine Fraktion habe einstimmig beschlossen, den Antrag nach Artikel 67 des Grundgesetzes einzureichen und am kommenden Freitag darüber abzustimmen. Er halte die 34 Stimmen der FDP-Fraktion für eine ausreichende Mehrheit.

Hans-Dietrich Genscher erklärte: Wir sind der Meinung, daß (die Abstimmung in der FDP-Bundestagsfraktion) ein tragfähiges Ergebnis ist, das die Bildung einer neuen Bundesregierung ermöglicht.

12. Das konstruktive Mißtrauensvotum

Noch am Abend des 28. Septembers 1982 brachten die Fraktionen der CDU/CSU und der FDP auf der Drucksache 9/2004 den Antrag nach Artikel 67 des Grundgesetzes ein:

Deutscher Bundestag   **Drucksache 9/2004**
9. Wahlperiode   **28. 09. 82**
         Sachgebiet 1

Antrag
der Fraktionen der CDU/CSU und FDP

nach Artikel 67 des Grundgesetzes

Der Bundestag wolle beschließen:

Der Deutsche Bundestag spricht Bundeskanzler Helmut Schmidt das Mißtrauen aus und wählt als seinen Nachfolger den Abgeordneten Dr. Helmut Kohl zum Bundeskanzler der Bundesrepublik Deutschland.

Der Bundespräsident wird ersucht, Bundeskanzler Helmut Schmidt zu entlassen.

Bonn, den 28. September 1982

Dr. Zimmermann und Fraktion

Mischnick und Fraktion

Aus dem Wortlaut des Artikels 67 des Grundgesetzes ergibt sich, daß der Antrag drei Teile enthalten muß:
- Antrag, dem bisherigen Bundeskanzler das Mißtrauen auszusprechen
- Vorschlag zur Wahl eines Nachfolgers des Bundeskanzlers
- Ersuchen an den Bundespräsidenten, den bisherigen Bundeskanzler zu entlassen.

Demnach ist der wesentliche Bestandteil des Antrags, einen namentlich benannten Nachfolger für den Bundeskanzler zu wählen. Dieses neu in die Verfassung eingefügte Verfahren, das als Konstruktives Mißtrauensvotum bezeichnet wird, schließt die nach der Weimarer Verfassung eingeräumte Möglichkeit aus, dem Reichskanzler und jedem einzelnen Reichsminister jederzeit das Mißtrauen durch Mehrheitsbeschluß des Reichstages auszusprechen. Mißtrauensvotum und Nachfolgerwahl werden durch die Fassung des Artikels 67 des Grundgesetzes untrennbar miteinander verbunden. Damit ist ausgeschlossen, daß sich unechte parlamentarische Mehrheiten zusammenfinden, nur um einen Regierungssturz zu bewirken, ohne gleichzeitig in der Lage zu sein, sich auf eine gemeinsame Arbeit mit einem gemeinsamen Bundeskanzler zu einigen (vgl. Maunz/Düring/Herzog Art. 67 Rdn. 3).

Gehören Mißtrauensvotum und die Wahl eines Nachfolgers zusammen, ist das Ersuchen an den Bundespräsidenten, den bisherigen Bundeskanzler aus seinem Amt zu entlassen, lediglich eine logische Folge. Dem Bundespräsidenten bleibt bei erfolgreichem Mißtrauensantrag kein Ermessensspielraum. Nach Art. 67 Abs. 1 des Grundgesetzes muß der Bundespräsident dem Ersuchen entsprechen und den zum Nachfolger gewählten Bundeskanzler ernennen.

Im Zusammenhang mit dem Mißtrauensantrag wurde am Rande auch auf Grund verschiedener Äußerungen aus den Reihen der Fraktionen der CDU/CSU und der FDP die Frage erörtert, ob es zulässig sei, einen Kanzler auf Zeit zu wählen, bzw. ob der Bundespräsident verpflichtet sei, einen gewählten Nachfolger des Bundeskanzlers zu ernennen, wenn dieser die Absicht geäußert habe, innerhalb eines bestimmten Zeitraums Neuwahlen herbeizuführen. Diese Überlegungen spielen sich im politischen bzw. parteipolitischen Raum ab, sind nicht „einklagbar" und deshalb auch nicht justiziabel. Für den Bundespräsidenten können sie jedenfalls kein Anlaß sein, einem ordnungsgemäß zum Nachfolger gewählten Bundeskanzler die Ernennung zu verweigern.

Wie beim Vertrauensantrag gemäß Art. 68 des Grundgesetzes müssen auch beim Mißtrauensantrag gemäß Art. 67 des Grundgesetzes zwischen dem Antrag und der Wahl 48 Stunden liegen. Während jedoch der Vertrauensantrag des Bundeskanzlers gemäß § 98 GOBT auch mündlich gestellt werden kann, ergibt sich aus § 97 GOBT, daß der Mißtrauensantrag gemäß Art. 67 Abs. 1 des Grundgesetzes der Schriftform bedarf. Aus § 75 Abs. 1 Buchstabe d GOBT in Verbindung mit Buchstabe g ergibt sich, daß es sich bei dem Mißtrauensantrag gegen einen Bundeskanzler um eine selbständige Vorlage im Sinne des § 75 Abs. 1 GOBT handelt.

Weil dadurch die Frage des Beginns der 48-Stunden-Frist zum Teil anders beantwortet werden kann bzw. muß, werden die Probleme der Fristenberechnung für beide Anträge im Teil II abgehandelt.

Aufgrund der Erfahrungen mit der Berechnung der 48-Stunden-Frist bei dem Vertrauensantrag im Februar 1982 brachten die Fraktionen der CDU/CSU und der FDP noch am 28. September 1982 auf Drucksache 9/2004 den Mißtrauensantrag gegen Bundeskanzler Schmidt ein, mit dem Vorschlag, den Abgeordneten Dr. Kohl als Nachfolger zu wählen. (s. Drucksache auf S. 90)

Da dieser Antrag noch am selben Tag verteilt wurde, konnte über ihn am Freitag, dem 1. Oktober 1982 ohne jegliche geschäftsordnungsrechtlichen Bedenken abgestimmt werden. Hätte die Fraktion der FDP ihre Beratungen bezüglich des Mißtrauensantrags nicht mehr am 28. September 1982 abschließen können und wäre der Antrag deshalb erst am 29. September zur Verteilung gekommen, hätte auch ohne weitere geschäftsordnungsrechtlichen Bedenken am Samstag, dem 2. Oktober 1982 abgestimmt werden können. Mit der frühzeitigen Einreichung des Mißtrauensantrags konnte zur Vermeidung eventueller Geschäftsordnungsdebatten und einer möglichen Abweichung von der Geschäftsordnung gemäß § 126 GOBT die für die Beratung von Vorlagen in der Geschäftsordnung allgemein vorgesehene Frist voll eingehalten werden.

Aus der Formulierung des Art. 67 Abs. 2 des Grundgesetzes: „Zwischen dem Antrag und der Wahl müssen 48 Stunden liegen", ergibt sich insofern ein Unterschied zum Vertrauensantrag gemäß Art. 68 des Grundgesetzes, als Art. 68 Abs. 2 vorschreibt: „Zwischen dem Antrage und der Abstimmung müssen 48 Stunden liegen." Zwar sprechen beide Grundgesetzbestimmungen von 48 Stunden: entscheidend ist jedoch, daß der Vertrauensantrag des Bundeskanzlers mündlich gestellt und begründet werden kann und es dann durchaus möglich ist, unmittelbar in eine Aussprache einzutreten und lediglich die Abstimmung um 48 Stunden zu vertagen. Da es sich bei dem Mißtrauensantrag gemäß Art. 67 des Grundgesetzes jedoch um eine Vorlage im Sinne des § 75 Abs. 1 GOBT handelt, müßte insoweit § 78 Abs. 5 GOBT durchgreifen, wonach die Beratungen der Vorlagen frühestens am dritten Tage nach Verteilung der Drucksachen beginnen dürfen. Unter Beratungen fallen jedoch alle Behandlungsstadien, d. h. die Einbringung mit eventueller Begründung, die Aussprache und die nachfolgende Abstimmung oder Wahl. Bei Anwendbarkeit des § 78 Abs. 5 GOBT könnte somit bei einem Mißtrauensantrag gemäß Art. 67 des Grundgesetzes die Beratung frühestens am dritten Tage nach Verteilung des Antrags (Drucksache) erfolgen, d. h. auch die Begründung des Antrags wäre erst am dritten Tag nach Verteilung möglich (über weitere Rechtsfragen siehe unter II).

Auf Antrag der Fraktion der CDU/CSU beschloß der Deutsche Bundestag in seiner Sitzung am 29. September 1982, den Mißtrauensantrag am Freitag, dem 1. Oktober 1982 auf die Tagesordnung zu setzen.

Gleichzeitig entschied der Bundestag, daß die Beratung des Mißtrauensantrags alleiniger Tagesordnungspunkt dieser Sitzung sein solle und die für diesen Tag vorgesehene Tagesordnungspunkte entweder abzusetzen oder am Vortag zu beraten.

Zwischenzeitlich hatte Bundeskanzler Schmidt dem Präsidenten des Deutschen Bundestages schriftlich mitgeteilt, er wolle am Freitag, dem 1. Oktober 1982 zu Beginn der Plenarsitzung des Deutschen Bundestages eine Erklärung abgeben, die er bitte, an den Anfang der Tagesordnung zu setzen und dafür als Zeitpunkt 9.00 Uhr vorzusehen.

Damit war der vom Bundestag zunächst geplante Ablauf der Plenarsitzung wieder infrage gestellt. Der Bundeskanzler hat gemäß Art. 43 Abs. 2 des Grundgesetzes das Recht, im Bundestag „jederzeit gehört zu werden". Dieses Recht kann er auch in Form einer Regierungserklärung wahrnehmen. Im allgemeinen teilt der Bundeskanzler dem Präsidenten des Bundestages seine Absicht, eine Regierungserklärung abzugeben, mit. Nach einer Beratung im Ältestenrat wird dann im Regelfall die „Abgabe einer Erklärung der Bundesregierung" auf die Tagesordnung gesetzt. Die so vereinbarte Tagesordnung gilt vom Bundestag gemäß § 20 Abs. 2 Satz 2 GOBT mit Aufruf des Punktes 1 als festgestellt, wenn kein Widerspruch erfolgt. Ist die Tagesordnung bereits an die Mitglieder des Hauses verteilt, so kann sie nach Eröffnung jeder Plenarsitzung vor Eintritt in die jeweilige Tagesordnung durch Beschluß des Bundestages erweitert werden. Die Erweiterung muß bis 18 Uhr des Vortages beim Präsidenten schriftlich beantragt werden (§ 20 Abs. 2 Satz 3 GOBT).

Können sich die Fraktionen nicht darauf verständigen, die Regierungserklärung auf die Tagesordnung zu setzen, kann der Bundeskanzler von seinem Recht nach Art. 43 Abs. 2 des Grundgesetzes Gebrauch machen und zu Beginn der Plenarsitzung das Wort verlangen. Die Regierungserklärung erfolgt dann außerhalb der Tagesordnung.

Ist die Regierungserklärung auf die Tagesordnung gesetzt worden, so ist die Aussprache gemäß § 23 GOBT zu eröffnen, wenn das Wort gewünscht wird. Hat der Bundeskanzler seine Regierungserklärung außerhalb der Tagesordnung abgegeben, kann von einer Fraktion oder von mindestens 26 anwesenden Abgeordneten verlangt werden, die Aussprache gemäß § 44 Abs. 3 GOBT über diese Erklärung zu eröffnen.

Die Fraktionen des Bundestages hatten sich nun darüber zu verständigen, ob die Tagesordnung wie folgt lauten sollte:

1. Abgabe einer Erklärung der Bundesregierung
2. Beratung des Antrags der Fraktionen der CDU/CSU und FDP nach Art. 67 des Grundgesetzes

oder ob die gesamte Beratung unter dem einzigen Tagesordnungspunkt

Beratung des Antrags nach Art. 67 des Grundgesetzes

erfolgen sollte.

Es wurde schließlich Einigkeit darüber erzielt, daß am 1. Oktober 1982 nur der Tagesordnungspunkt „Beratung des Antrags nach Art. 67 des Grundgesetzes" behandelt werden sollte. Vor der Begründung des Antrags durch die Antragsteller solle jedoch der Bundeskanzler seine Regierungserklärung abgeben können. Über die Regierungserklärung und den Antrag könnte dann in der folgenden Aussprache debattiert werden.

Am 1. Oktober 1982 um 9 Uhr begann die entscheidende Sitzung des Deutschen Bundestages, in der erstmals in der Geschichte der Bundesrepublik Deutschland während einer laufenden Wahlperiode ein Koalitionswechsel mit einem erfolgreichen konstruktiven Mißtrauensvotum vollzogen wurde. Entsprechend der Vereinbarungen der Fraktionen im Ältestenrat stand auf der Tagesordnung nur der Punkt

Beratung des Antrags der Fraktionen der CDU/CSU und FDP nach Art. 67 des Grundgesetzes auf Drucksache 9/2004.

Der Präsident erteilte zuerst das Wort Bundeskanzler Helmut Schmidt zur Abgabe einer Regierungserklärung. In den Mittelpunkt seiner Rede stellte er die These, der angestrebte Regierungswechsel berühre die Glaubwürdigkeit unserer demokratischen Institutionen. Er äußerte sich hierzu in 12 Punkten. Die Regierungserklärung von Bundeskanzler **Helmut Schmidt** hatte den folgenden Wortlaut:

118. Sitzung

Bonn, den 1. Oktober 1982 Beginn: 9.00 Uhr

Präsident **Stücklen:** Die Sitzung ist eröffnet.

Ich rufe den einzigen Punkt der Tagesordnung auf:

Beratung des *Antrags* der Fraktionen der CDU/CSU und FDP *nach Artikel 67 des Grundgesetzes*

– Drucksache 9/2004 –

Meine Damen und Herren, in der gestrigen Sitzung des Ältestenrates wurde vereinbart, daß zunächst der Herr Bundeskanzler das Wort zur Abgabe einer Erklärung erhält. Das Wort hat der Herr Bundeskanzler.

Schmidt, Bundeskanzler (von der SPD und von Abgeordneten der FDP mit Beifall begrüßt): Herr Präsident! Meine Damen und Herren! Die sozialliberale Koalition, deren gewählter Bundeskanzler heute durch ein Mißtrauensvotum gestürzt werden soll, hat 1980 durch die Wählerinnen und Wähler eine überzeugende Bestätigung und einen Auftrag für weitere vier Jahr bekommen.

(Beifall bei der SPD und bei Abgeordneten der FDP)

Die Mehrheit der Wähler hatte weder 1976 Herrn Dr. Kohl noch 1980 Herrn Strauß in das Amt des Bundeskanzlers berufen wollen.

(Beifall bei der SPD)

Der Vorsitzende der FDP hatte auf dem Wahlparteitag seiner Partei am 6. Juni 1980 erklärt: „Wer FDP wählt, garantiert, daß Schmidt Bundeskanzler bleibt ... der Wähler soll wissen, woran er ist, ... ohne Wenn und ohne Aber ... Die Entscheidung über uns (die FDP) ist die Entscheidung über die Fortführung der Koalition."

(Beifall bei der SPD und bei Abgeordneten der FDP)

Mit meinem Namen, auch auf ihren Wahlplakaten, hat die FDP im Oktober 1980 ein sehr gutes Wahlergebnis erzielt, und unmittelbar nach der Wahl haben die Parteivorsitzenden von SPD und FDP in einer gemeinsamen Verlautbarung den Willen zum Zusammenwirken und zur gemeinsamen Verantwortung „für Freiheit und sozialen Fortschritt" auch für die kommenden vier Jahre ausdrücklich bekräftigt.

Seit dem August des vorigen Jahres ist der Vorsitzende der FDP zielstrebig und schrittweise von allen früheren Erklärungen abgerückt. Am 9. September habe ich ihn von dieser Stelle aus zu einer klaren Antwort aufgefordert. Es hätte zu der Antwort nur eines einzigen Satzes bedurft. Aber dieser eine Satz „Wir stehen fest zur sozialliberalen Koalition" wurde absichtsvoll vermieden. Statt dessen hat die FDP acht Tage später, in der Bundestagssitzung am Freitag, dem 17. September, diesem Haus und dem deutschen Volk sehr fadenscheinige Erklärungen vorgetragen. Über viele Jahre, Herr Kollege Genscher, werden die Bürger dieses Verhalten nicht vergessen.

(Anhaltender lebhafter Beifall bei der SPD)

Am letzten Sonntag hatten die hessischen Wählerinnen und Wähler Gelegenheit, hierzu ihre Meinung zu sagen. Jeder weiß: Die katastrophale Niederlage der FDP in Hessen war die Antwort der Wähler auf das Verhalten der FDP-Führung hier in Bonn.

(Beifall bei der SPD und bei Abgeordneten der FDP)

Mehr als drei Viertel der Bürgerinnen und Bürger sind für Neuwahlen zum Bundestag. Sie empfinden die Art des Wechsels, der heute von Ihnen in geheimer Abstimmung herbeigeführt werden soll, als Vertrauensbruch.

(Lebhafter Beifall bei der SPD und Beifall bei Abgeordneten der FDP)

Sie sind bitter darüber, vorausgegangene Erklärungen nachträglich als Täuschung bewerten zu müssen.

(Beifall bei der SPD und bei Abgeordneten der FDP)

Dabei wissen die Bürger, daß das Grundgesetz Ihnen diese Handlungsweise ermöglicht. Ihre Handlungsweise ist zwar legal, aber sie hat keine innere, keine moralische Rechtfertigung.

(Anhaltender lebhafter Beifall bei der SPD)

Und weil Sie alle auf der rechten Seite des Hauses dies spüren, haben die Parteien der CDU, der CSU und der FDP öffentlich verlauten lassen, sie wollten im März 1983 Neuwahlen herbeiführen. Ich setze Zweifel in die Aufrichtigkeit dieser Ankündigung.

(Anhaltender lebhafter Beifall bei der SPD)

Es ist schließlich erst drei Wochen her, daß viele CDU- und CSU-Führungspersonen öffentlich und dringlich nach Neuwahlen jetzt verlangt haben,

(Dr. Jenninger [CDU/CSU]: Sie haben sie abgelehnt!)

tatsächlich aber seither einer Auflösung des Bundestages – die Ihnen angeboten war, Herr Kollege – und damit einer Neuwahl ausgewichen sind, sorgfältig ausgewichen sind.

(Anhaltender Beifall bei der SPD)

Dies gilt auch und besonders für den Vorsitzenden der CSU. Auch er hat seine Forderung nach Neuwahlen jetzt, seit dem hessischen Wahlsonntag und dem unerwartet schlechten Abschneiden der CDU, zurückgenommen.

(Beifall bei der SPD – Zurufe von der CDU/CSU)

Deshalb wende ich mich an den Oppositionsführer. Herr Dr. Kohl, Sie wissen von dem Brief des Herrn *Bundespräsidenten,* den dieser am 29. September – vorgestern – an unseren Kollegen Bindig gerichtet und veröffentlicht hat. Der Bundespräsident erklärt darin, er könne die von Ihnen ins Auge gefaßte Prozedur für Neuwahlen zum Bundestag Anfang März 1983 gegenwärtig nicht abschließend beurteilen. Er erklärt, seine pflichtgemäß zu treffende Ermessensentscheidung könne unter Abwägung aller relevanten Umstände erst dann getroffen werden, wenn ein Bundeskanzler den Bundespräsidenten ins Spiel bringt.

In gebotener Zurückhaltung hat damit der Bundespräsident seine verfassungsrechtlichen Bedenken gegen die zwischen Ihnen, Herr Dr. Kohl, und Herrn Genscher getroffene Abrede zum Ausdruck gebracht.

Ich halte es danach für sehr unwahrscheinlich, daß Sie tatsächlich im Januar eine Auflösung des Bundestages herbeiführen werden, damit am 6. März gewählt werden kann. Denn über Ihre Neuwahl-Absicht habe ich in dem in den letzten Tagen von den deutschen Zeitungen veröffentlichten schriftlichen Ergebnis Ihrer Koalitionsgespräche mit der FDP auf insgesamt 22 Seiten kein einziges Wort finden können.

(Hört! Hört! bei der SPD)

Herr Dr. Kohl, Sie streben eine andere Bundesregierung an. Weil eine solche Bundesregierung nicht aus einem neugewählten Bundestag hervorgehen kann, war Ihre bisherige Ankündigung von Neuwahlen – wenigstens binnen sechs Monaten – durchaus folgerichtig. Sie sollte ja auch aufgebrachte Wählerinnen und Wähler beschwichtigen. Ihre wahrheitswidrige Parole vom „Staatsnotstand" soll ja auch nur davon ablenken, daß Ihnen sofortige Neuwahlen unerwünscht sind. Man darf aber eine Regierung nicht auf Unklarheiten aufbauen.

(Lebhafter Beifall bei der SPD und Beifall bei Abgeordneten der FDP)

Ich höre, daß Ihr Kollege Dr. Barzel nach mir sprechen wird.

(Bravo-Rufe und Beifall bei der CDU/CSU)

– Ich billige Ihren Beifall an der Stelle. Herr Barzel hat manchmal auch meinen Beifall. Aber bitte, Herr Dr. Barzel, erklären Sie dann heute morgen für die CDU/CSU dem Bundestag gegenüber und damit dem ganzen Volk gegenüber – ohne Wenn und Aber! –, daß wir am 6. März einen neuen Bundestag wählen werden und auf welche Weise Herr Dr. Kohl zu diesem Zwecke die Auflösung des Bundestages herbeiführen wird.

(Anhaltender lebhafter Beifall bei der SPD und Beifall bei Abgeordneten der FDP)

Wenn die CDU/CSU eine solche Erklärung heute unterlassen sollte, so mag das zwar den FDP-Vorsitzenden beruhigen. Aber Sie gefährden damit die Glaubwürdigkeit von CDU und CSU und FDP insgesamt.

(Lebhafter Beifall bei der SPD)

Und Sie würden damit den Eindruck vertiefen, daß diese drei Parteien sich hier im Bundeshaus in Bonn – weit entfernt von der Stimmung im Lande – zu einem Manöver einigen, das von unseren Bürgern weit überwiegend mißbilligt wird.

(Lebhafter Beifall bei der SPD)

Dieser Regierungswechsel, den Sie anstreben, berührt die Glaubwürdigkeit unserer demokratischen Institutionen.

(Lebhafter Beifall bei der SPD und Beifall bei Abgeordneten der FDP – Oho-Rufe von der CDU/CSU)

Aber auch andere Werte könnten auf dem Spiele stehen. Ich habe die Absicht, mich dazu in zwölf Punkten zu äußern.

Erstens. *Glaubwürdigkeit der Institutionen und der handelnden Personen* ist eine der unverzichtbaren Voraussetzungen für die Lebensfähigkeit einer demokratischen Gesellschaft und eines demokratischen Staates. Wenn die Bürger nicht an die ehrlichen Absichten der an der Spitze des Staates handelnden Personen glauben können, dann wird es den Bürgern sehr schwer gemacht, überhaupt an die Demokratie zu glauben.

(Lebhafter Beifall bei der SPD und Beifall bei Abgeordneten der FDP)

Je größer die Glaubwürdigkeitslücken, desto geringer die Handlungsfähigkeit von Parlament und Regierung.

(Beifall bei der CDU/CSU)

Aber umgekehrt gilt auch: Je klarer die moralische Legitimation einer Regierung – –

(Zurufe von der CDU/CSU)

Je klarer ihre moralische Legitimation, desto größer ihre Fähigkeit, auch in kritischen Situationen die Bürger innerlich für die Regierungshandlungen aufzuschließen und zu gewinnen.

(Lebhafter Beifall bei der SPD)

Ich füge hinzu: In dem Wort Glaubwürdigkeit steckt das gewichtige Wort „Würde".

(Aha-Rufe von der CDU/CSU)

Unsere Demokratie braucht Würde.

(Lebhafter Beifall bei der SPD und Beifall bei Abgeordneten der FDP – Demonstrativer Beifall bei der CDU/CSU)

Für einen großen Teil der jungen Generation ist die Glaubwürdigkeit wichtiger Institutionen gegenwärtig stark gefährdet.

(Beifall bei der CDU/CSU)

Viele von uns Älteren finden es schwierig, die kritische Jugend zu verstehen. Manche von uns – auch ich selbst – haben inzwischen manches dazugelernt. Aber es kommt darauf an, daß beide Seiten dazulernen, daß beide Seiten sich wirklich ernst nehmen.

Wir müssen uns gegenseitig in unseren Sorgen und Ängsten, aber auch in unseren Hoffnungen und in unseren Überzeugungen ernst nehmen und uns zu verstehen suchen. Ohne Idealismus der Bürger gibt es keinen moralischen Staat; ohne wägende Vernunft kann blinder Idealismus zur politischen Romantik und damit in Gefahr führen.

(Beifall bei SPD)

Zur Glaubwürdigkeit der Demokratie gehört der Wechsel der Regierungen. Deshalb beklage ich mich nicht, wenn die sozialliberale Bundesregierung ihre

Verwantwortung abgeben muß. Was ich jedoch beklage, ist der Mangel an Glaubwürdigkeit dieses Wechsels und dieser Art eines Regierungswechsels.

(Beifall bei der SPD und bei Abgeordneten der FDP)

Der Stil, die Hektik und Geschäftigkeit, die Hast und Eile, in der unzureichende Grundlagen einer neuen Regierung aufs Papier gebracht worden sind, offenbart eine Geringschätzung der Wähler.

(Beifall bei der SPD)

Zweitens. Die Nation hat verstanden, daß ihr Lebensinteresse eine *Politik der guten Nachbarschaft* in Mitteleuropa gebietet. Die Erfahrungen des Zweiten Weltkrieges und der Teilung Deutschlands haben in uns Deutschen eine starke Sehnsucht nach der Dauerhaftigkeit des Friedens bewirkt. Deutsche Außenpolitik muß vom Geist der Friedensbereitschaft und der Friedfertigkeit geprägt sein und bleiben.

Ich füge hinzu: Auch der Friedfertige kann sich nicht darauf verlassen, daß seine eigene Friedenssehnsucht schon ausreicht, um den Frieden zu bewahren. Der Friede muß immer wieder neu gestiftet werden. Er muß insbesondere gestiftet werden zwischen solchen Staaten, die sich gegenseitig mißtrauen und die sich gegenseitig bedrohen. Gerade sie müssen miteinander reden und aufeinander hören. Partnerschaft ist unabweisbar notwendig gerade unter Staaten entgegengesetzter Grundordnungen, entgegengesetzter Interessen und Ideologien.

Drittens. Wir halten fest an der *Europäischen Gemeinschaft* und am *Nordatlantischen Bündnis*. Nur gemeinsam können wir unsere Freiheiten wahren und unseren wirtschaftlichen Wohlstand mehren. Diese Gemeinschaften sind und wollen sein Gemeinschaften von liberalen, von rechtsstaatlichen Demokratien. Sie sind von gemeinsamen Werten geprägt. Dies ist und bleibt, wie ich denke, gemeinsame Auffassung aller Parteien dieses Bundestages.

(Beifall bei der SPD und der FDP)

Ich möchte hinzufügen: Die Nordatlantische Allianz entspricht den gemeinsamen Interessen der Europäer und der Nordamerikaner in den USA und in Kanada. Nur gemeinsam können sie alle ihre Sicherheit und ihre Freiheit, ihren Frieden bewahren.

Zugleich ist die Allianz eines der wichtigsten Verbindungsglieder für die *deutsch-amerikanische Freundschaft*. Wir Deutsche haben die Freiheitsrechte des einzelnen als geistiges Erbe aus der großen amerikanischen Revolution übernommen. Wir sind einander durch Grundwerte verbunden – so sehr wir uns auch voneinander unterscheiden. In solcher Freundschaft ist gegenseitige Kritik notwendig und hilfreich. Wer gegenüber dem Freunde Kritik unterdrückt, kann auf die Dauer kein guter Freund bleiben.

(Beifall bei der SPD)

Wer seine eigenen Interessen gegenüber dem Freunde nicht vertritt, kann eben dadurch Respekt und Freundschaft verlieren.

(Beifall bei der SPD)

Gerade weil ich vier amerikanischen Präsidenten und Administrationen ein kritischer Partner gewesen bin, bekenne ich mich in dieser Stunde noch einmal zur deutsch-amerikanischen Freundschaft.

(Beifall bei der SPD und der FDP)

Auch die *deutsch-französische Zusammenarbeit* – vor 20 Jahren von Adenauer und de Gaulle durch den Elysee-Vertrag, durch die Umarmung in der Kathedrale von Reims eingeleitet – muß ein tragender Pfeiler in der Politik beider Staaten bleiben,

(Beifall bei der SPD und bei Abgeordneten der FDP)

und zwar unabhängig davon, wer in Paris und wer in Bonn die Regierungen führt. Die außerordentlich enge Zusammenarbeit mit den französischen Präsidenten Giscard d'Estaing und François Mitterand hat mich mit großer politischer und ebenso mit menschlicher Befriedigung erfüllt. Wir Sozialdemokraten werden auch in Zukunft beharrlich für eine Ausweitung der deutsch-französischen Zusammenarbeit eintreten.

(Beifall bei der SPD)

Viertens. *Deutsche Außenpolitik* muß die Aussöhnung mit den Nachbarn im Osten weiterhin vertiefen. Ungeachtet aller ideologischen, aller außenpolitischen Meinungsunterschiede brauchen wir ein Verhältnis guter Nachbarschaft. Die *Ostverträge* müssen nicht nur eingehalten, sondern sie müssen auch praktisch angewendet und weiterhin entfaltet werden.

(Beifall bei der SPD und bei Abgeordneten der FDP)

Ich füge hinzu: Dazu gehört auch das auf 25 Jahre angelegte wirtschaftliche Kooperationsabkommen mit der Sowjetunion.

(Beifall bei Abgeordneten der SPD und der FDP)

Aber die Völker der Sowjetunion, die Völker Osteuropas und wir im Westen, wir haben einander mehr zu bieten als Erdgas und als Röhren und als Weizen.

(Beifall bei der SPD und der FDP)

Wir haben uns zu bieten die gemeinsame Erfahrung aus dem bisher schrecklichsten Kriege, und – dies ist dann eines der versöhnlichen Elemente – wir haben uns zu bieten wechselseitige Beiträge zur Kultur Europas.

(Beifall bei der SPD und bei Abgeordneten der FDP)

Auch unsere tiefe Bedrückung über das Kriegsrecht in der Volksrepublik *Polen* darf und wird unseren Willen zur Versöhnung mit der polnischen Nation nicht beeinträchtigen.

(Beifall bei der SPD und bei Abgeordneten der FDP)

Eingedenk der Höhen und schlimmen Tiefen über zehn Jahrhunderte deutsch-polnischer Geschichte haben mein Amtsvorgänger Willy Brandt und später auch ich einen neuen Anfang in den deutsch-polnischen Beziehungen eingeleitet; diese bedürfen auch in Zukunft aufrichtiger, nicht nachlassender Bemühungen.

(Beifall bei der SPD und vereinzelt bei der FDP)

Ich habe gestern den ausländischen Botschaftern die *Stetigkeit der deutschen Außenpolitik* erläutert. Herr Dr. Kohl: Sozialdemokraten werden sehr sorgfältig darüber wachen, daß die Grundlinien nicht unter dem Deckmantel bloß angeblicher Kontinuität und angeblicher Verläßlichkeit verborgen werden.

(Beifall bei der SPD – Dr. Mertens [Gerolstein] [CDU/CSU]: Ungeheuer!)

Die Bundesrepublik Deutschland hat gestern in New York – da die Zeitungen hier auf innenpolitische Ereignisse konzentriert sind, ist das gegenwärtig noch nicht ins Bewußtsein gedrungen – im Forum der *Vereinten Nationen,* in dem

Staatsminister Wischnewski die Außenpolitik unseres Staates darlegte, eine überwältigende Demonstration des Vertrauens der Vertreter aller Staaten der Welt in unsere Außenpolitik gefunden. Ich bitte Sie herzlich, dieses Kapital zu bewahren.

(Beifall bei der SPD und bei Abgeordneten der FDP)

Fünftens. Der Sinn unserer *Deutschlandpolitik,* der innerste Kern, ist die Erhaltung der Einheit der Nation. Beide deutschen Staaten sind sich ihrer Verantwortung für den Frieden bewußt. Die Bundesrepublik darf den Dialog mit der Führung der DDR nicht abreißen lassen. Wir müssen alle Chancen wahrnehmen, die Zusammengehörigkeit aller Deutschen zu stärken und praktisch erlebbar zu machen.

Wir dürfen die Hoffnungen der *Deutschen in der DDR* nicht enttäuschen: Die Bürgerinnen und Bürger der DDR müssen täglich spüren können, daß wir sie nicht nur unsere Landsleute nennen, sondern daß wir ihnen täglich als Landsleute gegenübertreten, daß wir zu ihnen gehören. Daß sie Bürger eines anderen Staates sind, darf unsere Haltung nicht beeinträchtigen.

Ich füge hinzu: Herr Dr. Kohl, Ihre Koalitionsvereinbarung, die in allen Zeitungen veröffentlicht wurde, enthält bisher zur Deutschlandpolitik nur ein leeres Blatt.

(Dr. Wörner [CDU/CSU]: Das stimmt doch nicht!)

Ich bitte Sie eindringlich, dieses Blatt auszufüllen und sich dabei nicht auf die Wiederholung alter Formeln zu beschränken.

(Beifall bei der SPD)

Sie haben meinen *Besuch bei dem Generalsekretär der SED* kritisiert. Ich aber weiß, daß dieser Besuch Millionen Deutschen Mut gemacht hat, der Abgrenzungsideologie der Funktionäre zu widerstehen.

(Beifall bei der SPD)

Auch ich werde den Besuch im Dom zu Güstrow nicht vergessen, umgeben von all diesen Sicherheitsbeamten, in einer Kirche, in der Bischof Rathke zu Herrn Honecker und zu mir über die Friedenspflicht des Christenmenschen gesprochen hat.

Es ist wahr, wir haben an die DDR nichts zu verschenken. Auch in Zukunft muß zäh verhandelt werden. Aber Deutschlandpolitik muß auch in Zukunft durch die sprichwörtlichen kleinen Schritte dazu helfen, daß Deutsche sich treffen können, daß sie miteinander reden können

(Beifall bei der SPD und der FDP)

und daß sie sich praktisch als Angehörige eines und desselben Volkes erleben.

Sechstens. Mit der *Bundeswehr* leisten wir unseren Beitrag zur gemeinsamen westlichen Verteidigung. Sie hat Gewicht im Kräftefeld zwischen West und Ost; sie ist ein unübersehbares Element der Friedenssicherung. Solange ein einvernehmlich begrenztes, niedrigeres Gleichgewicht der Streitkräfte nicht erreicht ist, mindestens so lange muß es bei der gemeinsamen westlichen Strategie der Abschreckung bleiben. Das heißt mit anderen Worten: Unsere Bundeswehr muß kämpfen können, damit sie niemals wirklich zu kämpfen braucht.

(Beifall bei der SPD und bei Abgeordneten der FDP)

Ich füge hinzu: Die Bundeswehr findet in unserem Land breite Zustimmung. Die *Wehrpflicht,* die Theodor Heuss zu Recht „das legitime Kind der Demokratie" genannt hat, ist die notwendige Klammer zwischen Armee und Volk. Es befriedigt uns zu sehen, daß auch Gewerkschaften und Bundeswehr Verständnis füreinander gefunden haben.

Die *Qualität unserer Streitkräfte* und unserer Soldaten zeigt: Nicht ein hoher Rüstungshaushalt ist die Hauptsache, sondern die Männer sind die Hauptsache, ihre Motivation und ihre Ausbildung.

(Beifall bei der SPD)

Zum ersten Mal seit mehr als hundert Jahren sind deutsche Streitkräfte völlig frei davon, ein Faktor der Innenpolitik sein zu wollen. Wer geschichtlich denken kann, der muß dies als einen unschätzbaren Fortschritt bewerten. Wir Sozialdemokraten sind stolz darauf, hierzu entscheidend beigetragen zu haben.

(Beifall der SPD)

Wer – anders – als *Kriegsdienstverweigerer* einen schwierigen Ersatzdienst auf sich nimmt, der verdient den gleichen Respekt wie der wehrpflichtige Soldat.

(Beifall bei Abgeordneten der SPD)

Es wird im Interesse der jungen Männer, Herr Dr. Kohl und Herr Strauß, höchste Zeit, daß CSU und CDU endlich ihren inneren Streit beenden, der schon allzu lange die notwendige Novellierung des Kriegsdienstverweigerungsrechts behindert hat.

(Lebhafter Beifall bei der SPD und Beifall bei der FDP)

Siebtens. Der weltweite *Rüstungswettlauf* bedroht den Frieden. Zur Politik der vereinbarten schrittweisen *Abrüstung,* des vereinbarten Gleichgewichts auf niedrigerer Ebene, gibt es keine vernünftige friedenspolitische Alternative.

(Beifall bei der SPD und bei Abgeordneten der FDP)

Denn weder der Westen noch der Osten kann allein seinen Frieden garantieren. Sicherer Friede bedarf der Sicherheitspartnerschaft beider Seiten, der Partnerschaft zum Frieden.

Ich füge hinzu: als ein Land, das sich verpflichtet hat, eigene Atomwaffen weder zu besitzen noch anzustreben, muß die Bundesrepublik hartnäckig auf unserem vertraglichen Anspruch bestehen, daß die Großmächte ihre Kernwaffenarsenale abrüsten.

(Lebhafter Beifall bei der SPD und Beifall bei der FDP)

Als ein Stationierungsland haben wir Deutschen ein vitales Interesse besonders an den *Genfer INF-Verhandlungen über Mittelstreckenwaffen.*

Wir müssen diese Verhandlungen kritisch und anregend begleiten. Wenn aber die Verhandlungen trotz größter Anstrengungen unserer amerikanischen Freunde dennoch erfolglos bleiben sollten, so brauchen wir ein entsprechendes Gegengewicht gegen die uns bedrohenden sowjetischen SS-20-Raketen.

(Beifall bei der SPD und vereinzelt bei der FDP und bei der CDU/CSU)

Verhandlungen und Verträge über *Rüstungsbegrenzung und Abrüstung* sind heute Bestandteil umfassender strategischer Konzeptionen geworden. Die in Nordamerika und in Europa begonnene öffentliche *Strategiediskussion* darf nicht abgebrochen, sie muß vielmehr vertieft werden. Alle Regierungen – in Ost und West – müssen sich der dringenden Frage ihrer Bürger und der Frage der Friedensbewegungen in all den Ländern stellen, wie sie die Gefahren des Rüstungswettlaufs bannen, wann sie endlich aus dem Teufelskreis ausbrechen wollen.

Die Antwort darauf kann nicht in einseitiger Abrüstung liegen, weil sie uns militärisch und politisch erpreßbar machen würde. Die Antwort kann ebenso wenig in einseitiger Aufrüstung gesucht werden.

(Beifall bei der SPD)

Achtens. Alle *Volkswirtschaften* befinden sich gegenwärtig in einem tief *krisenhaften Anpassungsprozeß*. Dabei hat für uns der Kampf gegen die Arbeitslosigkeit – und das heißt, der Kampf für ein neues Wirtschaftswachstum – den Vorrang. Auch aus eigenem Interesse an Arbeitsplätzen und am Wachstum muß die Bundesrepublik fortfahren, ihr internationales Gewicht gegen den Protektionismus in die Waagschale zu werfen, der sich heute über die ganze Welt ausbreitet.

Binnenwirtschaftlich dürfen weder Bundesregierung noch Landesregierungen und Städte durch eine deflationistische *Haushaltspolitik* zur Schrumpfung der Nachfrage beitragen.

(Beifall bei der SPD)

Nachfrageschrumpfung wird nicht zur Belebung der Investitionstätigkeit führen. Die *Bundesbank* muß endlich entschieden zur Zinssenkung beitragen. Sie hat ihren Spielraum bisher keineswegs ausgenutzt.

(Beifall bei der SPD – Zurufe von der CDU/CSU)

Ich füge hinzu: Die *Spitzenposition unserer Volkswirtschaft* kann nur dann behauptet werden, wenn Leistungswille und Verantwortungsbereitschaft der Arbeitnehmer und ihrer Gewerkschaften gestärkt werden; nicht aber darf man sie schwächen. Die Bewahrung eines stabilen sozialen Sicherungsnetzes als Ausdruck einer solidarischen Gesellschaft und der soziale Konsens sind unerläßliche Voraussetzungen dafür.

Wir haben zwischen zwei extremen *ökonomischen Theorien,* wie sie heute in einigen Staaten des Westens tatsächlich ausprobiert werden, einen mittleren Kurs gewählt. Wir haben weder eine inflationistische Ausweitung des Staatskredits noch eine deflationistische Schrumpfungspolitik betrieben. Dies hat sich ausgezahlt: Unsere Zahlungsbilanz ist gesund, unsere Währung ist stabil, der Preisanstieg in der Bundesrepublik der geringste in der Europäischen Gemeinschaft, aber unsere realen Löhne sind die höchsten in der Europäischen Gemeinschaft.

(Beifall bei der SPD)

Ich warne vor den *Folgen einer deflationistischen Politik.*

(Zustimmung bei Abgeordneten der SPD)

CDU, CSU und FDP wollen nach ihren veröffentlichten Vereinbarungen die Haushalte kürzen und damit die allgemeine Nachfrage senken oder drosseln. Sie wollen für die Wirtschaft Steuern senken, obgleich schon heute die steuerliche Situation für die Unternehmen die günstigste seit der Währungsreform ist, schon heute!

(Beifall bei der SPD – Zurufe von der CDU/CSU)

Es soll hier „Angebotspolitik" kopiert werden. Sie wird genau wie in Amerika, wo das zwei Jahre früher probiert wurde, im Ergebnis zu stärkerer Arbeitslosigkeit führen.

(Beifall bei der SPD)

Die Sache wird nicht dadurch besser, daß CDU/CSU und FDP-Führung die Steuervergünstigungen durch eine *Umsatzsteuererhöhung* ausgleichen wollen, die jedermann tragen muß und die Sie, meine Damen und Herren von der CDU, uns Anfang des Jahres, als wir sie für die Investitionszulage verwenden wollten, mit der Begründung angeblicher Wirtschaftsfeindlichkeit abgelehnt haben.

(Lebhafter Beifall bei der SPD und Beifall bei Abgeordneten der FDP)

Das Monstrum einer *Zwangsanleihe* erhöht völlig überflüssigerweise die von Ihnen bisher so laut beklagte Staatsverschuldung.

(Beifall bei der SPD)

Ökonomisch hat die Zwangsanleihe keinen Sinn; sie ist eine Konstruktion, die nur den Zweck hat, das Gesicht des früheren Wirtschaftsministers wahren zu helfen.

(Beifall bei der SPD)

Der Gesamtansatz Ihrer öffentlich dargelegten Finanz- und Wirtschaftspolitik ist verfehlt. Er kann bestenfalls eine kurze Scheinblüte auslösen,

(Lachen bei Abgeordneten der CDU/CSU)

die nach wenigen Monaten einer sich verstärkenden *Arbeitslosigkeit* weichen wird.

(Unruhe bei der CDU/CSU)

Ich verstehe, daß Sie für diesen Fall schon heute vorbauen möchten, indem Sie den Sozialdemokraten nachträglich und wider besseres Wissen Schuld anlasten wollen. Aber der kritische Bürger durchschaut diese Absicht Ihrer bösen Legendenbildung!

(Lebhafter Beifall bei der SPD – Zurufe von der CDU/CSU)

Neuntens. Wir alle spüren, wie im Westen, in den kommunistischen Ländern, auch in der Dritten Welt Millionen Menschen sich immer stärker um ihre natürliche Umwelt sorgen. Jeder verantwortliche Politiker und Unternehmensleiter, auch wenn es unbequem ist, muß in jedem Einzelfall einen vertretbaren *Ausgleich zwischen ökonomischen und Umweltschutzinteressen* zustande bringen. Wer in Zukunft sichere Arbeitsplätze will, der muß deren Auswirkungen auf die Umwelt berücksichtigen.

(Beifall bei der SPD und bei Abgeordneten der FDP)

Wer das Recht auf eine lebensfähige Umwelt vertritt, der muß gleichzeitig für Arbeitsplätze sorgen, die ihrerseits lebensfähig sind.

(Beifall bei der SPD)

Ich füge hinzu: Umweltschutz gehört zu den Kernbereichen sozialliberaler Übereinstimmung. Im Koalitionspapier von CDU/CSU und FDP finde ich dazu fast überhaupt nichts.

(Hört! Hört! bei der SPD – Zustimmung bei Abgeordneten der FDP)

Will eigentlich die FDP-Führung ihr umweltpolitisches Programm völlig vergessen? Der *Schutz der natürlichen Umwelt* bedarf auch internationaler Anstrengungen. Er bedarf der Verträge, wenn die Ausrottung der Fischbestände in den Weltmeeren, wenn die Anreicherung der Atmosphäre mit Kohlendioxid und wenn die Ausbreitung des schwefelsauren Regens tatsächlich verhindert werden sollen.

(Beifall bei der SPD und bei Abgeordneten der FDP)

Zehntens. In aller Welt gefährdet die Stagnation der Wirtschaft oder zu geringes Wachstum die Finanzierung der *sozialen Sicherungssysteme*. Die Dynamik dieser Systeme muß deshalb begrenzt werden. Dies darf aber nicht so weit gehen, daß die Lebensrisiken auf den einzelnen zurückgewälzt werden. Das Prinzip der *Solidarität mit dem Schwächeren* darf nicht außer Kraft gesetzt werden.

(Beifall bei der SPD)

Ich füge hinzu: Wir haben die höchsten realen Renten und fast die höchsten Sozialleistungen in Europa erreicht. Sie sollten und dürfen nicht stärker eingeschränkt werden, als dies aus finanziellen Gründen unerläßlich ist. Eine Einschränkung aus ideologischen Gründen hat keinerlei Rechtfertigung.

(Beifall bei der SPD)

Wir Sozialdemokraten warnen vor einer Umverteilung von unten nach oben!

(Erneuter Beifall bei der SPD)

Sie wollen die Mieter zugunsten der Vermieter und der Bauherren belasten. Gleichzeitig wollen Sie das Wohngeld kürzen, gleichzeitig sollen Bildungschancen beeinträchtigt und gekürzt werden. Sozialhilfeempfänger sollen in stärkerer Weise zu Opfern herangezogen werden als leistungsfähige Einkommensbezieher. Der gewerkschaftliche Protest dagegen ist sehr einleuchtend.

(Beifall bei der SPD)

Wir Sozialdemokraten sehen in der *Ergänzungsabgabe* ein geeignetes Instrument sozialer Gerechtigkeit. Wenn aber nun die Bessergestellten die von Ihnen erfundene Zwangsanleihe später zurückerhalten sollen – übrigens, Graf Lambsdorff, welch ungeheuer marktwirtschaftliches Instrument, diese Zwangsanleihe! –,

(Heiterkeit und lebhafter Beifall bei der SPD)

wenn diese Anleihe der Besserverdienenden ihnen später zurückgezahlt werden soll, während doch die Opfer der Schüler und Lehrlinge, der Sozialhilfeempfänger, die Opfer der Rentner, Wohngeldbezieher und Kindergeldempfänger endgültig gemeint sind und nie zurückgegeben werden, dann hat das mit sozialem Ausgleich nichts mehr zu tun.

(Lebhafter Beifall bei der SPD)

Und dann wollen Sie zu allem Überfluß den bis zu 15 000 DM im Jahr betragenden steuerlichen Splitting-Vorteil für Ehepaare mit hohen Einkommen auch noch bestehen lassen, statt ihn wenigstens einzuschränken.

Elftens. Das Grundgesetz verpflichtet unseren Staat zur Gerechtigkeit. Notwendige Opfer sind moralisch und politisch nur dann zu vertreten, wenn sie gerecht verteilt werden, d. h. hier: Wenn jedermann nach Maßgabe seiner wirtschaftlichen Leistungsfähigkeit herangezogen wird. Wir Sozialdemokraten werden jedem Versuch entgegentreten, *soziale Gerechtigkeit* zurückzudrängen und durch das Ellbogenprinzip zu ersetzen.

(Lebhafter Beifall bei der SPD)

Zwölftens. Eine menschliche Gesellschaft bedarf der *inneren Liberalität.* Über die Qualität unserer Demokratie entscheidet zuallererst der Respekt vor der Freiheit und der Würde des anderen, d. h. entscheidet zuallererst das Maß an innerer Liberalität, die wir tatsächlich üben und bewahren. Ohne gelebte Freiheit gibt es keine politische Kultur.

(Beifall bei der SPD und der FDP)

Ich wurde dieser Tage gebeten – das füge ich hinzu –, meine Empfindungen während der lang andauernden Entführung von Hanns Martin Schleyer und der damit verbundenen Verbrechen zu beschreiben. Ich habe sicherlich für die Kollegen aus der CDU/CSU und der FDP, die daran beteiligt waren, mit geantwortet. Es schien dem Fragesteller unvermeidlich, danach zu fragen, ob wir uns damals an der *Staatsräson* ausgerichtet hätten. Aber in Wirklichkeit hat sich unser Handeln nicht an Staatsräson orientiert, sondern an unseren Grundwerten, an der Notwendigkeit, die innere Freiheitlichkeit unseres Gemeinwesens zu verteidigen, die wir nur durch Festigkeit gegenüber ihren Verächtern und ihren Feinden verteidigen können.

(Beifall bei der SPD)

Die freiheitliche Gesellschaft, die offene Gesellschaft hat millionenfach Fürsprecher und Verteidiger. Ich zitiere aus den *Freiburger Thesen* der *FDP:*

Diese neue Phase

– das ist vor gut zehn Jahren geschrieben und beschlossen worden –

der Demokratisierung und Liberalisierung, im ursprünglichen und nicht dem heute oft mißbrauchten Sinne dieser Worte, entspringt aus einem gewandelten Verständnis der Freiheit, das dem modernen Liberalismus die neue politische Dimension eines nicht mehr nur Demokratischen, sondern zugleich Sozialen Liberalismus erschließt ... Nicht nur auf Freiheiten und Rechte als bloß formale Garantien ..., sondern als soziale Chancen in der alltäglichen Wirklichkeit ... kommt es ... an.

Dem stimmen wir Sozialdemokraten immer noch zu, immer noch!

(Lebhafter Beifall bei der SPD und Beifall bei Abgeordneten der FDP)

Der beabsichtigte personelle Wechsel im Amt des Bundesministers des Innern muß aber ebenso Besorgnis erwecken wie die fast völlige Ausklammerung der Rechts- und Innenpolitik aus Ihrer Koalitionsvereinbarung.

(Lebhafter Beifall bei der SPD und Beifall bei Abgeordneten der FDP)

Die meisten jungen Menschen sind sich der Freiheitlichkeit unseres Staates bewußt, auch wenn sie keineswegs allem zustimmen, was in unserem Staat geschieht; das tun wir ja auch nicht, und sie tun es noch weniger. Aber es gibt auch Gruppen, die den *Wert der Freiheit* unterschätzen. Wir wollen jene neue Gruppe, die jetzt in den Hessischen Landtag einziehen wird, nicht unter Quarantäne stellen. Aber die Wortführer der Grünen müssen wissen, daß die freiheitlich-demokratische Ordnung nicht zur Disposition steht.

(Beifall bei der SPD und der FDP)

Sie müssen Klarheit darüber gewinnen, daß die Demokratie Gewalt als Mittel zur Durchsetzung eines politischen Zieles nicht verträgt,

(Beifall bei der SPD und Abgeordneten der FDP)

ja, daß die *Demokratie* sich gegen *Gewaltanwendung* zu wehren hat.

(Beifall bei der SPD)

Das Recht, für Veränderung und Reform einzutreten, haben junge Bürger weiß Gott genauso wie wir hier im Bundestag. Aber sie können sich nur legitimieren, soweit sie sich ohne Wenn und Aber zur parlamentarisch-demokratischen Verantwortung bekennen.

(Beifall bei der SPD und bei Abgeordneten der FDP)

Zum Schluß, meine Damen und Herren: Wir Sozialdemokraten haben – bei wachsenden wirtschaftlichen und sozialen Schwierigkeiten in der ganzen Welt – unseren Kurs des Ausgleichs zwischen den sich widerstreitenden Interessen seit langen Jahren beharrlich und kontinuierlich verfolgt. Die Thesen, die ich Ihnen heute vorgetragen habe, habe ich als Sozialdemokrat in ähnlichen Worten schon vor achteinhalb Jahren in die damaligen Koalitionsverhandlungen eingebracht, genau wie die damaligen Koalitionspartner ihre Vorstellungen eingebracht haben. Daraus ist dann ein gemeinsamer Weg geformt worden. Diese Thesen, die schon damals galten, gelten ebenso für die Gegenwart und sie gelten ebenso für die überschaubare Zukunft.

(Beifall bei der SPD)

Ich weiß, daß viele treue Liberale unseren und meinen Kurs innerlich bejahen. Tausende haben mir in den letzten Tagen in diesem Sinne geschrieben und telegrafiert.

Ich habe Anlaß, mich weiterhin vielen Männern und vor allem Frauen in der *FDP* – meinen Respekt vor den wackeren Frauen der FDP-Fraktion! –

(Anhaltender lebhafter Beifall bei der SPD)

politisch, aber auch persönlich verbunden zu fühlen, mit denen ich seit 1969 an der Seite Willy Brandts, an der Seite Herbert Wehners zusammengearbeitet habe. Die hier gewachsenen *politischen und menschlichen Gemeinsamkeiten* können durch taktische Wendemanöver nicht ausgelöscht werden,

(Lebhafter Beifall bei der SPD)

sondern sie werden fortbestehen und gewiß auch wieder erlebbar werden.

(Beifall bei der SPD)

Ich habe der sozialliberalen Koalition 13 Jahre lang gedient. Ich habe dies aus Überzeugung und mit innerer Befriedigung getan, weil ich wußte, daß dies ein notwendiger Dienst an unserem Land und an der geteilten Nation war.

(Beifall bei der SPD)

Ich habe unserem Land, unserem Staat in verschiedenen Ämtern dienen dürfen. Dabei kommt viel politische Erfahrung, viel Lebenserfahrung zusammen. Ich denke in Dankbarkeit an diejenigen, die mich in diese Ämter berufen haben, und in Dankbarkeit an jene, die mir in meinem Dienst geholfen haben.

Aber heute richten wir Sozialdemokraten den Blick nach vorne. Wir wissen, daß Millionen von Arbeitnehmern ihre Hoffnung auf die Sozialdemokratische

Partei Deutschlands als diejenige Kraft setzen, die beharrlich für *soziale Gerechtigkeit* kämpfen wird.

(Lebhafter Beifall bei der SPD)

Wir wissen, daß Hunderttausende Menschen in schreibenden und lehrenden Berufen, Gewerbetreibende, Selbständige, Menschen in helfenden und heilenden Berufen, in künstlerischen Berufen ihr Vertrauen in unsere *Liberalität* gesetzt haben.

(Beifall bei der SPD)

Wir wissen, daß nicht nur Millionen junger Menschen, sondern auch Millionen alter Menschen uns mehr *Chancengleichheit* verdanken und daß sie deshalb auch weiterhin auf uns Sozialdemokraten rechnen.

(Beifall bei der SPD)

Ein letztes Wort: Ich weiß, daß diese Stunde von den Deutschen in der DDR und ebenso in der Bundesrepublik mit Besorgnis im Fernsehen verfolgt wird. Sie alle vertrauen unserer Politik der guten Nachbarschaft und unserer Friedenspolitik.

(Beifall bei der SPD)

Wir Sozialdemokraten sind für dieses *Vertrauen* dankbar. Wir werden es auch in Zukunft nicht enttäuschen. Jedermann darf und jedermann muß mit unserer Stetigkeit rechnen. – Herzlichen Dank.

(Langanhaltender lebhafter Beifall bei der SPD – Die Abgeordneten der SPD erheben sich – Beifall bei Abgeordneten der FDP – Erster Bürgermeister Dr. von Dohnanyi [Hamburg] begibt sich zur Regierungsbank und reicht Bundeskanzler Schmidt die Hand)

Nach der Regierungserklärung des noch amtierenden Bundeskanzlers begründete der Abgeordnete Dr. Rainer Barzel den Antrag nach Art. 67 des Grundgesetzes der Fraktionen der CDU/CSU und FDP. Dr. Barzel war am 27. April 1972 angetreten, um den damaligen Bundeskanzler Willy Brandt auf dem Wege über ein konstruktives Mißtrauensvotum abzulösen. Er erhielt damals 247 Stimmen. Damit fehlten ihm 2 Stimmen an der erforderlichen absoluten Mehrheit.

Dr. Barzel erklärte zu dem Antrag der Fraktionen der CDU/CSU und der FDP:

Präsident **Stücklen:** Das Wort zur Begründung des Antrags der Fraktionen der CDU/CSU und der FDP auch Drucksache 9/2004 hat der Herr Abgeordnete Dr. Barzel.

Dr. Barzel (CDU/CSU) (von den Abgeordneten der CDU/CSU mit Beifall begrüßt): Herr Präsident! Meine Damen und meine Herren! Sie haben, Herr Bundeskanzler, mit wohlgesetzten Worten noch einmal die Leitlinien Ihrer Politik vorgetragen. Das ist Ihr gutes Recht. Demjenigen, der diese Leitlinien nun seit Jahren kennt, fällt aber auf, daß Sie es soeben unterlassen haben, zwei

Ihrer Prinzipien und Versprechungen in Erinnerung zu rufen: die *Vollbeschäftigung* und die *Stabilität*.

(Beifall bei der CDU/CSU)

Dazu schweigen Sie sich aus Gründen aus, auf die ich noch zu sprechen kommen werde.

Ich möchte zunächst nur die Frage stellen, Herr Bundeskanzler: In dieser Stunde wäre es doch besser, redlicher und – um Ihr Wort aufzunehmen – würdevoller gewesen, wenn der Kanzler der Bundesrepublik Deutschland hier Rechenschaft gegeben hätte,

(Beifall bei der CDU/CSU)

Rechenschaft über Soll und Haben, über Versprochen und über Gehalten. Statt dessen polemisiert der Bundeskanzler gegen uns in der Opposition.

Meine Damen, meine Herren, zunächst: Sie können sich doch vorstellen, Herr Bundeskanzler, daß es eine falsche Information gewesen sein muß, wenn Sie Herrn Kohl, Herrn Genscher und mich kennen, daß bei *Deutschlandpolitik* eine leere Seite dastehe.

(Beifall bei der CDU/CSU und der FDP)

Ich habe hier die beschriebene Seite mit. Sie ist eng beschrieben, und man könnte daraus, wenn man das in „Kanzlerbuchstaben" schreiben würde, mehrere machen.

(Heiterkeit und Beifall bei der CDU/CSU)

Von Herrn Mertes, der das für uns gemacht hat und der wirklich unbestritten zuverlässig ist, habe ich die Notiz: „Liegt seit Dienstag, 28. September, 17.00 Uhr, der Öffentlichkeit vor."

(Hört! Hört! bei der CDU/CSU)

Eine Kenntnis hätte Ihnen möglich sein müssen. Ich lese das nicht vor.

(Dr. Jenninger [CDU/CSU]: Aber die Unwahrheit sagen! – Zurufe von der SPD)

Nun warten Sie es doch ab; denn Sie müssen doch auch noch ein bißchen hören, wenn die Regierungserklärung abgegeben wird. Das, was hier notwendig ist, werden Sie schon noch hören. Das war sicher eine Fehlanzeige, ausgerechnet mit mir: leeres Blatt bei Deutschlandpolitik.

Meine Damen, meine Herren, Sie sprachen die *Anleihe* an, Herr Bundeskanzler. Wenn Sie genau lesen, wissen Sie doch, daß sie nicht fällig wird, wenn die Herren, die soviel verdienen, investieren. Dies ist also ein *Investitionsanreiz*. Das sollte eigentlich doch deutlich werden.

(Beifall bei der CDU/CSU und der FDP)

Mit den Ellenbogen können wir gar nicht gemeint sein.

(Lachen bei der SPD)

Ich will hier nicht zitieren, was die größte deutsche Tageszeitung heute zu den Ellenbogen der Arbeitslosen und derer vor dem Konkursrichter schreibt.

(Beifall bei der CDU/CSU)

Hier muß mit aller Klarheit und Deutlichkeit festgehalten werden: Sie, die Sozialdemokraten, verantworten, was nun zur Rettung leider getan werden muß. Nicht die, welche den Karren aus dem Dreck ziehen müssen, sind schuld, sondern die, die ihn soweit in den Schlamm gefahren haben.

(Lebhafter Beifall bei der CDU/CSU – Bravo-Rufe von der CDU/CSU – Löffler [SPD]: Sie werfen mit dem Schlamm! Sie fangen an, damit zu werfen! – Weitere Zurufe von der SPD)

Unser Volk arbeitet hart in allen seinen Schichten, und es leistet Großes. Hier muß jeder Qualitätsarbeit leisten, auch Qualitätszwischenrufe machen, Herr Kollege Löffler.

(Beifall bei der CDU/CSU)

Es hat deshalb einen Anspruch auf eine entsprechende Politik. Mit der faulen Ausrede: Regt euch nicht auf, woanders ist es schlimmer, kommt auf die Dauer keiner durch, wie wir heute sehen, auch kein Bundeskanzler der Bundesrepublik Deutschland.

(Beifall bei der CDU/CSU)

Meine Damen und Herren, dieses Volk, dem wir dienen und für das zu handeln wir gewählt sind, hat Anspruch auf eine Regierung mit einer Mehrheit und mit einer qualitativen Leistung. Die alte Mehrheit zerbrach. CDU/CSU und FDP haben durch gemeinsame Antworten auf anstehende Fragen eine *neue Mehrheit* gebildet. Entsprechend haben wir fristgerecht den Antrag gestellt, der Ihnen auf Drucksache 9/2004 vorliegt. Er lautet:

Antrag der Fraktionen der CDU/CSU und FDP nach Artikel 67 des Grundgesetzes

Der Bundestag wolle beschließen:

Der Deutsche Bundestag spricht Bundeskanzler Helmut Schmidt das Mißtrauen aus und wählt als seinen Nachfolger den Abgeordneten Dr. Helmut Kohl zum Bundeskanzler der Bundesrepublik Deutschland.

Der Bundespräsident wird ersucht, Bundeskanzler Helmut Schmidt zu entlassen.

So dieser Antrag.

(Beifall bei der CDU/CSU und bei Abgeordneten der FDP)

Meine Damen und Herren! Ich bitte die Mehrheit dieses Hauses, diesen Antrag anzunehmen und so den Weg freizumachen für einen neuen Anfang.

Und wenn Sie hier über *Wahlen* sprechen, Herr Bundeskanzler, so kennen Sie unsere schriftlich vorliegende Verabredung, und Sie kennen das Grundgesetz und das Parteiengesetz und die notwendige Frist von 60 Tagen.

Wir halten es für erforderlich, vorher das Signal der Wende zu geben, um deutlich zu machen: Hier beginnt eine neue Politik, die nicht nach mehr Staat, sondern nach mehr Bürgerfreiheit und mehr realer sozialer Gerechtigkeit verlangt.

(Lebhafter Beifall bei der CDU/CSU – Beifall bei Abgeordneten der FDP – Zurufe von der SPD: Neuwahlen! – Weitere Zurufe von der SPD)

– Das haben wir doch beantwortet! Das ist doch alles vorgelegt!

(Anhaltende Zurufe von der SPD)

Meine Damen und Herren, mit diesem Antrag kehren wir zur Normalität zurück, indem die stärkste Fraktion den Kanzler stellt.

(Lebhafter Beifall bei der CDU/CSU – Beifall bei Abgeordneten der FDP)

Unser Volk wählt Abgeordnete. Unser Volk wählt am Wahltag nicht den Kanzler. Der Kanzler stellte das soeben alles auf den Kopf.

(Dr. Dregger [CDU/CSU]: So ist es!)

Deshalb ist es notwendig, den Art. 38 des Grundgesetzes noch einmal in die Erinnerung zu rufen. Da heißt es:

Die Abgeordneten des Deutschen Bundestages werden in allgemeiner, unmittelbarer, freier, gleicher und geheimer Wahl gewählt. Sie sind Vertreter des ganzen Volkes, an Aufträge und Weisungen nicht gebunden und nur ihrem Gewissen unterworfen.

(Lebhafter Beifall bei allen Fraktionen)

Allein das, was hier steht und dem wir soeben mit Recht alle zugestimmt haben – wie sollte es anders sein! –, allein das ist der Wählerauftrag.

(Unruhe bei der SPD)

Wenn wir also heute einen anderen Bundeskanzler wählen, so machen wir legtimen Gebrauch von Art. 67 des Grundgesetzes.

Auf eben diese Weise hat die SPD im Lande Nordrhein-Westfalen,

(Dr. Kohl [CDU/CSU]: Sehr gut!)

das eine ähnliche Verfassung wie der Bund hat,

(Dr. Kohl [CDU/CSU]: Ja!)

früher die CDU-Ministerpräsidenten Karl Arnold und Franz Meyers ersetzt durch die SPD-Ministerpräsidenten Steinhoff und Kühn. Wir, meine Damen und Herren, haben da nicht „Verrat!" gerufen. Wir haben das als Demokraten respektiert, weil das Grundrecht der *Gewissensfreiheit der Abgeordneten* den ersten Rang in diesem Staat haben muß.

(Anhaltender lebhafter Beifall bei der CDU/CSU und der FDP)

Wenn Sie jetzt hier so ganz anders reagieren und reagieren lassen – gestern auf dem Bonner Marktplatz; das gehört ja wohl alles dazu, meine Damen und meine Herren –,

(Sehr richtig! bei der CDU/CSU)

dann offenbart das – es tut mir leid – doch eine Moral zur Auswahl, Herr Kollege Brandt, nicht wahr: Wenn wir etwas machen, ist es verwerflich; wenn Sie das Recht anwenden, ist das natürliche Moral. Das ist eine doppelte Moral und verrät – es tut mir leid – eine gespaltene Zunge.

(Anhaltender lebhafter Beifall bei der CDU/CSU – Beifall bei Abgeordneten der FDP – Zurufe von der SPD)

Und wenn der Bundeskanzler die *Glaubwürdigkeit der deutschen Politik* hier so groß herausstellt – was ich sehr gut finde –, dann sollten sich doch einmal die beiden Kollegen, die da nebeneinander sitzen: der Parteivorsitzende und der Fraktionsvorsitzende der SPD, darüber unterhalten, was es hier eigentlich in diesem Hause früher einmal zu einem Zeitpunkt im Jahre 1972 gegeben hat, meine Damen und meine Herren.

(Beifall bei der CDU/CSU)

Und wenn Sie von Glaubwürdigkeit sprechen, Herr Bundeskanzler, und dabei an die Jugend denken, muß ich sagen: Den jungen Menschen hat man versprochen, alles sei konfliktfrei machbar. Und dann kam wegen eines Konflikts in Afghanistan eine Situation, daß sie nicht einmal zur Olympiade fahren durften. Und die Macher sind so weit, daß sie heute nicht einmal imstande sind, für junge Menschen *Arbeit und Ausbildung* ausreichend zu sichern. Dies produziert Enttäuschungen und dies sind bleibende Beeinträchtigungen von Glaubwürdigkeit, die, meine Damen und Herren, nicht die Opposition, die diese noch im Amt befindliche Regierung allein verantwortet.

(Lebhafter Beifall bei der CDU/CSU)

Meine Damen und Herren, es kann niemand übersehen – wir haben dies ja schon in früheren Debatten hier ausgeführt –, daß die *Sozialdemokratische Partei Deutschlands regierungsunfähig* geworden ist. Trotzdem finden Sie den traurigen Mut, auf uns zu schimpfen – denken Sie mal an das Flugblatt von gestern –, die nun wieder in Ordnung bringen müssen, was Sie hinterlassen. Sie hinterlassen, meine Damen und Herren, geplünderte Kassen und Sie hinterlassen Massenarbeitslosigkeit und die um die bessere Zukunft geprellten jungen Menschen.

(Lebhafter Beifall bei der CDU/CSU)

Aber Sie verunglimpfen uns – –

(Brandt [SPD]: War das an die Adresse der FDP gerichtet?)

– Sie machten krank, Herr Kollege Brandt. Und nun wird man schimpfen auf die Ärzte und die Schwestern und die Pfleger, die da ankommen, um das wieder in Ordnung zu bringen. Sie sind verantwortlich für die Übel. Sie kamen, meine Damen und Herren – das war Ihr lautstarkes Versprechen, Sie erinnern sich doch noch, Herr Kollege Brandt –, um das „moderne Deutschland" zu bauen. Nun gehen Sie, weil Sie ein *blühendes Gemeinwesen,* das Sie übernahmen, in ein *krisengeschütteltes Land* verwandelt haben. Das ist die Lage.

(Lebhafter Beifall bei der CDU/CSU – Zurufe von der SPD)

Und ich sage, meine Damen, meine Herren, egal, wie Sie darauf reagieren, weil dies meine Meinung ist, ich sage von dieser Stelle: Hut ab vor Herrn Genscher, der gehandelt hat, damit nicht alles noch schlimmer wird und weiter bergab geht.

(Anhaltender lebhafter Beifall bei der CDU/CSU – Zuruf von der SPD: Das glauben Sie ja selber nicht! – Weitere Zurufe von der SPD)

Hätten Sie, Herr Bundeskanzler, mit gleicher Härte und Konsequenz die verabredete Politik in Ihrer Partei durchgesetzt, Sie wären nicht an dem Tag, den Sie heute erleben müssen.

(Lebhafter Beifall bei der CDU/CSU)

Herr Kollege Brandt, auch wenn Sie, was Sie offenbar wollen, aus einer früheren – ich weiß nicht genau –, aus einer bisherigen Arbeiterpartei – ich sage das mit Respekt – eine schwammige Bewegung machen wollen, es bleiben diese Schatten von enttäuschten jungen Menschen, von Reformruinen, von Arbeitslosen, die diesen Weg säumen. Das bleibt Ihnen lange, lange Zeit erhalten, und ich glaube eben nicht, Herr Bundeskanzler, daß diese Menschen noch das Vertrauen in *sozialdemokratische Politik* haben.

(Lebhafter Beifall bei der CDU/CSU – Zurufe von der SPD)

Deshalb werden wir ja wählen.

(Zuruf von der SPD: Das haben wir gestern gesehen!)

– Ja, Hamburg; ich kenne auch ein paar Länder. Es ist ja bemerkenswert – –

(Abg. Löffler [SPD] zeigt die Plakette „Wir wollen wählen. Jetzt. SPD")

– Ja, ich sehe es schon, Herr Löffler, daß Sie mit einer Plakette hier ins Haus kommen. Das ist ein ganz neues Stilgefühl.

(Beifall bei der CDU/CSU)

Meine Damen, meine Herren, ich weiß natürlich zu schätzen, was der Kanzler gestern hier in Bonn und Herr Wischnewski gestern in New York über die *künftige Verläßlichkeit der deutschen Politik* gesagt haben. Nur, was die SPD gleichzeitig hier in Bonn veranstaltete, das kann ich auch nicht übersehen. Meine Damen und Herren, wer gestern abend die Nachrichten hörte und sah, konnte unschwer erkennen, warum auch aus *außenpolitischen Gründen* die alte Koalition zerbrach. Hie Brandt und Eppler, da Schmidt und Wischnewski, so kann Deutschland nicht gut regiert werden.

(Lebhafter Beifall bei der CDU/CSU und bei der FDP)

In der Welt um uns reden ja nicht nur Diplomaten. Da fragt man doch laut und seriös in allen großen Zeitungen: Was ist mit den Deutschen los? Die Verläßlichkeit unseres Wortes wird doch angezweifelt wie die Berechenbarkeit unserer Haltung.

(Zurufe von der SPD)

– Ja, meine Damen, meine Herren, da wurde doch mit Frankreich etwas feierlich unterschrieben und unterzeichnet, und das fand dann nicht statt. Das Wort wurde nicht gehalten. Da gibt man dem Bündnis sein Wort und kommt nach Hause und macht an der Zusage ein Fragezeichen. Das ist doch keine verläßliche Politik. Da wurde doch zum Osten – wir haben es oft genug hier behandelt – eine Politik Kasse gegen Hoffnung gemacht statt Leistung um Gegenleistung.

(Lebhafter Beifall bei der CDU/CSU)

Meine Damen und Herren, auf diese Weise ist der Friede nicht sicherer geworden.

Hundert sogenannte lokale Kriege mit 35 Millionen Kriegstoten gab es rund um die Welt seit dem Zweiten Weltkrieg, also nach 1945. Hier in Europa gab es das nicht, weil in seinem freien Teil – und das ist der eine Grund – unter Adenauer eine *europäische Friedensordnung* geschaffen wurde, die einen Krieg im freien Europa untereinander oder gegeneinander nicht nur undenkbar, sondern unmöglich macht,

(Beifall bei der CDU/CSU)

und weil – und das ist das andere –, auch unter Adenauer, die auf der militärischen Anwesenheit der USA beruhende Abschreckung hier Frieden sichert. Meine Damen und Herren, solange wir kontrollierte Abrüstung, die wir wollen, nicht haben, brauchen wir *Frieden durch Abschreckung*. Wer diese Abschreckung beschädigt, gefährdet den Frieden.

(Beifall bei der CDU/CSU und bei Abgeordneten der FDP)

Zu diesen Fragen habe ich hier in früheren Debatten gesprochen. Ich will das nicht wiederholen, aber ich sage mit Bedacht dieses persönliche Wort: Bei unseren internen Beratungen, die zu dieser Mehrheit und zu diesem Antrag führten, habe ich als erstes, als für mich dringendstes Argument meine außenpolitisch begründete Besorgnis über die *Zukunft von Frieden und Freiheit* ausgeführt. Und da war ich, wie mir scheint, von Herrn Genscher nicht so weit entfernt.

Unser Platz ist nicht zwischen Ost und West. Nur aus dem Westen und im Westen können wir auf Ausgleich wirken. Mit beiden Füßen im Westen stehend wollen wir nach Osten die Hand reichen, die Hand, aber nicht das Standbein.

(Beifall bei der CDU/CSU und bei Abgeordneten der FDP)

Dies muß klar sein und klar bleiben, wenn hier Frieden und Freiheit bleiben sollen.

Wer, Herr Kollege Brandt, die mögliche *Abrüstung* verhindert oder erschwert, indem er die westliche Position unterläuft, der verhindert nicht nur die Abrüstung, der erhöht die Gefahr. Die neue Mehrheit ist ja nicht zufällig die, welche – gegen die deutschen Sozialdemokraten – diesen freien Staat in den Schutz und die Sicherheit des Bündnisses gebracht hat, meine Damen und Herren.

(Beifall bei der CDU/CSU)

Und ich füge hinzu: Wir sind bedächtig, erfahren und friedfertig genug, um Frieden hier weiter zu sichern. Dieses Versprechen steht, des bin ich gewiß, hinter dem Namen Kohl. Deshalb, weil ich das weiß, rede ich hier heute und begründe diesen Antrag, meine Damen und Herren.

(Beifall bei der CDU/CSU und bei Abgeordneten der FDP)

Frieden wird bleiben. Am besten ist er gesichert, wo *Freizügigkeit* für Menschen, Informationen und Meinungen, hin und her, ihn sichern. Und da ist noch viel zu tun auch zwischen beiden Staaten in Deutschland.

Auch die *Ostverträge* gelten. Wir werden sie als Instrumente einer aktiven, nüchternen, friedfertigen Politik nutzen. Wie gesagt, die Füße fest im Westen und die Hand ausstrecken nach Osten – kein Zweifel, so werden wir es machen. Und daß wir an *EG* und *Bündnis* festhalten wie an *deutsch-französischer Freundschaft,* dies versteht sich, glaube ich, von selbst.

(Beifall bei der CDU/CSU)

Ich muß in diesem Zusammenhang, Herr Bundeskanzler, noch einen Punkt aus Ihrer Erklärung eben zur Sprache bringen. Sie sagten, der Friede müsse insbesondere gestiftet werden zwischen solchen Staaten, „die sich gegenseitig mißtrauen und sich gegenseitig bedrohten".

(Dr. Marx [CDU/CSU]: Wieso „gegenseitig"? – Weiterer Zuruf von der CDU/CSU: Unglaublich!)

Wen bedrohen wir?

(Beifall bei der CDU/CSU und der FDP)

An dieser Stelle hat der Präsident der USA gesprochen und feierlich versichert, was die NATO unterstützte: Der erste Schuß wird kein NATO-Schuß sein. Wir bedrohen niemand.

(Dr. Wörner [CDU/CSU]: Sehr gut!)

Dies gleichsetzen ist unerträglich, Herr Bundeskanzler.

(Lebhafter Beifall bei der CDU/CSU)

Nun das andere: Wir sind heute, meine Damen und Herren, von der *sozialen Gerechtigkeit,* dem nächst Frieden und Freiheit wichtigsten Wert, weiter entfernt als 1969.

(Beifall bei der CDU/CSU – Zurufe von der SPD)

Nun, ich pflege ja doch auszuführen, was ich denke, und das dann zu beweisen. Dann können Sie ja kommen und sagen, daß Sie anders denken, und die Beweise anzweifeln. Das ist eine demokratische Debatte, wie ich sie bisher gelernt habe, meine Damen, meine Herren. –

(Beifall bei der CDU/CSU)

Ich komme, wie jedermann hier weiß, von Karl Arnold, dem Arbeiterführer an der Ruhr. Ich werde nicht vergessen, daß vor kurzem Gewerkschafter hier in Bonn und anderswo in großer Zahl gegen die Politik eines sozialdemokratischen Kanzlers demonstrierten.

(Immer [Altenkirchen] [SPD]: Gegen Lambsdorff!)

Die marschierten doch nicht nach und durch Bonn, um die Ergebnisse sozialistischer Erfolge zu feiern. Die da kamen, meine Damen, meine Herren, stehen auch nicht als Reservearmee für eine auch sozial gescheiterte Politik zur Verfügung, sondern die bezeugten die Krise; das muß hier festgehalten werden.

(Beifall bei der CDU/CSU)

Meine Damen und Herren, wir erleben – das ist kein Geheimnis – außer dem politischen Desaster den finanziellen Kollaps. Ich möchte mich in dem, was nun auszuführen ist, auf eine publizistische Säule des Herrn Bundeskanzlers stützen, nämlich auf die Zeitschrift „Die Zeit", die am 24. September 1982 die *Bilanz* zog.

(Zurufe von der SPD)

Ich habe noch gar nicht angefangen, und da sind Sie schon nervös, meine Damen, meine Herren.

(Lachen und Zurufe von der CDU/CSU)

Es kommt doch jetzt erst, es kommt doch erst! Sie haben sich immer so über diese „Zeit" gefreut; nun müssen Sie da auch einmal etwas anderes hören.

(Zuruf von der SPD: Wer ist der Autor? – Weitere Zurufe von der SPD)

Bei einer schlichten Gegenüberstellung der wichtigsten Kennziffern für den Zustand der deutschen Wirtschaft 1969 und im Herbst 1982 muß das Urteil über 13 Jahre ... sozial-liberaler Herrschaft verheerend ausfallen ... Die Sozial-Liberalen, die 1969 eine Bundesschuld von 45 Milliarden Mark übernahmen, hinterlassen ... einen Schuldenberg von rund dreihundert Milliarden Mark ... Mußten im Durchschnitt der sechziger Jahre nur 1 800 Unternehmen pro Jahr Konkurs oder Vergleich anmelden, so waren es im vergangenen Jahr 8 494 und für 1982 wird mit dem Zusammenbruch von 12 800 Firmen gerechnet.

(Dr. Jenninger [CDU/CSU]: Hört! Hört!)

Neben der Vernichtung selbständiger Existenzen bedeutet dies zugleich, daß als Folge davon allein in diesem Jahr etwa eine halbe Million Arbeitsplätze für immer verlorengeht.

(Dr. Marx [CDU/CSU]: Hört! Hört!)

Da ist zwar Arbeit noch da, es gibt bloß keine; denn die Arbeitsplätze gehen hier weg.

Die Zahl der Selbständigen ging um 377 000 ... zurück. In der gleichen Zeit wuchs das Heer der Staatsdiener allein bei Bund, Ländern und Gemeinden von 2,2 auf 2,7 Millionen ... Der Anteil der Investitionen an der gesamtwirtschaftlichen Leistung ... sank von 26,5 % Mitte der sechziger Jahre auf 23 % des Bruttosozialprodukts 1981 ...

Dazu paßt, daß ... die Bundesrepublik bei wichtigen Zukunftstechnologien den Anschluß verlor. Obwohl der Staat Milliarden in die Forschung pumpte, wurde der Vorsprung in der Kernenergie verspielt, gelang bei der Mikroelektronik nicht der Vorstoß in die Spitzengruppe, sind wir in der Biotechnologie ein Mr. Nobody ... Bei Willy Brandts Amtsantritt gab es 179 000 Arbeitslose. Jeder von ihnen konnte zwischen vier offenen Stellen wählen. Als Helmut Schmidt in der vergangenen Woche vor dem Bundestag den sozial-liberalen Pakt für beendet erklärte, waren 1,79 Millionen Männer und Frauen arbeitslos gemeldet – genau zehnmal soviel wie dreizehn Jahre zuvor. Und diesmal kam auf je achtzehn Arbeitslose nur eine als frei gemeldete Stelle.

(Dr. Marx [CDU/CSU]: Das ist Fortschritt!)

Der Autor räumt dann ein – ich zitiere auch das –:

Doch nicht alle Probleme sind uns von außen aufgezwungen worden. Das gilt für die finanzielle wie personelle Aufblähung des öffentlichen Dienstes und die Finanzpolitik ebenso wie für die Mißerfolge der Forschungspolitik.

Es ist dann, meine Damen, meine Herren – ich will das nicht alles im einzelnen vortragen –, die Rede von den Personalzusatzkosten, von den Arbeitskosten, von den Sozialkosten und von den Krankheitskosten. Dieser Aufsatz in der „Zeit" schließt dann mit dem Satz, meine Damen und Herren

(Zuruf von der SPD: Wer ist der Autor? – Weitere Zurufe von der SPD)

nun hören Sie einmal gut zu! –:

Wenn jemand mit den Ellenbogen arbeitet, dann sind es heute die Ausbeuter des Sozialstaates, die den wirklichen Bedürftigen mehr als nur den Sitzplatz in den öffentlichen Verkehrsmitteln streitig machen.

(Lebhafter Beifall bei der CDU/CSU)

Meine Damen und Herren, in dieser Bilanz fehlt auch noch, daß der Wohnungsbau ja sicherlich nicht durch die OPEC oder durch die Ölscheichs zum Erliegen gekommen ist. Es fehlt, daß die Abgabenquote von 34 % auf 38 % gestiegen ist. Jetzt zitiere ich den Herrn Bundeskanzler aus seiner in der „Frankfurter Rundschau" – also nicht irgendwie beschafften – veröffentlichten Rede vor der SPD-Bundestagsfraktion am 22. Juni 1982. Er sagt da:

Geholt haben wir das Geld beim Arbeitnehmer.

(Hört! Hört! bei der CDU/CSU)

– Das muß man ja wissen: Geholt haben wir das Geld beim Arbeitnehmer! – Meine Damen, meine Herren, wer hier ein soziales Gewissen hat, wird sehen: Man nimmt dem Arbeiter viel und gibt ihm wenig zurück. Was das ist, können Sie dreimal raten. Christlich-demokratisch, christlich-sozial oder liberal ist das bestimmt nicht, das ist sozialistisch.

(Beifall bei der CDU/CSU – Brandt [SPD]: Kümmerlich!)

In dieser Lage ist es nun eben dringend nötig, daß eine *neue Mehrheit* mit einer neuen Regierung ein neues Programm vorlegt und sich dann den Wählern stellt.

(Löffler [SPD]: Jetzt zitieren Sie Strauß aus Augsburg? – Weitere Zurufe von der SPD)

– Bemerkenswert ist ihre Unruhe. Ich kann das gut verstehen. Aber Sie werden mich doch nicht daran hindern – nicht, lieber Herr Löffler?

Die Frage, vor der unser Land steht, heißt doch nicht,

(Brandt [SPD]: So schwach waren Sie noch nie)

Herr Kollege Brandt: wie schrumpfen wir uns durch immer mehr Rotstift gesund? Sondern die Frage heißt: Wie werden wir wieder flott? Wie werden aus Arbeitslosen wieder Arbeiter, die Lohn erhalten und davon Steuern, Beiträge und Abgaben entrichten? Allein das ist die richtig gestellte Frage.

(Beifall bei der CDU/CSU)

Die konkreten Antworten, soweit sie nicht schon in den Koalitionsverabredungen vorliegen, wird die neue Bundesregierung, eine *Koalition der Mitte,* alsbald in der Regierungserklärung, einem ersten Einstieg, konkret und präzise, berechenbar, nachprüfbar, solide, verläßlich, mit zukunftsweisender Perspektive hier im Hause abgeben. Dann können wir diskutieren, und dann können wir entscheiden. So ist der Gang der Dinge.

(Beifall bei der CDU/CSU – Zurufe von der SPD)

Wir sagen mit Bedacht in dieser Lage, wo die Verantwortung zu übernehmen nicht leicht ist – auf die Lage komme ich noch zurück, Herr Kollege Brandt –: Wir, diese neue Mehrheit, trauen uns zu, die Karre wieder herauszuziehen. Die bessere Wirklichkeit ist nötig, und die bessere Möglichkeit ist auch nötig. Unser Volk steht vor der Entscheidung, entweder eine Anstrengung zu machen wie nach 1945 oder in den 50er Jahren – dann kommen wir wieder nach vorn – oder zweitklassig zu werden. Das ist die Entscheidung, vor der wir stehen.

(Beifall bei der CDU/CSU und bei Abgeordneten der FDP – Zurufe von der SPD)

Nicht die faule Ausrede, anderswo sei es schlimmer, wird das Maß der neuen Mehrheit sein, sondern der Anspruch: Hier ist es besser. Deshalb wählen wir das Anspruchsvollere, nämlich die Wende nach vorn.

(Zurufe von der SPD: Wählen!)

Als der Bundeskanzler Brandt hier begann, hatten wir eine erste Debatte. Herr Kollege Brandt, vielleicht erinnern Sie sich noch daran. Ich habe damals für die Opposition hier erklärt:

Der Schutt der Nachkriegsjahre ist weggeräumt. Die Hektik des Wiederaufbaus ist vorbei. Sie treten Ihr Amt an bei Vollbeschäftigung, stabilem Geld und wohlgeordneten Finanzen. Seit Bestehen der Bundesrepublik Deutschland stand kein Bundeskanzler bei seinem Amtsantritt in einer vergleichbaren Situation.

(Zuruf des Abg. Brandt [SPD])

Wir werden sehen, Herr Bundeskanzler, wie sie von diesem soliden Fundament aus „den Nutzen des deutschen Volkes mehren". Wir sind bereit, Ihnen dabei zu helfen.

Solche Töne der Demokratie habe ich bisher vermißt. Schimpfen ist kein Programm, meine Damen und Herren. Wer schimpft, hat Unrecht!

(Beifall bei der CDU/CSU und bei Abgeordneten der FDP – Lachen und Zurufe von der SPD)

Diese Rede schloß dann in ihrem innenpolitischen Teil so – und jetzt erinnern Sie sich mal, Kollege Brandt, an diese 13 Jahre –:

– Ohne ein Programm, das den gestiegenen Finanzbedarf für investive Zwecke, für Bildung, Verkehr, Strukturpolitik, Technologie zusammenordnet, ohne den Blick auf die anwachsende Wirtschaftskraft anderer Nationen, welche unsere Stellung im Welthandel in Frage stellen, wurden Haushaltsbelastungen ... beschlossen ...

Wir fragen Sie, Herr Bundeskanzler, nach Ihren Argumenten für diese Politik. Es hätte Ihnen und uns allen besser angestanden, nicht einen fröhlichen Einstand zu geben, sondern die Anstrengungen zu fordern, die unser Land machen muß, wenn es modern bleiben will. Wir fragen Sie, auf welche Lagebeurteilung, auf welche Finanzplanung, auf welche Konjunkturverläufe Sie, Herr Bundeskanzler, diese Politik, erst mal einen auszugeben, gründen wollen. Ich fürchte,

– so schließt dieser Teil –

diese Politik, die sich zu Beginn so billig macht, wird uns am Schluß allen zu teuer kommen.

29. Oktober 1969.

(Beifall bei der CDU/CSU)

Der Schluß ist da. Es ist zu teuer.

Im Frühjahr 1974 endete die Regierung Brandt, weil sie – so Helmut Schmidt – das Gift der Unsicherheit produziert und gestreut hatte. In der Debatte über Ihre erste Regierungserklärung, Herr Bundeskanzler Schmidt, habe ich Ihnen hier gesagt:

In unserem demokratischen Gemeinwesen muß nicht nur die Kasse stimmen, so wichtig die Kasse ist!

Sie reden vom Machbaren und vom Möglichen, ohne zu sagen, möglich wozu und machbar warum. Sie reden nirgendwo von einer Perspektive, von einer Konzeption, vom Sinngehalt ... Kein kulturrelevantes Wort kommt über Ihre Lippen in der Regierungserklärung. Und der Stabilitätsbegriff schrumpft auf den rein materiellen Stabilitätsbegriff zusammen ... Ich hatte eigentlich ... vom ersten Bundeskanzler der Bundesrepublik Deutschland, der wie ich zur Kriegsgeneration gehört, etwas mehr erwartet: ein Wort zu den geistigen Spannungen dieser Zeit, zu unseren Erfahrungen, zu dem, was wir jungen Menschen hier und in der DDR über den Vorrang von Menschlichkeit vor jeder Politik zu sagen haben.

(Zurufe von der SPD)

Mit Ihrem Einstand, Herr Bundeskanzler, so wie er bisher vorliegt, haben Sie, so fürchte ich, die Führung abgegeben. Und auf diese Weise werden Sie die politische Führung verlieren, denn die behält nur, wer die geistige Führung behält.

So haben Sie sie verloren, und so weit ist es nun gekommen.

(Beifall bei der CDU/CSU – Zuruf des Abg. Dr. Ehmke [SPD] – Weitere Zurufe von der SPD)

Wenn Sie nun aus dem Amt scheiden – Herr Kollege Ehmke, ich meine den Bundeskanzler –, dann ist als ein Zweites daran nichts so sehr schuld wie Ihre eigene Partei

(Beifall bei der CDU/CSU)

und – es tut mit leid – auch deren Vorsitzender. Es wäre unserem Lande sicher gut bekommen, wenn Sie so geschlossen, wie Sie eben aufgestanden sind, immer gehandelt hätten, wenn der Bundeskanzler der Bundesrepublik Deutschland seine Politik hier durchzuhalten versucht hat.

(Beifall bei der CDU/CSU – Zurufe des Abg. Brandt [SPD])

Man hat aus Ihren eigenen Reihen, Herr Bundeskanzler, Ihre Energiepolitik verhindert, indem man aus Notwendigkeiten Optionen machte. Ihre Sicherheitspolitik wurde unterlaufen, indem Ihre Partei eine feste Zusage im Bündnis in eine offene Frage verwandelte. Man hinderte Sie, eine dem Jahreswirtschaftsbericht entsprechende Wirtschaftspolitik zu machen, indem man auf dem Parteitag das Gegenteil von dem beschloß, was Ihr Jahreswirtschaftsbericht mit Recht forderte. Man kündigte Koalitionsabreden zum Haushalt auf. Man streichelte die sogenannte Friedensbewegung, die sich klar gegen Ihre Politik richtete. Die Debatte hier vor der Herzerkrankung des Kanzlers war doch gespenstisch: Der erste Redner der Sozialdemokraten war deren Vorsitzender, und er ließ nicht nur den Kanzler allein, sondern malte eine ganz andere Politik. Das ist doch die Realität, an die wir uns hier alle erinnern, meine Damen und Herren.

(Lebhafter Beifall bei der CDU/CSU und bei Abgeordneten der FDP – Brandt [SPD]: Er schlägt die Schlachten der Vergangenheit

Keiner von uns hat über Sie, Herr Bundeskanzler Schmidt, so beleidigend und herabsetzend geprochen wie einige Ihrer Parteifreunde.

(Beifall bei der CDU/CSU und bei Abgeordneten der FDP – Zuruf von der SPD)

Ich unterlasse es selbst in dieser Stunde, etwa die Herren Eppler oder Lafontaine noch zu zitieren oder aus dem Buch von Baring die Belege vorzulesen. Es ist bitter für Sie. Man hat Ihnen übel mitgespielt. Sozialisten haben, Herr Bundeskanzler, Ihr Gesicht zerkratzt. Herr Kollege Brandt, Sie haben dann als Parteivorsitzender den Schirm gespannt, als diese Beleidigungen kamen. Aber der war so löchrig, daß immer noch genug Spritzer auf den amtierenden Bundeskanzler durchkamen.

(Beifall bei der CDU/CSU)

Herr Kollege Brandt, bevor Sie anderen „Verrat" vorwerfen oder andere so öffentlich anprangern lassen, prüfen Sie selbst Ihre Haltung zu Ihrem Nachfolger.

(Beifall bei der CDU/CSU – Zuruf von der SPD: Wann soll gewählt werden? – Weitere Zurufe von der SPD)

Auf die Frage der Menschen draußen – wir spüren das genauso, wie Sie das eben vorgetragen haben, Herr Bundeskanzler –: „Traut ihr euch zu, einen neuen Anfang zu mehr Freiheit durch soziale Gerechtigkeit wie zum gesicherten Frieden zu machen?",

(Zurufe von der SPD)

antworten wir gewissenhaft: Ja. Wir trauen uns das zu.

(Lebhafter Beifall bei der CDU/CSU und bei Abgeordneten der FDP)

Mit Hilfe aller verantwortungsbewußten Deutschen, mit dem Dienst dieser Koalition der Mitte, wird Deutschland wieder dahin kommen, wohin es gehört, nach vorn. Wir wählen den neuen Anfang!

(Anhaltender lebhafter Beifall bei der CDU/CSU – Beifall bei Abgeordneten der FDP)

Für die FDP-Fraktion sprach deren Fraktionsvorsitzender **Wolfgang Mischnick**. In einer sehr bewegten Rede stimmte er dem Koalitionswechsel und dem Mißtrauensantrag zu:

Mischnick (FDP): Herr Präsident! Meine sehr verehrten Damen und Herren! Dies ist eine schwere Stunde – nach meiner Überzeugung eine schwere Stunde für den Staat deshalb, weil wir wissen, ganz gleich wo wir stehen, daß die Stabilität der Bundesrepublik Deutschland, die über 35 Jahre selbstverständlich war, heute nicht mehr die gleiche Selbstverständlichkeit hat. Landtagswahlen haben dies bewiesen. Dies ist eine schwere Stunde für dieses Parlament, weil ich weiß – es geht mir selbst so –, daß viele Abgeordnete quer durch die Fraktionen hin- und hergerissen sind zwischen dem, was in dem Wahlkampf 1980 als Grundlage der Entscheidung gesehen wurde, und dem, was die Verfassung dem Abgeordneten, wenn er gewählt ist, aufträgt zu handeln.

Es ist eine schwere Stunde für meine Partei, weil sich in ihr am meisten diese Diskrepanz, diese Spannung, das Spannungsverhältnis, was daraus entsteht, widerspiegelt. Und ich gestehe offen, es ist eine schwere Stunde für mich. Ich habe diese Koalition vor 13 Jahren bewußt mit herbeigeführt. Ich habe zur ihr gestanden bis zur letzten Minute.

(Beifall bei Abgeordneten der FDP und bei der SPD)

Manche sagen: zu lange. Auch diese Kritiker mögen recht haben.

Herr Bundeskanzler, Sie haben am *17. September* in einem Gespräch, bevor Sie hier Ihre Rede hielten, deutlich gemacht, daß diese Koalition zu Ende geht. Ich habe Sie gefragt, ob das in Ihrer Rede steht. Sie haben mir geantwortet: Ja. Ich habe Sie gefragt, ob Sie erwarten, daß die Minister der Freien Demokraten zurücktreten. Sie haben das bestätigt. Ich habe Ihnen gesagt: Wenn das nicht geschieht, werden sie dann entlassen? Sie haben mir das bestätigt.

Das ist von Ihrem Standpunkt her die Konsequenz Ihrer Rede: es war nicht mehr zumutbar zusammenzuarbeiten.

Herr Bundeskanzler, ich möchte allerdings auch hinzufügen: wenn Sie dann zulassen, daß das als Verrat gekennzeichnet wird, enttäuscht mich das tief.

(Beifall bei Abgeordneten der FDP und lebhafter Beifall bei der CDU/CSU – Zurufe von der SPD)

– Sie brauchen keine Sorge zu haben, daß ich auch nur einen Grund verschweige, den zu nennen ich für notwendig halte. Ich weiß, daß diese Entwicklung, von der Sie meinten, daß sie unaufhaltsam sei, mit dadurch beeinträchtigt worden ist, daß unterschiedliche Meinungen aus meiner Fraktion, aus meiner Partei sichtbar waren. Aber es war doch nicht nur so, daß dies aus der FDP kam, sondern sie kamen ja auch aus der SPD. Die Frage wurde gestellt, ob es noch einen Sinn habe. Wenn man das Postulat – für mich ist es nicht nur ein Postulat, sondern es ist eine innere Einstellung – „Würde" so stark herausstellt, dann, Herr Bundeskanzler und meine Kollegen von der SPD, bitte auch in einem Augenblick, wo man erkennt, daß es eben nicht mehr möglich ist, die *gemeinsame Arbeit* fortzusetzen, mit Würde festzustellen, daß es sachlich keine Gemeinsamkeit in vielen Fragen mehr gibt. Dies scheint mir notwendig zu sein.

(Beifall bei Abgeordneten der FDP und der CDU/CSU)

Ich füge auch hier hinzu, daß das unterschiedlich beurteilt wird, daß es Bereiche gibt, bei denen ich fest überzeugt bin, daß man auch morgen noch gemeinsam arbeiten könnte. Aber jetzt steht im Vordergrund das Problem der Wirtschafts-, der Gesellschafts-, der Finanz- und Steuerpolitik.

Ich füge hinzu, es steht vor uns die Frage auch von einer anderen Seite, als sie hier zum Teil angesprochen worden ist, nämlich, ob hier dieses Parlament in einer so schwierigen Lage bereit ist, zu handeln, und in Kauf nimmt, den Vorwurf zu bekommen, nicht sofort zum Wähler zu gehen. Ich kann das um so leichter sagen, als ich ja schon am 9. September, Herr Bundeskanzler, als Sie zum erstenmal von *Neuwahlen* sprachen, als einziger hier eine andere Meinung vertreten habe. Wir waren uns beide in einem Gespräch darüber klar, daß das *Grundgesetz* unterschiedliche Möglichkeiten zuläßt. Aber ich wiederhole, was ich Ihnen sagte: Ich bin zutiefst überzeugt davon – das ist meine ganz persönliche Meinung –, daß das Grundgesetz in erster Linie das Parlament aufruft zu handeln, und nur dann, wenn es nicht handeln kann, die Neuwahl als letzte Möglichkeit vorgesehen ist.

(Beifall bei Abgeordneten der FDP und der CDU/CSU)

Dieses Verfassungsverständnis mag heute stärker als früher im Widerspruch zum allgemeinen Empfinden stehen; dies bestreite ich nicht. Es wird eine gemeinsame Aufgabe sein, das – wozu es harter Diskussionen bedarf – sichtbar und deutlich zu machen.

Ich füge, um hier keinen Irrtum aufkommen zu lassen, sofort hinzu: Es ist zwischen CDU, CSU und FDP eine Vereinbarung getroffen worden, und ich habe gelernt, Mehrheiten zu respektieren. Ich erwarte von meinen Freunden, daß sie Mehrheiten respektieren, und ich respektiere auch Mehrheiten, wenn in einer *Koalitionsvereinbarung* für die Zukunft etwas festgelegt wird. Ich bitte deshalb darum, in meinen grundsätzlichen Auffassungen, die ich nach wie vor habe, nicht etwa den Versuch des Herausgleitens aus einer Vereinbarung zu sehen. Aber ich halte es für meine Pflicht, die grundsätzliche Meinung auch in diesem Augenblick mit der gleichen Deutlichkeit darzulegen, wie ich es vor wenigen Tagen getan habe, weil auch das zur Glaubwürdigkeit gehört, die hier mehrfach beschworen worden ist.

(Beifall bei der FDP und bei einzelnen Abgeordneten der CDU/CSU)

Meine Damen und Herren, diese Pflicht zum Handeln steht ja auch nicht im Widerspruch zu Auffassungen, die in diesem Hause schon geäußert worden sind. Herr Bundeskanzler, Sie haben als Vorsitzender der SPD-Fraktion in einer Antwort auf meine Rede, die ich im *Dezember 1966* zur Regierungserklärung der Großen Koalition hier zu halten hatte, wörtlich gesagt:

Es war das Parlament, das aus sich heraus die neue Regierung geschaffen hat. Ein Beweis für die Funktionstüchtigkeit des Deutschen Bundestages!

(Heiterkeit und Beifall bei der FDP und der CDU/CSU)

Ich stimme Ihnen voll zu.

Heute gibt es nicht die gleichen Umstände, aber ähnliche Umstände.

(Zurufe von der SPD)

Helmut Schmidt hat damals weiter gesagt: Eine Regierung muß nach den Möglichkeiten einer arbeitsfähigen Mehrheit gebildet werden.

(Sehr gut! bei der CDU/CSU)

Dies soll geschehen. – Helmut Schmidt hat seinerzeit auch den damaligen Bundeskanzler Kiesinger zustimmend zitiert und wörtlich gesagt,

die gegenwärtige Regierung sei nicht aus einem glänzenden Wahlsieg hervorgegangen, sondern aus einer von unserem Volk mit tiefer Sorge verfolgten Krise.

Sehen Sie, meine Damen und Herren, wenn man von Glaubwürdigkeit spricht, bitte ich auch darum, die Glaubwürdigkeit, die diese damalige Äußerung hatte, nicht dann, wenn das in einer anderen Konstellation genauso zutrifft, in Zweifel zu ziehen.

(Beifall bei der FDP und der CDU/CSU – Zuruf von der SPD: Sie haben damals Neuwahlen gefordert! – Weitere Zurufe von der SPD)

Ich wiederhole, daß sich die *Interessenlage* in solchen Situationen verändern kann. Ich werfe niemandem vor, daß er aus seiner Interessenlage zu anderen Entscheidungen kommt.

(Weitere Zurufe von der SPD)

Da aber, wo ich das Gefühl bekomme, daß die eigene Interessenlage plötzlich mit dem Vorwurf verbrämt werden soll, die Interessenlage der anderen oder deren Entscheidungsbereitschaft sei gegen Recht und Sitte, muß ich darauf verweisen, daß Recht und Sitte im Grundgesetz den hier vorgesehenen Weg absolut legitimieren. Wer dies bezweifelt, muß den Mut haben, zu sagen, daß er das Grundgesetz in diesem Punkte für falsch hält und ändern will.

(Beifall bei der FDP und der CDU/CSU)

Ich stehe auch in dieser Stunde nicht an, die *13jährige Regierungsverantwortung,* die ja sehr viel Kritik erfahren hat, so zu beurteilen, wie ich es immer getan habe. Es waren entscheidende Schritte, neue Schritte in der Außen- und Ostpolitik, es waren entscheidende Schritte in der Innenpolitik, in der Gesellschaftspolitik, deren Grundlagen ich heute genauso positiv beurteile wie gestern.

(Beifall bei der FDP – Sehr gut! bei der SPD)

Ich bestreite nicht, daß dabei Fehler gemacht worden sind. Wo Menschen tätig sind, werden Fehler gemacht. Das war in der Regierungskoalition CDU/CSU/FDP so, das war in der Großen Koalition so, das war in der jetzigen Koalition so, und das wird in einer künftigen Koalition genauso sein. Aber worauf es ankommt: ob dann, wenn man erkannt hat, daß da oder dort ein Fehler gemacht worden ist, man den Mut hat, aus diesem Fehler zu lernen. Wenn man dann nicht ideologiebefrachtet, sondern aus der Vernunft heraus entscheidet, ist dies leichter. Wir bemühen uns, aus der Vernunft heraus zu entscheiden.

(Beifall bei Abgeordneten der FDP)

Nun ist hier mehrfach davon gesprochen worden – und ich bin sicher, es wird auch von den Kollegen, die aus meiner Fraktion eine abweichende Meinung darlegen werden, dazu Stellung genommen werden –, daß doch manches, was jetzt vorgesehen ist, auch in der alten Koalition hätte gemacht werden können;

(Zurufe von der SPD)

manches nicht. Ich stelle fest, daß natürlich auch hier – das ist kein Vorwurf, einfach eine Feststellung – zwischen der ersten Reaktion, dies sei in der *alten Koalition* möglich gewesen, und der zweiten Reaktion, so etwas könne man nie mit der SPD machen, genau das deutlich wird, was das Problem des letzten halben Jahres in dieser Koalition war: daß nämlich innerhalb der SPD eine unterschiedliche Auffassung in Fragen der *Wirtschafts- und Sozialpolitik* besteht und deshalb die Voraussetzungen für eine weitere gemeinsame Arbeit immer mehr verlorengegangen sind.

(Beifall bei Abgeordneten der FDP und der CDU/CSU – Zurufe von der SPD)

Sie haben sich gewundert, meine verehrten Kolleginnen und Kollegen von der SPD, weshalb in meiner Partei der *Münchener Parteitag* so oft erwähnt wurde. Ich füge hinzu: ich habe manche Reaktion aus den Reihen meiner Partei, meiner Fraktion unmittelbar nach dem Münchener Parteitag für überzogen gehalten. Ich muß allerdings heute feststellen, daß die Wirkung dieses Parteitages in ihre Handlungsfähigkeit hinein größer war, als ich am Anfang befürchtet hatte.

(Beifall bei Abgeordneten der FDP – Zurufe von der SPD)

– Da mögen Sie widersprechen. Die Fakten haben mir in den Beratungen immer mehr recht gegeben.

(Zurufe von der SPD)

Die Kluft – –

(Dr. Ehmke [SPD]: Genscher vergißt er!)

Lieber, verehrter Herr Kollege, wenn Sie in allen Sachfragen – auch den für Sie kritischen – mit der inneren Anteilnahme, mit dem inneren Engagement gerungen hätten wie ich, dann hätten Sie mehr Recht zu diesem Zwischenruf. Ich möchte Sie bitten, sich das sehr genau zu überlegen. –

(Beifall bei der FDP)

Die Kluft, die zwischen dem entstand – das habe ich doch nun in unendlich vielen Gesprächen miterlebt –, was an Übereinstimmung auch des Bundeskanzlers und vieler Kabinettskollegen mit vielen Punkten mit uns, mit vielen Kollegen der Fraktionsführung vorhanden war, und dem, was dann an äußerer Auseinandersetzung kam, zeigte doch, daß hier einfach offensichtlich um der eigenen Identität willen – das schätze ich doch nicht schlecht ein –

(Dr. Ehmke [SPD]: Genscher vergißt er!)

für die Sozialdemokraten eine Grenze erreicht war, wo dann die Möglichkeit der Zusammenarbeit nicht mehr gegeben ist.

(Zurufe von der SPD)

Dies ist ein durchaus anerkennenswerter Gesichtspunkt. Meine Bitte ist nur: wenn dies eine Rolle spielt, dann dies offen zugeben und nicht so tun, als seien dunkle Machenschaften dahinter, wenn es zu dieser Entscheidung jetzt kommt.

(Beifall bei der FDP und der CDU/CSU)

Natürlich frage ich auch mich: hat man immer alles getan, hat man alle Möglichkeiten ausgeschöpft? Ich glaube es versucht zu haben. Noch an dem Donnerstag vor der Rede des Herrn Bundeskanzlers ist an dem ganzen Abend der Versuch gemacht worden, Kontakt aufzunehmen.

(Zuruf des Abg. Dr. Ehmke [SPD])

Ich sage das, damit hier keinerlei Legendenbildung kommt.

(Zuruf von der SPD: Und Herr Genscher? – Weitere Zurufe von der SPD)

– Auch diese Reaktion zeigt mir wieder, daß im Augenblick die Emotion – wofür ich Verständnis habe – stärker ist als die nüchterne Betrachtung der Situation.

Wir haben in der Vergangenheit – und wir werden dies für die Zukunft in unserer *Politik* deutlich machen – darum gerungen, mehr *Freiräume* zu schaffen. Wir haben das in vielen Bereichen erreicht. Und ich weiß, wie schwer die Aufgabe im *rechts- und innenpolitischen Bereich* ist, die bei einer neuen Koalition auf uns zukommen wird.

(Dr. Ehmke [SPD]: Neben Zimmermann!)

Dessen bin ich mir bewußt.

Wir haben in der *Außenpolitik* und in der Deutschlandpolitik manches bewegen können, was vor zehn, fünfzehn Jahren als nicht beweglich galt. Dies werden wir bewahren, weil wir zu dieser Politik auch in Zukunft stehen werden. Denn es gibt keinen anderen Weg als diesen.

(Beifall bei der FDP)

Wir wissen aber auch, daß jetzt mehr *Eigenverantwortung,* mehr Eigenbereitschaft zur Lösung der ganzen Probleme notwendiger ist als der Ruf nach mehr Staat. Es ist doch nicht so, daß das, was jetzt kulminiert hat, in den letzten Wochen auf den Markt gekommen wäre. Mein Kollege Hoppe hat hier jahrelang immer stärker Warnungen und Mahnungen ausgesprochen, was oft mit sehr viel Kritik bedacht wurde. Aber in Wahrheit hat es sich doch gezeigt, wie berechtigt die Warnung war. Sosehr die einen sagen: zu lange, so sehr müssen die anderen anerkennen, daß das ein Beweis ist, wie man versucht hat, bis zur letzten Minute den gemeinsamen Weg zu gehen, der aus dieser Situation herausführen kann, dann aber festgestellt werden mußte, daß der Mut zu unpopulären Entscheidungen zuletzt im umgekehrten Verhältnis zu den Notwendigkeiten gestanden hat. Das ist das, was ich feststellen muß.

(Zuruf des Abg. Dr. Ehmke [SPD])

Ich kann nur hoffen, daß für die zukünftige Arbeit, für das, was man sich vornimmt, der Mut bleibt, auch dann, wenn der Widerstand groß wird. Es ist heute notwendig, daß ein *Ausstieg aus der Anspruchsmentalität* erfolgt, aber nicht ein Ausstieg aus der Gesellschaft oder ein Ausstieg aus der Verantwortung. Die Verantwortung müssen wir wahrnehmen.

(Lebhafter Beifall bei der CDU/CSU und Beifall bei Abgeordneten der FDP)

Die *Freien Demokraten* sind in einer Situation, da eine Koalition beendet und eine neue noch nicht gebildet ist, immer von beiden Seiten unter schwerem Druck. Die hessische Wahl hat es bewiesen. – Die *hessische Wahl* hat natürlich auch eines bewiesen, Herr Bundeskanzler – das muß man neidlos zugestehen –: Die Art, wie Sie es gemacht haben, war genial, der Augenblickserfolg ungeheuer.

(Zurufe von der SPD – Dr. Ehmke [SPD]: Nicht so hinterhältig wie das, was Genscher gemacht hat!)

Aber, Herr Bundeskanzler, sind Sie sich wirklich im klaren,

(Zurufe von der CDU/CSU: „Wegharken"!)

was das auch langfristig bedeutet? Einer Ihrer Wegbegleiter im publizistischen Raum, Theo Sommer, hat in der „Zeit" geschrieben:

Schmidts unverhohlen zur Schau getragene Abneigung gegen Genscher hat die SPD über die vierzig Prozent gehievt. Zugleich hat sie freilich eine Verwerfung der politischen Landschaft mitbewirkt, die uns noch zu schaffen machen wird.

Ich teile diese Meinung.

(Zurufe von der SPD: Wahlen!)

Wir müssen diese Wirkungen unabhängig davon, welche Entscheidung heute fällt, unabhängig von dem, was an politischen Entscheidungen in der Zukunft in diesem Hause fallen wird, ernst nehmen und sollten uns davor hüten,

(Dr. Ehmke [SPD]: Herr Mischnick, warum sagen Sie kein Wort über Genscher?)

diesen Weg weiterzugehen, der mit Emotionalisierung am Ende Stabilität in Frage stellt.

(Beifall bei der CDU/CSU und Abgeordneten der FDP – Dr. Ehmke [SPD]: Dann müssen Sie Ihren Vorsitzenden wechseln!)

– Verehrter Herr Kollege Ehmke, Sie haben nun mehrfach den Zwischenruf „Genscher!" gemacht. Diejenigen, die als Berater des Bundeskanzlers oder wo auch immer meinten, man müsse einen Keil in die FDP hineintreiben, um zu trennen, täuschen sich.

(Zurufe von der SPD)

Es war schon zu Adenauers Zeiten so, als man versucht hat, den Vorsitzenden der FDP von außen zu demontieren. Dann hat sich die Partei um so geschlossener dahintergestellt. Ich möchte Sie herzlich bitten, jetzt in diesem Augenblick nicht das zu tun, was wir 1972 – hier wird ja so oft falsch zitiert – gemeinsam abgewehrt haben, wogegen wir uns gewandt haben, nämlich zu versuchen, in die eigenen Reihen Differenzen hineinzutragen. Daß hier manchmal unterschiedliche Meinungen zwischen dem Parteivorsitzenden und dem Fraktionsvorsitzenden

(Dr. Ehmke [SPD]: Aber Herr Mischnick!)

über taktische Überlegungen bestanden, bestreite ich nicht, aber daß wir gemeinsam immer das Interesse hatten, diese Freie Demokratische Partei als einen Faktor, der diese Bundesrepublik Deutschland mitgestaltet hat, geschlossen zu halten, das wird uns niemand absprechen können. Da wird uns niemand einen Keil dazwischentreiben können.

(Beifall bei der FDP)

Meine sehr verehrten Damen und Herren, gerade das, was wir durch Emotionalisierung in manchen Bereichen erreicht haben, ist ja durch den Ausruf des Mitglieds des Bundesvorstandes der Grünen, Herrn Dieter Burgmann, nach der Hessen-Wahl sehr deutlich geworden. Er hat gesagt: Wir würden es begrüßen, wenn es in Bonn zu ähnlichen Verhältnissen wie in Hessen käme. – Das rüttelt an dem Bestand unserer Demokratie. Alle in diesem Hause müssen sich einig sein, daß wir uns dagegen wehren müssen.

(Beifall bei der FDP und bei der CDU/CSU – Zuruf von der SPD: Das ist die liberale Partei! – Weitere Zurufe und Unruhe bei der SPD)

Wir sollten dies auch in einem Augenblick, in dem manches an Entscheidung wehtut, nicht vergessen.

Wir haben aufgefordert, diesen Weg zu gehen, einen *neuen Anfang* mit politischen Entscheidungen zu treffen.

(Zuruf von der SPD: Mit Zimmermann!)

– Lieber Herr Kollege, Sie machen jetzt den Zuruf: „Zimmermann!" Ich verstehe, daß Sie dies zu personalisieren versuchen.

(Lachen und Zurufe bei der SPD: Ja, genau!)

Nur: Der, der vor Ihnen steht, hat in diesem Hause noch jeden Kollegen – aus Ihren Reihen wie aus anderen Reihen – verteidigt, wenn er das Gefühl hatte: Hier wird er zu Unrecht angegriffen. Das werde ich auch in Zukunft tun. Ich werde sachlich meine Meinung nie ändern, wenn ein anderer Innenminister wird, der nicht meiner Meinung ist. Aber ihn dann persönlich als die Inkarnation des Bösen hinzustellen, ist genauso falsch, wie es aus den Reihen der Union gegenüber Herbert Wehner und anderen geschehen ist. Deshalb bitte ich doch, dies hier sein zu lassen.

(Beifall bei der FDP und bei Abgeordneten der CDU/CSU – Zurufe und Unruhe bei der SPD)

Meine Damen und Herren, die Verkrampfung, die in den letzten Wochen und Monaten über unserem Land war, muß endlich gelöst werden. Die Agonie über Wochen und Monate, die beklagt wurde, muß ein Ende haben. Wir werden diesen Versuch unternehmen, und ich füge hinzu: Es ist ein Versuch! Ich behaupte nicht, daß, wenn heute eine Entscheidung gefallen ist, alle Probleme gelöst sind. Aber es ist notwendig, diesen Versuch zu beginnen, ihn zu wagen und damit den Beweis zu liefern, daß – entsprechend der Rede von Helmut Schmidt, die er damals vor dem Bundestag gehalten hat – Mehrheiten in der Lage sind, zu handeln.

Ich habe schon darauf hingewiesen – dies wird sich dann hier in Beiträgen niederschlagen –, daß ich im Augenblick mit der Bereitschaft, diesen neuen Weg zu gehen, nur für einen – den größeren – Teil meiner *Fraktion* spreche. Natürlich wäre ich froh gewesen, wenn es volle Geschlossenheit gegeben hätte. Ich füge hinzu: Ich hätte mich gewundert, weil mir natürlich das harte Ringen um diese Punkte in den eigenen Reihen klar war.

(Frau Traupe [SPD]: Es konnten doch nicht alle so skrupellos sein!)

Ich habe Verständnis dafür, wenn Kollegen die Notwendigkeit, die vor uns steht, heute noch nicht als gegeben sehen. Ich habe in diesem Parlament schon bei verschiedenen Gelegenheiten mit allem Nachdruck das Recht jedes einzelnen unterstützt, seine andere Meinung zu vertreten. Was für die Kollegen anderer Fraktionen gilt, gilt selbstverständlich genauso für Kollegen meiner Fraktion. Ich sage das weniger zu den Abgeordneten dieses Hauses als vielmehr nach außen, weil oft die Frage gestellt wurde „Ist denn das richtig?": In diesem Parlament hat jeder das Recht, seine abweichende Meinung zu sagen. Dieses Recht soll er in Anspruch nehmen, wenn er es für notwendig hält. Ich werde dieses Recht verteidigen. Ich gehe aber auch davon aus, daß die Erkenntnis wächst, daß man aus der Augenblickssituation heraus nicht immer Endgültiges für morgen und übermorgen sagen kann.

(Sehr richtig! bei der SPD)

Ich werde darum ringen, daß die FDP-Fraktion die Geschlossenheit wiederfindet, die sie über lange Jahre ausgezeichnet hat.

Lassen Sie mich noch folgendes sagen: Wir haben viele *notwendige Sachentscheidungen* zu treffen. Ich will jetzt nicht auf all das eingehen, was als Regierungserklärung, wenn eine Kanzlerwahl stattgefunden hat, dann zur Debatte steht. Ich möchte nur auf eines hinweisen – Kollege Barzel und auch Kollege Geißler haben schon einige Punkte erwähnt –: Mann kann natürlich nicht erwarten, daß in der kurzen Zeit, die wir uns vorgenommen haben, nun alle Bereiche mit der Gründlichkeit behandelt werden, wie ich es gern sähe. Aber Sie können sicher sein, wir werden uns bemühen, das auch umzusetzen, was wir uns vorgenommen haben.

Wir müssen die notwendigen Sachentscheidungen treffen. Deshalb ist es falsch zu sagen, jetzt müsse der Bundestag aufgelöst werden. Das würde ich als eine Flucht vor den notwendigen Entscheidungen betrachten. Da kann man anderer Meinung sein, aber sich mit den getroffenen Entscheidungen vor den Wähler zu stellen ist nicht leichter,

(Zurufe von der SPD: Wann?)

ist wahrscheinlich schwerer, als zum jetzigen Moment zu wählen. Auch das sollte man nicht vergessen.

(Beifall bei Abgeordneten der FDP und bei der CDU/CSU)

Wenn Sie wieder fragen, wann, muß ich erwidern: Ich bedaure, daß Sie überhört haben, daß ich klipp und klar gesagt habe, ich stünde zu dieser Vereinbarung.

(Liedtke [SPD]: Das heißt am 6. März 1983?)

– Natürlich, davon gehe ich aus. Das ist ganz klar; das habe ich vorhin schon einmal gesagt, damit kein Irrtum entsteht. Ich habe vorhin schon deutlich gesagt, daß ich mich dazu bekenne, auch wenn ich persönlich eine andere Meinung habe. Aber ich habe das ganz klar gesagt, und dabei bleibe ich.

(Zurufe von der SPD)

Gestatten Sie mir zum Abschluß noch zwei persönliche Worte. Herr Bundeskanzler, wir haben über lange Jahre sehr eng zusammengearbeitet. Ich schätze diese Arbeit. Ich respektiere Ihre Leistung. Ich stehe zu dieser Zusammenarbeit. Ich bin dankbar dafür. Daß wir jetzt getrennte Wege gehen müssen, gehört zur Demokratie. Um eines möchte ich Sie bitten: nicht zu vergessen, daß Sie und ich und alle in diesem Haus diesem Staat, diesem Volk dienen wollen und daß deshalb Handlungen, die so oder so vorgenommen werden, unter diesem Gesichtspunkt und nicht unter anderen Gesichtspunkten zu sehen sind. Herzlichen Dank für diese Zusammenarbeit.

(Beifall bei der FDP und bei Abgeordneten der CDU/CSU)

Herr Kollege Wehner, wir haben über 13 Jahre sehr schwere Entscheidungen treffen müssen. Wir haben manchmal allein vor Entscheidungen gestanden, ausgehend von völlig divergierenden Standpunkten, wenn ich an die Mitbestimmung denke. Und es ging um die Verträge, wo wir gemeinsame Grundlagen hatten. Es war immer ein persönlich faires Verhalten. Ich danke Ihnen dafür.

Wir haben bei den schwersten Interessengegensätzen Lösungen gefunden und sie gemeinsam durchgesetzt. Die Kompromisse haben später auch ihre Tragfähigkeit bewiesen. Ich habe Sie kennengelernt als einen fairen Partner, als einen Menschen, der in der Öffentlichkeit oft falsch dargestellt wird. Es tut mir weh, daß wir so auseinandergehen müssen. Herr Kollege Wehner, meine Hochachtung bleibt.

(Beifall bei der FDP und der SPD)

Herr Kollege Kohl, wenn die Wahl so ausgeht, wie wir es wollen – ich bin überzeugt, sie geht so aus –, werden Sie einen fairen Partner haben, weil ich faire Partnerschaft als einen entscheidenden Teil der Glaubwürdigkeit dieser Demokratie ansehe.

(Anhaltender lebhafter Beifall bei der FDP – Die Abgeordneten der FDP erheben sich – Beifall bei der CDU/CSU)

Die unterschiedlichen Meinungen innerhalb der FDP-Fraktion kamen in den Redebeiträgen des ehemaligen Bundesinnenministers **Baum** und der ehemaligen Staatsministerin im Auswärtigen Amt, Frau **Dr. Hamm-Brücher** zum Ausdruck:

Vizepräsident **Windelen**: Ich erteile das Wort dem Herrn Abgeordneten Baum.

Baum (FDP) (Von Abgeordneten der FDP und von der SPD mit Beifall begrüßt): Herr Präsident! Meine Damen und Herren! Was ich zu sagen habe, ist schmerzhaft für mich und schmerzhaft für andere. Dennoch hat diese Erklärung nicht zum Ziel, neue Wunden zu schlagen oder die aufgerissenen Gräben in meiner Partei oder in diesem Hause zu vertiefen. Ich meine, notwendige *Kritik an Liberalen* muß von diesen selber kommen. Auch dies, Herr Mischnick, macht liberale Geschlossenheit aus, von der Sie mit Recht gesprochen haben.

Ich danke Ihnen, Herr Mischnick, für das Verständnis, das Sie bezeugt haben gegenüber der abweichenden Meinung. Sie haben damit liberale Haltung bekundet. Ich erweise Ihnen Respekt für Ihre Rede, auch wenn ich Ihre Schlußfolgerungen nicht teile, auch wenn ich den Weg, den Sie gehen, heute nicht mit Ihnen gehen kann.

(Beifall bei Abgeordneten der FDP und bei der SPD)

Meine Fraktion hat mit Mehrheit entschieden. Was die unterlegene Minderheit bewegt, was große Teile der liberalen Partei bewegt, will ich deutlich zu machen versuchen. Denn ich bin der Meinung, was viele Menschen in diesem Lande bewegt, muß auch in diesem Parlament ausgesprochen werden, auch wenn es gegen die Mehrheit der eigenen Fraktion geht.

(Beifall bei Abgeordneten der FDP und bei der SPD)

Viele in meiner Fraktion haben die Entwicklung, die zum heutigen Tag geführt hat, nicht gewollt. Manche von denen, die für die neue Koalition stimmen werden, tun dies, so vermute ich, nur deshalb, weil sie keinen anderen Ausweg mehr sehen.

Ich befürchte, meine Damen und Herren: Das Bild, das Politik jetzt bietet, das Bild, das wir jetzt bieten, hat die Zahl derer vermehrt, die die politischen Parteien ablehnen. Darüber müssen wir uns doch Gedanken machen,

(Lebhafter Beifall bei Abgeordneten der FDP und bei der SPD)

daß es eine große Zahl in der Jugend gibt, die uns, uns alle ablehnt. Es werden bald noch mehr Bürger die politischen Parteien ablehnen, wenn es nicht gelingt, zurückzufinden zu *glaubwürdigem Engagement für politische Inhalte,* zu Eindeutigkeit und Klarheit.

(Beifall bei Abgeordneten der FDP und bei der SPD – Zurufe von der CDU/CSU)

Wir haben Fehler gemacht. Auch ich habe Fehler gemacht. Wir hätten mehr tun müssen, entschlossener kämpfen müssen um den *Erhalt der alten Koalition,* in der sich liberale Identität weiter entfalten konnte. Der Konflikt zwischen unserer Loyalität zum Vorsitzenden der liberalen Partei und der Loyalität zu der liberalen Politik, für die wir in der alten Koalition gestanden haben, hat Kraft gefordert.

Meine Freunde und ich werden auch weiterhin in dieser liberalen Partei für *liberale Politik* eintreten.

(Beifall bei Abgeordneten der FDP und bei der SPD)

Einige von unseren Freunden fragen sich allerdings, ob sie dies noch können, und ich verstehe sie sehr gut. Ich bitte diese Freunde dennoch – hier wie überall in der liberalen Partei –, sich nicht abzuwenden. Mir ist wohl bewußt, wie bitter den vielen Engagierten zumute ist, die 1980 um das Mandat für liberale Politik mit dem Bundeskanzler Helmut Schmidt gekämpft haben.

Wir müssen den Wählern nicht sagen, meine Kolleginnen und Kollegen, was sie erwartet, wenn sie uns wählen. Die Verfassung gebietet das nicht. Wenn wir aber den Wählern etwas versprechen, wenn wir ihnen sagen, was wir mit ihren Stimmen machen wollten, müssen wir es auch halten.

(Beifall bei Abgeordneten der FDP und bei der SPD)

Und wenn wir unser gegebenes Wort nicht halten können – dafür kann es ja Gründe geben –, müssen wir die wirklichen Gründe nennen, die es uns unmöglich machen, zu dem zu stehen, was wir vorher gesagt haben.

(Beifall bei Abgeordneten der FDP und bei der SPD)

Wir haben 1980 um Wähler für liberale Politik geworben. Wir haben ihnen gesagt, was wir mit ihren Stimmen machen würden und mit wem wir es machen würden: *Liberale Friedenspolitik* mit dem Ziel, die 80er Jahre zu einem Jahrzehnt der Abrüstung zu machen; *liberale Wirtschaftspolitik* mit dem Ziel, Selbstverantwortung und soziale Gerechtigkeit zu verwirklichen, wie wir das im Freiburger Programm vor zehn Jahren im Sinne eines sozialen Liberalismus niedergelegt haben;

(Beifall bei Abgeordneten der FDP und bei der SPD)

eine *Umweltpolitik,* die der Verantwortung für künftige Generationen gerecht werden soll, und eine *Rechtsstaatspolitik* mit dem Ziel, mehr Freiheit, mehr Gleichberechtigung für die Frau in unserer Gesellschaft zu schaffen.

(Beifall bei Abgeordneten der FDP und bei der SPD)

Die *Rechtspolitik* war eine Domäne der ganzen liberalen Partei. Diese liberale Partei war immer die Partei der Bürgerrechte. Sie hat sich hier über Jahrzehnte hinweg engagiert, in der „Spiegel"-Affäre wie in den großen rechtspolitischen Reformen. Die ganze Partei hat daran Anteil!

(Beifall bei Abgeordneten der FDP und bei der SPD)

Nicht alle Ziele, Herr Bundeskanzler, sind in dieser Koalition erreicht worden; vieles ist unerledigt. Aber meine Freunde und ich meinen: Wir waren auf dem Wege. So haben wir die Supermächte an den Verhandlungstisch gebracht; dies wird nicht reichen, um den Frieden zu sichern, aber es war ein wichtiger Schritt, mit dem Liberale und Sozialdemokraten gezeigt haben, daß sie an der Friedensbewegung teilnehmen und sie eben nicht ausgrenzen.

(Beifall bei Abgeordneten der FDP und bei der SPD)

Es war die *Friedens- und Entspannungspolitik,* es war die *Deutschlandpolitik* mit dem, was sie für die einzelnen Menschen an tatsächlichen Erleichterungen gebracht hat, um deretwillen wir schon in den 60er Jahren für die Koalition zwischen Liberalen und Sozialdemokraten gekämpft haben. Die Politik des Brückenschlags zwischen Ost und West prägte das neue Bild von Politik – strahlend und mitreißend für uns wie für viele andere.

Im Umweltschutz gab es harte Entscheidungen, präzise Eckwerte für einschneidende Maßnahmen.

Wir haben wirklich mehr Demokratie gewagt, meine Damen und Herren, indem wir die *Bürgerrechte* beispielsweise nicht der *öffentlichen Sicherheit* untergeordnet haben.

(Beifall bei Abgeordneten der FDP und bei der SPD)

Junge Bürger, die sich für den öffentlichen Dienst bewerben, sollten nicht mehr einer Bürokratie des Mißtrauens unterworfen werden.

(Beifall bei Abgeordneten der FDP und lebhafter Beifall bei der SPD)

Verfassungsschutzbehörden, die das Vertrauen der Bürger brauchen, ja, dringend brauchen, sollten heraus aus der Zone des allgemeinen Mißtrauens. Den Rechtsstaat ausbauen hieß deshalb für die alte Koalition, für Herrn Kollegen Schmude und für mich, Vernunft und Augenmaß auch dort durchzusetzen, wo bürokratische Pauschalierung bisher Freiheit und Vernunft behindert haben.

Ich muß leider feststellen: Die Vereinbarung, die meine Partei mit CDU und CSU getroffen hat, bedeutet nicht den Ausbau des Rechtsstaats.

(Beifall bei Abgeordneten der FDP und bei der SPD)

Liberale Rechtsstaatspolitik ist zur Disposition gestellt worden.

(Sehr war! bei der SPD)

Sie wird in den *Koalitionsvereinbarungen* unter Sonstiges abgehandelt.

(Zuruf von der SPD: Unglaublich!)

Die *liberalen Zielsetzungen,* mit denen wir 1980 um Wähler geworben haben, werden fallengelassen oder ausgeklammert. Das ist enttäuschend für alle, die wie ich liberale Identität verletzt fühlen. Ich nehme an, das ist enttäuschend für die ganze liberale Partei.

(Beifall bei Abgeordneten der FDP und bei der SPD)

Enttäuschend ist auch, daß für den Umweltschutz eindeutige Festlegungen fehlen. In der neuen Koalition *Zugeständnisse* zu machen, die dem alten Koalitionspartner verweigert worden sind – dieses Prinzip hat jedenfalls teilweise die Einigung im Bereich der *Wirtschafts- und Sozialpolitik* bestimmt. Aber eine inhaltliche Begründung kann auch diese Einigung nicht sein, schon deshalb nicht, weil wir niemandem zu erklären vermögen, warum wichtige

Abweichungen von früheren Festlegungen nicht schon dem alten Koalitionspartner zugestanden werden konnten.

(Beifall bei Abgeordneten der FDP und bei der SPD)

Allerdings muß ich hinzufügen, meine Damen und Herren von der Sozialdemokratischen Partei: Sie haben es uns manchmal verdammt schwergemacht.

(Zuruf von der SPD: Sie uns auch!)

Es gab auch in Ihrer Partei eine Fülle von unterschiedlichen Meinungen, und der Bundeskanzler hat manchmal um Ihr Vertrauen werben müssen. Ich hätte mir gewünscht, daß das nicht so hätte sein müssen, daß Sie ihm das Vertrauen von selbst gegeben hätten.

(Beifall bei Abgeordneten der FDP und bei der SPD)

Für die neue Koalition aber fehlt für meine Freunde und mich die inhaltliche Begründung.

(Sehr war! bei der SPD)

Es fehlt aber auch die *politische Legitimation* – nicht die juristische, die verfassungsrechtliche, sie ist unbestritten – *für die Abkehr vom Wählerauftrag*. Auch die letzte Wahl in Hessen kann nicht eine solche Legitimation sein; dann hätte man den Wahlkampf anders führen müssen. Wenn man in Hessen die angebliche neue Mehrheit zum Thema gemacht hat – wie das geschehen ist –, muß man zur Kenntnis nehmen, daß der Wähler diese neue Mehrheit nicht bestätigt hat.

(Beifall bei Abgeordneten der FDP und bei der SPD)

Walter Scheel sagte vor zehn Jahren beim ersten Mißtrauensantrag gegen einen Bundeskanzler der sozialliberalen Koalition – ich zitiere –:

Höchster Maßstab der Gewissensprüfung müssen aber die Achtung vor dem Votum der Wähler, die Funktionsfähigkeit des demokratischen Systems und das Ansehen der politischen Parteien sein.

Das kann man auch heute so stehen lassen.

(Beifall bei Abgeordneten der FDP und bei der SPD)

Wolfgang Mischnick hat hier in beeindruckender Weise hervorgehoben, daß der Bundeskanzler die alte *Koalition* beendet hat und wie er sie beendet hat. Das hat mich auch berührt. Ich war Mitglied dieses Kabinetts, und ich hätte mir eine andere *Form der Beendigung* gewünscht. Ich füge aber hinzu, daß auch wir diese Koalition zerrüttet haben. Auch wir. In beiden Parteien gibt es Verantwortliche für diesen Prozeß.

Nach der Entscheidung des Bundeskanzlers in Bonn hätte das die Stunde des Wählers sein müssen. Die liberale Partei hat den Wählern erklärt: Wer FDP wählt, garantiert, daß Helmut Schmidt Bundeskanzler bleibt. Wenn das nicht die Stunde des Wählers sein konnte – wir sind in unserer Partei in der Minderheit geblieben –, dann hätte das die Stunde des Parlaments sein müssen und für Liberale gerade nicht die Stunde der Regierungsbeteiligung.

(Beifall bei Abgeordneten der FDP)

Daß sich eine Opposition auch durch Zusammenarbeit mit der Regierung darstellen und entfalten kann, hält in unserem Lande kaum jemand für möglich. Es ist aber eine Alternative. Es wäre gut für das Ansehen der politischen Parteien, wenn diese Alternative auch in diesem Parlament deutlicher würde.

Wenn dies also weder die Stunde des Wählers noch die des Parlaments sein konnte, sind also Neuwahlen nach der Regierungsbildung die einzige Chance für einen neuen Anfang.

Ich stimme allen denen zu, die heute früh gesagt haben: Gerade dieser neue Anfang darf nicht im Zwielicht stehen. Ohne Klarheit und Eindeutigkeit über den Neuwahltermin läßt sich verlorenes Vertrauen nicht zurückgewinnen.

(Beifall bei Abgeordneten der FDP und bei der SPD)

Zweifel, ob *Neuwahlen* nach dem Grundgesetz im März überhaupt möglich sind, müssen so schnell wie möglich ausgeräumt werden.

Es sind also das Verfahren, das zu dieser Regierungsbildung geführt hat, und die neue Politik des Ausklammerns liberaler Inhalte, die entscheidend das „Nein" zum konstruktiven Mißtrauensvotum für mich und meine Freunde geprägt haben. Aus diesen Gründen können wir Ihnen, Herr Bundeskanzler Schmidt, das Mißtrauen nicht aussprechen. Deshalb können wir Sie, Herr Kohl, nicht zum neuen Bundeskanzler wählen. Wenn mit der Union liberale Politik möglich wird, gibt es auch für uns keine grundsätzlichen Probleme für eine Zusammenarbeit mit ihr.

Wir wollen weiter für die Ziele eintreten, für die wir gewählt worden sind. Die Abkehr vom Wahlversprechen 1980 kann für uns nicht bedeuten, daß Liberale nicht mehr zu den Inhalten stehen, für die sie gewählt sind. Hier täuschen Sie sich bitte nicht, meine Damen und Herren von den anderen Fraktionen: Wir Liberale stehen im großen und ganzen viel geschlossener zu diesen *liberalen Inhalten,* die wir beschlossen haben, als dies vielleicht in diesem Moment sichtbar wird.

(Beifall bei Abgeordneten der FDP)

Betrachtet man die Koalitionsvereinbarung und die vorgesehenen Personen, so bestehen Zweifel, ob die neue Koalition „im Zweifel für die Freiheit" eintreten wird.

(Beifall bei Abgeordneten der FDP und bei der SPD)

Daß ein Bundesinnenminister Zimmermann, der unsere Politik bekämpft hat, nunmehr eben diese Politik fortsetzen wird, daran können viele nicht glauben; soll ja auch niemand glauben, mit Verlaub, Herr Kollege Zimmermann: Sie haben eine andere Politik vertreten.

(Beifall bei Abgeordneten der FDP und bei der SPD – Dr. Zimmermann [CDU/CSU]: Gott sei Dank!)

Wir werden jedenfalls den neuen Bundesinnenminister auffordern, nicht zu verheimlichen, was er zu tun gedenkt, in diesem Parlament zu berichten, was er aufheben will, im Bereich der Amtshilfereform und des Datenschutzes im Sicherheitsbereich, um nur zwei Ausschnitte zu nennen, in denen der Freiheitsraum der Bürger erweitert worden ist.

Wir meinen, die *Zukunft des Liberalismus* liegt nicht in der Rückkehr zu den 60er Jahren. Sie liegt in der besonderen Sensibilität für die politischen Ansprüche der Bürger, die selbst Unruhe in dieser Gesellschaft sind, die selbst die freiheits- und zukunftsfeindlichen Verkrustungen aufbrechen und überwinden wollen. Wir meinen, die Friedensbewegung und die Menschen, die sich bei den Alternativen zusammenfinden, sind mehr als ein Ausdruck des Unwillens. Sie haben entscheidende Defizite offenkundig gemacht, auch im Umgang zwischen Staat und Bürgern, zwischen Parteien und Politikern untereinander. Der

Mangel an partnerschaftlichem Verhalten, meine Kolleginnen und Kollegen, hat viele sensible Bürger abgestoßen und das Bild von Politik überhaupt in Frage gestellt. Die Politik von morgen braucht deshalb vor allem eines: Übereinstimmung von Reden und Handeln, von Person und Sache.

(Beifall bei Abgeordneten der FDP und bei der SPD)

Das Verfahren, das zu der beantragten Abwahl des Bundeskanzlers Helmut Schmidt geführt hat, kann, so befürchten wir, eine Veränderung der politischen Kultur in diesem Lande bewirken.

(Zurufe von der CDU/CSU)

In diesem Augenblick sich der Folgen bewußt zu sein, darum möchte ich Sie, meine Kolleginnen und Kollegen, auch im Namen meiner Freunde in dieser Stunde herzlich bitten.

(Beifall bei Abgeordneten der FDP – Lebhafter Beifall bei der SPD)

Präsident **Stücklen:** Das Wort hat Abgeordnete Frau Dr. Hamm-Brücher.

Frau Dr. Hamm-Brücher (FDP): Herr Präsident! Meine sehr geehrten Kolleginnen und Kollegen! Es sind drei Gründe, die mich zu einer Wortmeldung neben Gerhart Baum veranlaßt haben, mit der ich ausdrücken möchte, was mich zu meinem Abstimmungsverhalten bestimmt hat.

Zum einen, meine sehr geehrten Kolleginnen und Kollegen, möchte ich öffentlich machen, daß es sich bei dem Dissens innerhalb meiner Fraktion nicht um eine Kontroverse zwischen dem sogenannten rechten und dem linken Flügel meiner Partei handelt, sondern um eine sehr grundsätzliche Auseinandersetzung, die über inner- und zwischenparteiliche Kontroversen hinausgeht und – Sie haben es ja alle gespürt – in *Grundfragen unseres Demokratie- und Parlamentsverständnisses* hineinführt. Es geht um die Grundfrage, ob die Abgeordneten einer Fraktion – insoweit sind nur wir betroffen –, die mit einer klaren *Aussage für eine Koalition* und gegen eine andere ein hohes Wahlergebnis erzielt haben, nach zwei Jahren entgegen diesem Versprechen einen Machtwechsel ohne vorheriges Wählervotum herbeiführen dürfen.

Für mich persönlich muß ich diese Frage nach langer und schwerer Gewissensprüfung mit einem klaren Nein beantworten.

(Beifall bei Abgeordneten der FDP und bei der SPD)

Ich habe dies – auch meine Kolleginnen und Kollegen von der CDU/CSU wissen das – von allem Anfang an so gesehen und auch in meiner Fraktion vertreten.

So betrachtet, ist ein Regierungswechsel für uns, die Liberalen, eben doch keine natürliche Sache. Daher greift auch der Vergleich mit dem Jahr 1966 nicht. Denn damals lag ja keine Koalitionsaussage der betroffenen Parteien vor.

(Beifall bei Abgeordneten der FDP und bei der SPD – Widerspruch bei der CDU/CSU)

So gesehen, ist der Regierungswechsel für uns, die Liberalen, ein schmerzhafter Gewissenskonflikt. Partei- und Fraktionssolidarität, die Loyalität zu dem Vorsitzenden, für mich persönlich vielleicht auch der freiwillige Verzicht auf ein sehr schönes und sehr wichtiges Amt, dies alles steht versus persönliche und politische Verantwortung, Zuverlässigkeit, Glaubwürdigkeit.

(Beifall bei Abgeordneten der FDP und bei der SPD)

Ich bedauere zutiefst, daß der politische Liberalismus, dem ich wie Wolfgang Mischnick seit fast 35 Jahren mit Kopf und Herz verbunden bin, über diesen Konflikt in eine so schwere Existenzkrise geraten ist, und ich werde alles in meinen Kräften Stehende versuchen, daß wir diese Krise überstehen. Auch deshalb stehe ich heute hier.

Aber nicht nur das. Der Vorgang, den heute jeder Bürger vor dem Fernsehschirm miterleben kann, ist mehr als nur ein liberaler Familienkrach für oder gegen einen Machtwechsel. Er betrifft das *Ansehen unseres Parlaments,* der parlamentarischen Demokratie überhaupt. Hier liegt, verehrte Kollegen, der zweite Grund für meine persönliche Wortmeldung. Wir alle beklagen ja gemeinsam den Vertrauensschwund, vor allem bei der jungen Generation, und wir alle denken darüber nach, wie wir das ändern können, und wir alle haben die Pflicht, daraus dann auch Konsequenzen zu ziehen. Ich glaube, wir dürfen nicht die Augen davor verschließen, wie wenig gefestigt unsere Demokratie immer noch ist und wie wenig überzeugend es für unsere Bürger ist, wenn in unserem Parlament immer nur vorgestanzte Partei- und Fraktionsmeinungen vom Blatt gelesen werden.

(Beifall bei Abgeordneten der FDP und bei der SPD)

Deshalb sollten wir alle – und ich möchte hier einmal sagen: liebe Freunde – der *persönlichen Meinung und Verantwortung des gewählten Abgeordneten* wieder mehr Gewicht beimessen und sie zu Gehör bringen. Deshalb sollten wir auch in so heiklen Augenblicken wie diesem offener und spontaner miteinander diskutieren und um die bestmöglichen Lösungen ringen.

(Beifall bei Abgeordneten der FDP und bei der SPD)

Aus diesem Grunde möchte ich stellvertretend für viele Freunde und Mitbürger erklären, daß nach meiner Überzeugung der Weg über das Mißtrauensvotum zwar neue Mehrheiten, aber kein neues Vertrauen in diese Mehrheiten schafft.

(Beifall bei Abgeordneten der FDP und bei der SPD)

Dies wird sich, so fürchte ich, um so abträglicher auswirken, als das, wie sich herausstellt, ungeprüft gegebene Wahlversprechen für den Monat März nächsten Jahres offenbar nicht eingehalten werden kann.

Der dritte Grund für meine Wortmeldung ist ein offener Protest gegen das, was man da von mir verlangt. Ich würde es übrigens im umgekehrten Verhalten, Herr Kollege Kohl, nicht anders halten. Ganz gewiß sind Koalitionen für mich kein Dogma und ganz sicher auch nicht die Koalition zwischen Sozial- und Freien Demokraten, die während 13 Jahren der Zusammenarbeit unbestritten heute auch Verschleißerscheinungen und Defizite aufweist. Die Diskussion hat das ja offenkundig gemacht.

Dennoch, Kolleginnen und Kollegen, vermag ich dem Kanzler dieser Koalitionsregierung nicht das *Mißtrauen* auszusprechen, nachdem ich ihm doch erst vor ganz wenigen Monaten das *Vertrauen* ausgesprochen habe.

(Lebhafter Beifall bei Abgeordneten der FDP und bei der SPD)

Auch kann ich doch nicht ihm allein das Mißtrauen für seine Regierungstätigkeit aussprechen und unsere eigenen vier Minister, ja mich selber dabei aussparen.

(Beifall bei Abgeordneten der FDP und bei der SPD)

Ich kann dem Bundeskanzler nicht mein Mißtrauen aussprechen, nachdem ich noch bis vor zwei Wochen mit ihm und seinen Ministern, mit meinen Kollegen uneingeschränkt, loyal und vertrauensvoll zusammengearbeitet habe,

(Beifall bei Abgeordneten der FDP und bei der SPD)

wofür ich mich bei ihm in diesem Augenblick noch einmal persönlich sehr herzlich bedanken möchte.

(Beifall bei Abgeordneten der FDP und bei der SPD)

Ich möchte Sie – damit möchte ich schließen – um Verständnis für diese Position, vielleicht sogar um Verzeihung bitten. Vielleicht ist das eine typisch weibliche Reaktion. Davon war ja in den letzten Tagen hier auch viel die Rede. Ganz gewiß verstehe ich sie persönlich als eine christliche Reaktion.

Ich finde, daß beide dies nicht verdient haben, Helmut Schmidt, ohne Wählervotum gestürzt zu werden, und Sie, Helmut Kohl, ohne Wählervotum zur Kanzlerschaft zu gelangen.

(Beifall bei Abgeordneten der FDP und bei der SPD)

Zweifellos sind die beiden sich bedingenden Vorgänge verfassungskonform. Aber sie haben nach meinem Empfinden doch das *Odium des verletzten demokratischen Anstands.*

(Zustimmung bei Abgeordneten der FDP und bei der SPD)

Sie beschädigen – und das entnehme ich so vielen Zuschriften sehr ernsthafter Menschen in diesem Jahr – quasi – –

(Dr. Jenninger [CDU/CSU]: Wir haben doch auch Wähler, gnädige Frau!)

– Für Sie, Herr Kollege Jenninger, mag das auch gar nicht so relevant sein, wie das für uns in unserer Gewissensentscheidung ist.

(Beifall bei Abgeordneten der FDP und bei der SPD)

Diese beiden Vorgänge haben nach meinem Empfinden also das Odium des verletzten demokratischen Anstands. Sie beschädigen quasi die moralisch-sittliche Integrität von Machtwechseln.

(Beifall bei Abgeordneten der FDP und bei der SPD – Dr. Kohl [CDU/CSU]: Das ist ein Skandal!)

– Ich sehe das so, es tut mir leid. Sie sehen das anders und haben es auch gesagt. Ich meine, daß darauf kein Segen liegen kann.

(Dr. Kohl [CDU/CSU]: Es ist skandalös, daß Sie die Verfassung als unmoralisch bezeichnen!)

Mit beiden sollten wir sehr behutsam umgehen, meine Damen und Herren, angesichts unserer immer noch schwach entwickelten politischen Kultur.

Vor gerade zwei Jahren hat der Wähler eindeutig zugunsten der sozialliberalen Koalition entschieden. Deshalb müssen wir ihn fragen, bevor wir dies ändern.

(Beifall bei Abgeordneten der FDP – Lebhafter Beifall bei der SPD)

Die Debattenbeiträge der Abgeordneten Baum und Frau Dr. Hamm-Brücher veranlaßten den CDU-Abgeordneten **Dr. Heiner Geißler** nochmals das Wort zu ergreifen. In der Folge kam es zu einem erregten Wortgefecht, in das Bundeskanzler Helmut Schmidt und die Fraktionsvorsitzenden Dr. Kohl (CDU/CSU) und Mischnick (FDP) sowie der SPD-Abgeordnete Dr. Ehmke eingriffen:

Präsident **Stücklen**: Es liegt inzwischen noch eine Wortmeldung zur allgemeinen Aussprache vor.

Das Wort hat Herr Abgeordneter Geißler.

Dr. Geißler (CDU/CSU): Herr Präsident! Meine sehr verehrten Damen und Herren! Die persönliche Erklärung der Frau Abgeordneten Hamm-Brücher,

(Zuruf von der SPD: War gut! – Conradi [SPD]: Das war keine Erklärung, das war eine hervorragende Rede!)

aber auch die Erklärung, die der frühere Innenminister hier abgegeben hat, veranlassen mich, eine zusätzliche Erklärung hier abzugeben. Frau Hamm-Brücher, ich möchte Sie fragen: Wie können sie in dieser Debatte die Behauptung aufstellen, eine Entscheidung des Parlaments nach Art. 67 des Grundgesetzes verstoße gegen moralische oder sogar christliche Grundsätze?

(Zurufe von der SPD)

Meine sehr verehrten Damen und Herren, ich habe Verständnis dafür, daß Sie persönlich sich so entschieden haben. Aber wie kommen Sie denn dazu, bei Ihrer Äußerung nicht zu erwägen, daß es in diesem Parlament Abgeordnete gibt – und es ist die Mehrheit der Abgeordneten –, die ebenfalls aus moralischen Gründen der Auffassung sind, daß diese Regierung abgelöst werden muß?

(Lebhafter Beifall bei der CDU/CSU und bei Abgeordneten der FDP)

Jede *Gewissensentscheidung* richtet sich nach Normen – nach Normen, die jeder persönlich für sich für richtig hält. Können Sie sich nicht vorstellen, daß es Abgeordnete in diesem Parlament gibt, die ihre persönliche Entscheidung z. B. an dem Schicksal von Millionen Arbeitslosen ausrichten?

(Beifall bei der CDU/CSU – Zurufe von der SPD – Abg. Frau Dr. Hamm-Brücher [FDP] meldet sich zu einer Zwischenfrage)

Präsident **Stücklen**: Herr Abgeordneter Geißler, gestatten Sie eine Zwischenfrage?

Dr. Geißler (CDU/CSU): Nein. – Können Sie sich nicht vorstellen, daß Abgeordnete ihre Gewissensentscheidung ausrichten in der Verantwortung dem Bürger gegenüber, von dem sie das Mandat haben? Meine sehr verehrten Damen und Herren, was ich heute hier gehört habe, gegenüber dem Willen der Fraktionen der Union und der Fraktion der Freien Demokraten, dem Willen, ein verfassungsmäßiges Recht auszuüben,

(Bundesminister Matthöfer: Aber kein moralisches!)

was ich gehört habe an Appellen, an Ressentiments und an Emotionen, kann ich teilweise nur verstehen als einen Anschlag auf unsere Verfassung.

(Beifall bei der CDU/CSU – Buh-Rufe und Pfui-Rufe von der SPD)

Die Verfassung der Bundesrepublik Deutschland, meine sehr verehrten Damen und Herren, und die Wahrnehmung der Rechte nach dieser Verfassung können niemals unmoralisch sein – niemals unmoralisch!

(Beifall bei der CDU/CSU)

Präsident **Stücklen:** Herr Abgeordneter Geißler, ich muß Sie unterbrechen.

Meine Damen und Herren, ich bitte die Plätze einzunehmen!

Dr. Geißler (CDU/CSU): Meine sehr verehrten Damen und Herren,

(Jahn [Marburg] [SPD]: Das ist die neue Moral eines Herrn Geißler!)

heute vormittag und heute mittag sind Sätze gefallen, die jeder verantworten muß.

(Beifall und Zurufe von der SPD)

Ich erinnere daran, daß das was hier gesagt worden ist hinsichtlich der Ausübung unserer verfassungsmäßigen Rechte, hinsichtlich der Wirkung auf junge Menschen, von großer Bedeutung ist. Heinrich Heine richtete einmal

(Zurufe von der SPD)

ein Wort an die Adresse des Schriftstellers, aber auch an die Adresse des Politikers.

Präsident **Stücklen:** Herr Abgeordneter Geißler, ich muß Sie erneut unterbrechen. Ich bitte die Plätze einzunehmen.

Einen Augenblick, Herr Abgeordneter Geißler. Herr Abgeordneter Gansel bittet um das Wort zu einer Zwischenfrage. Sind Sie bereit, eine Zwischenfrage zuzulassen?

Dr. Geißler (CDU/CSU): Nein.

Ich erinnere Sie an das Wort dieses Dichters, der gesagt hat, hinter jedem Wort, hinter jedem Dichter – und das gilt für uns alle, die wir die Verantwortung für das Wort haben – steht der Liktor mit dem Bündel, der Richter mit der Axt und sagt: Ich bin die Tat zu deinem Wort. Wenn wir verfassungsmäßige Rechte des Parlaments hier ausüben, wenn wir von dem Recht des Grundgesetzes hier Gebrauch machen, meine sehr verehrten Damen und Herren, dann handeln wir nicht nur legal; wir handeln legitim, wir handeln aus dem Geiste der Verfassung, und dies ist die höchste Moralität, die es für einen Politiker geben kann.

(Lebhafter Beifall bei der CDU/CSU und bei Teilen der FDP)

Präsident **Stücklen:** Das Wort hat der Herr Bundeskanzler.

Schmidt, Bundeskanzler (von der SPD mit Beifall begrüßt): Herr Präsident! Meine Damen und Herren! Wenn die freie Meinungsäußerung eines Abgeordneten oder einer Abgeordneten, die ankündigen, nach ihrem Gewissen zu reden und zu handeln, bezeichnet wird als ein Anschlag auf unsere Verfassung,

(Dr. Kohl [CDU/CSU]: Das stimmt doch gar nicht! – Weiterer Widerspruch bei der CDU/CSU)

als ein Anschlag auf unsere Verfassung,

(Anhaltende Zurufe von der CDU/CSU)

dann muß die Führung – –

(Anhaltende Zurufe von der CDU/CSU)

– Ich habe nur die Absicht, drei Sätze zu reden, und ich bitte, mich ausreden zu lassen; noch habe ich das Recht, hier zu reden.

(Stürmischer Beifall bei der SPD – Beifall bei Abgeordneten der FDP)

Wenn das ein Anschlag auf die Verfassung sein soll,

(Widerspruch bei der CDU/CSU: Ja!)

dann muß sich die Führung der FDP fragen, ob sie wirklich mit solcher Illiberalität und Intoleranz eine Verbindung eingehen will.

(Anhaltender lebhafter Beifall bei der SPD – Beifall bei Abgeordneten der FDP)

Präsident **Stücklen:** Das Wort hat Herr Abgeordneter Dr. Kohl.

Dr. Kohl (CDU/CSU) (von der CDU/CSU mit Beifall begrüßt): Herr Präsident! Meine sehr verehrten Damen und Herren! Jeder spürt, daß dies für uns alle eine bewegende und aufwühlende Stunde ist. Gerade weil das so ist, Herr Bundeskanzler, möchte ich, was ursprünglich nicht meine Absicht war, Ihnen in ein paar Sätzen antworten.

Jeder Abgeordnete des Deutschen Bundestages hat selbstverständlich sein Recht, hier seine Meinung zu vertreten. Es ist ebenso selbstverständlich, daß sie das heute wie in Zukunft haben. Eine Bemerkung, wie sie hier von Ihnen gemacht wurde, darf doch nicht den Eindruck erwecken, als gäbe es in diesem Hause irgend jemanden, der den Gedanken in sich trüge, dieses selbstverständliche Freiheitsrecht in Frage zu stellen.

(Beifall bei der CDU/CSU und der FDP – Zurufe von der SPD)

Bei allem, was uns gerade in dieser Stunde bedrückt, erregt und vielleicht auch zu einem schnellen Wort veranlaßt, sollte doch der Gedanke an die gemeinsame demokratische Grundüberzeugung der entscheidende Gedanke sein.

(Beifall bei der CDU/CSU und bei Abgeordneten der FDP – Zurufe des Abg. Dr. Ehmke [SPD])

– Herr Ehmke, ich komme zu Ihrem Satz.

Zweitens. Mein Freund und Kollege Heinrich Geißler ist hier ans Pult gegangen und hat auf eine sehr emotionale, sehr bewegende Rede der Frau Kollegin Hamm-Brücher reagiert. Die Frau Kollegin Hamm-Brücher hat eine Formulierung gebraucht, von der ich sicher bin, daß sie sie, wenn sie sie noch einmal überlegt und vielleicht auch einmal nachliest, so nicht halten kann, wie ich Sie, Frau Kollegin Hamm-Brücher, kenne.

(Zurufe des Abg. Dr. Ehmke [SPD])

Darauf hat der Kollege Heinrich Geißler geantwortet. Frau Kollegin Hamm-Brücher, das, was Sie gesagt haben, hat nämlich zur Konsequenz, daß jemand, der im Rahmen dieser Verfassung handelt – diese Verfassung ist auf der Basis moralischer Kategorien normiert; das ist doch das Ergebnis jüngster deutscher Geschichte – –

(Beifall bei der CDU/CSU und bei Abgeordneten der FDP)

Dafür haben Männer und Frauen aus den drei großen Gruppen, die hier sitzen, in ihrer Geschichte, in ihrer Tradition gekämpft und gelitten. Diese Verfassung ist ein moralisches Institut deutscher Politik. Wenn im Rahmen dieser Verfassung, ob das in der konkreten Situation dem einen mehr oder weniger gefällt, entschieden, gearbeitet, gekämpft wird, dann kann das nicht unmoralisch und schon gar nicht unchristlich sein, Frau Kollegin!

(Lebhafter Beifall bei der CDU/CSU – Beifall bei der FDP – Zurufe des Abg. Dr. Ehmke [SPD])

Darauf, verehrte Frau Kollegin Hamm-Brücher, bezog sich die Reaktion eines Mannes wie Heiner Geißler, der wie Sie und ich im Rahmen der uns geschenkten Spanne unseres Lebens leidenschaftlich für eine freiheitliche Verfassung gekämpft hat und hoffentlich noch viele Jahre kämpfen wird.

Ich will jetzt auch Ihr Wort aufnehmen, auch Ihre persönliche Anrede „liebe Freunde", die Sie einmal gebraucht haben. Liebe Freunde, ich will in diesem Augenblick unter Demokraten zu diesem Punkt sagen: Lassen Sie uns doch nicht in der ganzen Leidenschaft der Stunde das zerstören, was diese Republik in 30 Jahren auf unserer Verfassung aufgebaut hat!

(Anhaltender lebhafter Beifall bei der CDU/CSU – Beifall bei der FDP – Zurufe von der SPD)

Präsident **Stücklen:** Das Wort hat Herr Abgeordneter Mischnick.

Mischnick (FDP): Herr Bundestagspräsident! Herr Bundeskanzler, Sie haben gesagt: Wie kann die FDP-Führung mit so einem Partner zusammengehen? Herr Bundeskanzler, in dieser Stunde gibt es manche Erregung, aber Pauschalierungen sind in dieser Stunde genauso falsch, wie sie sonst falsch sind. Der Herr Kollege Geißler hat eine Meinung geäußert, die ich in dieser Form nicht teile; ich bin anderer Auffassung. Die Frau Kollegin Hamm-Brücher hat eine Meinung geäußert, die ich nicht teile. Aber niemand wird je auf die Idee kommen, das Recht zu bestreiten, diese Meinung hier zu äußern.

(Beifall bei der FDP und der CDU/CSU)

Wertungen müssen jedem einzelnen vorbehalten bleiben. In diesen Wertungen werden wir oft weit auseinander sein. Das schließt aber doch nicht aus, daß ich die Wertung, daß das, was hier geschieht, das Odium des verletzten demokratischen Anstandes hat, wenn ich anderer Meinung bin, zurückweise und diese andere Meinung sage. Denn gerade wenn ich Wert darauf lege, daß jede Meinung frei geäußert werden darf und muß, muß ich auch bereit sein, die Gegenmeinung, und sei sie noch so scharf formuliert, hier vorbringen zu lassen. Darüber, ob er so oder anders formuliert, muß jeder selbst entscheiden.

(Beifall bei der FDP und der CDU/CSU)

Präsident **Stücklen:** Das Wort hat Herr Abgeordneter Dr. Ehmke.

Dr. Ehmke (SPD): Herr Präsident! Meine Damen und Herren! Ich bin Herrn Kollegen Kohl sehr dankbar, daß er versucht hat, nicht mehr Scherben entstehen zu lassen, als nötig sind. Wir sind uns einig: Das Recht nach Art. 67 ist ein verfassungsgemäßes Recht. Aber es gibt Kollegen und Kolleginnen – und Frau Hamm-Brücher hat das in für mich ungeheuer eindrucksvoller Weise eben begründet –,

(Beifall bei der SPD und Abgeordneten der FDP)

die der Meinung sind, daß es, obwohl es innerhalb der Verfassung ist, nach ihren Maßstäben moralisch-sittlich nicht in Ordnung ist, weil sie nämlich dem Wähler 1980 etwas anderes verprochen haben, als sie jetzt tun sollen. Sie in der CDU sind gar nicht in der Situation, in der die FDP jetzt ist. Aber ich bin der Meinung, wenn eine Kollegin des Hauses das sagt, dann gehört es zu der von Ihnen mit Recht zitierten Toleranz, Herr Kohl, daß ihr diese Meinung abgenommen wird. Sie hat sie keinem anderen aufgezwungen. Darum bin ich der Meinung, Sie sollten Ihren Worten Taten folgen lassen. Ich bitte den Kollegen Geißler sehr herzlich darum, sein Wort vom Verfassungsbruch hier von dieser gleichen Stelle zurückzunehmen.

(Lebhafter Beifall bei der SPD – Beifall bei Abgeordneten der FDP)

Die Abstimmung über den Mißtrauensantrag wurde dann um 13.52 Uhr durch den Präsidenten des Deutschen Bundestages eröffnet. Sie dauerte rund 46 Minuten bis 14.38 Uhr. Unmittelbar danach begann in einem Nebenraum die Auszählung der Stimmen durch eingeteilte Schriftführer (Abgeordnete). Der Präsident unterbrach hierzu die Sitzung von 14.39 Uhr bis 15.10 Uhr. Um 15.10 Uhr wurde die unterbrochene Sitzung wieder eröffnet und das Ergebnis der Wahl bekanntgegeben:

> Präsident **Stücklen:** Meine Damen und Herren, die unterbrochene Sitzung ist wieder eröffnet.
>
> Ich gebe das Ergebnis der Wahl bekannt. Von den voll stimmberechtigten Abgeordneten wurden insgesamt 495 Stimmen abgegeben. Von diesen abgegebenen Stimmen waren 495 Stimmen gültig. Mit Ja haben 256 Abgeordnete gestimmt.
>
> (Langanhaltender lebhafter Beifall bei der CDU/CSU und Beifall bei der FDP – Die Abgeordneten der CDU/CSU erheben sich – Die Abgeordneten Dr. Zimmermann [CDU/CDU], Schmidt [Hamburg] [SPD], Genscher [FDP], Mischnick [FDP] und Brandt [SPD] beglückwünschen Abg. Dr. Kohl [CDU/CSU])
>
> 235 Abgeordnete haben mit Nein gestimmt, vier Abgeordnete haben sich der Stimme enthalten. Es gab keine ungültigen Stimmen.
>
> Die Berliner Abgeordneten haben wie folgt gestimmt. Abgegebene Stimmen: 21; mit Ja haben 11 Abgeordnete, mit Nein 10 Abgeordnete gestimmt. Enthaltungen: keine, ungültige Stimmen: keine.
>
> Damit ist der Antrag der Fraktionen der CDU/CSU und FDP nach Art. 67 des Grundgesetzes mit der erforderlichen absoluten Mehrheit der Mitglieder des Bundestages angenommen. Ich stelle fest, der Abgeordnete Dr. Helmut Kohl ist zum Bundeskanzler der Bundesrepublik Deutschland gewählt.
>
> (Anhaltender lebhafter Beifall bei der CDU/CSU und Beifall bei der FDP)
>
> Ich frage Sie, Herr Dr. Kohl, nehmen Sie die Wahl an?
>
> **Dr. Kohl** (CDU/CSU): Herr Präsident, ich nehme die Wahl an.
>
> (Beifall bei der CDU/CSU und der FDP)
>
> Präsident **Stücklen:** Ich spreche Ihnen, Herr Bundeskanzler, die Glückwünsche des Hauses aus und wünsche Ihnen Kraft und Gottes Segen. Damit verbinde ich den Dank an den bisherigen Bundeskanzler und die Mitglieder seiner Regierung.
>
> (Beifall bei allen Fraktionen)
>
> Das Ergebnis der Abstimmung werde ich unverzüglich dem Herrn Bundespräsidenten mitteilen.
>
> Ich berufe die nächste Sitzung des Deutschen Bundestages auf heute nachmittag um 17.30 Uhr ein. Einziger Punkt der Tagesordnung ist die Eidesleistung des neu gewählten Bundeskanzlers.
>
> Die SPD-Fraktion und die CDU/CSU-Fraktion haben mich gebeten, mitzuteilen, daß sie unverzüglich im Anschluß an diese Sitzung eine Fraktionssitzung haben.
>
> Die Sitzung ist geschlossen.
>
> (Schluß der Sitzung: 15.14 Uhr)

Von den 519 Abgeordneten haben 493 an der Wahl teilgenommen. Drei Abgeordnete fehlten wegen Erkrankung, davon zwei vollstimmberechtigte Mitglieder der SPD und ein Berliner Abgeordneter der FDP. Die Fraktion der CDU/CSU mit 226 und die Fraktion der FDP mit 53 verfügten damit zusammen über 279 voll stimmberechtigte Mitglieder, also 30 mehr, als zu der erforderlichen Kanzlermehrheit von 249 Stimmen notwendig waren. Für den Mißtrauensantrag und damit für die Wahl des Abgeordneten Dr. Helmut Kohl zum Bundeskanzler stimmten 256 Abgeordnete. Ausgehend von den Fraktionsstärken der CDU/CSU und der FDP stimmten rechnerisch 23 Abgeordnete aus den Koalitionsfraktionen damit dem Mißtrauensantrag nicht zu.

13. Entlassung des Bundeskanzlers Helmut Schmidt – Bildung der neuen Bundesregierung unter Bundeskanzler Dr. Helmut Kohl

Noch am gleichen Tage unterrichtete der Präsident des Deutschen Bundestages den Bundespräsidenten mit dem folgenden Schreiben über das Ergebnis der Abstimmung:

> *„Sehr geehrter Herr Bundespräsident,*
> der Bundestag hat in seiner heutigen Sitzung gemäß Art. 67 des Grundgesetzes
> mit 256 Ja-Stimmen
> den Abgeordneten Dr. Helmut Kohl zum Nachfolger des Bundeskanzlers Helmut Schmidt gewählt.
> Gleichzeitig hat der Bundestag beschlossen, den Bundespräsidenten zu ersuchen, den Bundeskanzler Helmut Schmidt zu entlassen.
> Mit vorzüglicher Hochachtung
> *Richard Stücklen"*

Ebenfalls mit Schreiben vom 1. Oktober 1982 teilte der Bundespräsident dem Bundestagspräsidenten mit:

> *„Sehr geehrter Herr Präsident!*
> Auf Ersuchen des Deutschen Bundestages habe ich heute
> Herrn Bundeskanzler Helmut Schmidt
> aus seinem Amt entlassen und
> Herrn Dr. Helmut Kohl
> zum Bundeskanzler ernannt.
> Mit der Entlassung des Bundeskanzlers ist sogleich das Amt der Bundesminister beendet. Mit Ausnahme des Bundesministers des Auswärtigen habe ich die Bundesminister gebeten, ihre Amtsgeschäfte bis zur Ernennung eines Nachfolgers weiterzuführen.
> Mit vorzüglicher Hochachtung
> *Karl Carstens"*

Der Bundestag trat noch am 1. Oktober 1982 um 17.30 Uhr zu einer weiteren Plenarsitzung zusammen. Einziger Punkt der Tagesordnung war die Eidesleistung des Bundeskanzlers. Nach Artikel 64 Abs. 2 des Grundgesetzes leistet der Bundeskanzler bei der Amtsübernahme vor dem Bundestag den in Art. 56 des Grundgesetzes vorgesehenen Eid. Der Bundestagspräsident übergab dem Bundeskanzler das Original des Grundgesetzes für die Bundesrepublik Deutschland. Bundeskanzler Dr. Helmut Kohl leistete den folgenden Eid:

„Ich schwöre, daß ich meine Kraft dem Wohle des deutschen Volkes widmen, seinen Nutzen mehren, Schaden von ihm wenden, das Grundgesetz und die Gesetze des Bundes wahren und verteidigen, meine Pflichten gewissenhaft erfüllen und Gerechtigkeit gegen jedermann üben werde. So wahr mir Gott helfe."

Mit Schreiben vom 4. Oktober 1982 teilte der Bundespräsident mit, daß er auf Vorschlag des Bundeskanzlers die Mitglieder der Bundesregierung ernannt habe:

An den
Präsidenten des Deutschen Bundestages
Herrn Richard Stücklen
Bundeshaus
5300 Bonn 1

Sehr geehrter Herr Präsident!
Gemäß Art. 64 Abs. 1 des Grundgesetzes für die Bundesrepublik Deutschland habe ich heute auf Vorschlag des Herrn Bundeskanzlers
Herrn Hans-Dietrich *Genscher*
zum Bundesminister des Auswärtigen
Herrn Dr. Friedrich *Zimmermann*
zum Bundesminister des Innern
Herrn Hans A. *Engelhard*
zum Bundesminister der Justiz
Herrn Dr. Gerhard *Stoltenberg*
zum Bundesminister der Finanzen
Dr. Otto Graf *Lambsdorff*
zum Bundesminister für Wirtschaft
Herrn Josef *Ertl*
zum Bundesminister für Ernährung, Landwirtschaft und Forsten
Herrn Dr. Rainer *Barzel*
zum Bundesminister für innerdeutsche Beziehungen
Herrn Dr. Norbert *Blüm*
zum Bundesminister für Arbeit und Sozialordnung
Herrn Dr. Manfred *Wörner*
zum Bundesminister der Verteidigung
Herrn Dr. Heiner *Geißler*
zum Bundesminister für Jugend, Familie und Gesundheit
Herrn Dr. Werner *Dollinger*
zum Bundesminister für Verkehr
Herrn Dr. Christian *Schwarz-Schilling*
zum Bundesminister für das Post- und Fernmeldewesen
Herrn Dr. Oscar *Schneider*
zum Bundesminister für Raumordnung, Bauwesen und Städtebau
Herrn Dr. Heinz *Riesenhuber*
zum Bundesminister für Forschung und Technologie
Frau Dr. Dorothee *Wilms*
zum Bundesminister für Bildung und Wissenschaft
Herrn Dr. Jürgen *Warnke*
zum Bundesminister für wirtschaftliche Zusammenarbeit
ernannt.

Mit vorzüglicher Hochachtung
Karl Carstens

Die Bundesminister wurden in der Plenarsitzung am 4. Oktober 1982 vereidigt. Alle Mitglieder der Bundesregierung leisteten den Eid mit der religiösen Beteuerung „So wahr mir Gott helfe".

Landtagswahlen in Hessen und Bayern – Test für die neue Koalition?

Nach dem Ende der sozialliberalen Koalition, aber noch vor dem konstruktiven Mißtrauensvotum wurde am 26. September 1982 in Hessen der neue Landtag gewählt. Während vor dem Koalitionswechsel überwiegend eine absolute Mehrheit der CDU als sicher vorausgesagt wurde, herrschte nach dem Koalitionswechsel große Unsicherheit. Das Wahlergebnis war dennoch überraschend: Die CDU verfehlte die absolute Mehrheit mit 45,6 % der Stimmen deutlich, die SPD erhielt unerwartet 42,8 % der Stimmen und erholte sich damit deutlich gegenüber den Wahlprognosen, die FDP erhielt nur 3,1 % der Stimmen, war damit im Landtag nicht mehr vertreten, und die Grünen erhielten überraschend 8,0 % der Stimmen. Die CDU war als stärkste Fraktion mit 52 Abgeordneten im Landtag vertreten, die SPD hatte 49 und die Grünen 9 Abgeordnete.

Keine der großen Parteien konnte alleine regieren, eine große Koalition zeichnete sich nicht ab. Gesprächsrunden zwischen der SPD und den Grünen führten zu keinem Ergebnis. Die Regierung von Ministerpräsident Holger Börner blieb geschäftsführend im Amt. Nach dem Scheitern des Haushaltsentwurfs 1983 waren sich SPD und CDU darin einig, daß Neuwahlen erforderlich wären. Lediglich über den Zeitpunkt bestanden unterschiedliche Auffassungen. Inzwischen sind Neuwahlen für den Herbst 1983 angesetzt.

Die Landtagswahl im Freistaat Bayern brachte ein wesentlich klareres Ergebnis: die CSU erreichte eine deutliche absolute Mehrheit mit 58,3 % der Stimmen, die SPD kam auf 31,9 %, die FDP auf 3,5 % und die Grünen auf 4,6 % der Stimmen. Damit hatten sowohl die FDP als auch die Grünen die 5 %-Hürde nicht überspringen können und waren im Landtag nicht mehr vertreten. Die CSU kam auf 133 Sitze, die SPD auf 71 Sitze.

14. Die FDP am Wendepunkt

Die Entscheidung über den weiteren Kurs der FDP fiel auf dem Bundesparteitag vom 5. bis 9. November 1982 in Berlin. Die Delegierten hatten darüber zu entscheiden, ob der Koalitionswechsel der FDP-Bundestagsfraktion von der Partei mitgetragen und Hans-Dietrich Genscher als Parteivorsitzender wiedergewählt wird.

Bei beiden Entscheidungen kam es zu Kampfabstimmungen. Uwe Ronneburger, stellvertretender Parteivorsitzender, trat zur Gegenkandidatur an. Er begründete seine Kandidatur mit der Notwendigkeit, die Einheit der Partei wiederherzustellen. Hans-Dietrich Genscher wurde mit klarer Mehrheit wiedergewählt: von 400 Delegierten stimmten 222 für ihn, 169 Stimmen entfielen auf den Gegenkandidaten Uwe Ronneburger.

Die Stellvertreter Genschers spiegeln das innerparteiliche Spektrum wider: Wolfgang Mischnik, Jürgen Morlok, Gerhart Baum. Neue FDP-Generalsekretärin wurde Irmgard Adam-Schwätzer.

Auch aus der Auseinandersetzung um den Koalitionswechsel ging Genscher als Sieger hervor. Mit 210 gegen 181 Stimmen bei 7 Enthaltungen nahm der Parteitag einen Antrag der saarländischen FDP an, in dem die Entscheidung von Bundesvorstand und Fraktion für einen Koalitionswechsel zur CDU/CSU gebilligt wurde. Allerdings mißbilligten die Delegierten Art und Weise des Zustandekommens der Koalitionsvereinbarungen wegen mangelnder Information und Beteiligung der Basis.

In der Presse wurde die Bestätigung des Genscher-Kurses durch den Parteitag überwiegend mit düsteren Prognosen für die Zukunft der Partei kommentiert.

Hier Auszüge:

Heinz Murmann in *Kölner Stadtanzeiger* vom 8. 11. 1982
RATLOS AUF SUCHE NACH NEUEM ELAN
Wollten die Linken mit leeren Stühlen Verlust an Liberalität demonstrieren?

Dem jungen Mann steigen die Tränen in die Augen. Er kann in seiner Gefühlsaufwallung kaum noch sprechen. Nur mühsam bringt er, kurz vor Schluß des FDP-Parteitags in Berlin, vorn vom Rednerpult über die Lautsprecher: Er sei mit vielen Mitgliedern der Partei-Mitte und der Partei-Rechten befreundet, er habe sich selbst immer als zum gemäßigten Flügel der Jungdemokraten gehörend betrachtet. Aber jetzt, nach diesem Parteitag, könne er nicht mehr bleiben, er werde die Partei verlassen. Es ist die fünfte auf diesem Parteitag öffentlich abgegebene Austrittserklärung.

Da sind, auch in dieser letzten Parteitags-Stunde, die Damen wieder einmal die Resoluteren. Vor dem jungen Mann ist eine junge Frau ans Rednerpult getreten, Kreisvorsitzende in der Gegend von Gummersbach. Sie möchte, sagt sie, solidarisch zu ihrer Partei stehen, gerade in dieser schweren Zeit. Sie werde alles daransetzen, die Beschlüsse von Berlin zu verwirklichen. Es werden wohl wenige sein, die nun aus der FDP austreten. Wie viele der anderen aber mit vollem Schwung weitermachen, mit welcher Überzeugungskraft sie sich in den bevorstehenden Wahlkampf stürzen werden, ist ungewiß.

Nach den ersten eineinhalb Tagen, nach Abschluß der Präsidiums- und Vorstandswahlen also, nach dem Einrollen der Spruchbänder und dem Auszug jener, die nicht nur Einfluß üben, sondern auch den Ablauf stören wollten, verfiel der Parteitag in einen Zustand der Unlust. Steht eine solche Phase auch der Partei insgesamt bevor?

Nur einer war auch am Samstagnachmittag und Sonntagvormittag hellwach, immer präsent und kampfeslustig: Wirtschaftsminister Otto Graf Lambsdorff, den die Delegierten in der Nacht zuvor mit deutlicher Mehrheit ins Präsidium gewählt hatten. Hans-Dietrich Genscher war nach seiner Wiederwahl zum Vorsitzenden kaum mehr auf der Vorstandstribüne zu sehen; er vermied es, gestaltend auf den Parteitag einzuwirken.

Die Delegierten schienen vor der Flut der Manifeste und Anträge, die auf sie eindrang, zu resignieren. Viele hatten sichtlich das Interesse verloren, hatten sich auf den Heimweg gemacht oder debattierten in kleinen Zirkeln über die Zukunft der Partei. Lambsdorff aber legte, wie bei so manchem früheren Parteitag auch, Frische, Überblick und Zielstrebigkeit an den Tag.

Gewiß, da waren kluge und rhetorisch geschliffene Beiträge etwa Günter Verheugens oder Andreas von Schoelers zu hören. Die beiden Vertreter der linken Mitte – jeder konnte sich davon überzeugen, welchen Verlust an intellektueller Substanz ihr Rückzug aus der Parteiarbeit bedeuten würde – plädierten etwa für eine flexiblere Handhabung des Nato-Doppelbeschlusses und vor allem für eine stärkere Beteiligung der Arbeitnehmer bei großen Investitionsentscheidungen. Da fehlten weder Feuer noch Begabung.

Am Ende aber hatte der immer wieder intervenierende, kämpfende Lambsdorff die Mehrheit hinter sich. Das lag nicht nur an den Argumenten. „Sehen Sie," meinte etwa Gerhart Baum, auf die Stuhlreihen zeigend, „viele sind doch schon gar nicht mehr da." Mancher der Verheugen-Anträge, schätzte er, wäre durchgegangen, wäre nur die Gefolgschaft bei der Stange geblieben und hätte mitgestimmt. Und er ließ keinen Zweifel daran, wie schwer es werden dürfte, gerade früher besonders aktive Parteimitglieder wieder zu motivieren.

Die Stimmung war nun einmal gespannt, gedrückt, verdorben – von Anfang an. Und es hat wohl auch noch nie einen FDP-Parteitag gegeben, bei dem eine Seite der anderen so viel böse Absicht, unlautere Einflußnahme und Manipulationsversuche unterstellte, vor allem bei den Personalwahlen.

Als diese Ergebnisse im Saal zwei des Congreß-Centrums bekanntgegeben wurden, hatten sich allerdings jene, für die mit der Wiederwahl Genschers alle Brücken abgebrochen waren, schon auf den Weg ins Abseits begeben. Um 12 Uhr am Samstag versammelte man sich auf der anderen Straßenseite sozusagen zu einem Parallel-Parteitag. So reizlos die Halle war – vorbereitet war doch schon eine ganze Menge, von einem Tagungsbüro über einen Presseraum bis zu Plakaten und Druckeinrichtungen.

Von einer „bewegenden Stunde," von einer „historischen Zäsur in der Geschichte des Liberalismus" sprach der frühere Vorsitzende der Jungdemokraten, Theo Schiller, vor einem unübersichtlich zusammengesetzten Publikum aus Parteitagsdelegierten, Gästen und Journalisten. Nur in einem Punkt, merkte Schiller an, wolle er „mit Herrn Genscher" konform gehen – mit der Bitte an die Fotografen, doch das Blickfeld freizugeben.

Während im Saal zwei etwas mühsam die Beratung des „Berliner Manifests der Liberalen" begann, wurde gegenüber im Messesaal schon Bilanz des Parteitags gezogen: Der Liberalismus der Freiburger Thesen sei dort drüben „abgewählt worden"; die Erneuerungsbewegung in der FDP, die man nach dem Koalitionswechsel habe in Gang bringen wollen, sei „auf diesem Parteitag gestorben".

Teilnehmer waren nicht nur jene, die ohnedies seit langem am äußersten linken Rand der Partei mit Absprung liebäugeln. Da waren auch andere, Ratlose, Zerrissene, Verzweifelte, die sich von ihrer FDP im Stich gelassen fühlten. „Ich gehöre dieser Partei seit 23 Jahren an..." so oder ähnlich begann mancher Debattenbeitrag. Jetzt aber könne man nicht weitermachen.

Da trat der württembergische Abgeordnete Friedrich-Wilhelm Hölscher auf und gestand, sichtlich bewegt, er wisse noch nicht, was er tun werde. Für seinesgleichen, meinte er, gebe es in der Partei „nicht einmal mehr eine Nische". Aber er wolle doch auch „solidarisch bleiben mit denjenigen, die dem Liberalismus in der Partei auch weiterhin eine Chance geben".

In kurzer Zeit wurde aus der Gegenveranstaltung ein richtiger kleiner Parteitag, mit einer Resolution, mit Anträgen, Gegenanträgen, Geschäftsordnungsdebatten und Abstimmungswirrwarr. Auch eine Neigung zur politischen Träumerei wurde sichtbar. Als Ingrid Matthäus-Maier (sie hatte ihren Austritt aus der FDP schon erklärt) vor der Gründung einer neuen Partei warnte, weil sie keine Chance hätte, und statt dessen auch eine Mitarbeit in der SPD als möglich bezeichnete, fand sie damit keine Gefolgschaft.

Für ihren Antrag, über die Mitarbeit in der SPD wenigstens einmal nachzudenken, erhielt sie nicht einmal ein Dutzend Stimmen. Oberwasser hatten jene, die die Gründung einer neuen Partei anstreben.

Am Sonntagvormittag haben sich dann die meisten derer, die sich demnächst in Bochum zur Vorbereitung einer Parteigründung treffen wollen, soweit sie Delegierte sind, von der Parteitagsarbeit bereits zurückgezogen. Im Saal zwei dirigiert Graf Lambsdorff so sicher und routiniert die Debatte, daß ein Delegierter ironisch beantragt, man solle doch, um Zeit zu sparen, die Diskussion jeweils dann für beendet erklären, wenn der Wirtschaftsminister gesprochen habe.

Das Parteitagspräsidium lehnt das ab mit der Begründung, der Antrag sei in der Form falsch. Lambsdorff sei nicht als Wirtschaftsminister hier, sondern als Delegierter.

Frankfurter Neue Presse vom 8. 11. 1982
GENSCHER SETZTE SICH DURCH
Als Vorsitzender wiedergewählt – Parteitag billigt neue Koalition

Der FDP-Parteitag in Berlin hat am Freitagabend den bisherigen FDP-Vorsitzenden Außenminister Genscher mit klarer Mehrheit wiedergewählt, gegen den sein Stellvertreter Uwe Ronneburger in einer Kampfabstimmung angetreten war. Nach einer vorangegangenen erregten Aussprache wurde auch der Koalitionswechsel zur Union in Bonn von der Mehrheit der 400 Delegierten von der Sache her bejaht, das Wie des Wechsels jedoch mißbilligt. Um den gestern sichtbar gewordenen Riß in der Partei nicht noch zu vertiefen, hatte

Graf Lambsdorff auf seine Kandidatur gegen den Genscher-Kritiker Gerhart Baum um das Amt des stellvertretenden Parteivorsitzenden verzichtet.

Genscher erhielt in der Kampfabstimmung 222 von 400 abgegebenen Stimmen. Ronneburger erhielt 169 Stimmen, sechs Delegierte enthielten sich, zwei Stimmen waren ungültig.

Vor der Debatte, die vier Stunden lang in der erwarteten unversöhnlichen Schärfe ausgetragen wurde, hatten zum Auftakt des Parteitages sowohl Genscher als auch sein Herausforderer Ronneburger in Grundsatzreden zur Erhaltung der Einheit der FDP trotz aller Auseinandersetzungen aufgerufen. Sie appellierten an die 400 Delegierten im Berliner Congress Centrum, eine Spaltung der Partei zu verhindern und wieder einen gemeinsamen Weg zu finden. Genscher setzte sich in seiner rund einstündigen Rede nachdrücklich für eine Fortsetzung der Koalition mit der Union in Bonn auch über den 6. März hinaus ein.

Er übernahm persönlich die Verantwortung für den Koalitionswechsel. Den Zerfall der alten Koalition führte Genscher allein darauf zurück, daß die Sozialdemokraten nach und nach die gemeinsamen Koalitionsvereinbarungen ausgehöhlt und sich vor allem immer weiter von einer freiheitlichen Wirtschafts- und Gesellschaftspolitik abgewandt hätten. Wenn ihn selbst irgendeine Schuld treffe, dann lediglich die, nicht schon früher die Konsequenz daraus gezogen zu haben. Der Vorsitzende betonte auch die Notwendigkeit, daß sich auch nach den Wahlen für die Führungsgremien alle Liberalen in der FDP zu Hause fühlen müßten. „Über allem muß stehen: Am Ende des Parteitages muß die FDP wieder eine geschlossene Partei sein."

Ronneburger, stellvertretender Bundesvorsitzender und Landesvorsitzender der FDP in Schleswig-Holstein, begründete seine Bewerbung um den Vorsitz mit der Notwendigkeit, die Einheit der Partei wiederherzustellen. „Ich kandidiere nicht, um zu trennen, sondern um die Partei zusammenzuhalten." Ronneburger, der die neue Koalition mit der Union nicht in Frage stellte, vermied im Gegensatz zu Genscher jedoch eine Festlegung auf einen Koalitionspartner nach Neuwahlen am 6. März 1983.

Die FDP müsse an mehr denken als an ihre jeweilige Regierungsbeteiligung. Es gehe darum, eine Parteispaltung, eine Austrittswelle und die Resignation der Parteimitglieder zu verhindern. Anders als Genscher sah Ronneburger auch eine Mitschuld der FDP am Bruch der sozialliberalen Koalition, weil in ihr ein Jahr lang Unsicherheit und Mißtrauen geschürt worden seien.

Der Vorsitzende der FDP-Bundestagsfraktion, Mischnick, der durch viel Beifall vom Parteitag als Integrationsfigur gefeiert wurde, warnte die Delegierten vor einer Stimmenthaltung bei der Wahl des künftigen FDP-Vorsitzenden. Er wies nachdrücklich den mit dem Koalitionswechsel verbundenen Vorwurf des Wortbruchs durch die FDP zurück. Mischnick sagte: „Wenn Bundeskanzler Schmidt mir sagt, die Koalition ist zu Ende, dann ist das Wort zurückgegeben. Dann kann ich nicht Wortbruch begehen, auch nicht vor dem Wähler."

Frankfurter Allgemeine Zeitung vom 8. 11. 1982
AM ENDE EIN VOTUM FÜR DIE SOZIALE MARKTWIRTSCHAFT
Gegensätze auf dem FDP-Parteitag in Berlin / Drei voneinander abweichende Programmkonzepte

Die Freien Demokraten wollen offenbar an ihrer Zuverlässigkeit im Bekenntnis zur sozialen Marktwirtschaft keinen Zweifel lassen. In der wirtschaftspolitischen Diskussion auf dem Parteitag der FDP in Berlin, die der Vorbereitung eines Wahlprogramms dienen sollte, wurden zwar drei voneinander abweichende Programmkonzepte vorgestellt – sie waren vom Bundesvorstand, vom ehemaligen Generalsekretär Günter Verheugen und vom Landesverband Baden-Württemberg vorgelegt worden –, doch bei den Erläuterungen zu diesen drei „Manifesten" versicherten sich die Verfasser gegenseitig mit Nachdruck, daß es sich in allen Fällen um „liberale Programme" handele, die nicht gegen Grundsätze der Partei verstießen.

Pressedienst der FDP vom 13. 11. 1982

Frage: Der Fehler von 1969, so sagt das etwa Jürgen Morlok, darf sich nicht wiederholen. Zeigen solche Probleme wie in Hamburg aber nicht, daß die FDP eben doch nicht genügend dazugelernt hat?

Genscher: Ich meine, daß der Parteitag, die sehr offene, gewiß auch in vieler Beziehung heftige, aber doch sehr ehrliche Diskussion in Berlin der Partei Kraft gegeben hat, und wir werden deshalb diese ohne Zweifel schwierige Periode unserer Parteientwicklung überwinden.

Frage: Den Liberalen wird ja vom eigenen Koalitionspartner das Leben nicht gerade leicht gemacht, der Umgangston ist sogar ausgesprochen ruppig. Von der CSU wird Ihnen und Ihrer Partei vor dem 6. März unverhohlen der parlamentarische Tod gewünscht. Muß das nicht den Bürger und Wähler irremachen an der Koalition?

Genscher: Gewiß nicht an den Freien Demokraten, denn wir beteiligen uns an dieser Form der Auseinandersetzung mit dem Koalitionspartner nicht. Wir sind der Meinung, daß die Bürger unseres Landes erwarten, daß die Regierung arbeitet, daß sie Entscheidungen trifft, daß sie vor allen Dingen wirksam die Arbeitslosigkeit bekämpft. Darüber sind sich der Bundeskanzler und ich auch voll klar. Wir wollen das gemeinsam, weil wir wissen, daß der Erfolg dieser Regierung auch der Erfolg aller Bürger unseres Landes ist.

Aus Protest gegen den Bonner Koalitionswechsel der FDP sagten sich die Jungdemokraten am 27. November 1982 vollständig von der Mutterpartei FDP los. Am 28. November 1982 gründeten die Gegner des Genscher-Kurses in Bochum eine neue Partei, die „Liberalen Demokraten", wählten Ulrich Krüger zu ihrem Vorsitzenden und den Altliberalen William Borm zum Ehrenvorsitzenden. Gleichzeitig konstituierte sich die „Liberale Vereinigungen" auf Bundesebene mit der zwischenzeitlich aus der FDP ausgetretenen Bundestagsabgeordneten Helga Schuchardt, inzwischen Kultursenatorin im SPD-regierten Stadtstaat Hamburg, als Bundesvorsitzenden. Die FDP mußte in der Folgezeit eine Reihe von Austritten von Parteimitgliedern hinnehmen, die die sozialliberale Koalition unter Bundeskanzler Helmut Schmidt unterstützt hatten.

Hierzu Auszüge aus Pressestimmen:

Reinhard Voss in der *Frankfurter Rundschau* vom 29. 11. 1982

SIE WOLLEN NICHT KNECHTE EINER UNMORALISCHEN POLITIK SEIN

„Falschmünzer Genscher" wird zum politischen Gegner: Neue liberale Partei gegründet

Welch eine Vision! Da kämpfen bis zum 6. März 1983 Seite an Seite Sozialdemokraten, Grüne, eine „Wählerinitiative mit Prominenten" und die neue linksliberale Partei, allesamt verbunden in einem „Neuen Reform-Bündnis" gegen Strauß, Kohl und Genschers rechte Rest-FDP. Der diese Vision am Wochenende in Bochum verbreitete, war Werner Lutz, Vorsitzender der Jungdemokraten, die sich gerade von der FDP losgesagt hatten ...

So lag es in der Logik der Dinge, daß sich keine einzige Hand hob, als der Bochumer Rechtsanwalt Wolfgang Klette als Versammlungsleiter die Delegierten fragte, ob jemand dagegen sei, die bis zu diesem Moment noch bestehenden satzungsmäßigen Bindungen der Jungdemokraten zur FDP zu lösen. Nur drei Delegierte enthielten sich der Stimme. Wolfgang Klette in den aufbrausenden Beifall der Konferenz: „Damit ist die Trennung von der FDP vollzogen. Wir sind der erste Jugendverband, der sich von der Mutterpartei trennt und nicht von ihr herausgeworfen wird." Allerdings muß wohl korrekterweise hinzugefügt werden, daß die Jungdemokraten mit ihrem Beschluß lediglich dem Rauswurf auf dem nächsten FDP-Bundesparteitag um ein paar Monate zuvorgekommen sind.

Bonner Generalanzeiger vom 29. 11. 1982

„LIBERALE DEMOKRATEN" ALS PARTEI GEGRÜNDET

Teilnahme an der März-Wahl noch offen

Der Bonner Koalitionswechsel der FDP, der bereits zu Übertritten prominenter FDP-Mitglieder zur SPD geführt hat, hat jetzt auch die Gründung einer neuen Partei ausgelöst: Aus Protest gegen diesen Wechsel der FDP wurde gestern in Bochum die Partei „Liberale Demokraten" gebildet, zu deren Vorsitzenden der ehemalige hessische FDP-Landtagsabgeordnete Ulrich Krüger gewählt wurde. Ob die neue Partei schon bei der für den 6. März 1983 angestrebten vorgezogenen Bundestagswahl in Konkurrenz zur FDP treten wird, soll auf einem Parteitag im Januar entschieden werden.

Zu den Übertritten von FDP-Mitgliedern zur SPD meinte FDP-Chef Genscher am Wochenende, der „fliegende Wechsel der Überläufer vom Liberalismus zum Sozialismus" trage zu einer begrüßenswerten liberalen Profilierung der FDP bei. Im Westdeutschen Rundfunk sagte Genscher, die FDP wolle den nächsten Bundestagswahlkampf vernehmlich unter dem Aspekt einer prinzipiellen Auseinandersetzung zwischen Liberalen und Sozialisten führen.

Partei und Bundestagsfraktion der FDP fanden im Regierungsbündnis mit der CDU/CSU ihre frühere Geschlossenheit wieder. Lagen die Ergebnisse der Meinungsumfragen für die zu erwartende Bundestagswahl für die FDP kurz nach dem Regierungswechsel zwischen zwei und drei Prozent, so stiegen sie in der Folgezeit auf vier bis fünf Prozent. Die Meinungsforscher stellten einen langsamen, aber stetigen Aufwärtstrend der FDP fest.

Einig und geschlossen zeigte sich die Partei auch auf ihrem Wahlparteitag in Freiburg vom 28.–30. 1. 1983. Nur 27 der 400 Delegierten stimmten gegen eine Fortsetzung der Koalition mit der CDU/CSU nach den Wahlen am 6. März 1983. Der FDP-Vorsitzende Hans-Dietrich Genscher konnte seinen Kurs auf nunmehr breiter Basis fortsetzen. Als „Nachbeben" des Koalitionswechsels wurde die Satzungsänderung der FDP angesehen, die der Parteitag ebenfalls beschloß. Künftig darf ein einmal eingegangenes Regierungsbündnis nur durch einen vorherigen Beschluß des Bundesparteitages geändert werden.

Zur Anerkennung der „Jungen Liberalen" als Jugendorganisation und Nachfolger der Jungdemokraten bedurfte es allerdings zweier Abstimmungen, bis auf dem Parteitag die erforderliche Zweidrittel-Mehrheit zur Satzungsänderung erreicht war.

Den Freiburger Parteitag der FDP kommentierte die Presse wie folgt (Auszüge):

Neue Züricher Zeitung vom 1. 2. 1983

Demonstration von Geschlossenheit und Zuversicht
FDP FÜR FORTSETZUNG DER KOALITION MIT CDU/CSU
Wahlparteitag in Freiburg

Programmgemäß hat sich auf dem Wahlparteitag der Freien Demokraten in Freiburg im Breisgau eine *überwältigende Mehrheit* der rund 400 Delegierten für eine Fortsetzung der bestehenden Bonner Regierungskoalition mit der CDU/CSU nach der Bundestagswahl vom 6. März ausgesprochen. Praktische Bedeutung kann diese Koalitionsaussage nur bekommen, wenn es der FDP erstens gelingt, die existenzentscheidende *Fünf-Prozent-Grenze* zu überspringen, und wenn zweitens die Unionsparteien nicht als eigene Kraft eine absolute Mehrheit im Bundestag zusammenbringen. Ob sich beide Voraussetzungen am 6. März erfüllen werden, kann heute niemand zuverlässig voraussagen, und zwar um so weniger, als offenbar ein sehr großer Teil der Wähler noch längst nicht über das eigene Votum entschieden hat...

Bereits jenseits der innerparteilichen Zwistigkeiten?

Über diese tiefgreifenden Erschütterungen und Gegensätze ist auf dem letzten Parteitag in Berlin im November heftig und leidenschaftlich disputiert worden. Die Auseinandersetzung endete damals mit einer eher knappen, aber keineswegs vorbehaltlosen *Bestätigung* des vom Parteivorsitzenden *Genscher* verfochtenen Koalitionswechsels. In Freiburg ging es an diesem Wochenende dagegen mehr darum, fünf Wochen vor der Bundestagswahl neue Geschlossenheit und neue Zuversicht zu demonstrieren. Mit ihrem am Sonntag nach mehrstündiger Diskussion verabschiedeten Wahlprogramm will sich die FDP dem Publikum gleichzeitig als eine Kraft darstellen, die auch unter einer veränderten Regierungskonstellation die *Kontinuität* liberaler Politik verbürgt. Verstand sie sich an der Seite der Sozialdemokraten einst als *Korrektiv* gegen eine allzu linkslastige Orientierung, empfiehlt sie sich nun dem Wähler als notwendiges *Gegengewicht* gegen übermäßig konservative Tendenzen im Unionslager...

Werben um die „Zweitstimme"

Einmal mehr warb der FDP-Vorsitzende Genscher in Freiburg auch um sogenannte Zweitstimmen von CDU-Anhängern. Diese Zweitstimme ist in Wirklichkeit die Hauptstimme bei der Bundestagswahl, denn allein aufgrund dieser Parteistimme wird die *zahlenmäßige Stärke* der einzelnen Fraktionen im Parlament errechnet, während mit der Erststimme lediglich der *Direktkandidat* in den verschiedenen Wahlkreisen bestimmt wird. Genscher ruft nun die Wähler auf, die Erststimme dem Unionskandidaten zu geben, die Zweitstimme aber der FDP: auf diese Weise werde am 6. März die Fortsetzung der „Koalition der Mitte" am sichersten gewährleistet. Diese listige Kampagne hat sich für die FDP schon in früheren Wahlkämpfen als vorteilhaft erwiesen; in der Regel können die Liberalen erheblich *mehr Zweit- als Erststimmen* verbuchen. Die Frage, ob und in welchem Maße diese Tendenz sich bei der jetzigen Bundestagswahl wiederum durchsetzen wird, dürfte wie nie zuvor von kardinaler Bedeutung für das parlamentarische Überleben der Freien Demokraten sein.

Rudolf Bauer in der *Rheinischen Post* vom 31. 1. 1983

FDP-Wahlaussage in Freiburg verabschiedet
GROSSE MEHRHEIT FÜR NEUE KOALITION
Genscher: Vogels Politik eine ernste Gefahr

Die Koalitionsaussage hat folgenden Wortlaut: „Die Freie Demokratische Partei erklärt ihren Willen zur Fortsetzung der Koalition der Mitte mit der CDU/CSU für die nächste Legislaturperiode. Sie ist entschlossen, diese Koalition unter Verwirklichung eines Höchstmaßes an liberaler Politik zu einem Erfolg für unser Land zu machen, unter der Voraussetzung, daß die CDU/CSU nicht die absolute Mehrheit erreicht." Über den Inhalt der Koalitionsaussage debattierten die Delegierten nicht. Sie folgten damit einem Wunsch Genschers, der auch verhinderte, daß ein Antrag, Strauß dürfe kein Minister werden, auf die Tagesordnung kam ...

An die Adresse des Koalitionspartners CDU/CSU sagte Genscher, mit der FDP werde es eine „konservative Gegenreform" nicht geben, und die Freien Demokraten garantierten eine leistungsorientierte Gesellschaftspolitik, wenn „eine wankelmütige CDU/CSU unter dem Druck ihres linken Flügels der SPD nacheifern möchte". Und noch deutlicher: „Das Hin und Her der Union um die Rückzahlung der Investitionsanleihe schafft Unsicherheit weit über den betroffenen Personenkreis hinaus." Genscher warb auch um Zweitstimmen von Wählern der Union.

Handelsblatt vom 31. 1. 1983

DIE FDP WILL DIE KOALITION MIT DER UNION FORTSETZEN
FDP-Wahlaussage/Profil durch Abgrenzung

Die Bekämpfung der Arbeitslosigkeit, vor allem der Jugendarbeitslosigkeit, eine nachhaltige Konsolidierung der öffentlichen Finanzen und die dauerhafte Sicherung der finanziellen Grundlagen der sozialen Sicherungssysteme sind die von dem Wahlparteitag der FDP in Freiburg beschlossenen „wichtigsten Aufgaben" der kommenden Zeit.

Die FDP betrachtet sich der Wahlkampfaussage '83 zufolge als „Garant der sozialen Marktwirtschaft". Die Partei sei für Liberale am besten geeignet, die ökonomischen Bedürfnisse des einzelnen und der Gesellschaft auf zugleich freiheitliche und humane Weise zu befriedigen. Der mittelständischen Wirtschaft, den Selbständigen in Handel, Handwerk, Gewerbe und freien Berufen wird von der FDP ein besonders hoher Grad von Aufmerksamkeit versprochen ...

Neuregelung des Schüler-BAFÖG

● Zur Durchsetzung ihrer umweltpolitischen Ziele fordern die Liberalen ein besonderes Umweltministerium. Die CDU/CSU will den Umweltschutz im Innenministerium belassen.

● Der Bau des Rhein-Main-Donau-Kanals wird als „sowohl unter ökonomischen als auch unter ökologischen Gesichtspunkten unvertretbar" genannt. Insbesondere fordert die FDP, den geplanten Ausbau von Main und Donau zu unterlassen. Die Union möchte noch vor der Bundestagswahl den von der früheren Bundesregierung verfügten Baustopp des Rhein-Main-Donau-Kanals aufheben.

● Die FDP widersetzt sich dem Plan, zusätzliche Autobahnen in einer Länge von 3 000 km zu bauen. Auch keine neuen Bergbahnen und Skilifte sollen mehr zugelassen werden.

● Das Kontaktsperregesetz, mit dessen Hilfe Terroristen vorübergehend von der Außenwelt isoliert werden können, soll nach den von der FDP formulierten Forderungen abgeschafft werden. Bei der Union ist man bisher nur bereit, das Gesetz zu überprüfen. Der FDP-Vorsitzende Genscher, der Franktionsvorsitzende Mischnick, die Generalsekretärin Adam-Schwätzer und der Bundestagsabgeordnete Hirsch hatten deswegen einen solchen Parteitagsbeschluß ausgesprochen und erklärt, ihn nicht vertreten zu können.

● Die FDP will erneut darauf hinwirken, daß eine Neuregelung des Schüler-BAFöG nicht zu einer Beeinträchtigung der Chancengleichheit führt. Die Ausbildungsförderung soll in einem Gesamtkonzept unter Berücksichtigung des Familienlastenausgleichs „umgehend" neu geordnet werden. Entsprechende Wünsche der FDP sind von der CDU/CSU bisher abgelehnt worden.

● In der Außen- und Sicherheitspolitik bestätigte die FDP zwar ihre bisherige Position und forderte von den USA und der Sowjetunion den Verzicht auf atomare Mittelstreckenwaffen; sie will den „konkreten Nachrüstungsbedarf" auf einem Bundesparteitag „im Lichte der bis dahin erreichten konkreten Verhandlungsergebnisse" prüfen. Allerdings spricht die FDP jetzt auch von der „Bereitschaft zu Teilkompromissen" und verlangt die „sofortige Bekanntgabe möglicher Stationierungsorte". Ähnliche Forderungen werden von der SPD erhoben. Die Bundesregierung lehnt die Bekanntgabe von Standorten ab.

Trotz der gewissen Abgrenzungspolitik hob die FDP sowohl durch den Parteivorsitzenden Genscher als auch durch ihre Aussagen in der Wahl- und in einer Koalitionsaussage den Willen zur weiteren Zusammenarbeit mit der CDU/CSU hervor. Die von der FDP zugunsten der Unionsparteien verabschiedete Koalitionsaussage hat folgenden Wortlaut: „Die Freie Demokratische Partei erklärt ihren Willen zur Fortsetzung der Koalition der Mitte mit der CDU/CSU.

Sie ist entschlossen, diese Koalition unter Verwirklichung eines Höchstmaßes an liberaler Politik zu einem Erfolg für unser Land zu machen unter der Voraussetzung, daß CDU und CSU nicht die absolute Mehrheit erhalten." Gegen diese Aussage stimmten 27 von 400 Delegierten, vier enthielten sich der Stimme.

Um die Formulierung dieser Koalitionsaussage war während des gesamten Freiburger Parteitags gefeilscht worden. Dem Parteitag lag ein Antrag aus Schleswig-Holstein vor, eine Beteiligung der FDP an einer Bundesregierung nach dem 6. März für den Fall abzulehnen, falls der CSU-Vorsitzende Franz Josef Strauß in der Regierung vertreten sein sollte. Auf Empfehlung des Parteipräsidiums beschloß der Parteitag schließlich, sich mit diesem Antrag nicht zu befassen.

Zwei Abstimmungen über Anerkennung der Julis

Zu langwierigen Debatten kam es auch über eine Satzungsänderung, der zufolge die neue Jugendorganisation der FDP, die „Jungen Liberalen" alle Rechte der aus der FDP ausgescherten Jungdemokraten erhalten sollen. Die für eine Satzungsänderung erforderliche Zweidrittelmehrheit kam im ersten Abstimmungsgang wegen einer fehlenden Stimme nicht zustande. Bei einer aus Verfahrensgründen umstrittenen zweiten Abstimmung wurde das erforderliche Quorum für die „Julis" als neue Jugendorganisation der Partei dann knapp ereicht. Allerdings sind bereits Anfechtungen eingereicht worden.

Mit Mehrheit verabschiedete der Parteitag den Beschluß, daß künftig ohne eine Zweidrittelmehrheit eines Sonderparteitages die Parteiführung keinen Koalitionswechsel mehr beschließen dürfe. Die FDP zog damit die Konsequenzen aus dem im Herbst 1982 vollzogenen Wechsel zur CDU/CSU, der die Liberalen in eine schwere Belastungsprobe gestürzt hatte.

15. Regierung und Koalition mit neuen Gesetzen unter Zeitdruck

In der Regierungserklärung am 13. Oktober 1982 gab Bundeskanzler Dr. Helmut Kohl das Programm der neuen Bundesregierung bekannt. Zu Beginn seiner Rede ging er auf die Gründe ein, die zum Regierungswechsel führten:

Präsident **Stücklen:** Die Sitzung ist eröffnet.

Ich rufe Punkt 1 der Tagesordnung auf:

Abgabe einer Erklärung der Bundesregierung

Das Wort hat der Herr Bundeskanzler.

Dr. Kohl, Bundeskanzler (von der CDU/CSU und der FDP mit Beifall begrüßt): Herr Präsident! Meine sehr verehrten Damen und Herren! Die *Koalition der Mitte,*

(Lachen bei der SPD)

zu der sich CDU, CSU und FDP zusammengeschlossen haben, beginnt ihre Arbeit in der schwersten Wirtschaftskrise seit Bestehen der Bundesrepublik Deutschland.

(Beifall bei der CDU/CSU)

Diese Krise hat das Vertrauen vieler Menschen, vieler Mitbürger in die Handlungsfähigkeit unseres Staates erschüttert.

(Zuruf von der SPD)

Diese neue Regierung ist notwendig geworden, weil sich die alte, die bisherige Regierung als unfähig erwies, gemeinsam die Arbeitslosigkeit zu bekämpfen, das Netz sozialer Sicherheit zu gewährleisten und die zerrütteten Staatsfinanzen wieder in Ordnung zu bringen.

(Beifall bei der CDU/CSU)

Spätestens seit dem Münchner Parteitag der SPD wurde immer deutlicher, daß sich die Wege der bisherigen Koalitionspartner trennten. In drängenden Fragen der Innen- und der Außenpolitik ließ die SPD ihren eigenen Regierungschef im Stich. Bundeskanzler Schmidt verlor seine Mehrheit.

(Beifall bei der CDU/CSU und der FDP)

Die Freie Demokratische Partei hat sich, wie wir alle wissen und auch gerade in der Auseinandersetzung in diesem Plenarsaal miterlebt haben, ihre Entscheidung nicht leichtgemacht. Im Interesse unseres Landes hat sie, wie die Verfassung es will, eine neue Regierung ermöglicht. Diese Koalition der Mitte wird unser Land aus der Krise führen.

(Beifall bei der CDU/CSU und der FDP)

Herr Präsident! Meine Damen und Herren! In dieser Stunde hat unser Volk ein Recht auf Wahrheit.

(Lachen bei der SPD – Beifall bei der CDU/CSU und der FDP)

Die Wahrheit über das, was getan worden ist, und die Wahrheit über das, was getan werden muß ...

Herr Präsident, meine Damen und Herren, unser Volk braucht neue Hoffnungen, neue Zuversicht, neues Selbstvertrauen. Wir wissen, daß unsere Mitbürger an unsere Politik der Erneuerung hohe Erwartungen richten.

Die erste deutsche Demokratie ist von den Extremen von links und rechts zerstört worden. Die zweite deutsche Demokratie ist aus der politischen Mitte unseres Volkes aufgebaut worden, und sie wird – davon bin ich zutiefst überzeugt – aus dieser Mitte auch die Kraft zur Erneuerung finden.

(Beifall bei der CDU/CSU und der FDP)

Unsere Zuversicht gründet auf dem, war wir leisten können. Woran wir glauben, dazu stehen wir.

Erstens. Wir glauben an die Würde des Menschen, seine Einzigartigkeit und seine Freiheit. Dies verbindet uns alle.

Zweitens. Wir sind davon überzeugt, daß freie Initiative und Leistung für den einzelnen wie für das Ganze besser sind als staatliche Lenkung und Bevormundung. Wir vertrauen auf den Bürger, der seine Zukunft in seine Hände nimmt.

(Beifall bei der CDU/CSU und der FDP)

Drittens: Wir wissen, daß Leistung, das schöpferische Schaffen der Menschen, einen sozialen Sinn hat und auch soziale Verpflichtung ist. Wer Leistung verweigert, obwohl er leisten könnte, handelt unsozial. Er beutet seinen Nächsten aus.

(Beifall bei der CDU/CSU und der FDP)

Viertens. Wir halten es für gerecht, den Zusammenhang zwischen Leistung und Gegenleistung wieder stärker herauszustellen. Wer diesen Zusammenhang leugnet, macht unser Volk ärmer und gefährdet die Grundlagen sozialer Sicherheit.

(Zuruf von der CDU/CSU: Sehr wahr!)

Fünftens. Wir treten dafür ein, daß der Schwache und Notleidende einen Anspruch auf solidarische Hilfe aller hat. Aber wir wissen, daß die Menschen mehr brauchen als Geld und Betreuung.

Sechstens: Wir vertrauen auf den Willen zur Gemeinsamkeit in unserem Volk. Wir wissen, daß es Partnerschaft und Solidarität über alle Gruppen und soziale Grenzen hinweg gibt.

Siebtens: Wir glauben daran, daß es vornehmste Pflicht freier Bürger ist, keine Anstrengung zu unterlassen, um die Freiheit zu verteidigen und anderen die Hoffnung auf Freiheit zu erhalten. Unverändert gilt, womit Konrad Adenauer am 20. September 1949 seine erste Regierungserklärung vor dem Deutschen Bundestag beendete. Er sagte:

Wir hoffen – das ist unser Ziel –, daß es uns mit Gottes Hilfe gelingen wird, das deutsche Volk aufwärts zu führen und beizutragen zum Frieden in Europa und in der Welt.

(Anhaltender lebhafter Beifall bei der CDU/CSU und der FDP – Die Abgeordneten der CDU/CSU erheben sich)

In der fast dreitägigen Aussprache zur Regierungserklärung antwortete der SPD-Abgeordnete Professor Dr. Ehmke als erster Oppositionsredner:

Dr. Ehmke (SPD): Herr Präsident! Meine sehr verehrten Damen und Herren! Nach seiner Wahl zum Bundeskanzler habe ich dem Kollegen Kohl für sein schwieriges und verantwortungsvolles Amt Glück gewünscht.

(Dr. Lammert [CDU/CSU]: Das ist gut so!)

Ich muß heute hinzufügen, Herr Bundeskanzler: Sie werden Glück besonders nötig haben.

(Beifall bei der SPD)

Denn der von Ihnen etwas vollmundig angekündigte Neuanfang stellt sich dem Betrachter schon heute eher als ein verunglücktes Wendemanöver dar.

(Beifall bei der SPD und bei einzelnen Abgeordneten der FDP)

Noch nie hat eine Bundesregierung einen derart schlechten Start gehabt.

(Beifall bei der SPD – Lachen bei der CDU/CSU – Zuruf von der CDU/CSU: Schlechtes Erbe!)

Ich schließe diese heutige Regierungserklärung in das Urteil ein. Herr Dr. Kohl, ich will Ihnen auch sagen, warum: Wir Sozialdemokraten teilen die demokratischen Grundüberzeugungen, die Sie hier heute vorgetragen haben. Ich finde es auch gut, diese Gemeinsamkeiten bei solcher Gelegenheit zu unterstreichen. Ich möchte Ihnen für meine Fraktion darin zustimmen; in diesen demokratischen Grundüberzeugungen sind wir uns auf allen Seiten des Hauses einig.

(Beifall bei der SPD)

Nur, Herr Bundeskanzler, die großen Worte, die Sie so lieben, lösen unsere Probleme nicht.

(Beifall bei der SPD – Dr. Marx [CDU/CSU]: Welche Probleme sind das?)

Und – was schlimmer ist –: Viele der konkreten Vorschläge Ihrer Regierung, über die Sie heute nicht sehr viel gesprochen haben, stehen in direktem Gegensatz zu den hohen Zielen, über die Sie heute vorwiegend gesprochen haben.

(Beifall bei der SPD)

Das gleiche gilt für die *Art des Zustandekommens Ihrer Regierung.*

(Frau Dr. Timm [SPD]: Das ist der Punkt! – Weiterer Zuruf von der SPD: Genscher!)

Herr Bundeskanzler, vielleicht spüren Sie es inzwischen selbst: Es war ein Fehler von Ihnen, aus Rücksicht auf die Interessen von Herrn Genscher und auf vermeintlich eigene Interessen das Angebot Helmut Schmidts abzulehnen, die Entscheidung sofort in die Hände des Wählers zurückzulegen.

(Beifall bei der SPD)

Da Sie mit vielen Ihrer Parteifreunde wochenlang selbst Neuwahlen gefordert hatten, konnte das vom Wähler nur als Täuschung empfunden werden.

(Beifall bei der SPD)

Sie haben damit eine Chance für die Demokratie vertan.

(Beifall bei der SPD – Lachen und Zurufe von der CDU/CSU)

Sie haben außerdem auch eine Chance für die deutsche Wirtschaft vertan.

(Beifall bei der SPD)

Denn: Hat unsere Wirtschaft zunächst monatelang abwarten müssen, wie denn wohl der politische Wendetanz des Herrn FDP-Vorsitzenden enden würde, so muß sie nun weitere Monate auf das Ergebnis der Wahlen im März 1983 warten.

(Beifall bei der SPD)

Da Sie das sofortige Votum des Wählers gescheut haben – für die Zeit nach der Hessenwahl gilt das auch für Herrn Strauß –, sind Sie durch eine Koalition der Rechten, nämlich der CDU mit dem rechten Flügel der FDP und der CSU, gewissermaßen durch die Hintertür an die Macht gekommen.

(Beifall bei der SPD – Zuruf des Abg. Dr.-Ing. Kansy [CDU/CSU])

Herr Bundeskanzler, ich spreche bewußt von einer Koalition der Rechten.

(Beifall bei der SPD – Dr. Marx [CDU/CSU]: Diffamierend!)

Denn eine Bundesregierung, in der für eine Hildegard Hamm-Brücher oder einen Gerhart Baum kein Platz ist, ist nicht eine Regierung der Mitte, sondern eine Regierung der Rechten.

(Lebhafter Beifall bei der SPD und Beifall bei einzelnen Abgeordneten der FDP)

Genau entlang dieser Linie zwischen Mitte und rechts läuft ja auch der Bruch innerhalb der FDP.

(Dr. Marx [CDU/CSU]: Das ist Ihr ambulantes Koordinatensystem!)

Aber, Herr Bundeskanzler, wie stellt sich denn diese Rechts-Koalition heute dem Wähler dar? Weder falsche Anschuldigungen noch edle Worte – beides war in Ihrer Regierungserklärung enthalten – können für den Bürger folgende Tatsachen verdecken:

Für die FDP-Abgeordneten, die Helmut Schmidt gestürzt haben, nachdem sie 1980 unter Berufung auf seinen Namen ihre Mandate errungen hatten,

(Beifall bei der SPD und bei einzelnen Abgeordneten der FDP)

stellt die Bildung dieser Koalition einen Wortbruch dar.

(Beifall bei der SPD und bei einzelnen Abgeordneten der FDP)

Die Kollegen Hildegard Hamm-Brücher und Gerhart Baum sind dafür eindrucksvolle liberale Zeugen.

(Beifall bei der SPD und bei einzelnen Abgeordneten der FDP)

Herr *Genscher* hat durch sein Taktieren

(Zuruf von der CDU/CSU: Reiner Bauernfang!)

hinter dem Rücken von Bundeskanzler Schmidt und durch sein Taktieren hinter dem Rücken des Koalitionspartners die Vertrauensbasis zwischen sich und den Sozialdemokraten zerstört.

(Beifall bei der SPD)

Er wird wissen, daß ihm das auch die Erfüllung seiner Aufgaben als Außenminister nicht leichter machen wird.

(Beifall bei der SPD)

Das Taktieren auch hinter dem Rücken seiner eigenen Partei

(Zuruf von der CDU/CSU: Lafontaine!)

hat die FDP in eine tiefe Krise gestürzt. Niemand weiß heute, wofür die FDP steht, und niemand weiß daher auch, wie lange sie noch steht.

(Beifall bei der SPD)

In diesem Zusammenhang, Herr Kollege *Mischnick*, erlauben Sie mir ein Wort zu Ihnen. Sie haben dem Hohen Hause dargelegt, daß Sie erst aus dem Munde Helmut Schmidts das Ende der sozialliberalen Koalition erfahren haben. Es würde Ihre Glaubwürdigkeit vervollständigen, wenn Sie konsequenterweise hinzufügen würden, daß Herr Genscher vorher auch Sie hintergangen hatte.

(Lebhafter Beifall bei der SPD und Beifall bei einzelnen Abgeordneten der FDP)

Denn der Grund für die Mitteilung Helmut Schmidts

(Zuruf des Abg. Dr. Waigel [CDU/CSU])

an Sie, Herr Mischnick, war die Tatsache, daß Herr Genscher hinter dem Rücken von Helmut Schmidt dessen Sturz vorbereitet hat.

(Zustimmung bei der SPD)

Und Herr Genscher hat sich bis heute ja auch in diesem Hause zu diesen Vorgängen nicht geäußert.

(Zuruf von der CDU/CSU: Der „Vorwärts" auch nicht! – Dr. Waigel [CDU/CSU]: Fragen Sie halt Herrn Bölling!)

Der Vorgang ist aber nicht auf die früheren Koalitionsparteien beschränkt. Die Art, in der Herr Genscher bei seinem Handel mit den Unionsparteien seinen liberalen Innenminister und mit ihm die liberale Rechts- und Innenpolitik wie Ballast abgeworfen hat, um ausgerechnet Herrn Zimmermann zu installieren,

(Lebhafter Beifall bei der SPD)

Herr Genscher, diese Art wird vor allem bei der jungen Generation dazu führen, daß Sie weniger als langjähriger verdienstvoller Außenminister, sondern vielmehr als Symbol politischer Unglaubwürdigkeit in Erinnerung bleiben werden.

(Lebhafter Beifall bei der SPD)

Um Golo Mann zu zitieren, einen Ihrer konservativen Gewährsleute, verehrte Kollegen von der CDU:

Wer nun, kaum hatte er die Entlassungsurkunde erhalten, eine neue Ernennungsurkunde erhielt, wer wieder dort Platz nimmt, wo er Jahre und Jahre vorher saß, als zweiter Mann im Staate, so als ob gar nichts geschehen wäre, ist ein politischer Bankrotteur mit kaum mehr als 3 Prozent der Wähler hinter sich.

(Lebhafter Beifall bei der SPD – Pfui-Rufe von der CDU/CSU)

Golo Mann schließt mit der Feststellung: „Das kann nicht gut ausgehen." Ich füge hinzu: Es wird auch nicht gut ausgehen!

(Lebhafter Beifall bei der SPD – Zurufe von der CDU/CSU: Neuer Oppositionsstil! – Ausgerechnet Ehmke! – Weitere Zurufe von der CDU/CSU)

– Wenn Sie Ihre Proteste bitte bei Golo Mann anbringen wollen!

(Erneuter Beifall bei der SPD – Zuruf von der CDU/CSU: Von Ihnen zitiert!)

Wir machen Sie, Herr Bundeskanzler, für das Verhalten der rechten FDP-Führung natürlich nicht verantwortlich, aber es lastet als schwere Hypothek auf Ihrer ganzen Regierung.

(Beifall bei der SPD)

Hinzu kommt, daß auch die *Unionsparteien* selbst nicht gerade glänzend dastehen; denn, meine Damen und Herren, die Sie hier so erregt sind, Sie selbst entlarven heute Tag für Tag Ihre *früheren Oppositionsaussagen* als Schwindel ...

Nur sechs Tagungswochen des Parlaments standen der neuen Regierung und der Koalition aus CDU/CSU und FDP zur Verfügung, in denen das Parlament über die Gesetze zur Änderung in der Haushalts-, Finanz-, Wirtschafts- und Sozialpolitik beraten und entscheiden konnte. Außerdem mußten die Vorlagen der alten Bundesregierung, des Bundesrates, der Fraktionen und der Mitglieder des Bundestages, die im Bundestag eingebracht oder bereits den Ausschüssen zur Beratung überwiesen worden waren, im Plenum behandelt werden.

Bundesregierung und Koalitionsfraktionen waren deshalb gezwungen, neue Gesetzentwürfe binnen kürzester Zeit vorzulegen und im Deutschen Bundestag einzubringen. Auch die in der Opposition stehende SPD geriet mit ihren Vorlagen ebenfalls unter Zeitdruck.

In den Plenarsitzungen am 10. und 11. November 1982 wurden u. a. die folgenden wichtigen Gesetzentwürfe in erster Lesung beraten:

- Beratung der von der Bundesregierung beschlossenen Ergänzung zum Entwurf eines Gesetzes über die Feststellung des Bundeshaushaltsplans für das Haushaltsjahr 1983

- Erste Beratung des von der Bundesregierung eingebrachten Entwurfs eines Zweiten Nachtragshaushaltsgesetzes 1982

- Erste Beratung des von den Fraktionen der CDU/CSU und FDP eingebrachten Entwurfs eines Gesetzes zur Wiederbelebung der Wirtschaft und Beschäftigung und zur Entlastung des Bundeshaushalts – Haushaltsbegleitgesetz 1983 –

- Erste Beratung des von den Fraktionen der CDU/CSU und FDP eingebrachten Entwurfs eines Gesetzes zur Erhöhung des Angebots an Mietwohnungen

- Erste Beratung des von der Fraktion der SPD eingebrachten Entwurfs eines Gesetzes über eine Ergänzungsabgabe

In der Sitzung des Bundestages am 26. November 1982 standen u. a. folgende Vorlagen zur erstmaligen Beratung an:

- Beratung des Antrags der Fraktion der SPD
  Beschäftigungshaushalt 1983 – 1985

- Erste Beratung des von der Fraktion der SPD eingebrachten Entwurfs eines Kriegsdienstverweigerungs-Neuordnungsgesetzes

- Erste Beratung des von den Fraktionen der CDU/CSU und FDP eingebrachten Entwurfs eines Kriegsdienstverweigerungs-Neuordnungsgesetzes.

Die Vorlagen wurden an die zuständigen Ausschüsse zur weiteren Beratung überwiesen, in der Plenarsitzung am 10. Dezember 1982 und in der Tagungswoche vom 13. bis 17. Dezember 1982 abschließend beraten.

Die Fraktionen des Bundestages waren übereingekommen, nach dem 17. Dezember 1982 bis zu den angestrebten Neuwahlen keine weiteren Arbeitssitzungen des Plenums durchzuführen (Ausnahme: Ansprache des Präsidenten der Französischen Republik, Mitterand, am 20. Januar 1983 in einer Plenarsitzung). Aus diesem Grunde hatte der Bundestag im November/Dezember 1982 ein ungewöhnlich großes Arbeitsprogramm zu erledigen, das vier aufeinanderfolgende Tagungswochen des Plenums erforderlich machte. Die Beratungen in den Ausschüssen standen unter erheblichem Zeitdruck, weil Vorlagen, die in der letzten Tagungswoche des Plenums in der 9. Wahlperiode vom 13. bis 17. Dezember 1982 nicht abschließend beraten werden konnten, der Diskontinuität unterliegen. Nach § 125 GOBT gelten am Ende der Wahlperiode des Bundestages alle Vorlagen – außer Petitionen und Vorlagen, die keiner Beschlußfassung bedürfen – als erledigt. Das hat zur Folge, daß Gesetzentwürfe, Beschlußempfehlungen des Vermittlungsausschusses, Anträge auf Zurückweisung von Einsprüchen des Bundesrates, alle übrigen Anträge, Große und Kleine Anfragen, Beschlußempfehlungen und Zwischenberichte der Ausschüsse (ausgenommen Petitionen), Rechtsverordnungen, für die ein Beschluß des Bundestages erforderlich ist und Fragen einzelner Mitglieder des Bundestages (§ 105 GOBT) als erledigt gelten.

Sie müßten, wenn sie weiter beraten werden sollen, im 10. Deutschen Bundestag erneut eingebracht werden. Der gesamte Verfahrensweg beginnt dann in jedem Einzelfall wie bei einer erstmals eingebrachten Vorlage.

Im Hinblick hierauf verständigten sich die Fraktionen im Ältestenrat darauf, Vorlagen grundsätzlich nicht mehr zu drucken und an die Mitglieder des Bundestages zu verteilen, wenn abzusehen ist, daß die Vorlagen bis zum Ende der Wahlperiode nicht mehr abschließend behandelt werden können. Der Bundestag hat in seiner letzten Plenarsitzung am 17. Dezember 1982 auf Empfehlung des Ältestenrates hierzu beschlossen:

> „Nach der Auflösung des Bundestages eingehende selbständige Vorlagen werden in Abweichung von § 77 Abs. 1 der Geschäftsordnung nicht mehr gedruckt, wenn sie in der laufenden Wahlperiode nicht mehr auf die Tagesordnung einer Sitzung des Bundestages gesetzt werden und am Ende der Wahlperiode nach § 125 der Geschäftsordnung als erledigt gelten. Diese Regelung gilt nicht für Große Anfragen, die ebenso wie Kleine Anfragen und schriftliche Einzelfragen weiterhin gedruckt und behandelt werden sollen."

Der Bundestag beschloß diese Abweichung von der Geschäftsordnung mit der erforderlichen Zweidrittel-Mehrheit der anwesenden Mitglieder gemäß § 126 seiner Geschäftsordnung.

Die zweite Beratung des Haushaltsgesetzes 1983 einschließlich des Haushaltsplans begann am Dienstag, dem 15. Dezember 1982 um 9.00 Uhr mit dem Einzelplan 01 – Bundespräsident und Bundespräsidialamt – und endete am Donnerstag abend, dem 16. Dezember 1982 mit der Beratung des Einzelplans 15 – Geschäftsbereich des Bundesministers für Jugend, Familie und Gesundheit – und dem Haushaltsgesetz 1983. Ab Mittwoch, dem 16. Dezember wurde der Haushalt 1983 zusammen mit dem Gesetzentwurf zur Wiederbelebung der Wirtschaft und Beschäftigung und zur Entlastung des Bundeshaushalts (Haushaltsbegleitgesetz 1983) beraten.

Am späten Abend wurden sowohl der Haushalt 1983 als auch das Haushaltsbegleitgesetz 1983 in dritter Lesung beraten.

Das Haushaltsbegleitgesetz 1983 wurde mit Mehrheit angenommen.

Für das Haushaltsgesetz 1983 stimmten in namentlicher Abstimmung 266 vollstimmberechtigte Mitglieder des Bundestages, 210 waren dagegen, 4 enthielten sich der Stimme. Die CDU/CSU Fraktion stimmte geschlossen für das Gesetz, die SPD geschlossen dagegen. Ebenfalls dagegen stimmten 4 fraktionslose Abgeordnete. Von der FDP-Fraktion enthielten sich 4 Abgeordnete der Stimme, die übrigen stimmten zu. Ein weiterer fraktionsloser Abgeordneter enthielt sich ebenfalls der Stimme.

Am gleichen Abend – zwischen der zweiten und dritten Beratung des Haushaltsgesetzes 1983 und des Haushaltsbegleitgesetzes 1983 – wurde der Entwurf der Fraktionen der CDU/CSU und der FDP sowie der Entwurf der Fraktion der SPD zum Kriegsdienstverweigerungs-Neuordnungsgesetz in zweiter und dritter Lesung beraten.

Dem Gesetzentwurf der Fraktion der CDU/CSU und der FDP zum Kriegsdienstverweigerungs-Neuordnungsgesetz stimmten in namentlicher Abstimmung 260 vollstimmberechtigte Abgeordnete zu, 213 waren dagegen, 4 Stimmenthaltungen.

Die Abgeordneten der CDU/CSU stimmten bis auf eine Ausnahme zu, die Abgeordneten der SPD geschlossen dagegen. Ebenfalls dagegen stimmten 4 fraktionslose Abgeordnete. Ein FDP-Abgeordneter stimmte dagegen, 3 enthielten sich der Stimme; die übrigen Abgeordneten der FDP stimmten zu. Ein fraktionsloser Abgeordneter enthielt sich ebenfalls der Stimmen. Damit war der Gesetzentwurf der Koalitionsfraktionen angenommen; der Gesetzentwurf der SPD-Fraktion wurde abgelehnt.

Bereits in der vorhergehenden Sitzungswoche – am 10. Dezember 1982 – hatte der Bundestag den Gesetzentwurf von CDU/CSU und FDP zur Erhöhung des Angebots an Mietwohnungen beraten und verabschiedet.

In namentlicher Abstimmung wurde der Gesetzentwurf bei Zustimmung der CDU/CSU und des überwiegenden Teils der FDP-Fraktion und gegen die Stimmen der SPD und fraktionsloser Abgeordneter angenommen. Drei FDP-Abgeordnete enthielten sich der Stimme.

Die Bundesregierung und die Fraktionen von CDU/CSU und FDP hatten die wesentlichen Gesetzesvorhaben verwirklicht, die sie beim Regierungswechsel ankündigten. Die Arbeit des 9. Deutschen Bundestages war damit praktisch beendet. Für Freitag, den 17. Dezember 1982 war abschließend der Antrag des Bundeskanzlers gemäß Art. 68 des Grundgesetzes, ihm das Vertrauen auszusprechen, zu beraten.

Einen Überblick über die Auswirkung der neuen Gesetze ab 1983 und die Tätigkeit des 9. Deutschen Bundestages in der nur zweijährigen Wahlperiode geben die folgenden Auszüge aus Presseveröffentlichungen:

Die Welt, vom 30. und 31. Dezember 1982 und 3. Januar 1983:

1983: HILFE ÜBER GEWERBESTEUER

Was das neue Jahr den Bundesbürgern an steuerlichen Veränderungen bringt

Am 1. Juli 1983 wird die *Umsatzsteuer* von 13 auf 14 (der ermäßigte Steuersatz von 6,5 auf sieben) Prozent erhöht. Die Bundesregierung schätzt die Mehreinnahmen für das kommende Jahr auf rund drei Milliarden Mark. Davon entfallen nach dem ab 1983 geltenden Verteilungsschlüssel 1,95 Milliarden auf den Bund und 1,05 Milliarden Mark auf die Länder. Diese Mehreinnahmen sollen voll zur Entlastung bei den direkten Steuern, vor allem zur Entlastung der Wirtschaft, mit dem Ziel einer Stärkung ihrer Investitions- und Innovationskraft, eingesetzt werden.

Dabei schlägt die Ermäßigung der *Gewerbesteuer* um insgesamt rund 1,5 Milliarden Mark 1983 am stärksten zu Buche. Da es sich hierbei um eine Gemeindesteuer handelt, werden auch dort die Einnahmeausfälle mit rund 1,04 Milliarden Mark am stärksten spürbar, während für den Bund nur ein Minus von 182 und die Länder in Höhe von 276 Millionen Mark erwartet wird.

Die Gemeinden werden jedoch durch eine Senkung der *Gewerbesteuerumlage* (1983 um *28 auf 58* Prozent und 1984 um *35 auf 52* Prozent) mehr als entlastet: Ihre Einnahmen steigen nach den Berechnungen des Bundesfinanzministeriums (BMF) um 1,52 Milliarden Mark, während Bund und Länder hierfür Mindereinnahmen von 840 und 680 Millionen Mark hinnehmen.

Ausländische Verluste

Nach dem neuen Paragraphen 2a des Einkommensteuergesetzes (EStG) dürfen künftig *negative ausländische Einkünfte* aus sogenannten nichtaktiven gewerblichen Betrieben, aus Land- und Forstwirtschaft, Vermietung und Verpachtung sowie Kapitalvermögen nicht mehr mit positiven inländischen Einkünften, sondern nur noch mit positiven ausländischen Einkünften der jeweils selben Art aus demselben Staat ausgeglichen werden.

Was sich für Mieter und Bauherren ändert

Der Jahresbeginn bringt auch für Mieter und Bauherren verschiedene Änderungen, z. B. auch für den Erwerb einer Eigentumswohnung. Die WELT berichtet, worauf zu achten ist.

1. Mietrecht

Hier gelten vom 1. Januar an ein paar wesentliche Änderungen. Die wichtigsten sind der Zeitmietvertrag, die Staffelmiete und die Änderungen bei der Feststellung der Vergleichsmieten.

Durch *Zeitmietverträge* soll es Vermietern erleichtert werden, sonst leerstehenden Raum als Wohnung zu überlassen, wenn geplant ist, das Haus abzureißen, umzubauen oder selbst zu nutzen. Der Vertrag darf höchstens für fünf Jahre gelten. Bei Abschluß muß der Vermieter seinem neuen Mieter schriftlich mitteilen, was er mit der Wohnung vorhat, ob er sie später selbst nutzen will oder den Abriß plant, bzw. den totalen Umbau. Drei Monate vor dem Auslaufen des Zeitmietvertrages muß der Vermieter erklären, daß er seine Absicht nicht geändert hat...

Die Einführung der *Staffelmiete* soll Mieterhöhungen für Hauswirt und Mieter schon im vorhinein festlegen. Bis zu drei Mietsteigerungen in zehn Jahren sind zulässig, gleichgültig, ob es sich um eine Neu- oder Altbauwohnung handelt. Zusätzliche Anhebungen etwa wegen Modernisierung oder Kapitalkostenüberhöhung sind dann nicht mehr zulässig. Wenn sich der Mieter verkalkuliert hat und er im Lauf der Zeit merkt, daß ihm die Miete doch zu hoch wird, kann er seinen Vertrag nach vier Jahren kündigen. Kein Mieter muß die Umstellung seines schon bestehenden Vertrags auf Staffelmiete dulden. Sie kann nur auf freiwilliger Basis zwischen den Parteien ausgehandelt werden.

Vor *Luxusmodernisierung* und den entsprechenden Mietzinssteigerungen soll der Mieter künftig geschützt werden. Niemand darf aus einer Bruchbude eine Komfortwohnung machen und dann vom Mieter vielleicht 100 Prozent mehr Miete fordern: Die Modernisierung muß angekündigt werden, ebenso wie die dann beabsichtigte Mieterhöhung (höchstens 11 Prozent der Kosten).

Um Mieterhöhungsverfahren zu verbessern und zu erleichtern, wird für die *Vergleichsmiete* der Mietendurchschnitt der vergangenen drei Jahre herangezogen. Für die Vergleichsmiete kann der Vermieter auch die Miete von Wohnungen aus seinem eigenen Besitz benennen. Drei Vergleichsobjekte sollen dafür genügen. Die Miete dort darf nur innerhalb von 3 Jahren um insgesamt 30 Prozent heraufgesetzt werden.

Die *Kaution,* die ein Mieter hinterlegen muß, darf nicht höher sein als drei Monatsmieten und muß vom Vermieter verzinst werden wie eine Spareinlage mit gesetzlicher Kündigungsfrist. Die Zinsen stehen dem Mieter zu.

II. Wohnungsbau

Mit Hilfe einer Belebung des Wohnungsbaus hofft die Regierung, Impulse für eine Besserung der Wirtschaftslage insgesamt geben zu können. Deshalb werden mit den Mitteln aus der Investitionshilfe-Abgabe auch der Bau von und Kauf von Häusern und Eigentumswohnungen gefördert. Das geschieht auf dem Wege der Förderung der Bauspar-Zwischenfinanzierung, durch Familienzusatzdarlehen und zusätzlichen Schuldzinsenabzug.

Bei der *Zinsverbilligung* muß der Bausparvertrag zu zwei Dritteln angespart sein, höchstens 80 000 Mark Kredit zuzüglich 15 000 Mark für jedes Kind sind förderungwürdig. Die Zinsen werden um jeweils 2,5 Prozent bezuschußt, wenn für Erwerb oder Bau von selbstgenutzten Ein- und Zweifamilienhäusern und Eigentumswohnungen bestimmte Fristen erfüllt werden...

Als Eigentums-Maßnahmen für das Sonderprogramm im sozialen Wohnungsbau werden *Familien-Zusatzdarlehen* gewährt für Eltern mit zwei und mehr Kindern. Die Darlehen sind nach Kinderzahl gestaffelt. Das ist der erste Förderungsweg.

Im zweiten Förderungsweg werden Darlehen innerhalb von 15 Jahren ausgezahlt: Sie sind für 16 Jahre zins- und tilgungsfrei und vermindern sich jährlich um ein Fünfzehntel. Maximal können anfänglich 5,25 Mark, in Ballungsgebieten bis zu 6,45 Mark je Quadratmeter Wohnfläche gefördert werden. Bei einem 4-Personen-Haushalt bedeutet das bei einer geförderten Wohnfläche von 90 Quadratmetern in einem Ballungsgebiet wie einem Stadtstaat einen maximalen Entlastungseffekt von monatlich rund 580 Mark.

Der erweiterte *Schuldzinsenabzug* schließlich begünstigt künftig auch die Eigennutzer von Häusern und Wohnungen. Sie können von Januar an bis zu 10 000 Mark pro Jahr und Objekt ihre Schuldzinsen von der Steuer absetzen. Die Förderung selbst läuft für vier Jahre.

Was ändert sich bei der Ausbildungsförderung?

I. Schüler-BAföG

Im Bereich des Bildungswesens hat sich seit Pichts Warnungen vor einer drohenden Bildungskatastrophe viel verändert. Während im Jahre 1965 noch 13,1 Prozent aller Schüler in der Bundesrepublik ein Gymnasium besuchten, waren es 1980 bereits 23,2 Prozent. Viele Faktoren haben zu dieser erheblichen Veränderungen im Bildungsverhalten beigetragen. Einer war ohne Frage die Einführung der Ausbildungsförderung auch für Schüler.

Die neue Bundesregierung hat nun unter dem Diktat der Sparsamkeit für diesen Bereich erhebliche Änderungen eingeleitet, die seit dem 1. Januar gelten. Schüler der gymnasialen Oberstufe, der beruflichen Schulen und Studierende des Zweiten Bildungsweges erhielten bisher eine durchschnittliche monatliche Förderung zwischen 205 und 520 Mark. Bereits auf Vorschlag der alten Bundesregierung war die Förderung von 140 000 Schülern im zehnten Schuljahr der beruflichen Schulen und des Berufsgrundbildungsjahrs bis zum 31. Juli 1983 befristet worden.

Seit dem 1. Januar gilt nun die Regelung, daß vom Beginn des Schuljahres 1983 an Schüler, die zu Hause wohnen, keine Fördermittel mehr erhalten – ausgenommen sind nur Abendschulen und Kollegs. Allerdings sieht eine Härteregelung vor, daß etwa 50 000 Schüler „aus besonders einkommensschwachen Familien" bis zum Schulabschluß weiter gefördert werden. Die Grenze liegt bei einem Elternfreibetrag von 1100 Mark monatlich. Der Förderungsbetrag vermindert sich auf 200 Mark. Anspruchsberechtigt sind ansonsten nur noch Schüler, die nicht bei ihren Eltern wohnen können, weil sie von deren Wohnort aus eine entsprechende Ausbildungsstätte nicht erreichen können. Sie erhalten 490 Mark bei einem Elternfreibetrag von 1450 Mark.

II. Studenten-BAföG

Die finanziellen Hilfen für Studenten nach dem Bundes-Ausbildungsförderungs-Gesetz werden mit Beginn des Wintersemesters 1983/84 auf Volldarlehen umgestellt, um Studenten an der Finanzierung ihres Studiums zu beteiligen. Bisher erhielten die angehenden Akademiker je nach Höhe des Familieneinkommens eine Förderung, die sich aus einem monatlichen Grunddarlehen in Höhe von 150 Mark und einem Zuschuß von bis zu 570 Mark monatlich zusammensetzte. Der Staat wandte dafür jährlich 1,35 Milliarden Mark auf.

Dieser Ausgabenrahmen wird in Zukunft in voller Höhe beibehalten. Auch vom kommenden Wintersemester an kann ein Student monatlich bis zu 720 Mark an BAföG-Mitteln erhalten – aber als Volldarlehen. Der Betrag setzt sich dann aus einem Bedarfssatz von 660 Mark und einem Mietzuschuß von 60 Mark zusammen.

Die Darlehensrückzahlung beginnt fünf Jahre nach Ende der vom Studium abhängigen Förderungshöchstdauer. Sie ist in ihrer Höhe abhängig vom Einkommen. Die Mindestrückzahlungsrate beträgt 120 Mark im Monat.

Beispiel: Wer während eines zehnsemestrigen Studiums monatlich 500 Mark aus dem BAföG-Topf erhalten hat, beginnt sein Berufsleben anschließend mit einer Darlehenssumme von 30 000 Mark.

Um Leistungsanreize zu schaffen, sind allerdings drei Möglichkeiten zur Minderung der Darlehensschuld vorgesehen.

1. Studenten, die ihre Ausbildung vier Monate vor Ende der Förderungshöchstdauer mit einem Examen abgeschlossen haben, erhalten 5000 Mark gutgeschrieben.

2. Wer sein Darlehen vorzeitig zurückzahlt, kann seine Schuld um bis zu 50 Prozent mindern.

3. Den 30 Prozent der Geförderten, die nach dem Prüfungsergebnis zu den Leistungsbesten des Examensjahrgangs gehören, werden 25 Prozent ihrer Darlehenssumme erlassen.

Auch hierzu ein Beispiel: Wer am Ende seines Studiums eine Darlehensschuld von 40 000 Mark angesammelt hat, dem können – bei Erfüllung der Kriterien – 10 000 Mark wegen guten Examens, 5000 Mark wegen vorzeitiger Beendigung des Studiums und 11 600 Mark wegen vorzeitiger Rückzahlung erlassen werden. Wer also alle drei Kriterien optimal erfüllen könnte, hätte von der ursprünglichen Darlehensschuld in Höhe von 40 000 Mark noch effektiv 13 400 Mark zurückzuzahlen.

Frankfurter Rundschau vom 3. 1. 1983:

WAS VOGEL ÄNDERN WILL

Drei Gesetze „verletzen Gebot sozialer Gerechtigkeit"

2. Januar (dpa). Die SPD will bei einem Wahlsieg nach den Worten ihres Kanzlerkandidaten Hans-Jochen Vogel vordringlich drei Gesetzesentscheidungen der jetzigen Bonner Koalition verändern, weil sie das Gebot sozialer Gerechtigkeit verletzen. Als schwerwiegendsten Punkt nannte Vogel am Sonntag in einem Interview des Deutschlandfunks das neue Mietrecht, aus dem Millionen von Mietern Mieterhöhungen und eine nicht geringe Zahl sogar Kündigungen zu erwarten hätten.

Ferner führte er die Änderung bei der Ausbildungsförderung (Bafög) an, mit denen für Kinder von Arbeitnehmern alte Bildungsschranken wieder aufgerichtet worden seien. Als drittes nannte Vogel die Investitionsabgabe, weil damit die Besserverdienenden nur vorübergehend mit Darlehen in Anspruch genommen würden, während man bei den kleinen und kleinsten Einkommen entschieden zugelangt habe. Der SPD-Politiker räumte ein, daß der Spielraum zur Durchsetzung von Änderungen angesichts der Unionsmehrheit im Bundesrat auch bei einem Wahlsieg seiner Partei eng sei. Bei einer Korrektur der Mietrechtsverschlechterungen sei man aber in den entscheidenden Punkten nicht an den Bundesrat gebunden.

Wer die wirtschaftlichen Schwierigkeiten lediglich auf die Höhe der öffentlichen Verschuldung oder das Ausmaß der Sozialleistungen in der Bundesrepublik zurückführe, verkenne die Ursachen der weltweiten Arbeitslosigkeit und der Wachstumsschwäche. Vogel erneuerte in diesem Zusammenhang seinen Appell für einen Sozialpakt aller am wirtschaftlichen Leben Beteiligten, um das Problem der Arbeitslosigkeit mit absolutem Vorrang anzupacken.

16. Die Vertrauensfrage am 17. Dezember 1982

In seiner Regierungserklärung am 13. Oktober 1982 hatte Bundeskanzler Dr. Helmut Kohl bereits angekündigt, daß die neue Bundesregierung Neuwahlen herbeiführen werde, sobald die für notwendig erachteten Gesetze verabschiedet worden seien. Zu diesem Thema führte er am 13. Oktober u. a. aus:

„Die Koalitionsparteien FDP, CSU und CDU haben vereinbart, sich am 6. März 1983 dem Urteil der Wähler zu stellen. Dies ist auch die Meinung der Bundesregierung. Ich weiß, daß es verfassungsrechtlich nicht einfach ist, diese Absicht zu verwirklichen. – Aber ich gehe davon aus, Herr Kollege Wehner, daß Sie als Fraktionsvorsitzender der SPD und der Kollege Brandt als Parteivorsitzender der SPD gemeinsam mit den anderen Fraktions- und Parteivorsitzenden meine Einladung annehmen werden, gemeinsam über die in der Verfassung vorgesehenen Möglichkeiten zu sprechen, aber auch jene Wege in unser Gespräch mit einzubeziehen, die die Enquete-Kommission Verfassungsreform dem Bundestag vorgezeichnet hat. Meine Damen und Herren, ich bin ganz sicher, daß wir gemeinsam einen Weg finden, da wir doch gemeinsam draußen – die einen sogar mit eigenen Plakataktionen – erklären: Wir wollen jetzt wählen. Am 6. März werden wir wählen."

Zum gleichen Thema erklärte der SPD-Abgeordnete **Professor Dr. Horst Ehmke:**

„Um so wichtiger scheint es mir, Herr Bundeskanzler, für Ihre Regierung wie für unsere Demokratie zu sein, daß Sie Ihre persönliche Glaubwürdigkeit im Zusammenhang mit den von Ihnen jetzt für den 6. März zugesagten Neuwahlen nicht weiter beschädigen. Wir Sozialdemokraten sind zu einer fairen Erörterung aller damit verbundenen Aspekte einschließlich der verfassungsrechtlichen Aspekte bereit. Aber, Herr Bundeskanzler, Sie müssen nun erst einmal einen konkreten Vorschlag machen. Sie dürfen von Ihrer Zusage der Neuwahlen am 6. März nichts zurücknehmen, auch nicht in der Form von nachgeschobenen Bedingungen; denn, Herr Bundeskanzler, Sie könnten ja auch einfach zurücktreten. Von Bundeskanzler Helmut Schmidt haben Sie das vor wenigen Wochen noch gefordert. Wir sind bereit, über einen konkreten Vorschlag zu reden. Zu einem allgemeinen Palaver werden Sie uns nicht kriegen. Am besten würden Sie diesen Vorschlag noch während dieser Debatte hier im Hause machen. Was Sie bis jetzt dazu gesagt haben, ist eigentlich nur geeignet, neue Zweifel an der Sache zu wecken."

Für die Freie Demokratische Partei erklärte Bundesaußenminister **Hans-Dietrich Genscher** unter anderem:

„Es wird der Versuch gemacht, den Wechsel innerhalb einer Legislaturperiode als etwas Undemokratisches, ja Illegitimes erscheinen zu lassen. Aber war es nicht die Sozialdemokratische Partei, die 1966 im Bund als erste einen solchen Wechsel innerhalb einer Legislaturperiode möglich machte, ohne vorher den Wähler zu befragen, dem sie doch vorher für diese Legislaturperiode einen sozialdemokratischen Bundeskanzler versprochen hat? War es nicht die SPD, die 1966 zusammen mit der CDU/CSU den Bundeskanzler Kurt-Georg Kiesinger wählte und die Große Koalition bildete?

Wir haben damals als Opposition diese Regierung hart bekämpft. Aber die Legitimität der Regierungsbildung haben wir niemals bestritten. Sie aber haben damals so wenig von Neuwahlen gesprochen wie 1956, als ähnliches in Nordrhein-Westfalen geschehen war. Wahlen wurden weder 1956 noch 1966 vorgezogen. Wir aber werden am 6. März des nächsten Jahres Neuwahlen durchführen und uns dem Urteil der Wähler stellen. An der Herbeiführung dieser Neuwahlen mitzuwirken, wie wir sie für den 6. März 1983 wollen, sollte jedes Mitglied des Deutschen Bundestages als seine Pflicht betrachten.

Der frühere Bundeskanzler hat nach Beendigung der Regierungskoalition aus SPD und FDP am 17. September 1982 bis zum 1. Oktober, also dem Tag, an dem ein neuer Bundeskanzler gewählt wurde, die Möglichkeiten, die das Grundgesetz gibt, Neuwahlen in Gang zu setzen, nicht genutzt. Er hat nicht die Vertrauensfrage gestellt, und er ist nicht zurückgetreten, obwohl er doch Bundeskanzler einer Minderheitsregierung war. Die Verfassung will aber keine Minderheitsregierung; denn sie zieht die Lehren aus der Weimarer Zeit. Diese Verfassung will aber auch nicht Vereinbarungen, durch die Fraktionen auf das verfassungsmäßige Recht zur Mehrheitsbildung verzichten, auch wenn sie eine Mehrheit bilden können, nur um dem amtierenden Regierungschef die Führung des Wahlkampfes als Bundeskanzler zu ermöglichen.

Bevor wir am 6. März des nächsten Jahres diese Neuwahlen abhalten, wollen wir das Haus in Ordnung bringen, d. h. den Bundeshaushalt und die Spargesetze verabschieden. Wir laufen unserer Verantwortung in der Sache nicht davon. Auch das ist unser Wählerauftrag. Die liberale Partei ist eben mehr als ein Kanzlerwahlverein."

In der Öffentlichkeit begann eine intensive Diskussion über die Frage, welcher Weg in Einklang mit dem Grundgesetz zur Auflösung des Bundestages und damit zu Neuwahlen führen könne. Im Mittelpunkt standen die Aufnahme eines Selbstauflösungsrechts des Bundestages in das Grundgesetz, der Rücktritt des Bundeskanzlers und die Auflösung des Bundestages über die Vertrauensfrage.

Hierzu Auszüge aus Berichten und Kommentaren der Presse:

Die Zeit vom 23. Oktober, 5. November und 12. November 1982

WARUM NICHT DIE VERFASSUNG ÄNDERN?
Selbstauflösung des Bundestages – ein sauberer Weg zu Neuwahlen / Von Fritz Ossenbühl

Bei der Begründung der Regierungskoalition aus CDU/CSU und FDP hieß es, man habe Neuwahlen des Deutschen Bundestages für den 6. März 1983 „vereinbart". Die Frage, ob das Ziel auf verfassungsrechtlich unbedenkliche Weise zu erreichen ist, verlangt eine differenzierende Antwort. Das Problem ist nicht neu. Schon bei dem Mißtrauensvotum gegen die Regierung Brandt im Jahre 1972 wurde die Problematik des hier in Betracht stehenden Artikel 68 des Grundgesetzes ausgiebig erörtert, freilich angesichts einer Patt-Situation, die der heutigen nicht vergleichbar ist.

Das Ziel, Neuwahlen durchzuführen, wäre auf verfassungsrechtlich einwandfreie Weise zu erreichen, wenn man das Grundgesetz änderte, indem man ihm eine Vorschrift einfügt, nach welcher vorzeitige Neuwahlen vor Abschluß einer Legislaturperiode für zulässig erklärt werden. Eine Verfassungsänderung ist kein Problem des Verfassungs*rechts,* sondern allein der Verfassungs*politik.* Wenn sich im Bundestag und im Bundesrat die erforderliche Zwei-Drittel-Mehrheit findet, steht ihr nichts im Wege. Dazu wäre allerdings die Zustimmung der Opposition im Bundestag nötig.

Aber ist eine Verfassungsänderung aus dem gegebenen Anlaß und unter dem bestehenden Zeitdruck verfassungs*politisch* vertretbar? Das Grundgesetz soll die grundlegenden Werte und Organisationsstrukturen des Gemeinwesens dauerhaft festlegen. Man kann deshalb an der Verfassung nicht „herumnovellieren", wie es bei vielen einfachen Gesetzen gang und gebe ist. Insbesondere Eingriffe in die Grundregeln der Machtverteilung im Staat bedürfen sorgfältiger Erwägung und Erörterung.

Wäre es dann nicht kurzatmig und sogar leichtfertig, aus einer politischen Situation heraus, die vielleicht einmalig bleiben wird, eine Verfassungsänderung zu fordern? Dennoch ist es der Überlegung wert, ob die Einfügung eines Selbstauflösungsrechtes des Parlaments' in das Grundgesetz nicht längst überfällig ist. Die Mehrzahl der Länderverfassungen kennt ein solches Selbstauflösungsrecht ebenso wie die meisten Verfassungen anderer demokratischer Staaten...

Nun ließe sich weiter einwenden, es sei unangemessen, eine Verfassungsänderung, die gründlicher Überlegung bedarf, bis Weihnachten 1982 „durchzupeitschen". Doch die dafür erforderliche Arbeit ist längst geleistet. Schon die im Jahre 1973 vom Bundestag eingesetzte Enquetekommission zur Verfassungsreform hatte auf dem Hintergrund des Mißtrauensvotums von 1972 die Frage einer vorzeitigen Beendigung der Wahlperiode erörtert. Sie empfahl nach langjährigen Beratungen, ein Selbstauflösungsrecht des Parlaments in das Grundgesetz einzufügen.

„1. Der Bundestag wird auf vier Jahre gewählt. Seine Wahlperiode endet mit dem Zusammentritt eines neuen Bundestages. Die Neuwahl findet frühestens fünfundvierzig, spätestens siebenundvierzig Monate nach Beginn der Wahlperiode statt.

2. Auf Antrag eines Viertels seiner Mitglieder kann der Bundestag mit einer Mehrheit von zwei Dritteln seiner Mitglieder beschließen, die Wahlperiode vorzeitig zu beenden.

3. Bei vorzeitiger Beendigung der Wahlperiode findet die Neuwahl innerhalb von sechzig Tagen statt. Es gilt Absatz 1 Satz 2.

4. Der Bundespräsident beraumt die Neuwahlen an. Der Bundestag tritt spätestens am dreißigsten Tag nach der Wahl zusammen."

Die Enquetekommission hatte bei dieser Empfehlung nicht nur die Patt-Situation im Jahre 1972 im Sinn; sie wollte auch einer Koalitionsunfähigkeit im Parlament vorbeugen. Durch das Erfordernis der Zwei-Drittel-Mehrheit soll gesichert werden, daß der Zeitpunkt von Neuwahlen nicht zum Dispositionsobjekt der jeweils herrschenden Mehrheit wird. Es räumt ferner den Einwand aus, ein Selbstauflösungsrecht des Parlaments verwandle die repräsentative in eine plebiszitäre Demokratie. Der Vorsitzende der Enquetekommission, der Bundestagsabgeordnete Schäfer (SPD), schrieb damals im Vorwort zum Kommissionsbericht, die Kommission erwarte, daß der Deutsche Bundestag ihre Vorschläge prüfe und schrittweise verwirkliche. Das ist bis heute nicht geschehen, kann aber nachgeholt werden. Übrigens hatte der SPD-Vorsitzende Willy

Brandt schon im Oktober 1966 in einem *Spiegel*-Interview ein Selbstauflösungsrecht in ähnlicher Form befürwortet. Die Argumente des Für und Wider sind bekannt. Neues wird kaum jemandem einfallen. Der Vorschlag der Enquetekommission ist ausgewogen und akzeptabel.

Sind vorgezogene Neuwahlen auch ohne Verfassungsänderung möglich? Die Antwort hängt von der konkreten Situation im Januar 1983 ab. Fest steht: Die Regierungskoalition hat es allein nicht in der Hand, den Weg zu ebnen. Ein Mißtrauensvotum gemäß Artikel 68 des Grundgesetzes *kann* in Neuwahlen enden. Diese Konsequenz ist aber nicht zwingend. Zwar hat der Bundeskanzler die Initiative: Er muß den Vertrauensantrag stellen und dem Bundespräsidenten die Auflösung des Bundestages vorschlagen. Aber der Bundespräsident hat bei seiner Entscheidung politisches Ermessen: Er *kann* den Bundestag auflösen, *muß* es aber nicht; der „Vorschlag des Bundeskanzlers" ist für den Bundespräsidenten nicht verbindlich. Deshalb kann auch eine Vereinbarung über Neuwahlen verfassungsrechtlich nur den Sinn haben, solche Neuwahlen zu einem bestimmten Termin „anzustreben".

Tatsächlich kann niemand den Bundeskanzler daran hindern, im Januar 1983 die Vertrauensfrage zu stellen. Hierüber muß der Bundestag abstimmen. Auch kann niemand den Bundestagsabgeordneten vorschreiben, wie sie in geheimer Wahl abstimmen sollen. Es gibt also verfassungsrechtlich keine Möglichkeit, ein Abstimmungsergebnis zu verhindern, von dem jeder Betrachter der politischen Szene wußte, daß es manipuliert wäre. Eine Motivforschung bei Bundestagsabgeordneten findet nicht statt. Die Abstimmungsergebnisse des Bundestages sind verfassungsrechtlich auch dann ernst zu nehmen, wenn einige oder viele Abgeordnete manipulativ abgestimmt haben. Die Frage ist nur, wie der Bundespräsident sich verhält oder verhalten muß, wenn er zu der Überzeugung gelangt, daß die Mehrheit des Bundestages auf dem Schleichweg des Mißtrauensvotums die Selbstauflösung des Bundestages anstrebt.

Ein solches Verfahren führt daher nicht zwangsläufig zu Neuwahlen. Allerdings gibt es Stimmen, die eine andere Auffassung vertreten. So hat Professor Hans Peter Schneider schon im Jahre 1973 argumentiert, Artikel 68 Grundgesetz sei in seiner ursprünglichen verfassungsrechtlichen Funktion weitestgehend obsolet geworden, so daß man ihm einen „neuen Anwendungsbereich" erschließen müsse . . .

Vielleicht hatte die Regierungskoalition anfangs Ähnliches im Sinn, als sie von „vereinbarten" Neuwahlen sprach, eine Formulierung, die auch Schneider verwendet. Seine Auslegung hat jedoch unter Fachleuten keine Zustimmung gefunden. Sie überdehnt die Möglichkeiten der Verfassungsauslegung und läßt sich mit dem Sinn und Zweck des Artikels 68 nicht in Einklang bringen. Es bleibt also dabei: Entscheidend ist, welche Erwägungen der Bundespräsident legitimerweise anstellen darf. Diese Frage wird nicht dadurch bedeutungslos, daß der Bundespräsident nach dem Verfassungstext keine Begründungspflicht hat, also seine Erwägungen nicht offenzulegen braucht und insoweit auch nicht vom Bundesverfassungsgericht kontrolliert werden kann. Man wird überdies davon ausgehen können, daß der Bundespräsident eine so schwerwiegende Entscheidung, wie die Auflösung des Bundestages, jedenfalls in Umrissen und in den tragenden Gründen auch der Öffentlichkeit erklären wird.

Wie diese Entscheidungssituation im Januar 1983 aussehen wird, kann heute freilich niemand voraussagen. Es könnte ja sein, daß die Zahl der Befürworter des Regierungswechsels in der FDP-Fraktion weiter schrumpft und am Ende nicht nur eine manipulierte, sondern eine wirkliche Minderheitenregierung

Kohl in Bonn amtierte. Auch dem Bundespräsidenten kann nicht zugemutet werden, Motivforschung bei den Abgeordneten zu treiben. Nur wenn trotz des negativen Abstimmungsergebnisses über eine Vertrauensfrage die Mehrheit für den Kanzler Kohl *unzweifelhaft* fortbestünde, dürfte es dem Bundespräsidenten schwer fallen, eine Auflösung des Bundestages zu verfügen. Aber auch wenn der Bundespräsident in der Abstimmung über die Vertrauensfrage eine verkappte Selbstauflösung erkennt, wird man nicht ohne weiteres eine Auflösungsentscheidung für unzulässig halten können. Der Bundespräsident wird zu erwägen haben, ob die „Funktionsfähigkeit des Parlamentes" in dem Sinne gewährleistet ist, daß *dieses* Parlament in *dieser* Zusammensetzung noch in der Lage ist, die anstehenden und notwendigen Staatsaufgaben zu meistern. Diese Frage kann in Krisenzeiten anders zu beurteilen sein als sonst.

Alles in allem: Der Weg zu Neuwahlen über ein Mißtrauensvotum gemäß Artikel 68 Grundgesetz ist unsicher und unkalkulierbar. Eine verfassungsrechtlich einwandfreie Lösung läge nur in einer Verfassungsänderung.

EIN AKT WIDER DIE VERNUNFT
Die Wahlen können nicht einlösen, was sie versprechen / Von Hermann Rudolph

Am 6. März wird gewählt. Der Bundeskanzler hat es in der Regierungserklärung feierlich versprochen. Die Opposition läßt keine Gelegenheit aus, die neue Koalition auf diesen Entschluß festzunageln. Der überwiegende Teil der Bevölkerung wünscht, den Ermittlungen der Meinungsforscher zufolge, ebenfalls Neuwahlen. Bei so viel Einigkeit wirken die vorsichtigen Bedenken der FDP eher noch als eine Bekräftigung dieser Absicht. Denn können sie, bei der Existenz-Bedrohung, die eine Wahl für diese Partei darstellt, anders verstanden werden denn als Furcht vor dem demokratischen Ur-Akt, dem Votum des Volkes? Da verbietet sich jedes Zögern von selbst: Es muß gewählt werden.

Aber muß wirklich gewählt werden? Die Auseinandersetzungen der letzten Wochen darüber, wie die Neuwahlen zu praktizieren seien, haben immerhin eins deutlich gemacht: Es mag sein, daß gewählt werden kann, aber der Preis dafür ist eine verfassungsjuristische Fassadenkletterei am äußersten Rand der Legalität und schließlich eine Prozedur, die – etwa durch Wahlgänge, bei denen die Koalition ihre Mehrheit künstlich verbergen müßte – das Parlament zum Komödienstadel machten. Denn außer Frage steht, was das Grundgesetz will: Es soll regiert werden, wenn und so lange eine Mehrheit im Bundestag existiert. Da diese Mehrheit vorhanden ist, kommt jedes Verfahren, dennoch Neuwahlen möglich zu machen, auf eine Vergewaltigung der Intentionen des Grundgesetzes hinaus – auch wenn es noch durch den Buchstaben der Verfassung gedeckt sein mag.

Dem Wunsch nach Neuwahlen hat das keinen Abtrag getan. Weshalb muß also offenbar sein, was eigentlich nicht sein darf? In der Tat liegt der Grund für das Bedürfnis nach Neuwahlen jenseits des Regelwerks, mit dem die Verfassung das politische Geschehen kanalisiert, ordnet und effektiv macht: Es ist die tiefe Irritation, die das Bonner Wende- und Wechsel-Drama mit seinen Irrungen und Wirrungen, auch: seinen Irreführungen und echten Verstörungen bei Politikern und Wählern hinterlassen hat. Mit der Absicht, die ganze Operation vor den Wähler zu bringen, soll dieser Eindruck korrigiert, repariert und wenn möglich ausgelöscht werden ...

Die Frage ist nur, ob Neuwahlen imstande wären, diese Stimmungen und Verstimmungen auszuräumen – und ob das, was die Politiker an zusätzlicher Legitimität für die neue Regierungs-Konstellation zu gewinnen hoffen, den Preis wert ist, den Neuwahlen kosten. Es gibt gute Gründe, daran zu zweifeln. Denn nicht nur ist dieser Preis beträchtlich: Die Neuwahlen blockieren faktisch den Beginn der Arbeit der neuen Regierung; sie muß bei allem, was sie einleitet, in erster Linie an die Wahlen denken. Schon die Umstände, unter denen der Entschluß zu Neuwahlen zustande gekommen ist, lassen kaum erwarten, daß sie die Wirkung tun, die sie versprechen.

Denn die Neuwahlen sind nicht das Ende des Taktierens durch den demokratisch legitimierenden Appell an den Souverän, sondern die Fortsetzung des Taktierens mit anderen Mitteln. Sie sollen den, der ihnen nicht zustimmt, unter den Verdacht mangelnder Demokratie-Bereitschaft stellen. Sie sind auch weniger der Weg ins Freie aus dem Bonner Dschungel als eine Falle, die sich die Politiker selbst gebaut haben: teils, weil sie, wie die SPD, die Flucht nach vorn angetreten haben, teils, weil sie, wie die CSU, der FDP den Garaus zu machen hofften, teils, weil sie, wie die Teile von Union und FDP, die wirklich die neue Koalition wollen, vom schlechten Gewissen über die Art und Weise dieses Wechsels geplagt werden. Und nicht die Achtung vor dem Wähler läßt die Parteien an der Entscheidung für die Neuwahlen festhalten, sondern die Furcht, ihm zu gestehen, daß man sich aus taktischen Motiven in eine politische Sackgasse manövriert hat ...

Nein, diese Wahl wird gerade nicht das befördern können, was sich Wohlmeinende von ihr erwarten (und was in der Tat, keine Frage, nötig wäre): den durch diesen Wechsel strapazierten parlamentarischen Prozeß wieder im Boden demokratischen Empfindens zu befestigen. Sie wird ihn, im Gegenteil, weiter entwurzeln, weil sie die demokratische Willensbildung nicht auf geprüftes Urteil und begründete Absicht, sondern lediglich auf aufgepeitschte Stimmung und zufälligen Eindruck gründen kann. Und wenn sich das Grundgesetz so spürbar gegen die Absicht sperrt, sich diese Wahlen abverlangen zu lassen, so widerstreben da nicht nur irgendwelche Paragraphen, hochgehalten von gedankenblassem Juristen-Eigensinn: Es sträuben sich die im Grundgesetz deponierten Einsichten und Erfahrungen, die eben den politischen Prozeß gegen die Versuchung abdichten wollten, sich allzusehr Stimmungen auszuliefern. Man mag das heute für übervorsichtig halten; es ist dennoch mehr als „Formelkram" – gerade in diesen Wochen, in denen es fünfzig Jahre zurückliegt, daß sich die Weimarer Republik mit den Novemberwahlen 1932 der Machtergreifung entgegenwählte, sollte es nicht so schwerfallen, sich das zu vergegenwärtigen.

Weshalb also Neuwahlen? Am Ende bleibt nur das Argument übrig, die Wahlen müßten sein, weil sie versprochen worden sind. Das ist in der Tat ein ernst zu nehmendes Argument, denn es berührt das Thema der Glaubwürdigkeit. Gegenüber diesem Maßstab, der zum übermächtigen, Bannstrahle ausschleudernden Fetisch jeder Politikbetrachtung geworden ist, die etwas auf sich hält, ist Gegenrede fast aussichtslos. Allenfalls mag man fragen, ob Glaubwürdigkeit denn wirklich den Sinn haben kann, Unvernünftiges zu decken. Aber wer immer den Mut aufbrächte, uns die Neuwahlen noch zu ersparen: Er müßte gewärtig sein, bis an sein politisches Lebensende den Vorwurf der Wortbrüchigkeit zu ertragen. Ein solcher Winkelried gegen die allgemeine Stimmung wird in einem Felde, das wie die Politik eher das Entstehen von Winkelrieden begünstigt, schwerlich zu finden sein.

Wenn nicht alle Eindrücke trügen, ist die Neigung, Neuwahlen anzustreben, in allen Parteien geringer geworden; sie sehen sie, je länger, desto skeptischer, kaum noch als Tor, durch das man der quälenden Periode des politischen Übergangs entkommen könnte, sondern als Joch, das man entsagungsvoll ertragen muß, um den Zorn seiner Majestät, des Wählers, nicht zu erregen und sich gegenüber dem Gegner keine Blöße zu geben. Das gilt allemal für die CDU und für die FDP ohnedies. Sobald die Erinnerungen an den hessischen Wahlerfolg verblaßt sind und ihre Wahlaussichten für den März sich deutlicher abzeichnen, wird diese Ansicht auch in der SPD an Boden gewinnen. Doch Neuwahlen wären nur noch dann abzuwenden, wenn sich alle Parteien der Einsicht stellten, daß sie mit ihnen politisch so gut wie nichts zu gewinnen, dafür jedoch einiges bei der Einübung in ihre neuen Rollen zu verlieren haben, die ihnen allen, Neuwahlen hin, Neuwahlen her, bevorsteht. Sie müßten freilich dann auch alle darauf verzichten, die Neuwahlen weiter als Instrument der Taktik zu benutzen, um den Gegner in die Enge zu treiben. Aufgeladen wie die politische Situation ist, ist kaum damit zu rechnen, daß sie sich dazu durchdringen könnten.

So bliebe schließlich in der Tat nur der Bundespräsident. Wenn sich Karl Carstens dem Ansinnen der Bundestagsparteien versagte, die Hand zu Neuwahlen zu reichen, lüde er zwar eine hohe, fast überschwere Verantwortung auf sich. Aber er trüge sie nicht, wie ihm schon eilfertig unterstellt wird, als das CDU-Mitglied, das er ist, sondern als der Hüter der Verfassung, der der Bundespräsident auch sein sollte. Doch sehr wahrscheinlich ist auch diese Möglichkeit nicht: Sie erfordert eine extensive politische Auslegung der Kompetenzen des Amtes. Sie hätte vielleicht Walter Scheel gereizt. Sie liegt jedoch Carstens, nach seiner bisherigen Amtsführung zu schließen, eher fern.

Also werden wir am 6. März wählen. Doch es wird eine Wahl sein, die niemand wirklich gewollt hat, die keine der Verschlingungen und Verwerfungen auflöst, derentwegen sie veranstaltet wird, und die am Ende – zumindest diese Voraussage fällt nicht schwer – alle, Politiker wie Bürger, noch ein wenig betroffener entläßt, als wir es ohnedies schon sind.

Theo Sommer in *Die Zeit*
BÜRGER MÜSSEN ENTSCHEIDEN
Unser Parteiensystem braucht Legitimität, nicht bloß Legalität

Der Streit um die Neuwahlen artet in Spitzfindigkeiten aus, die dem Gemeinwesen nicht gut tun...

Tatsache ist, daß das Grundgesetz die Auflösung des Parlaments sehr schwer gemacht hat. Sie ist überhaupt nur unter zwei Voraussetzungen möglich. Die erste (nach Artikel 63): Erhält ein Bewerber um das Kanzleramt im Bundestag zweimal nicht die absolute Mehrheit, so *kann* der Bundespräsident, wenn er den Durchgefallenen nicht als Minderheitenkanzler einsetzen will, den Bundestag auflösen. Die zweite (nach Artikel 68): Findet ein Antrag des Bundeskanzlers, ihm das Vertrauen auszusprechen, nicht die Zustimmung der Mehrheit, so *kann* der Bundesrpäsident auf Vorschlag des Kanzlers die Auflösung des Parlaments verfügen. In beiden Fällen hat der Bundespräsident also ein „Recht zur Auflösung", Gebrauch machen muß er davon jedoch nicht.

Nach Artikel 63 ist in der Geschichte der Bundesrepublik zur Auflösung des Parlaments noch nie verfahren worden; er könnte jedoch die Prozedur bestimmen, wenn ein Bundeskanzler mitten in der Wahlperiode zurückträte. Artikel 68 wurde erst einmal angewendet: am 20. September 1972, als Bundeskanzler Brandt die Vertrauensfrage stellte. Brandt sorgte dafür, daß er nicht durchkam: Die vierzehn Kabinettsmitglieder nahmen an der Abstimmung nicht teil. So scheiterte der Antrag mit 233 Ja-Stimmen gegen 248 Nein-Stimmen bei einer Enthaltung. Nach Rücksprache mit den drei Fraktionsvorsitzenden entsprach damals Bundespräsident Heinemann dem Vorschlag des Kanzlers, den Bundestag aufzulösen.

Das gleiche Verfahren hatte Helmut Schmidt im Sinn, als er am 17. September 1982 die Partei- und Fraktionsvorsitzenden des Bundestages zu Gesprächen über eine Verabredung einlud, Neuwahlen auf dem Wege der Vertrauensfrage nach Artikel 68 herbeizuführen: „Ich für meine Person bin bereit..., meine eigenen Freunde zu bitten, sich der Abstimmung fernzuhalten, damit ich anschließend dem Herrn Bundespräsidenten die Auflösung des Bundestages vorschlagen kann."

Schmidt verknüpfte dieses Angebot mit der Forderung, die Opposition solle darauf verzichten, per konstruktivem Mißtrauensvotum einen Kanzlerwechsel herbeizuführen.

Einen solchen Verzicht hatte freilich nicht einmal Rainer Barzel geleistet, als er sich – nach einem mißglückten Mißtrauensvotum vom 27. April 1972 – sechs Wochen später mit Neuwahlen einverstanden erklärte. Um so weniger mochte sich Helmut Kohl darauf einlassen, der sich ja eine Mehrheit zum Kanzlersturz ausrechnen durfte.

Was Brandt 1972 tat, was Schmidt 1982 anbot, um Neuwahlen zu erreichen, wird gern als „Verfassungsmanipulation" bezeichnet: die Vorkehrungen dafür, daß die Vertrauensfrage scheitert. Allerdings fehlt es nicht an Erklärungen und Entschuldigungen, die diese Sünden wider die Verfassung zu läßlichen Sünden stempeln: 1972 hatte im Bundestag eine Patt-Situation bestanden, 1982 ist Schmidt schon ein Minderheitenkanzler gewesen. In beiden Fällen ging es darum, eine neue Mehrheit zu beschaffen. Helmut Kohl verfügt indes über eine Mehrheit. Da werde dann – so das häufig zu hörende Argument – die „Manipulation" nicht bloß zum Schönheitsfehler, sondern quasi zum Verfassungsbruch, wozu der Bundespräsident niemals die Hand reichen dürfe.

Und hier beginnen nun die Spitzfindigkeiten. Ihnen ist einiges entgegenzuhalten.

Zunächst einmal Verfassungsrechtliches. Es ist ja keineswegs so, daß alles verboten wäre, was das Grundgesetz nicht ausdrücklich erlaubt. Umgekehrt wird ein Schuh daraus: Erlaubt bleibt, was nicht ausdrücklich verboten ist. Die Verfassung wird nicht gebrochen, wenn sich jene, die in ihrem Rahmen agieren, in der Sphäre des Nicht-Verbotenen zuweilen ein wenig verrenken. Die Intentionen der Verfassungsväter aber? Die sind so undeutlich und so widersprüchlich wie heute die Voten der Staatsrechtler. Ein Hemmnis liegt darin nicht. Immerhin sah der Abgeordnete Katz im Parlamentarischen Rat den eigentlichen Sinn des Artikels 68 darin, der Bundesregierung im Fall eines ernsthaften politischen Konflikts oder, sofern sie den Wunsch habe, eine wichtige politische Entscheidung durch das Volk treffen zu lassen, ein Auflösungsrecht zu geben.

Sodann Politisches. Der Bundeskanzler Kohl hat ja nicht für unbegrenzte Zeit eine Blanko-Vollmacht. Das Vertrauen, das ihm die christ-liberale Koalition ausgesprochen hat, ist bis zum 6. März befristet. Es gründet auf der Zusage, daß Kohl nach der Vorlage des Bundeshaushaltes Neuwahlen veranstaltet. Nicht nur für Franz Josef Strauß war das Wahlversprechen die Geschäftsgrundlage der Regierungsbildung; doch mindestens die CSU wird die unbegrenzte Fortsetzung der Kanzlerschaft Kohl unter den gegenwärtigen Bedingungen schwerlich akzeptieren. Überdies steht die FDP in einer anhaltenden Zerreißprobe. Die Koalition ist also nicht sonderlich stabil, die Vertrauensgrundlage schütter. Kohl hat über den März 1983 hinaus keine automatische Mehrheit für sein Regiment. Allein ein Wahlvotum könnte dem Kanzler und der Koalition eine dauerhafte Grundlage schaffen.

Schließlich Opportunitätserwägungen. Neuwahlen, so argumentieren ihre Gegner, seien nicht die Beendigung des Taktierens durch den Appell an den Souverän, das Volk, sondern die Fortsetzung des Taktierens mit anderen Mitteln. Die Umfrageergebnisse der letzten Zeit belegen dies nicht. An ihnen läßt sich vielmehr ablesen, daß niemand sich des Sieges gewiß sein kann. CDU/CSU 49,5 bis 50,5 Prozent; SPD 38,5 bis 39,5 Prozent; Grüne sechs oder 6,5 Prozent; FDP um vier Prozent: Da hat keiner den Triumph schon in der Tasche. Die CDU hat mit Voraussagen ihrer absoluten Mehrheit in Hessen eine Enttäuschung erlebt. Der FDP mag Franz-Josef Strauß am Ende gerade dadurch über die Fünf-Prozent-Hürde helfen, daß er ständig gegen sie vom Leder zieht. Die Grünen werden ihr Ziel, die Bundesrepublik „unregierbar" zu machen, nicht erreichen. Der Ausgang der Wahlen ist offen, ihre Anberaumung daher fair.

Übrigens sollte man sich hüten, den Bundespräsidenten vorzuschieben, um daran vorbeizukommen. Karl Carstens hat gewußt, daß das Wahlversprechen die Geschäftsgrundlage der neuen Koalition war, als er Helmut Kohl die Ernennungsurkunde überreichte. Der Bundespräsident ist zwar der Hüter der Verfassung, der oberste Staatsnotar. Aber es hieße ihn überfordern, wollte man von ihm verlangen, daß er nach einer Vertrauensabstimmung über das Votum eines jeden Abgeordneten Motivforschung betriebe. In der Ausübung seines verfassungsmäßigen Ermessens wird das Staatsoberhaupt nicht beeinträchtigt, wenn es in die Würdigung des Sachverhaltes auch politische Überlegungen einfließen läßt.

Nein, es spricht alles für baldige Neuwahlen. Es soll hier gar nicht von den praktischen Vorzügen baldiger Wahlen die Rede sein. Sie beugen einer Polarisierung bis Ende 1984 vor, die drei Monate Wahlkampf weit in den Schatten stellen würde. Sie ersparen uns eine „Raketenwahl". Sie können Dolchstoßlegenden den Garaus machen. Schließlich, wenn sie die Grünen in den Bundestag tragen, bringen sie die Stunde der Wahrheit schon bald, nicht erst Ende nächsten Jahres – und damit die Chance, die Grünen rasch in den Prozeß der Parlamentarisierung oder Fragmentierung zu stoßen. Wichtiger jedoch sind die grundsätzlichen Erwägungen.

Eine demokratische Republik braucht beides: Legalität und Legitimität. Legalität, die keine Legitimität genießt, ist so zerstörerisch wie Legitimität, die der Legalität den Rücken kehrt. Aber der Legalität wird kein Abbruch getan, wenn Helmut Kohl auf dem Umweg über den Artikel 68 Neuwahlen anbahnt.

Ohnehin hat die Enquete-Kommission Verfassungsreform des Deutschen Bundestages – elf Bundestagsabgeordnete, elf Ländervertreter, elf Wissenschaftler – einstimmig vorgeschlagen, die Selbstauflösung des Bundestages mit Zweidrittelmehrheit einzuführen, um dem Bundestag bei Mehrheitsverlust der Regierung oder Koalitionsunfähigkeit der Parteien den Entzug des Vertrauens für den Bundeskanzler durch „Manipulation" zu ersparen. Das sollte in der Tat auch bald eingeführt werden. Bonn ist nicht Weimar. In Helmut Schmidts Worten: Die Bundesrepublik ist inzwischen erwachsen geworden, und Weimarer Verhältnisse sind auch in Zukunft in Bonn nicht zu erwarten. Unzweifelhaft widerspräche es der demokratischen Kleiderordnung, wenn die Urheber einer Verfassungsänderung auch deren erste Nutznießer wären; erst zugunsten der Nachfolger kann sie wirksam werden. Aber wenn die Selbstauflösung sowieso kommt, wird ein letztes Mal auch noch der alte „krumme" Weg zu Neuwahlen erträglich sein . . .

Helmut Kohl hat versprochen, am 6. März wählen zu lassen. Er darf sich den Makel des Wortbruchs nicht aufladen – und er kann sein Wort auch halten, ohne die Verfassung zu brechen. In der gegenwärtigen Lage muß der Wählerwille höher stehen als alle Spitzfindigkeiten – Spitzfindigkeiten, die vorgeblich der Einhaltung der Verfassung dienen, in Wahrheit aber ihr Fundament untergraben: den Respekt des Volkes.

Martin Hirsch, ehemaliger Bundesverfassungsricher, in der *Hamburger Morgenpost* vom 9. November 1982

KOHLS RÜCKTRITT – DER BESTE WEG ZUR NEUWAHL

Morgenpost: Kann man ohne Änderung der Verfassung, ohne diese zu mißbrauchen, Neuwahlen für den 6. März durchsetzen?

Martin Hirsch: Wir alle kennen Bundeskanzler Helmut Kohl als einen seriösen demokratischen Politiker. Ich nehme an, daß er sich die Frage mit seinem Kabinett genau überlegt hat.

Ich kann nur hoffen, daß er mit seinen Überlegungen sehr bald an die Öffentlichkeit tritt und das Gespräch mit den Parteivorsitzenden führt, das er angekündigt hat.

Zu Neuwahlen können wir nach dem Grundgesetz dadurch kommen, daß der Bundeskanzler zurücktritt und daß dann im Parlament (mehrfach) vergeblich versucht wird, einen neuen Kanzler zu wählen. Danach kann der Bundespräsident den Bundestag auflösen.

Morgenpost: Haben Sie Bedenken gegen diesen Weg?

Martin Hirsch: Nein. Er wird nur sehr kompliziert.

Morgenpost: Der zweite Weg führt über das „Mißtrauensvotum".

Martin Hirsch: Wenn der Bundeskanzler die Vertrauensfrage stellt und nicht die Mehrheit der Stimmen erhält, kann er dem Bundespräsidenten die Auflösung des Bundestages vorschlagen.

Gegen diesen Weg sind erhebliche Bedenken erhoben worden: Wenn er eingeschlagen wird, ohne daß die Mehrheit des Bundestages dem Kanzler das Mißtrauen aussprechen möchte, wenn dieses Mißtrauen also nur fingiert ist. Rein formell ist dieser Weg gangbar.

Morgenpost: Dritte Möglichkeit ist eine Verfassungs-Änderung, damit direkt Neuwahlen beschlossen werden können.

Martin Hirsch: Man könnte mit Zwei-Drittel-Mehrheit beschließen, daß der Bundestag ein Selbstauflösungsrecht bekommt. Daß also der Bundestag mit Zwei-Drittel- oder besser noch mit Drei-Viertel-Mehrheit beschließen kann:

Wir lösen uns auf.

Bisher sieht das Grundgesetz diese Möglichkeit nicht vor – im Gegensatz zu den Verfassungen der meisten demokratischen Länder. Wenn man die Verfas-

sung ändert, dann kann das nur für die Zukunft – die kommenden Bundestage
– gelten. Alles andere würde ich für stilwidrig halten.

Morgenpost: Welche Möglichkeit gibt es noch?

Martin Hirsch: Es könnte sein, daß Herr Kohl in seiner Koalition so tiefgreifende Meinungsverschiedenheiten bekommt, daß er nicht mehr das Vertrauen der Mehrheit des Bundestages hat. Stellen wir uns vor, die FDP versucht ihre Vorstellungen beim Demonstrations- oder Beamtenrecht durchzusetzen, beim Extremisten-Erlaß oder Kriegsdienstverweigerung – dann könnte sie mit der SPD die Mehrheit haben.

In diesem Fall wäre der Weg zur Auflösung des Bundestages einfach, so, wie das schon 1972 geschehen ist.

Morgenpost: Rechnen Sie mit Neuwahlen am 6. März?

Martin Hirsch: Ja. Ich kann mir nicht vorstellen, daß Herr Kohl die deutsche Öffentlichkeit aufs Glatteis führen will.

Friedrich Karl Fromme in der *Frankfurter Allgemeinen Zeitung* vom 11. Dezember 1982

POLITIKER UND PROFESSOREN STREITEN ÜBER DIE BUNDESTAGSAUFLÖSUNG

„Bedenklich, aber nicht justitiabel"

Wenn Professoren und (sogar rechtskundige) Politiker zusammentreffen, geht es oft nicht friedfertig her. Bei einer Veranstaltung der „Deutschen Vereinigung für Parlamentsfragen", die sich am Donnerstag abend mit dem Thema Auflösung des Bundestages befaßte, sagte der CDU-Abgeordnete und stellvertretende Fraktionsvorsitzende Erhard, wenn den fein ziselierenden Verfassungsjuristen das politische Handeln obläge, würde es nicht mehr zum Handeln kommen. Dagegen hielt der Frankfurter Staatsrechtsprofessor Meyer dem FDP-Abgeordneten Kleinert, einem erfahrenen Rechtsanwalt und langjährigen Mitglied des Rechtsausschusses des Bundestages, vor, seine Ansichten ließen die Vermutung zu, er sei im ersten Semester stehengeblieben.

Sinn und Zweck der Verfassung

Tatsächlich waren bei dieser Diskussion, der eine nicht geplante Dramaturgie zum denkbar glücklichsten Zeitpunkt verholfen und die deshalb viel Publikum angezogen hatte, die Politiker einerseits, die Professoren andererseits je unter sich so ziemlich einig, aber sie vertraten gegensätzliche Ansichten. Die Politiker – neben Erhard und Kleinert, den neuen Koalitionsgefährten, äußerte sich für die SPD der Abgeordnete Fischer – traten für die Auflösung des Bundestages und damit für vorgezogene Wahlen ein; der Vorsitzende der veranstaltenden Vereinigung, der Abgeordnete Lenz (CDU), konnte zur Einführung zitieren aus dem vor Minuten gefaßten Beschluß der Unionsfraktion, sich bei der Abstimmung über die Vertrauensfrage am nächsten Freitag der Stimme zu enthalten. Fischer, ein bisher wenig bekannter Politiker (Ministerialrat aus Rheinland-Pfalz), ein solid wirkender Mann von etwas bäuerischem Zuschnitt, vertrat, der Position seiner Partei gemäß, die Ansicht, der Auflösungs-Weg über die (abzulehnende) Vertrauensfrage sei bedenklich. Das Richtige sei, daß der Bundeskanzler zurücktrete und daß dann das, wie Fischer zugestand, unübersichtliche Verfahren der Kanzlerneuwahl, der Vermeidung einer absoluten Mehrheit und schließlich der Auflösung des Parlaments durch den Bundespräsidenten eingeschlagen werde. Aber, so sagte Fischer zum Abschluß ein wenig scherzhaft (doch die Konturen der Ernsthaftigkeit traten deutlich hervor), er für sein Teil werde nicht beim Bundesverfassungsgericht klagen, wenn der Weg zur Auflösung über die abgelehnte Vertrauensfrage führen sollte.

Erhard und Kleinert rückten den Wortlaut des fraglichen Grundgesetz-Artikels ins Bild; Kleinert machte die Bemerkung (die Professor Meyer zu seiner Invektive veranlaßte), er habe gelernt, daß man zuallererst ins Gesetz schaue. Über Motive der Abgeordneten, die eine Vertrauensfrage des Kanzlers verneinten (wenn der Kanzler nicht die Jastimmen der gesetzlichen Mitgliederzahl des Bundestages bekommt, kann er dem Bundespräsidenten die Auflösung vorschlagen), stehe im Grundgesetz nichts. Kleinert verließ freilich seine eigene Bindung an den Wortlaut ein wenig, als er von dem „kann", das für das Auflösungsrecht des Bundespräsidenten unter der genannten Bedingung gilt, eine etwas schwankende Interpretationsbrücke schlug, zu einem – vom „nobile officium" der Staatsorgane untereinander bedingten – „soll", welches im Verwaltungsrecht bekanntlich eigentlich heißt „muß", wenn nicht besondere Gründe entgegenstehen. Erhard hob wie Kleinert darauf ab, daß das Stimmverhalten des einzelnen Abgeordneten keiner Begründung bedürfe, deshalb von niemandem auf die Motive nachgeprüft werden könne.

Da die Veranstaltung in die äußerste Aktualität hineingeraten war, bot es sich an, das auch zu nutzen. Das heißt: Es wurde bevorzugt darüber gesprochen, was der auf den Weg gebrachten Bundestagsauflösung noch in den Weg treten könne. Der Referent Zeh, Angehöriger des wissenschaftlichen Dienstes des Bundestages, einst Mitarbeiter der Enquete-Kommission des Parlaments für die Verfassungsreform, habilitiert im Staatsrecht, versuchte, den Entscheidungsspielraum des Bundespräsidenten abzugrenzen. Dabei wandte sich Zeh von der schlichten Populär-Interpretation ab, die sich mit dem „Willen des Grundgesetzgebers" begnügt. Erhard zitierte die Fundstellen, aus denen sich ergibt, daß 1948/49 gerade die SPD an die Parlamentsauflösung zum Zwecke der Befragung des Volkes in einer besonders wichtigen Angelegenheit gedacht hatte. Zeh wies darauf hin, daß der Wille des Verfassungsgebers nur ein minderes Auslegungs-Instrument sei; vielmehr komme es – wie vom Bundesverfassungsgericht schon früh entschieden – auf die Auslegung im Sinnzusammenhang an. Hier gibt es in der Tat eine Art höherrangigen (oder auch: sich von der je individuell erlebten Situation der Verfassungsgeber abhebenden) Sinn und Zweck der Verfassung. Beim Grundgesetz heißt das: Herstellen und, soweit möglich, Sichern einer handlungsfähigen Regierung.

In diesen „Sinnzusammenhang" des Grundgesetzes gehört, daß der Bundespräsident eine Reserve-Gewalt gegen das Parlament im Normalfall nicht ist, nur im Falle eines gelähmten Parlaments. Davon aber könne, so Zeh, jetzt keine Rede sein. Eine Bundestagsauflösung, die der Konsolidierung einer brüchigen Mehrheit diene, sei zulässig, nicht freilich eine, die aus dem Übermut und dem Machtgelüst (Zeh hat sich vornehmer ausgedrückt) einer in sich gefestigten Mehrheit folge. Es dürfe also eine Auflösung nicht geben, die nur dazu diene, den Wahltermin auf einen der Mehrheit genehmen Zeitpunkt zu rücken. Die innere Schwäche der Regierungsmehrheit müsse in mehr bestehen als einem Alltags-Dissens über eine am Rande liegende Sachfrage. Und es dürfe nicht unmittelbar vor der Auflösung die Existenz einer Mehrheit für die Regierung schlüssig nachgewiesen sein.

Zum ersten Punkt sagte Zeh, alle Parteien seien unsicher, was bei der Wahl herauskommen werde. Kleinert meinte, unter leicht schadenfroh getönter Heiterkeit des Publikums, daß die FDP willens sei, das Wahlversprechen zu erfüllen, „in klarer Erkenntnis ungewöhnlich hoher Risiken". Was den zweiten Punkt angehe, sagte Zeh, gebe es bei den Parteien und im Volke erhebliche Zweifel, ob die Regierung, die am 1. Oktober durch Mißtrauensvotum gegen Kanzler Schmidt gebildet worden sei, Legitimität für sich in Anspruch nehmen könne; der SPD-Politiker Fischer stellte das nicht in Abrede, wiewohl er, von bestimmten „Verrats"-Thesen aus seiner Partei deutlich abrückend, anmerkte, die Ablösung der Regierung Schmidt sei nach dem verfassungsrechtlichen Verfahren absolut in Ordnung gewesen. Zeh diagnostizierte eine „latente Instabilität" der Regierung Kohl/Genscher, die zu beseitigen in der Intention der Regelungen über die Vertrauensfrage liege. Beim letzten Punkt allerdings war Zeh offensichtlich von Zweifeln geplagt. Zwar könne die schon etwas zurückliegende Mehrheitswahl eines Kanzlers nicht als Indiz für fortdauerndes „Vertrauen" gelten. Denn etwa die „bravourös gewonnene" Vertrauensfrage Schmidts im Februar habe gezeigt, wie rasch sich das ändern könne. Aber könnte nicht die Verabschiedung eines Haushalts, was der Bundesregierung kurz vor der Vertrauensabstimmung zuteil werden wird, ein Indiz für vorhandenes Vertrauen sein? Hier meinte Zeh, daß Haushalte aus den verschiedensten Gründen vom Parlament gebilligt würden; in der Vergangenheit habe oft sogar die Opposition zugestimmt. Ein Haushaltsbeschluß sei also nicht die vorweggenommene Vertrauensbejahung, der dann – manipulativ – die Verneinung folge. Der Ermessensspielraum des Bundespräsidenten sei daher in der jetzigen Lage eng. Die Schwierigkeit des Verfahrens bringe die „Auflösungsfeindlichkeit" des Grundgesetzes hinreichend zur Geltung, und die Gefahr einer plebiszitären Ausartung werde widerlegt dadurch, daß eine Krise gerade durch die Wahl von Repräsentanten gelöst werde.

Was die Nachprüfung einer Auflösungsverfügung des Bundespräsidenten durch das Bundesverfassungsgericht anging, lenkte Zeh den Blick auf Regeln des Verfassungsprozeßrechts, die die Kontrollmöglichkeiten des Verfassungsgerichts eingrenzen. Stichworte: Im Organstreit ist nur ein Feststellungsurteil möglich, keine „Aufhebung" getroffener Entscheidungen; einstweilige Anordnungen finden ihre Grenze an dem, was im Hauptsacheverfahren möglich ist; die übliche Schaden-Nutzen-Abwägung bei einstweiligen Anordnungen führt hier also leicht an die Grenze der Vorwegnahme der Entscheidung in der Hauptsache.

Die Gelehrten legten den Ton fast übereinstimmend auf die Auflösungsfeindlichkeit des Grundgesetzes, argumentierten überwiegend historisch. Sie sahen die Gefahren eines Mißbrauchs, des üblen Präzedenzfalls, des Einbruchs des Plebiszitären. Freilich waren die wissenschaftlichen Gegner der Parlamentsauflösung, so wie sie jetzt vonstatten gehen soll, in großer Zahl erschienen. Verfassungsrechtler, die anderer Ansicht sind – wie Ossenbühl, Scholz und andere –, nicht. Ein neues Argument, das von Fischer (SPD) und von Professoren vorgebracht wurde, erscheint als ziemlich untauglich: das Grundgesetz garantiere eine vierjährige Wahlperiode. Es gibt im Grundgesetz Möglichkeiten der Auflösung des Bundestages; also ist die vierjährige „Amtszeit" eines Bundestages gerade nicht garantiert, und damit ist man wieder bei der alten Frage angelangt: Ist die Auflösung des Bundestages unter den jetzt bestehenden Bedingungen und der in Aussicht genommenen Verfahrensweise verfassungswidrig oder nicht?

Nachdem Bundeskanzler Helmut Kohl mit dem Bundespräsidenten und den Parteivorsitzenden den Weg zu vorgezogenen Neuwahlen erörtert hatte und bei den Koalitionsfraktionen Einigkeit über die Verfahrensweise erzielt worden war, stellte der Bundeskanzler mit Schreiben vom 13. Dezember 1982 an den Präsidenten des Deutschen Bundestages die Vertrauensfrage gemäß Artikel 68 des Grundgesetzes:

BUNDESREPUBLIK DEUTSCHLAND
DER BUNDESKANZLER

Bonn, den 13. Dezember 1982

An den
Präsidenten des
Deutschen Bundestages
Herrn Richard Stücklen
Bundeshaus
5300 Bonn 1

Sehr geehrter Herr Präsident,
hiermit teile ich Ihnen mit, daß ich den Antrag gemäß Artikel 68 des Grundgesetzes stelle. Ich beabsichtige, vor der Abstimmung über den Antrag am Freitag, dem 17. Dezember 1982, eine Erklärung dazu abzugeben.

Mit freundlichen Grüßen

Helmut Kohl

Das Schreiben des Bundeskanzlers ging um 10.48 Uhr beim Präsidenten des Deutschen Bundestages ein. Es wurde noch am Vormittag des 14. Dezember 1983 an die Mitglieder des Deutschen Bundestages als Drucksache 9/2304 verteilt. Die Fraktionen des Bundestages einigten sich darauf, daß der Antrag des Bundeskanzlers gemäß Artikel 68 des Grundgesetzes als einziger Tagesordnungspunkt auf der Plenarsitzung am 17. Dezember 1982 behandelt werden sollte. Mit der Verteilung des Antrags als Drucksache am 14. Dezember 1982 war sowohl die 48-Stunden-Frist des Artikels 68 Abs. 2 des Grundgesetzes als auch die Frist gemäß § 78 Abs. 5 i. V. m. § 123 GOBT erfüllt, nach der die Beratung der Vorlage frühestens am dritten Tage nach Verteilung der Drucksache beginnt.

In der Plenarsitzung am 17. Dezember 1982 begründete zuerst Bundeskanzler Dr. Helmut Kohl seinen Antrag. Anschließend sprachen die Vertreter der Fraktionen sowie einzelne Abgeordnete:

Präsident **Stücklen:** Die Sitzung ist eröffnet.

Wir treten in die Tagesordnung ein. Ich rufe den Tagesordnungspunkt XXXII auf:

Beratung des *Antrags des Bundeskanzlers gemäß Artikel 68 des Grundgesetzes*

– Drucksache 9/2304 –

Am 13. Dezember 1982 hat der Bundeskanzler den Antrag gemäß Art. 68 Abs. 1 des Grundgesetzes gestellt. Der Antrag ist am 14. Dezember 1982 als Drucksache 9/2304 verteilt worden. Damit ist die Frist von 48 Stunden zwischen dem Antrag und der Abstimmung gemäß Art. 68 Abs. 2 des Grundgesetzes gewahrt.

Das Wort hat der Herr Bundeskanzler.

Dr. Kohl, Bundeskanzler: Herr Präsident! Meine sehr verehrten Damen und Herren! In der Regierungserklärung vom 13. Oktober 1982 habe ich das Programm der von FDP, CSU und CDU getragenen Bundesregierung vorgestellt und unsere Absicht bekräftigt, möglichst am 6. März 1983 vor den Wähler zu treten. Ich habe deshalb den *Antrag gemäß Art. 68 des Grundgesetzes* gestellt.

Einen solchen Antrag hat es in der Geschichte der Bundesrepublik Deutschland bisher zweimal gegeben. Im September 1972 stellte Bundeskanzler Willy Brandt diesen Antrag mit dem erklärten Ziel, durch die Ablehnung des Antrags in die Lage versetzt zu werden, dem Bundespräsidenten die Auflösung des Bundestages vorzuschlagen. Im Februar 1982 hat Bundeskanzler Helmut Schmidt einen solchen Antrag gestellt, um sich der Zustimmung der damaligen Koalition zu vergewissern.

Meine Damen und Herren, auch wenn die Gründe im Jahr 1972 anders waren, knüpfe ich an das von Bundeskanzler Brandt damals genannte Ziel an. Mein Antrag soll dazu beitragen, daß der *Weg zu Neuwahlen* geöffnet werden kann.

Ich weiß, daß es über den Anwendungsbereich des Art. 68 des Grundgesetzes wie auch über andere Wege zur Auflösung des Bundestages während einer Legislaturperiode eine intensive öffentliche Diskussion gibt. Nach eingehender Prüfung aller wesentlichen Gesichtspunkte und nach Beratungen und Gesprächen mit den Vorsitzenden der im Deutschen Bundestag vertretenen Parteien und Fraktionen bin ich zu der Überzeugung gelangt, daß der von mir eingeschlagene Weg im Einklang mit dem Grundgesetz steht. Art. 68 des Grundgesetzes gibt dem Bundeskanzler die Möglichkeit, die Mitglieder des Deutschen Bundestages zu fragen, ob für die *Weiterarbeit der Bundesregierung* eine hinreichende *parlamentarische Basis* gegeben ist. Ich stelle Ihnen heute diese Frage.

Meine Damen und Herren, ich erinnere an die Vereinbarung, welche die Koalitionsparteien CDU, SPD – – CDU, CSU und FDP – –

(Lachen bei der SPD)

Meine Damen und Herren, das war ganz gewiß keine Freudsche Fehlleistung bei mir.

(Beifall bei der CDU/CSU und der FDP)

Aber ich sage es gern noch einmal: Ich erinnere an die Vereinbarung, welche die Koalitionsparteien CDU, CSU und FDP im September 1982 getroffen haben. Wir sind damals in der Koalition gemeinsam zu der Auffassung gelangt, daß wir *sofortige Neuwahlen* angesichts der *außergewöhnlichen Notlage*, die wir vorgefunden haben, nicht verantworten können. Die Bewältigung dringender Probleme, für die in der früheren Regierung und Koalition keine Mehrheit zu erzielen war, duldete keinen Aufschub. Ich erinnere vor allem an die Lage der öffentlichen Finanzen, an die wirtschaftliche Situation und insbesondere an die Entwicklung auf dem Arbeitsmarkt. Wir mußten den Bundeshaushalt 1983 und die ihn begleitenden Gesetze verabschieden. Wir mußten unserem Land sowie unseren Partnern und Verbündeten in der Welt Klarheit über den künftigen außenpolitischen Kurs verschaffen. Deshalb war der Auftrag für diese Bundesregierung von Anfang an sachlich begrenzt. Deshalb haben wir von Anfang an angestrebt, dem Wähler sobald wie möglich Gelegenheit zu geben, sein Votum zur Politik der Koalition der Mitte, zu dieser neuen Politik, abzugeben.

Meine Damen und Herren, das bedeutet: Erstens. Wir wollten ein auf das Notwendigste konzentriertes *Dringlichkeitsprogramm*. Zweitens. Wir wollten uns nach Verabschiedung des Programms unverzüglich dem Wähler stellen. Auf dieser Grundlage und gemäß dieser Absprache bin ich am 1. Oktober 1982 zum Bundeskanzler der Bundesrepublik Deutschland gewählt worden. Dies habe ich in meiner Regierungserklärung am 13. Oktober 1982 bekräftigt, und dazu stehe ich selbstverständlich auch heute.

Den ersten Teil unserer Zusage haben wir eingelöst. Erstens. Die neue Koalition der Mitte hat die notwendigen ersten Schritte eingeleitet, damit die staatlichen Finanzen wieder gesunden können. Der Deutsche Bundestag hat die Haushaltsgesetze und die Begleitgesetze in dieser Woche verabschiedet. Die Koalition hat die ersten Impulse gegeben, um unsere Wirtschaft wieder in Schwung zu bringen und neue Arbeitsplätze, vor allem für die junge Generation, zu schaffen. Die Bundesregierung hat zugleich deutlich gemacht, daß und wo wir uns gemeinsam mit unseren Mitbürgern Opfer zumuten müssen, damit das soziale Netz erhalten werden kann. Wir haben die seit vielen Jahren anstehende Novelle zur Neuordnung des Kriegsdienstverweigerungsgesetzes verabschiedet.

Zweitens. Die neue Koalition der Mitte hat die Freundschaft mit unseren europäischen Nachbarn und unseren Partnern im Nordatlantischen Bündnis gefestigt. Die Bundesregierung hat unsere Politik des Dialogs in den Ost-West-Beziehungen sowie der Partnerschaft mit den Ländern der Dritten Welt vertieft. Das Ziel unserer Sicherheitspolitik und unser fester Wille, für den Frieden in der Welt zu arbeiten, sind besonders deutlich geworden. Wir sind wieder, meine Damen und Herren, ein verläßlicher und berechenbarer Partner in der internationalen Politik.

(Zuruf von der SPD: Das waren wir immer!)

Nachdem wir das Dringendste getan haben, ist es geboten, sich dem Votum des Wählers zu stellen.

(Beifall bei der CDU/CSU und der FDP)

In zahlreichen Gesprächen habe ich den Eindruck gewonnen: Alle im Deutschen Bundestag vertretenen Parteien wollen *Neuwahlen*.

(Beifall bei der SPD)

– Ich bin ja dankbar, daß ich wenigstens auf diese Art Ihren Beifall gewinne. –

(Beifall bei der CDU/CSU und der FDP)

Meine Damen und Herren, die weit überwiegende Mehrheit unserer Bürger will ebenfalls Neuwahlen.

(Zuruf von der SPD: Schon lange!)

Ich bin davon überzeugt, daß die angestrebten Neuwahlen notwendig sind.

Vor uns liegen außerordentlich schwierige Aufgaben. Es geht darum, unser Land aus der schwersten Wirtschafts- und Finanzkrise seit Bestehen der Bundesrepublik Deutschland herauszuführen. Ob diese Aufgaben mit Aussicht auf Erfolg gelöst werden können, hängt entscheidend davon ab, daß die Arbeit der Parteien und Fraktionen, welche die Regierung tragen, von einem entscheidenden *Wählerauftrag* gestützt wird.

(Liedtke [SPD]: Sehr richtig!)

Die notwendige Politik muß langfristig angelegt sein. Denn wir wollen nicht Stückwerk leisten, sondern *dauerhafte Fundamente* legen, wie CDU, CSU und FDP dies schon einmal zu Beginn der Geschichte unserer Bundesrepublik Deutschland getan haben.

(Beifall bei der CDU/CSU und der FDP)

Wir, CDU/CSU und FDP, sind bereit, uns zum zweitenmal einer solch schweren Aufgabe in einer schwierigen Zeit zu stellen.

Wir wollen und müssen den Staatshaushalt in Ordnung bringen. Wir müssen Arbeitsplätze schaffen und die Wirtschaft wiederbeleben. Wir müssen in der Außen- und Sicherheitspolitik unseren Weg zur Sicherung des Friedens in Freiheit weitergehen können, auch wenn wir dabei schwierige Auseinandersetzungen zu bestehen haben. Wir müssen dauerhafte Voraussetzungen für eine menschlichere Gesellschaft schaffen. In all diesen Fragen gibt es noch keine umfassenden, längerfristigen Absprachen der jetzigen Koalitionspartner. Die Koalitionsvereinbarung konzentrierte sich auf das in meiner Regierungserklärung vom 13. Oktober 1982 dargelegte Dringlichkeitsprogramm. Es konnte und kann sich nicht auf alle Felder der Politik in der notwendigen Breite und Vielfalt erstrecken.

Das notwendige Dringlichkeitsprogramm ist erfüllt. Mit der Erfüllung dieses Programms ist für die Weiterarbeit der Koalition eine parlamentarische Grundlage nicht mehr gegeben. Wir wollen nun den Wähler bitten, uns den *Auftrag für eine langfristige Politik* der neuen Koalition der Mitte zu geben. Die Koalitionsparteien CDU, CSU und FDP sind grundsätzlich bereit, nach der Wahl erneut zusammenzuarbeiten. Für die weitere Arbeit der Koalitionsparteien bedarf es einer neuen parlamentarischen Grundlage. Diese Grundlage soll der Wähler gewähren. Er soll darüber entscheiden, ob die Koalition weiter zusammenarbeiten kann und welcher gemeinsame Inhalt für eine zukunftsorientierte, langfristig angelegte Politik vereinbart werden kann.

Auch die SPD als Oppositionspartei hat klar erklärt, daß sie nicht bereit ist, eine Koalition einzugehen und daß sie Neuwahlen will. Keine im Deutschen Bundestag vertretene Partei oder Fraktion wird durch eine Parlamentsauflösung übervorteilt.

Wenn gegen den Weg, den ich zu Neuwahlen eingeschlagen habe, der Einwand erhoben wird, daß die *Verfassung* manipuliert werde, so entbehrt dieser Einwand jeder Grundlage.

(Beifall bei der CDU/CSU und der FDP)

Ich habe seit meiner Wahl zum Kanzler der Bundesrepublik Deutschland Ihnen und der deutschen Öffentlichkeit in aller Offenheit meine Erwägungen vorgetragen. Ich habe alles vermieden, was den Anschein des Künstlichen oder der *Manipulation* erwecken könnte.

Der Vorwurf der Manipulation wäre schon eher gerechtfertigt, wenn ich den Weg des *Rücktritts* gemäß Art. 63 des Grundgesetzes wählen würde.

(Lachen bei der SPD)

Art. 63 des Grundgesetzes setzt mehrere vergebliche Wahlgänge voraus, um den Weg zu Neuwahlen zu öffnen. In der augenblicklichen Situation würde es niemanden überzeugen, wenn ein derartiges Verfahren eingeschlagen würde, um den Bundespräsidenten zur Auflösung des Bundestages zu nötigen.

(Beifall bei der CDU/CSU und der FDP)

Ich bin der Auffassung, daß der von mir gewählte Weg zur Auflösung des Bundestages überzeugend und verfassungsrechtlich einwandfrei ist. Ich hebe noch einmal die wichtigsten Gesichtspunkte hervor. Die Koalition braucht als Grundlage für die notwendige, langfristige und breit angelegte Politik der Erneuerung eine Entscheidung des Wählers. Alle im Deutschen Bundestag vertretenen Parteien wollen Neuwahlen. Es gibt keine Mehrheit des Bundestags, die bereit ist, eine andere Regierung zu wählen. Mit ihrem Wunsch nach Neuwahlen entsprechen die Parteien einem Wunsch der großen Mehrheit unserer Bevölkerung.

Meine Damen und Herren, ich bitte Sie, Ihre Entscheidung zu der von mir gestellten Frage nach Ihrem Gewissen zu treffen. Dem besonderen Charakter des Art. 68 des Grundgesetzes entspricht es, daß ich persönlich an der Abstimmung nicht teilnehme.

Meine Damen und Herren, wir werden durch unser Verhalten eine wesentliche Grundlage für die Entscheidung treffen, die ich dem Herrn Bundespräsidenten vorschlagen möchte.

(Beifall bei der CDU/CSU und der FDP)

Präsident **Stücklen:** Das Wort hat der Herr Abgeordnete Brandt.

Brandt (SPD): Herr Präsident! Meine Damen und Herren! Auch die gegenwärtige Bundesregierung hat nichts daran ändern können, daß wir in einer Woche Weihnachten haben ...

(Heiterkeit)

Wir, die Sozialdemokraten in diesem Hause, waren und sind der Meinung, daß der *Weg zu Neuwahlen* hätte beschritten werden sollen, als die Koalition zerfiel, die im Oktober 1980 durch die Wähler erneut ins Amt berufen worden war.

(Beifall bei der SPD und bei Abgeordneten der FDP)

Bundeskanzler Schmidt hatte Ihnen und uns vorgeschlagen, das Mandat in die Hände der Wähler zurückzugeben. Die Mehrheit dieses Hauses hat sich anders entschieden, und wir, die wir nicht die Mehrheit stellen, hatten uns dem zu beugen.

Wir haben ja auch nie die *Rechtmäßigkeit des Regierungswechsels* bestritten, der hier *am 1. Oktober* stattgefunden hat.

(Widerspruch bei der CDU/CSU)

Natürlich erlaubt das Grundgesetz die Neuwahl eines Bundeskanzlers im Verlauf einer Legislaturperiode des Bundestags. Ob der Wechsel im konkreten Fall, also durch den Seitenwechsel derer, die die Mehrheit der FDP bilden, unter dem Gesichtspunkt politischer Klarheit und Wahrhaftigkeit gerechtfertigt war, daran haben wir unseren ersten Zweifel angemeldet.

(Beifall bei der SPD)

Daran hat sich nichts geändert; denn es bleibt ein ungewöhnlicher Vorgang, ein, wie wir meinen, höchst zweifelhafter Vorgang, wenn eine Partei einen Teil ihrer Stimmen für das Versprechen erhält, mit Bundeskanzler Schmidt weiter zusammenzuarbeiten, sie ihn dann aber kaum zwei Jahre danach nicht stützt, sondern aus fadenscheinigen Gründen stürzt.

(Beifall bei der SPD – Zurufe von der CDU/CSU)

Nun hat ja Bundeskanzler Kohl von Anfang an auch das Empfinden gehabt, daß er nicht einfach weitermachen könne, als ob in bezug auf die *innere Rechtfertigung des Regierungswechsels* alles in Ordnung gewesen wäre. Also hat er in seiner Regierungserklärung vom 13. Oktober – er hat eben darauf Bezug genommen – Neuwahlen in Aussicht gestellt. Weil Sie, Herr Bundeskanzler, was ich wohl verstehen kann, sich erst einen Platzvorteil verschaffen wollten, haben Sie eine sich über zwei Monate erstreckende Phase der Spekulation und Unklarheiten entstehen lassen,

(Beifall bei der SPD – Zuruf von der CDU/CSU: Sie Ahnungsloser!)

nämlich darüber, wie die vorgezogenen Neuwahlen in die Wege geleitet werden sollten.

(Dr. Bötsch [CDU/CSU]: Da hat Sie Herr Ehmke aber schlecht beraten!)

Erst seit Ihrem Antrag zu Beginn dieser Woche gibt es insoweit eine neue Situation.

Herr Bundeskanzler, vor dem von Ihnen jetzt vorgeschlagenen Weg, die Neuwahl zu erreichen, ist schon im September, also vor Ihrer Wahl zum Bundeskanzler, aus verfassungsrechtlicher, vor allen Dingen aus verfassungspolitischer Sicht ausdrücklich gewarnt worden. Die inzwischen mehrfach wiederholte Warnung hat ihren Zweck nicht erreicht. Gerade an diesem Weg, wie wir eben gehört haben, einer einfachen Vertrauensfrage halten Sie fest.

Dabei fehlte es nicht an Hinweisen, daß Sie, Herr Bundeskanzler, und Ihre politischen Freunde die *rechtlichen Bedenken* im Hinblick auf eine negativ beantwortete *Vertrauensfrage* trotz bestehender Mehrheit für die Regierung als erheblich angesehen haben oder vielleicht auch jetzt noch ansehen. Herr Ministerpräsident Strauß, der Vorsitzende einer der drei diese Regierung tragenden Parteien, hat noch am 2. Dezember – nicht irgendwann im frühen Herbst – in einem Fernsehgespräch betont, er sei für sofortige Neuwahlen gewesen. Von ihm stamme der Termin des 6. März nicht, und er trage auch nicht die Verantwortung dafür. Sein, wie er es sagt, liebster Weg zu Neuwahlen führe über die durch eine Grundgesetzänderung ermöglichte Selbstauflösung des Bundestages.

Sie selbst, Herr Bundeskanzler, hatten in Ihrer Regierungserklärung vom 13. Oktober eingeräumt, daß es verfassungsrechtlich nicht einfach sei, Ihre Absicht zur Wahl am 6. März nächsten Jahres zu verwirklichen. Gleichwohl haben Sie es sich mit Ihrem jetzigen Verfahren einfach gemacht, ich finde, vielleicht zu einfach.

Dies ist, Herr Bundeskanzler, im übrigen nicht die *Situation* von *vor zehn Jahren*. Damals ist – woran Sie uns eben erinnert haben – von Art. 68 des Grundgesetzes Gebrauch gemacht worden. Doch übersehen wir bitte nicht: Die damalige Regierung hatte es mit einem Patt zu tun. Damals haben wir uns darauf verständigt, das nicht erstrebte und in der gegebenen Situation auch nicht zu erreichende Vertrauensvotum nach Art. 68 des Grundgesetzes zu nutzen, um Gustav Heinemann, dem damaligen Bundespräsidenten, die Möglichkeit zu geben, den Bundestag aufzulösen; und so ist es ja dann auch erfolgt. Diesmal haben wir es mit einer, was den Ausgangspunkt angeht, anderen Lage zu tun. Niemand, der die Belastbarkeit unserer Verfassung geprüft hat, dürfte sich darüber im unklaren gewesen sein.

Es drängt sich hier die Frage auf, meine Damen und Herren, ob wirklich die zeitliche Begrenzung eines Regierungsmandats durch Koalitionsvereinbarung und ergänzende Fraktionserklärungen genügen soll, um die vorzeitige Auflösung des Bundestages zu ermöglichen. Wir Sozialdemokraten werden jedenfalls den weiteren Verlauf dieses Verfahrens mit aller Sorgfalt daraufhin beobachten, ob hier erstmalig ein Beispiel dafür gegeben wird, daß ein Bundeskanzler, egal aus welcher Partei er komme, mit seiner Parlamentsmehrheit das *Ende einer Legislaturperiode* des Bundestages *nach eigenem Ermessen herbeiführen kann.*

(Beifall bei der SPD und Abgeordneten der FDP)

Nun haben Sie, Herr Bundeskanzler, im Laufe der zurückliegenden Wochen die Frage aufgeworfen, ob nicht das Grundgesetz so ergänzt werden sollte, daß für die Zukunft der *Bundestag* selbst das *Recht* erhielte, *sich durch qualifizierten Mehrheitsbeschluß selbst aufzulösen* und dadurch Neuwahlen möglich zu machen.

(Bundeskanzler Dr. Kohl: Das ist doch der Vorschlag der Enquete-Kommission, Herr Brandt!)

Ich habe Ihnen dazu gesagt, daß sich die Sozialdemokraten, ohne das Ergebnis vorwegzunehmen, einer späteren sorgfältigen Prüfung einer entsprechenden *Verfassungsergänzung* nicht entziehen würden. So habe ich es Ihnen gesagt. So wiederhole ich es hier. Wir Sozialdemokraten haben indes zu keinem Zeitpunkt einen Zweifel daran aufkommen lassen, daß wir zu Neuwahlen bereit sind,

(Beifall bei der SPD – Zuruf von der CDU/CSU: Na also!)

auch unter anderen als den im Frühherbst von Bundeskanzler Schmidt vorausgesetzten Bedingungen.

Wir haben auch gegenüber dem Herrn Bundespräsidenten keinen Zweifel daran gelassen, daß die Nein-Stimmen der Sozialdemokraten in diesem Haus Ihnen, Herr Bundeskanzler, jedenfalls sicher sind.

(Beifall bei der SPD)

So haben wir es übereinstimmend erklärt, ich selbst für die Sozialdemokratische Partei, Herbert Wehner, der aus Krankheitsgründen heute leider nicht hier sein kann, und Hans-Jochen Vogel als unser erster Mann für die nächsten Wahlen, nämlich als unser Kandidat für das Amt des Bundeskanzlers. So sage ich es hier noch einmal: Bundeskanzler Kohl kann sich darauf verlassen, daß er das politische Vertrauen der sozialdemokratischen Abgeordneten im Deutschen Bundestag nicht hat.

(Beifall bei der SPD)

Da Sie, Herr Bundeskanzler, auch schon das Empfinden hatten, daß es einer neuen Entscheidung der Wählerinnen und Wähler bedürfte, sage ich auch nach der heutigen Einlassung, daß Sie sich am besten zum verfassungsrechtlich ganz unproblematischen *Rücktritt* hätten entschließen sollen.

(Beifall bei der SPD – Dr. Marx [CDU/CSU]: Warum hat das der Herr Schmidt nicht getan? Herr Schmidt hätte zurücktreten sollen!)

Mit Nachdruck will ich im übrigen feststellen, meine Damen und Herren, daß Sie – insbesondere Sie, Herr Bundeskanzler – Ihre Pflicht und Ihre Zusage nur erfüllt haben, wenn es wirklich zu Neuwahlen kommt.

(Beifall bei der SPD)

Etwaige Hindernisse auf dem Weg dorthin wären von Ihnen verschuldet und müßten von Ihnen durch einen Rücktritt überwunden werden. Ich sage das vorsorglich.

(Beifall bei der SPD)

Diejenigen, die skeptisch nach Bonn blicken und ihre Vorwürfe an alle Parteien, nämlich für den *Fall des Scheiterns einer Neuwahl,* schon jetzt ankündigen, mögen bitte zur Kenntnis nehmen, daß dieser Bundeskanzler und die ihn stützenden Fraktionen die alleinige Verantwortung für das heutige Geschehen tragen und deshalb auch allein als Adressaten für Vorwürfe dieser Art zu gelten haben.

(Beifall bei der SPD)

Wir Sozialdemokraten wollen die Neuwahl, und wir bestehen auf ihr. Aber wir haben nicht Anteil an dem Risiko eines Scheiterns, das sich aus dem von der Regierung und den Regierungsparteien mit robuster Dickfelligkeit festgehaltenen Weg über die fiktive Vertrauensfrage ergeben kann.

(Beifall bei der SPD)

Tritt bei einem Fehlschlag durch die Enttäuschung der Bürger politischer Schaden ein, so sind die Schuldigen allein auf der Regierungsbank und natürlich in den Fraktionen zu suchen, auf die sich der Bundeskanzler stützt.

Erst recht, Herr Bundeskanzler, verantworten Sie den Schaden, der dadurch entstanden ist, daß Sie sich einerseits der noch am 1. Oktober von Bundeskanzler Schmidt und seither von vielen Seiten wiederholt erhobenen Forderung, Ihren *Weg zur Neuwahl* klarzustellen, bis vor kurzem beharrlich entzogen haben, andererseits die Festlegung auf den 6. März als Wahltag gleichwohl ständig wiederholt haben. Ihnen muß doch klar gewesen sein, Herr Bundeskanzler, daß Sie damit den Versuch unternommen haben, nicht sich, sondern den Herrn *Bundespräsidenten* festzulegen.

(Beifall bei der SPD)

Er löst den Bundestag auf. Er setzt den Tag der Neuwahl fest.

(Erneuter Beifall bei der SPD)

Und ich möchte sagen: Er hat sich in der bisherigen Diskussion vorbildlich zurückgehalten.

(Beifall bei der SPD und bei Abgeordneten der FDP)

Und er hat Sie, Herr Bundeskanzler, offenkundig nicht ermächtigt, an seiner Stelle den Wahltag zu verkünden.

(Erneuter Beifall bei der SPD und bei Abgeordneten der FDP)

Ich frage für alle zukünftigen Fälle mit: Wird dem Herrn Bundespräsidenten sein Handeln durch die Regierung vorgeschrieben? Soll er unter öffentlichen Druck gesetzt und zum Vollzugsorgan von Koalitionsentscheidungen gemacht werden?

(Beifall bei der SPD – Widerspruch bei der CDU/CSU – Zurufe von der CDU/CSU: Nein! – Niemand will das!)

– Die Kollegen hier sagen: Nein. Ich wende mich dann dem Teil Ihrer Koalition zu und sage:

(Dr. Friedmann [CDU/CSU]: Die Frist steht doch in der Verfassung!)

Ihr Innenminister Zimmermann, Herr Bundeskanzler, nähert sich auch sprachlich bereits dieser Sichtweise, bei der ich eben war, wenn er nach einem Hinweis auf den Willen einer übergroßen Mehrheit des Parlaments, wie er sagt, in einem Zeitungsinterview von vor drei Tagen davon ausgeht, daß der Bundespräsident – und ich zitiere wörtlich – „den Wunsch des Kanzlers vollzieht und den Neuwahltermin bestimmt"...

(Hört! Hört! bei der SPD)

Präsident **Stücklen:** Das Wort hat der Herr Abgeordnete Dr. Dregger.

Dr. Dregger (CDU/CSU): Herr Präsident! Meine Damen und Herren! Der Kollege Brandt hat vieles vorgetragen. Aber ich habe nicht den Eindruck, daß durch seinen Beitrag der Standpunkt der Sozialdemokratischen Partei Deutschlands in der Neuwahlfrage klarer geworden wäre.

(Beifall bei der CDU/CSU und der FDP)

Um einige Punkte aufzugreifen: Er hat die Befürchtung geäußert, daß sich der Herr *Bundespräsident* durch uns unter Druck gesetzt fühlen könnte. Bei der Unabhängigkeit dieses Amtes und bei der Persönlichkeit ihres Inhabers halte ich das für völlig ausgeschlossen.

(Beifall bei der CDU/CSU und der FDP)

Der Herr Bundespräsident ist das dritte Verfassungsorgan,

(Liedtke [SPD]: Das erste!)

das mit diesem Antrag befaßt ist. Das erste ist der Bundeskanzler, das zweite sind wir, der Deutsche Bundestag. Der Herr Bundespräsident wird dann auf Grund des Vorschlags des Kanzlers und unter Bewertung unseres Votums und seiner Begründung selbstverständlich unabhängig, nach eigenem, pflichtgemäßen Ermessen seine Entscheidung treffen.

Das gilt auch für den *Wahltag*. Die Fristen sind in der Verfassung eindeutig vorgeschrieben. Innerhalb von 21 Tagen nach unserem Votum hat der Herr Bundespräsident zu entscheiden, ob er den Bundestag auflösen will. Innerhalb von 60 Tagen hat er, falls er sich für die Auflösung entscheidet, den Wahltag festzusetzen. Seine Unabhängigkeit wäre nicht gefährdet, wenn er dabei auf den Vorschlag eingänge, den die Bundesregierung oder der Bundestag auch im Hinblick auf den Wahltag selbstverständlich machen kann.

(Beifall bei der CDU/CSU und der FDP)

Der Herr Bundeskanzler hat zu Beginn seinen *Antrag gemäß Art. 68* des Grundgesetzes und die diesem Antrag zugrunde liegenden Erwägungen eingehend dargelegt. Unsere Erwägungen entsprechen den seinigen. Die Begründung dafür habe ich bereits am 14. Dezember 1982 zu Beginn der Haushaltsdebatte im einzelnen dargelegt. Diese Begründung gilt nach wie vor; ich nehme darauf Bezug. Die Mitglieder der CDU/CSU-Bundestagsfraktion werden sich dementsprechend bei der Abstimmung zum Antrag nach Art. 68 des Grundgesetzes mit Ausnahme einiger weniger Kollegen der Stimme enthalten, die selbstverständlich das Recht haben, ihre abweichende Auffassung zum Ausdruck zu bringen.

Wir, die CDU/CSU-Fraktion, wollen durch unser Abstimmungsverhalten dazu beitragen, daß der Weg zu *Neuwahlen* geöffnet wird; denn wir halten diese Neuwahlen politisch jetzt für notwendig, und wir halten sie verfassungsrechtlich für möglich.

(Beifall bei der CDU/CSU und der FDP)

Wer von Neuwahlen spricht, muß die *Perspektiven* aufzeigen, die diese Neuwahlen den Bürgern eröffnen. Die Perspektive der neuen Mehrheit aus CDU/CSU und FDP ist in zehn Wochen Regierungs- und Parlamentsarbeit nicht durch Beschreibungen, sondern durch Handlungen sichtbar geworden.

(Beifall bei der CDU/CSU und der FDP)

Es gibt eigentlich kein faireres Verfahren, sich auf diese Weise auf den Prüfstand der Wähler zu stellen ...

Präsident **Stücklen:** Das Wort hat der Herr Abgeordnete Genscher.

Genscher (FDP): Herr Präsident! Meine sehr verehrten Damen! Meine Herren! Die Regierungsparteien der Koalition der Mitte, FDP, CDU und CSU, haben der Bundesregierung bei ihrer Bildung einen sachlich und deshalb auch zeitlich begrenzten Auftrag gegeben. Der Auftrag lautete, den Haushalt 1983 zu verabschieden, die Begleitgesetze zu beschließen und die Ziele der deutschen Außen- und Sicherheitspolitik zu bekräftigen. Diesen Auftrag hat die Regierungskoalition erfüllt.

Sie löst heute das am 1. Oktober 1982 gegebene Versprechen ein, vorzeitige Neuwahlen möglich zu machen. *Sofortige Neuwahlen* hätten wichtige Maßnahmen zur Bekämpfung der Arbeitslosigkeit um Monate verschoben. Die Staatsverschuldung wäre bei späterer Verabschiedung des Bundeshaushalts in seiner jetzigen Form in unvertretbarer Weise weiter gestiegen. Dafür konnten und wollten wir angesichts einer steigenden Zahl von Arbeitslosen die Verantwortung nicht übernehmen.

(Beifall bei der FDP und der CDU/CSU)

Mit der Abstimmung über die von Ihnen gestellte Vertrauensfrage, Herr Bundeskanzler, machen wir nun den Weg frei für die Neuwahlen. Die sachliche und damit auch zeitliche Begrenzung des Auftrags war der feste Wille von Anfang an.

Der Auftrag soll erneuert werden, aber erst, nachdem der Wähler das Wort gehabt hat. Das entspricht auch dem Willen der großen Mehrheit unserer Bürger. Die Tatsache, daß alle Parteien des Deutschen Bundestages für diese Neuwahlen eintreten und daß die Wahl eines anderen Bundeskanzlers von keiner dieser Parteien in diesem Bundestag angestrebt wird, gibt unserem Begehren nach Neuwahlen zusätzliches Gewicht.

(Beifall bei der FDP und der CDU/CSU)

Diese Tatsache beseitigt auch die vom Verfassungsgesetzgeber befürchtete Gefahr, daß Art. 68 des Grundgesetzes von der jeweiligen Mehrheit zur Herbeiführung von Wahlen in einem ihr geeignet erscheinenden Zeitpunkt mißbraucht wird.

Der Deutsche Bundestag gibt nach unserem Willen sein Mandat an die Bürger unseres Landes zurück. Die Koalition der Mitte wendet sich an die Bürger mit der Bitte, ihr einen neuen Auftrag zu erteilen ...

Präsident **Stücklen:** Das Wort hat Herr Abgeordneter Waigel.

Dr. Waigel (CDU/CSU): Herr Präsident! Meine sehr verehrten Damen und Herren! Der Antrag des Bundeskanzlers nach Art. 68 des Grundgesetzes, die Abstimmung des Parlaments über diesen Antrag und die Stimmenthaltung der Koalition, damit der Bundespräsident den Bundestag auflösen und Neuwahlen herbeiführen kann, sind verfassungsrechtlich legitim sowie verfassungspolitisch und staatspolitisch geboten.

(Wolfram [Recklinghausen] [SPD]: Ist das die Botschaft von Franz Josef Strauß?)

Von einem Anschlag auf das Grundgesetz oder von einer Manipulation unserer Verfassung kann keine Rede sein.

(Beifall bei der CDU/CSU und der FDP)

Mit ihrem Stimmverhalten verbinden die Abgeordneten der Koalitionsparteien nicht Kritik an der Person von Bundeskanzler Kohl oder an seiner Politik.

(Zurufe von der SPD)

Sie unterstreichen mit ihrer Stimmenthaltung viel mehr die politische Notwendigkeit einer neuen demokratischen Legitimation durch den Wähler, nachdem der Auftrag dieser Koalition erfüllt ist.

(Beifall bei der CDU/CSU und der FDP)

Als eine Verfahrensregelung des Staatsorganisationsrechts legt Art. 68 des Grundgesetzes die Voraussetzungen, unter denen der Bundespräsident den Bundestag auflösen kann,

(Dr. Ehmke [SPD]: Gut, daß er Gutachter hat!)

präzise fest.

Von den am Verfahren beteiligten drei Verfassungsorganen, Bundestag, Bundespräsident und Bundeskanzler, kommt der Willensbekundung der Mitglieder des Bundestages entscheidende Bedeutung zu. Nach Art. 38 Abs. 1 Satz 2 des Grundgesetzes sind die Abgeordneten „nur ihrem Gewissen unterworfen". Die Zustimmung zum Antrag des Bundeskanzlers kann seitens der Abgeordneten aus unterschiedlichen Motiven verweigert werden. Sie ist keiner Kontrolle oder Überprüfung zugänglich. Die konkrete Entscheidung liegt in der freien Verantwortung jedes einzelnen Abgeordneten.

(Beifall bei der CDU/CSU und der FDP)

Für jene, die Zweifel an der Verfassungsmäßigkeit des von uns beschrittenen Weges haben, sei auf die *Entstehungsgeschichte des Art. 68 des Grundgesetzes* hingewiesen. Die Materialien hierzu lassen deutlich erkennen, daß der Regierung die Möglichkeit eröffnet werden sollte, Neuwahlen herbeizuführen. Es war der SPD-Abgeordnete Dr. Katz, damals Justizminister von Schleswig-Holstein und von 1951 bis 1961 Vizepräsident des Bundesverfassungsgerichts, der im Jahre 1948 die Aufnahme des konstruktiven Mißtrauens in das Grundgesetz beantragte. In der 33. Sitzung des Hauptausschusses des Parlamentarischen Rates erklärte er am 8. Januar 1949:

Der Sinn des Artikels 90 a

– im Vorentwurf des Parlamentarischen Rates war das konstruktive Mißtrauen in Art. 90 a geregelt –

ist, der Regierung die Chance einer Neuwahl zu geben, wenn sie es für gegeben erachtet.

Soweit das Zitat.

In einer Stellungnahme des Allgemeinen Redaktionsausschusses des Parlamentarischen Rates zu Art. 68 des Grundgesetzes finden Sie folgende Anmerkung:

Hier wäre als unter Umständen die Auflösung des Bundestages politisch dann wünschenswert, wenn nach der gesamten politischen Situation damit gerechnet werden kann, daß die schwache Mehrheit des alten Bundestages von einer starken Mehrheit im neuen Bundestag abgelöst wird.

(Zuruf von der SPD: Damit können Sie nicht rechnen!)

– Diese aus der Entstehungsgeschichte gewonnenen Erkenntnisse bestätigen unsere Auffassung.

(Gansel [SPD]: Jede Mehrheit mit der FDP ist eine schwache Mehrheit!)

– Sie sollten sich wenigstens die unbestrittenen Materialien der Entstehung des Grundgesetzes ruhig anhören.

(Beifall bei der CDU/CSU und der FDP – Gansel [SPD]: Was Ihr
Redenschreiber herausgesucht hat!)

Mit dem als verfassungsgemäß einzuordnenden Weg der Abstimmung über die Vertrauensfrage schaffen der Bundeskanzler und das Parlament die Voraussetzungen für den Bundespräsidenten, das wichtigste Mitwirkungsrecht der Bürger innerhalb der Verfassung, nämlich Neuwahlen in einer schwierigen Situation, zu ermöglichen ...

Wenn Sie glauben, dem Bundesinnenminister unterstellen zu müssen, er greife in die Ermessensfreiheit des Bundespräsidenten ein, wenn er sage, er gehe davon aus, daß der Bundespräsident dem Ersuchen nachkomme, dann muß ich sagen: Er drückt doch nichts anderes aus als seine eigene Überzeugung von der Richtigkeit des Verfahrens. Es wäre ja traurig, wenn wir von der Richtigkeit dieses Verfahrens nicht überzeugt wären.

(Beifall bei der CDU/CSU – Huonker [SPD]: Das Wort hieß „vollziehen"!)

Es bleibt unbestritten, daß die Souveränität und die Entscheidungsfreiheit des Bundespräsidenten unangetastet bleiben ...

Präsident **Stücklen:** Das Wort hat Herr Abgeordneter Schmidt (Kempten).

Schmidt (Kempten) (FDP): Herr Präsident! Meine sehr verehrten Kolleginnen und Kollegen! Trotz des soeben von Ihnen, Herr Präsident, gegebenen Hinweises, daß es sich heute nicht nur um den vorliegenden Antrag des Bundeskanzlers handelt, sondern daß es im Grunde eine gesamtpolitische Debatte ist, habe ich erhebliche Zweifel, ob vieles, was in den letzten zwei Stunden hier gesagt wurde, mit dem Ernst der Stunde, mit dem Ernst der Entscheidung, die der Deutsche Bundestag als, wie Sie mit Recht, Herr Dregger, gesagt haben, zweites prüfendes Verfassungsorgan, mit der freien Stimmabgabe seiner Mitglieder zu treffen hat, überhaupt in Zusammenhang stehen kann.

Ich habe leider sehr wenig das Wort Verfassung und Grundgesetz, aber sehr viel das Wort Wahlkampf gehört.

(Beifall bei Abgeordneten der FDP)

Ich habe ein bißchen den Eindruck, dies ist schon sozusagen eine vorbereitende Wahlkampfveranstaltung gewesen, obwohl jeder gleichzeitig gesagt hat, es müsse überhaupt erst einmal entschieden werden, ob dies der richtige *Weg zu den gewünschten Neuwahlen* sei, und der Bundespräsident sei völlig frei in seiner Entscheidung.

(Beifall bei Abgeordneten der FDP)

Trotzdem hat man hier Vergangenheitsbewältigung, Schuldzuweisungen, Programmpunkte nach dem 6. März, und was weiß ich alles, ausgetauscht, als ob alles schon eine beschlossene Sache wäre und als ob dieses Parlament eigentlich nur – ich sage das sehr ernst – die Aufgabe hätte, bestimmten Vorstellungen der Parteispitzen zu folgen,

(Vereinzelter Beifall bei der FDP)

als ob dieses *Parlament*, wir alle, meine Damen und Herren, nicht auch eine eigenständige *Kontrolle über die Wege* hätte, als ob wir nicht auch die Aufgabe hätten, festzustellen, ob das, was vorgeschlagen ist, wirklich so verfassungsunbedenklich ist, wie es hier von vielen dargestellt wird.

(Beifall bei Abgeordneten der FDP und der SPD)

Ich bin Ihnen, Herr Bundeskanzler, sehr dankbar, daß Sie in Ihrer Begründung wirklich nur kurz und knapp Ihre Vorstellungen zu dieser Antragstellung vorgetragen haben. Damit sollten wir uns auseinandersetzen, und dies ist auch der Grund, weshalb ich mich hier nicht namens meiner Fraktion, sondern persönlich zu Wort gemeldet habe. Persönlich habe ich das aus einer tiefen Sorge als ein Mitglied dieses Hauses getan, das heute und hier nach über 21 Jahren wahrscheinlich seine letzte Debattenrede hält, persönlich aus der Erfahrung eines der nicht mehr allzu vielen Mitglieder dieses Hauses, die noch das Ende der Weimarer Republik, die damalige politische Instabilität, die mit zu vielem geführt hat, auch im familiären Bereich hautnah miterlebt haben, als ein Mitglied dieses Hauses, das die zwölf Jahre Hitler-Diktatur hautnah miterlebt hat und das Grundgesetz, wie es damals geschaffen wurde, als eine Basis ansah, gebaut auf der Erfahrung derer, die damals das alles auch so miterlebt hatten, um für die Zukunft Stabilität für diesen Staat in bestimmten Legislaturperioden zu erreichen, um zu verhindern, daß sich möglicherweise wieder einmal durch instabile politische Verhältnisse, durch häufigeres Wählen und dergleichen mehr in Krisenzeiten schlimme Folgen ergeben.

Aus dieser Sicht möchte ich einige Bemerkungen machen, ehe ich mich zu meinem Abstimmungsverhalten äußere, wobei ich gleich – ich glaube, ich darf das sagen – feststellen möchte, daß diese Sorge, die ich habe, viel mehr Mitglieder dieses Hauses beschäftigt, als es in der Öffentlichkeit zum Ausdruck kommt,

(Beifall bei der FDP)

daß viel mehr Mitglieder dieses Hauses sich Sorgen über die Folgen einer solchen Entscheidung machen.

Herr Bundeskanzler, Sie haben als erstes gesagt: Ich will den Weg zu *Neuwahlen* öffnen. Das wurde hier auch von allen Seiten gesagt, und ich schließe mich dem an.

Nach den *Versprechungen,* die seinerzeit abgegeben und mehrmals wiederholt worden sind, ist die Einlösung oder Nichteinlösung dieses Versprechens zweifellos eine Frage, die den Wähler draußen sehr, sehr stark beschäftigt.

Aber man muß natürlich darüber diskutieren können und auch verfassungsrechtlich ein wenig prüfen dürfen, ob der Weg dorthin nicht zumindest verfassungsschädlich ist,

(Beifall bei der FDP und bei Abgeordneten der SPD)

ob der Weg dorthin nicht zumindest am Rand der Verfassung entlang und möglicherweise in Zukunft zu anderen Entwicklungen führt.

Der Wähler hat Anspruch darauf, daß ein ihm so deutlich gegebenes Versprechen eingelöst wird. Er hat aber auch Anspruch darauf, daß diejenigen, die es einlösen, nicht möglicherweise dabei die Verfassung beschädigen und sich hinterher Konsequenzen daraus ergeben.

(Beifall bei der FDP und der SPD)

Hier wurde ja vorhin praktisch die Haushaltsdebatte dieser Woche in ihren wichtigsten politischen Aussagen wiederholt. Hier wurde ja noch einmal dargestellt, was in dieser Woche hier gesagt wurde. Was muß sich eigentlich der Wähler draußen, was muß sich eigentlich derjenige, der nicht hier im Hause, aber am Fernsehschirm die letzten drei Tage erlebt hat, sagen, wenn er heute wieder am Fernsehschirm sitzt und erfährt, daß, nachdem hier die Handlungsfähigkeit einer stabilen Regierung eine Woche bescheinigt wurde, nachdem gestern durch ein hohes Abstimmungsergebnis eine komfortable Mehrheit für den Haushalt 1983 hier vorgelegt und somit die Handlungsfähigkeit für 1983 eigentlich in den Grundzügen festgelegt wurde, plötzlich diese *Mehrheit* nicht mehr vorhanden ist, daß der *Bundeskanzler,* der gestern noch das große Vertrauen für den Haushalt, den er und seine Regierung vorgelegt haben, bekommen hat, heute plötzlich das Vertrauen der ihn tragenden Mehrheit nicht mehr bekommt. Er muß sich doch die Frage stellen – das ist doch einer der Punkte –: Ist es denn überhaupt noch richtig, daß hier die Vertrauensfrage in dieser Form gestellt werden kann? Ist es denn überhaupt richtig, ist es nicht verfassungsrechtlich zumindest sehr bedenklich, wenn hier der Bundeskanzler – Herr Bundeskanzler, dies ist kein Angriff gegen Sie; denn es ist ja ein vereinbartes Verfahren – sozusagen einen Antrag vorlegt, nachdem vorher die Fraktionen und Parteien mit Mehrheit beschlossen haben, diesem Antrag nicht zuzustimmen? Ich spreche in diesem Fall einmal für die Mehrheit; denn die fingierte Vertrauensfrage ist ja im Zusammenhang mit einer Vereinbarung zwischen dem Bundeskanzler und den ihn tragenden Fraktionen und Parteien zu sehen. Was muß sich eigentlich der Wähler draußen fragen, der nun plötzlich ab morgen – oder ab 6. Januar oder vielleicht auch gar nicht – weiß, daß am 6. März gewählt wird, wenn er feststellt, daß eine Mehrheit, die gestern noch 266 Stimmen für den Haushalt abgab, heute dem Bundeskanzler das Vertrauen nicht mehr ausspricht? Ist das vielleicht Glaubwürdigkeit für dieses Parlament, meine Damen und Herren?

(Beifall bei Abgeordneten der FDP sowie bei Abgeordneten der SPD)

Hier stehen doch zwei Dinge im Raum: auf der einen Seite das Erfüllen eines Versprechens, um glaubwürdig zu bleiben, und auf der anderen Seite die

Glaubwürdigkeit der Verfassung, wenn die Gefahr droht, daß die Fakten auf den Kopf gestellt werden. Es steht doch fest, daß die jetzige Bundesregierung legal zustande gekommen ist. Es steht fest, daß diese Bundesregierung – in der letzten Woche ist das noch einmal deutlich geworden – eine volle Handlungsfähigkeit hat, daß es nicht so ist – Herr Bundeskanzler, ich sage das, weil Sie 1972 angesprochen haben – wie 1972, wo es eben keine Mehrheit mehr für den amtierenden Bundeskanzler gab und sich eben das Problem der Neuwahl stellte.

(Huonker [SPD]: So ist das!)

Ich habe bisher noch nirgends in der Verfassung feststellen können, daß es befristete Regierungen geben kann,

(Beifall bei der SPD)

daß es *befristete Legislaturperioden* auf Grund von Parteibeschlüssen geben kann. Oder soll das, meine Damen und Herren – dies ist eine Frage, die das Parlament mit entscheiden soll –, vielleicht Zukunftspraxis werden? Wenn ich heute schon lese und höre, man könne ja einmal eine befristete Große Koalition schließen – so Herr Fehrenbach vor kurzer Zeit –, dann ist doch dieser Begriff draußen schon ein Begriff für die Zukunft. In Zukunft brauchen wir dann gar keine nach dem Grundgesetz befristeten Legislaturperioden mehr, sondern können uns selbst Fristen setzen.

(Dr. Friedmann [CDU/CSU]: Auch die Abgeordneten können eine Meinung haben, z. B. für eine befristete Zeit!)

– Natürlich. Ich hoffe, dazu etwas beitragen zu können. Denn ich habe den Eindruck – auch die Debatte hat das gezeigt –, daß die verfassungsrechtlich und verfassungspolitisch problematischen Fragen in diesem Bereich in allen Fraktionen zu wenig diskutiert worden sind. Ich kann nicht ganz so, Herr Kollege Ehmke, über die Interna der SPD-Fraktion berichten.

Ich war z. B. sehr beeindruckt, daß die Vereinigung für Parlamentsfragen hierzu zum richtigen Zeitpunkt eine Diskussion durchgeführt hat. Ich habe es allerdings bedauert, daß man die Mitglieder des Bundestages in dieser Abendveranstaltung an einer oder höchstens zwei Händen abzählen konnte. Man hätte dort manches über die verfassungsrechtliche Problematik – von „verfassungswidrig" auf der einen Seite bis hin zu „verfassungsunbedenklich" auf der anderen Seite – hören können und vieles über Verfassungsschädlichkeit vielleicht noch dazulernen können.

Meine Damen und Herren, man kann über die heutige Entscheidung, die wahrscheinlich vorprogrammiert ist, sagen: Dies ist eine Einmaligkeit, das wird nie wieder vorkommen. Aber ich warne aus der Sorge heraus, die ich vorhin eindeutig klargelegt habe, davor, daß mit der derartigen Bewegung des Art. 68 für zukünftige Regierungen – es muß gar nicht die nächste sein, es kann auch die übernächste oder auch die überübernächste sein – eine Prämie für die legale Mehrheit in der Auslegung des Art. 68 verankert wird. Eindeutig hat dann eine Mehrheit, mag sie aussehen, wie sie will, die Möglichkeit, über diesen Weg, der heute hier beschlossen werden soll, auch in Zukunft Neuwahlen zu einem anderen Zeitpunkt herbeizuführen, als er eigentlich vom Grundgesetz vorgesehen ist. Warum haben denn die Väter des Grundgesetzes hier gewisse Schranken gesetzt? Nicht nur, weil sie die Erfahrungen der Weimarer Republik hatten, doch auch, weil sie die Erfahrungen in den westlichen Demokratien in Europa hatten und haben: 42 Regierungen in Frankreich, Instabilität in Italien durch laufende parteipolitische Schwierigkeiten mit den

Regierungen. Es war doch überhaupt ein Stück Fundament für den Aufbau nach 1949, daß es eben nie kurze Legislaturperioden gab, daß eben immer vier Jahre lang durchregiert werden konnte. Dadurch war Stabilität beim Wiederaufbau möglich.

Wenn wir die Vertrauensfrage gemäß Art. 68 sozusagen auch zu einer halben Mißtrauensfrage machen – es ist eine Vertrauensfrage, die heute gestellt wird, und das Mißtrauen wird ausgesprochen –, dann wird eines Tages *Art. 68* in seiner Verfassungswirkung vor *Art. 67* rangieren. Ich frage mich, ob dies gut ist für die Zukunft dieses Parlaments, für die Zukunft der parlamentarischen Demokratie. Ich frage mich – ich glaube, meine Damen und Herren, jeder von Ihnen muß sich das fragen –, ob der einmal beschrittene Weg von der repräsentativen Demokratie, vom repräsentativen System zum plebiszitären System nicht eines Tages nach dem Motto „Die ich rief, die Geister, werd' ich nun nicht los" zu einem Dauerweg wird. Ich fürchte, daß solche Gefahren auftauchen; sie können sehr schnell auftauchen.

In den Debattenbeiträgen vorhin ist sehr viel darüber gesagt worden, daß sich die Parteienlandschaft hier nach dem 6. März möglicherweise ändert. Dann kann es schon sehr leicht möglich sein, daß es schwierig werden wird, eine stabile Regierung zu bilden. Nicht umsonst reden die einen von Großer Koalition, die anderen von Unterstützung der stärkeren Minderheit, einfach um dann regieren zu können, wenn es so kommt. Das kann man doch aber dann nicht vier Jahre lang machen. Dann hat man über das jetzt im Rahmen von Art. 68 gewählte Verfahren natürlich wiederum die Möglichkeit, die Dinge befristet zu gestalten.

Meine Damen und Herren, abschließend möchte ich Sie alle noch einmal sehr herzlich bitten, genau darüber nachzudenken, welche Entscheidung Sie nachher treffen. Es gibt nicht viele Möglichkeiten. Es gibt die Möglichkeit – ich sage das sehr offen –, daß, Herr Bundeskanzler, was ich begrüßen würde, obwohl ich es seinerzeit nicht getan habe, Ihnen das Vertrauen ausgesprochen wird und so der Weg über eine *verfassungsbedenkliche Regelung* nicht gegangen wird. Dann gibt es für Sie die Möglichkeit, einen anderen Weg zur Erfüllung des Versprechens zu wählen. Für mich, meine sehr verehrten Damen und Herren – das ist meine persönliche Entscheidung –, gibt es nur einen Weg, und in diesem stimme ich aus unterschiedlichen Motiven mit Ihnen überein, Herr Bundeskanzler: Ich werde mich wegen des von mir nicht gebilligten Verfahrens an dieser Abstimmung nicht beteiligen. Ich möchte nicht schuld sein, wenn die Folgen, die ich hier vorgetragen habe, eines Tages über diese Republik kommen. – Vielen Dank.

(Beifall bei Abgeordneten der FDP und bei der SPD)

Präsident **Stücklen**: Das Wort hat Frau Abgeordnete Schuchardt.

Frau **Schuchardt** (fraktionslos): Herr Präsident! Meine Damen und Herren! Ich spreche heute hier auch im Namen meines Kollegen Friedrich Hölscher.

Sie wissen, Herr Bundeskanzler, wir haben Sie am 1. Oktober nicht gewählt, weil wir für Ihre Wahl vom Bürger 1980 kein Mandat erhalten haben.

(Beifall bei der SPD und bei Abgeordneten der FDP)

Wir haben logischerweise auch Ihrem Haushalt nicht zugestimmt, und wir können Ihnen deshalb mit völlig reinem Gewissen heute auch das Vertrauen nicht aussprechen. Insofern können auch wir Ihnen zwei glaubwürdige Nein-Stimmen zusagen.

(Beifall bei der SPD)

Gespräche mit Kollegen dieses Hauses haben bei uns Zweifel daran aufkommen lassen, daß die Mehrheit dieses Hauses die Wahlen wirklich noch will. Wir wollen die Wahl!

(Unruhe bei der CDU/CSU)

Friedrich Hölscher und ich sind also mit uns selbst im reinen. Nur, kann eigentlich die Mehrheit, können Ihre Regierung, Herr Bundeskanzler, und Sie selbst mit sich im reinen sein? Wer das Grundgesetz, in diesem Falle den *Art. 68,* so *manipulativ gebraucht,* kann – oder besser: darf – mit sich nicht im reinen sein.

(Beifall bei der SPD und bei Abgeordneten der FDP)

Es ist das zweite Mal in der Geschichte der Bundesrepublik, daß der Bundestag vorzeitig aufgelöst werden soll. 1972, beim erstenmal, war ein konstruktives Mißtrauensvotum gescheitert, der Kanzler selbst hatte aber auch keine Mehrheit mehr. Logisch, daß man gemeinsam nach einem Weg suchte, um den Bundestag aufzulösen.

Heute hat der Bundeskanzler – ganz im Gegensatz zu der *Situation im Jahre 1972* – eine Mehrheit. Es hätte auch nach dem 17. September dieses Jahres eine verfassungsrechtlich einwandfreie Möglichkeit gegeben, den Bundestag aufzulösen.

(Beifall bei der SPD)

Nachdem der damalige Bundeskanzler Schmidt seine Mehrheit verloren hatte,

(Zuruf von der CDU/CSU: Hätte er zurücktreten sollen!)

hätte zumindest meine damalige Fraktion, die FDP-Fraktion, den Schlüssel dazu in der Hand gehabt.

(Beifall bei der SPD)

Die FDP war 1980 durch klare und unmißverständliche Aussagen für eine sozialliberale Koalition und gegen eine Politik von Strauß mit einem – für die Verhältnisse der FDP – überragenden Wahlergebnis in den Bundestag eingezogen.

(Zustimmung bei der SPD)

Mein Kollege Gerhart Baum hat am 1. Oktober 1982 vor dem konstruktiven Mißtrauensvotum auch für mich erklärt:

Wenn wir ... den Wählern etwas versprechen, wenn wir ihnen sagen, was wir mit ihren Stimmen machen wollten, müssen wir es auch halten.

Er hat damit begründet, weshalb FDP-Mitglieder einen Kanzler Kohl nicht wählen könnten und sich deshalb beim Wähler ein neues Votum dafür einholen müßten.

Es wäre glaubwürdig gewesen, wenn die *FDP* insgesamt damals so verfahren wäre.

(Beifall bei der SPD)

Man hätte das Angebot des damaligen Bundeskanzlers annehmen und – ähnlich wie bei dem heute angestrebten Verfahren – gemeinsam handeln können, allerdings – hier liegt der entscheidende Unterschied – nach dem 17. September mit dem glaubwürdigen Argument verlorengegangener Mehrheiten ...

Der *Bundespräsident* hat wahrlich nicht viele Kompetenzen. Daß man ihn allerdings derart zum Statisten verkümmern läßt, ist schon mehr als schlimm.

(Beifall bei der SPD)

Da teilt man ihm noch vor dem Konstruktiven Mißtrauensvotum mit, wann denn diese neue Mehrheit ihre Mehrheit zu verlieren gedenke. Dies hat nicht einmal das Parlament selbst bestimmen können, sondern die Regierung bestimmt, wann sie eine Mehrheit haben will und wann man sie ihr bitte schön zu verweigern habe.

(Beifall bei der SPD und bei Abgeordneten der FDP)

Ich kann mir nicht vorstellen, daß der Verfassungsgeber den *Art. 68* so verstanden wissen wollte. Und damit es der Bundespräsident auch nicht allzu schwer habe, teilt man auch gleich noch den genauen Terminablauf mit. Grobe Unhöflichkeit ist wohl das mindeste, was man dazu sagen könnte.

(Beifall bei der SPD und bei Abgeordneten der FDP – Bühler [Bruchsal] [CDU/CSU]: Ein haßerfüllter Zynismus!)

Es kann kein Zweifel sein: Heute wird ein Präjudiz geschaffen, dessen Auswirkungen wir noch gar nicht ermessen können:

(Beifall bei Abgeordneten der FDP)

Da treten Parteien mit bestimmten Aussagen vor den Wähler und erhalten dafür ein Mandat. Unterwegs kommt es zum Machtwechsel ohne neuerliche Legitimation. Diejenigen, die so die Macht verlieren, treten natürlich für Neuwahlen ein. Die Mehrheit verweigert sie, um einen ihr gemäßen Termin ins Auge zu fassen. Termine von Neuwahlen könnten künftig also davon bestimmt werden, ob sich die parlamentarische Mehrheit von einem Termin gute Wahlergebnisse verspricht.

(Beifall bei der SPD und bei Abgeordneten der FDP)

Herr Kohl, wer antritt, ein Haus in Ordnung zu bringen, von dem muß man wohl erwarten, daß er das Haus mindestens in Ordnung hält. Dazu gehört wohl zuallererst die Achtung vor dem Parlament und dem Bundespräsidenten. Aber die haben Sie leider vermissen lassen.

(Lebhafter Beifall bei der SPD und bei Abgeordneten der FDP – Zurufe von der CDU/CSU: Unerhört! – Weitere Zurufe von der CDU/CSU)

Herr Bundeskanzler, Sie haben *Wahlen am 6. März* versprochen. Sie tun gut daran, dieses Versprechen zu halten. Aber, bitte, lassen Sie an der Verfassungsmäßigkeit des Verfahrens keinen Zweifel!

Es gibt saubere Lösungen. Ich habe auf dem Bundesparteitag der FDP einen Vorschlag unterstützt, der ein guter Weg gewesen wäre: Die FDP-Minister treten zurück,

(Beifall bei der SPD)

um damit zu dokumentieren, daß Sie, Herr Bundeskanzler, keine Mehrheit mehr haben. Leider wurde dieser Antrag von der Mehrheit – unter Einschluß der Stimmen der Betroffenen –

(Zuruf von der SPD: Natürlich!)

verweigert.

Herr Kohl, Friedrich Hölscher und ich bitten Sie deshalb: Treten Sie zurück, damit das Verfahren über jeden verfassungsmäßigen Zweifel erhaben ist.

(Beifall bei der SPD - Zuruf von der CDU/CSU: Da spricht die sozialdemokratische Wählerinitiative! - Weitere Zurufe von der CDU/CSU)

Wenn Sie dies nicht selber tun, so hoffen, wir, daß Ihnen der Bundespräsident dazu noch Gelegenheit gibt.

Wir wollen Neuwahlen. Aber die Verfassung darf dabei keinen Schaden nehmen. - Vielen Dank.

(Anhaltender lebhafter Beifall bei der SPD und bei Abgeordneten der FDP)

Über den Antrag des Bundeskanzlers, ihm das Vertrauen auszusprechen, verlangte die Fraktion der CDU/CSU gemäß § 52 GOBT namentliche Abstimmung. Die Abstimmung hatte das folgende Ergebnis:

Abgegebene Stimmen 474 (Vollstimmberechtigte)
Ja-Stimmen   8
Nein-Stimmen 218
Enthaltungen 248

Von den 20 Berliner Abgeordneten stimmten 9 mit Nein, 11 enthielten sich der Stimme.

Die Fraktion der CDU/CSU hatte sich bis auf 3 Abgeordnete, die mit Ja stimmten, der Stimme enthalten. Von der Fraktion der FDP stimmten 5 dem Antrag zu, 3 stimmten mit Nein, die anderen enthielten sich der Stimme. Die SPD-Fraktion stimmte ebenso wie 5 fraktionslose Abgeordnete mit Nein.

Damit war der Antrag des Bundeskanzlers, ihm das Vertrauen auszusprechen, abgelehnt.

Noch am gleichen Tage, dem 17. Dezember 1982, unterrichtete der Präsident des Deutschen Bundestages den Bundespräsidenten über das Ergebnis der Abstimmung.

Das Schreiben hatte den folgenden Wortlaut:

> *„Sehr geehrter Herr Bundespräsident,*
> der Deutsche Bundestag hat heute den Antrag des Bundeskanzlers nach Artikel 68 des Grundgesetzes (Bundestagsdrucksache 9/2304) in namentlicher Abstimmung mit 218 Nein-Stimmen gegen 8 Ja-Stimmen bei 248 Stimmenthaltungen abgelehnt.
>
> Von den Berliner Abgeordneten haben 9 mit Nein gestimmt, 11 haben sich der Stimme enthalten.
>
> Mit freundlichen Grüßen
> *Stücklen"*

17. Die Auflösung des 9. Deutschen Bundestages und die Anordnung von Neuwahlen am 6. März 1983

Der Bundeskanzler schlug dem Bundespräsidenten mit Schreiben vom 17. Dezember 1982 die Auflösung des 9. Deutschen Bundestages vor:

> *„Sehr geehrter Herr Bundespräsident!*
> Gemäß Artikel 68 des Grundgesetzes schlage ich Ihnen vor, den 9. Deutschen Bundestag aufzulösen.
> Mit freundlichen Grüßen
> *Dr. Helmut Kohl"*

Nunmehr waren die Voraussetzungen geschaffen, nach denen der Bundespräsident gemäß Artikel 68 Abs. 1 des Grundgesetzes den 9. Deutschen Bundestag binnen 21 Tagen auflösen konnte. Die 21-Tage-Frist begann am 18. Dezember 1982 (der Tag der Abstimmung über die Vertrauensfrage im Bundestag wird nicht mitgerechnet) und endete am 7. Januar 1983. Am 6. Januar 1983 – dem vorletzten Tag der 21-Tage-Frist – traf der Bundespräsident die Anordnung, daß der 9. Deutsche Bundestag mit Wirkung vom 7. Januar 1983 – dem letzten Tag der 21-Tage-Frist – aufgelöst wird. Ebenfalls am 6. Januar 1983 ordnete der Bundespräsident an, daß die Wahl zum Deutschen Bundestag am 6. März 1983 stattfindet. Den Wahltermin setzte der Bundespräsident entsprechend der bisherigen Staatspraxis auf Vorschlag der Bundesregierung fest.

Nach Artikel 39 Abs. 1 Satz 4 GG findet die Neuwahl im Falle der Auflösung des Bundestages innerhalb von 60 Tagen statt. Die 60-Tage-Frist beginnt am Tage nach der Auflösung des Bundestages (Rechtswirksamkeit), also am 8. Januar 1983. Sie endet am 8. März 1983. Der Wahltermin 6. März 1983 lag daher innerhalb der vom Grundgesetz vorgeschriebenen 60-Tage-Frist.

Der Bundespräsident teilte dem Präsidenten des Deutschen Bundestages mit Schreiben vom 7. Januar 1983 die Auflösung des 9. Deutschen Bundestages und die Festsetzung des Wahltermins auf den 6. März 1983 mit und fügte gleichzeitig Ablichtungen seiner Anordnungen bei:

Der Bundespräsident   Bonn, den 7. Januar 1983

An den
Präsidenten des
Deutschen Bundestages
Herrn Richard Stücklen
Bundeshaus
5300 Bonn 1

Sehr geehrter Herr Präsident!
Auf Vorschlag des Bundeskanzlers habe ich mit beigefügter Anordnung vom 6. Januar 1983 den 9. Deutschen Bundestag mit Wirkung vom 7. Januar 1983 aufgelöst. Gleichzeitig habe ich aufgrund des § 16 des Bundeswahlgesetzes die Wahl zum Deutschen Bundestag auf den 6. März festgesetzt. Eine Ablichtung der Anordnung ist ebenfalls beigefügt.

Mit freundlichen Grüßen

Karl Carstens

Anordnung
über die Auflösung des 9. Deutschen Bundestages
Vom 6. Januar 1983

Gemäß Artikel 68 des Grundgesetzes für die Bundesrepublik Deutschland löse ich auf Vorschlag des Bundeskanzlers den 9. Deutschen Bundestag auf.

Diese Anordnung tritt am 7. Januar 1983 in Kraft.

Bonn, den 6. Januar 1983

Der Bundespräsident

Carstens

Der Bundeskanzler

Kohl

**Anordnung
über die Bundestagswahl 1983
Vom 6. Januar 1983**

Aufgrund des § 16 des Bundeswahlgesetzes in der Fassung der Bekanntmachung vom 1. September 1975 (BGBl. I S. 2325), zuletzt geändert durch das Sechste Gesetz zur Änderung des Bundeswahlgesetzes vom 7. Dezember 1982 (BGBl. I S. 1613), ordne ich an:

Die Wahl zum Deutschen Bundestag findet am 6. März 1983 statt.

Bonn, den 6. Januar 1983

Der Bundespräsident

Carstens

Der Bundeskanzler

Kohl

Der Bundesminister des Innern

Zimmermann

Über die Anordnungen des Bundespräsidenten wurden die Mitglieder des Deutschen Bundestages durch Drucksache 9/2379 unterrichtet. Die Anordnung über die Auflösung des 9. Deutschen Bundestages und die Anordnung über die Bundestagswahl 1983 wurden außerdem im Bundesgesetzblatt, Teil I, Nr. 1, vom 7. Januar 1983 verkündet.

Am 7. Januar 1983 hielt Bundespräsident Karl Carstens über Rundfunk und Fernsehen die folgende Ansprache:

Liebe Mitbürgerinnen und Mitbürger!

Ich habe heute den Deutschen Bundestag aufgelöst und Neuwahlen für den 6. März angesetzt.

Da diese Frage die Öffentlichkeit sehr stark beschäftigt hat, möchte ich einige Worte zur Begründung meiner Entscheidung sagen.

Ich habe mir die Sache nicht leichtgemacht. Die Frist, die das Grundgesetz zur Verfügung stellt, habe ich voll ausgeschöpft.

Alles, was zu dem Thema im Bundestag gesagt worden ist, habe ich sorgfältig geprüft.

Ich habe mit dem Bundeskanzler, mit den Vorsitzenden aller im Bundestag vertretenen Parteien, mit den Fraktionsvorsitzenden dieser Parteien, mit den Präsidenten von Bundestag und Bundesrat, mit meinem Vorgänger im Amt des Bundespräsidenten und schließlich mit den für Verfassungsfragen zuständigen Bundesministern des Innern und der Justiz gesprochen.

Auch die Argumente der vielen Bürger, die mir geschrieben oder die sich in der Öffentlichkeit geäußert haben, habe ich sorgfältig geprüft.

Ich danke allen, die sich an mich gewandt haben.

Ich stehe vor einer Situation, in der alle im Bundestag vertretenen Parteien – wenn auch aus unterschiedlichen Gründen – Neuwahlen für nötig halten. Dies jedenfalls haben sie öffentlich und auch mir gegenüber unzweideutig erklärt. In meinen letzten Gesprächen – vorgestern – haben sie mir auf meine ausdrückliche Frage hin ihre Auffassung nochmal bestätigt.

Nun ist die Überzeugung aller Parteien von der Notwendigkeit von Neuwahlen sicher gewichtig. Sie kann aber nur dann zur vorzeitigen Auflösung des Bundestages führen, wenn die verfassungsrechtlichen Voraussetzungen dafür gegeben sind, und ich muß Sie daher bitten, mir für einige Augenblicke bei der Darlegung von Rechtsfragen zu folgen.

Ein möglicher Weg, um zu Neuwahlen zu gelangen, nämlich eine Änderung des Grundgesetzes, die dem Bundestag ein Selbstauflösungsrecht geben würde, ist erwogen, aber nicht verwirklicht worden. So kann die Neuwahl nur auf einem der nach geltendem Verfassungsrecht vorgesehenen Wege herbeigeführt werden, daß heißt

– entweder dadurch, daß der Bundeskanzler zurücktritt

– oder dadurch, daß der Bundestag einem Vertrauensantrag des Bundeskanzlers die Zustimmung verweigert.

Mehrfach ist gesagt worden, der Bundeskanzler hätte zurücktreten und dadurch den Weg für Neuwahlen freimachen sollen.

Dies wäre jedoch ein sehr komplizierter Weg gewesen, denn keinesfalls könnte der Bundespräsident im Falle des Rücktritts des Bundeskanzlers den Bundestag ohne weiteres auflösen.

Es müßten vielmehr mehrere Wahlgänge zur Wahl eines neuen Bundeskanzlers stattfinden. Nur wenn bei keinem dieser Wahlgänge die absolute Mehrheit der Stimmen erreicht wird, könnte der Bundestag aufgelöst werden.

Der Bundeskanzler hat sich für den anderen Weg entschieden. Er hat im Bundestag einen Vertrauensantrag gestellt.

Der Bundestag hat diesem Antrag am 17. Dezember die Zustimmung verweigert, und der Bundeskanzler hat mir daraufhin die Auflösung des Bundestages vorgeschlagen.

Damit waren die im Grundgesetz ausdrücklich genannten Voraussetzungen für die Auflösung gegeben, und ich hatte nun zu prüfen, ob der eingeschlagene Weg verfassungsrechtlich gangbar ist, und wenn ja, ob die vorgeschlagene Auflösung des Bundestages auch unter politischen Gesichtspunkten richtig oder mindestens vertretbar ist.

Ich will nicht verschweigen, daß mir die vorgetragenen Bedenken zu schaffen gemacht haben.

Zunächst möchte ich klarstellen, daß ich den Bundestag nicht auflösen würde, wenn nach meiner Überzeugung eine Mehrheit im Bundestag sich auf diesem Weg Vorteile bei der Wahl unter Verletzung der Interessen der Minderheit verschaffen würde.

Dieser Fall ist jedoch, so meine ich, nicht gegeben. Regierung und Koalitionsparteien haben sofort nach dem Regierungswechsel im Herbst Neuwahlen im März angekündigt.

Ob der von ihnen für die Wahl ins Auge gefaßte Zeitpunkt unter wahltaktischen Gesichtspunkten für sie günstig ist, war damals und ist heute nicht vorhersehbar.

Auch die Opposition hat ungeachtet ihrer Vorbehalte gegen den eingeschlagenen Weg keine Einwendungen gegen den Wahltermin erhoben.

Die Bedenken gegen das eingeschlagene Verfahren aber greifen nach meiner Ansicht nicht durch.

Zunächst ist es dem Bundespräsidenten nicht möglich festzustellen, aus welchen Gründen der einzelne Abgeordnete dem Bundeskanzler die Zustimmung versagt hat.

Ich halte mich an die öffentlich vorgetragenen Begründungen. Danach haben die Koalitionsparteien der neuen Regierung von vornherein nur eine sachlich und zeitlich begrenzte Unterstützung zugesagt.

Sie haben erklärt, sie wollten zunächst den Haushalt nebst einigen dazugehörigen Gesetzen durchbringen, dann aber Neuwahlen herbeiführen.

Dementsprechend hat der Vorsitzende der CDU/CSU-Fraktion am 14. Dezember im Bundestag erklärt, daß seine Fraktion ohne Neuwahlen nicht bereit sei, diese oder eine andere Regierung künftig parlamentarisch zu unterstützen.

Der Sprecher der FDP-Fraktion hat erklärt, daß der für das verabredete Regierungsprogramm ausgestellte Vertrauensbonus nunmehr aufgebraucht sei.

In unserem letzten Gespräch vor zwei Tagen haben mir die Koalitionsparteien diese ihre Haltung nochmal nachdrücklich bestätigt.

Das sind Tatsachen, an denen ich nicht vorübergehen kann. Aus ihnen gibt sich nach meiner Überzeugung, daß eine handlungsfähige parlamentarische Mehrheit zur Unterstützung der Regierungspolitik nicht mehr vorhanden ist.

In dieser kritischen Situation, die in der Geschichte der Bundesrepublik Deutschland bisher einmalig ist, erscheint mir die von allen Parteien erhobene Forderung nach Neuwahlen auch politisch begründet.

Nun meinen manche, die Lage könnte nach dem 6. März noch schwieriger sein, als sie jetzt ist.

Diese Möglichkeit kann in der Tat niemand ausschließen, und auch ich habe sie bedacht.

Aber eine solche Ungewißheit ist beinahe mit jeder Wahl verbunden.

Wenn aus anderen Gründen vorgezogene Neuwahlen gerechtfertigt erscheinen, dürfen sie nach meiner Meinung nicht mit der Begründung abgelehnt werden, daß ihr Ausgang ungewiß sei.

Zum Schluß wende ich mich an alle Parteien, die an der Wahl teilnehmen.

Ich richte die dringende Bitte an sie, den bevorstehenden Wahlkampf sachlich und fair zu führen, von persönlichen Verunglimpfungen des politischen Gegners abzusehen und sich an das Gebot der Wahrhaftigkeit zu halten.

Diese Bitte spreche ich zugleich im Namen von Millionen von Mitbürgern aus, die von den Politikern sachliche Argumente und keine Polemik erwarten.

Die Parteien bemühen sich nach ihren besten Kräften um die Lösung der vor uns liegenden Probleme. Niemand sollte dem anderen den guten Willen absprechen.

Die wahlberechtigten Mitbürger und Mitbürgerinnen aber bitte ich, von ihrem Wahlrecht Gebrauch zu machen.

Entscheidungen von großer Tragweite stehen bevor.

Alle sind aufgerufen, durch Teilnahme an den Wahlen daran mitzuwirken.

18. Anrufung des Bundesverfassungsgerichts gegen die Anordnungen des Bundespräsidenten über die Auflösung des 9. Deutschen Bundestages und über die Bundestagswahl am 6. März 1983

a) Verfassungsbeschwerde

Gegen die Durchführung einer Neuwahl des Deutschen Bundestages wurde von einem Bürger, der nicht Mitglied des Deutschen Bundestages ist, Verfassungsbeschwerde eingelegt und ein Antrag auf Erlaß einer einstweiligen Anordnung gestellt. Ein anderer Bürger hat ebenfalls Antrag auf Erlaß einer einstweiligen Anordnung gegen die Auflösung des 9. Deutschen Bundestages gestellt. Hierzu hat das Bundesverfassungsgericht wie folgt entschieden:

Bundesverfassungsgericht
– 2 BvQ 3/82 –
– 2 BvR 1811/82 –

Leitsatz: Weder das Grundgesetz noch ein anderes Gesetz sehen eine vorverlegte Wahlprüfung durch das Bundesverfassungsgericht auf Antrag eines Wahlberechtigten vor.

Im Namen des Volkes
In dem Verfahren über die Verfassungsbeschwerde
des . . . . . .
gegen die Durchführung einer Neuwahl des Deutschen Bundestages und Antrag auf Erlaß einer einstweiligen Anordnung
hat das Bundesverfassungsgericht – Zweiter Senat – am 12. Januar 1983 gemäß § 24 BVerfGG einstimmig beschlossen:
1. Die Verfassungsbeschwerde wird verworfen.
2. Der Erlaß einer einstweiligen Anordnung wird abgelehnt.

Gründe:

I.

Der Beschwerdeführer wendet sich gegen die Auflösung des 9. Deutschen Bundestages nach Art. 68 GG und gegen die Durchführung von Neuwahlen am 6. März 1983. Nach seiner Auffassung verstoßen die Vertrauensfrage des Bundeskanzlers, die Abstimmung darüber im Deutschen Bundestag, der Auflösungsvorschlag des Bundeskanzlers an den Bundespräsidenten sowie die Auflösungsanordnung des Bundespräsidenten gegen Art. 1

Abs. 1 und 3, Art. 2 Abs. 1, Art. 20 Abs. 3, Art. 21 Abs. 1, Art. 38, Abs. 1, Art. 39, Art. 56, Art. 64 Abs. 2 und Art. 68 Abs. 1 GG. Er beabsichtigt deshalb, falls die Wahl durchgeführt werden wird, gemäß Art. 41 Abs. 2 GG, § 48 BVerfGG im Wahlprüfungsverfahren Beschwerde zum Bundesverfassungsgericht zu erheben. Hierzu hat er Unterschriften von mehr als 100 weiteren Wahlberechtigten vorgelegt.

Der Beschwerdeführer hat ferner Verfassungsbeschwerde erhoben, mit der er einen Verstoß gegen Art. 1 Abs. 1, Art. 2 Abs. 1, Art. 38 und 39 GG rügt. Falls die Frage, ob die Neuwahl am 6. März 1983 überhaupt verfassungsmäßig sei, nicht Gegenstand eines Wahlprüfungsverfahrens und der Wahlprüfungsbeschwerde sein könne, müsse der einzelne Wahlberechtigte nach Art. 19 Abs. 4 GG befugt sein, die Verletzung seiner subjektiven Rechte mit der Verfassungsbeschwerde geltend zu machen. Er habe die Abgeordneten des Deutschen Bundestages, die jetzt im Amt sind, auf die Dauer von vier Jahren gewählt und wolle nicht nach dem Belieben der Regierung und der Abgeordneten während der laufenden Wahlperiode erneut zur Wahlurne geschickt werden. Er fühle sich „zum Stimmvieh degradiert". Da der Deutsche Bundestag, von den Ausnahmefällen der Art. 63 Abs. 4 Satz 3 und Art. 68 GG abgesehen, deren Voraussetzungen nicht vorlägen, nur in regelmäßigen, im voraus bestimmten Abständen durch Wahl abgelöst und neu legitimiert werden könne, stelle die Verfahrensweise der Bundesregierung und des Deutschen Bundestages eine Verletzung seines verfassungsrechtlich gewährleisteten Wahlrechts, seiner Menschenwürde und seines Rechts auf freie Entfaltung der Persönlichkeit dar. Durch die unnötige Wahl würden Millionen verschwendet, das Volk politisch und sozial entzweit und die Glaubwürdigkeit der Parteien verspielt.

Der Beschwerdeführer beantragt außerdem, die Durchführung der Neuwahl zum Deutschen Bundestag am 6. März 1983 im Wege der einstweiligen Anordnung vorläufig auszusetzen.

II.

1. Die Auflösung des 9. Deutschen Bundestages verletzt nicht die in Art. 93 Abs. 1 Nr. 4a GG, § 90 Abs. 1 BVerfGG aufgeführten Rechte des Beschwerdeführers. Sie betrifft den Deutschen Bundestag und seine Abgeordneten, nicht aber im Rechtssinne unmittelbar den einzelnen Bürger.

Art. 38 GG gewährleistet eine allgemeine, unmittelbare, freie, gleiche und geheime Wahl sowie das aktive und passive Wahlrecht. Ein Recht des einzelnen Wählers darauf, daß der Deutsche Bundestag nicht in Anwendung des Art. 68 GG vorzeitig aufgelöst wird, läßt sich aus Art. 38 GG nicht herleiten.

Eine Verletzung des Art. 2 Abs. 1 GG scheidet aus. Die von Art. 2 Abs. 1 GG geschützte Handlungsfreiheit des Wählers wird durch die Auflösung des Deutschen Bundestages und die Durchführung von Neuwahlen nicht berührt. Von einem Verstoß gegen Art. 1 Abs. 1 GG kann hier nicht die Rede sein.

Auf Art. 39 und Art. 68 GG kann sich der Beschwerdeführer nicht berufen, weil diese Bestimmungen in Art. 93 Abs. 1 Nr. 4a GG, § 90 Abs. 1 BVerfGG nicht genannt sind.

2. Das vom Beschwerdeführer beabsichtigte Verfahren nach Art. 41 Abs. 2 GG, § 48 BVerfGG setzt unter anderem voraus, daß die Neuwahl durchgeführt ist, danach Einspruch gemäß § 2 Wahlprüfungsgesetz erhoben und gemäß §§ 11, 13 Wahlprüfungsgesetz vom neuen Deutschen Bundestag zurückgewiesen wird. Erst gegen diesen Beschluß kann Beschwerde beim Bundesverfassungsgericht erhoben werden.

Für eine in das einstweilige Anordnungsverfahren vorverlegte Wahlprüfung, wie sie dem Beschwerdeführer – anscheinend im Blick auf §§ 48, 32 BVerfGG – vorschwebt, ist kein Raum. Die Gerichtsbarkeit des Bundesverfassungsgerichts ist im Grundgesetz und in gesetzlichen Vorschriften erschöpfend geregelt. Sie wird vom Bundesverfassungsgericht in den dort vorgesehenen Verfahrensarten wahrgenommen. Nur wenn der Weg zum Bundesverfassungsgericht nach diesen Vorschriften gegeben und eine Verfahrensart danach statthaft ist, darf das Bundesverfassungsgericht tätig werden (vgl. BVerfGE 13, 54 [96 f.]; 22, 293 [298]). Weder das Grundgesetz noch ein anderes Gesetz sehen eine vorverlegte Wahlprüfung durch das Bundesverfassungsgericht auf Antrag eines Wahlberechtigten vor.

3. Da nach alledem der Verfassungsbeschwerde der Erfolg versagt bleibt und die vom Beschwerdeführer angekündigte Wahlprüfungsbeschwerde vor Abschluß der Wahlprüfung durch den Deutschen Bundestag unzulässig wäre, kommt der Erlaß einer einstweiligen Anordnung nicht in Betracht (vgl. BVerfGE 7, 367 [371]; 46, 1 [11]).

Bundesverfassungsgericht
– 2 BvQ 4/82 –

Leitsatz: Ein Recht des einzelnen Wählers darauf, daß der Deutsche Bundestag nicht in Anwendung des Art. 68 GG vorzeitig aufgelöst wird, läßt sich aus Art. 38 GG nicht herleiten.

Im Namen des Volkes
In dem Verfahren
des ......
wegen Erlaß einer einstweiligen Anordnung
hat das Bundesverfassungsgericht – Zweiter Senat – am 11. Januar 1983 gemäß § 24 BVerfGG einstimmig beschlossen:
Der Erlaß einer einstweiligen Anordnung wird abgelehnt.

Gründe:

I.

Der Antragsteller wendet sich unter Berufung auf Art. 2 Abs. 1 und Art. 38 GG gegen die Auflösung des Deutschen Bundestages. Er hält die Voraussetzungen des Art. 68 GG nicht für gegeben. Eine mißbräuchliche Handhabung des Art. 68 GG sei mit der verfassungsmäßigen Ordnung im Sinne des Art. 2 Abs. 1 GG nicht vereinbar; auch widerspreche es dem Grundsatz der sparsamen Verwendung von Steuergeldern, wenn eine mit hohen Unkosten verbundene Wahl durchgeführt werde, ohne daß dies erforderlich sei.

Die Rechte des Antragstellers aus Art. 38 GG würden beeinträchtigt, wenn der Deutsche Bundestag seine Arbeit vorzeitig beende, obwohl er eine regierungsfähige Mehrheit bilden könne.

Aus Pressemitteilungen müsse der Schluß gezogen werden, daß die Bundesregierung und der Bundespräsident die Auflösung des Bundestages schon im voraus beschlossen hätten.

II.

Der Antragsteller hat beantragt, dem Bundespräsidenten durch einstweilige Anordnung zu verbieten, den 9. Deutschen Bundestag aufzulösen. Sein Begehren ist nach dem Erlaß der Anordnung des Bundespräsidenten vom 6. Januar 1983 über die Auflösung des Deutschen Bundestages (BGBl. I S. 1) sinngemäß darauf gerichtet, die Wirksamkeit dieser Anordnung auszusetzen.

III.

Die Auflösung des Deutschen Bundestages verletzt nicht die in Art. 93 Abs. 1 Nr. 4a GG, § 90 Abs. 1 BVerfGG aufgeführten Rechte des Antragstellers. Sie betrifft den Deutschen Bundestag und seine Abgeordneten, nicht aber im Rechtssinne unmittelbar den einzelnen Bürger.

Art. 38 GG gewährleistet eine allgemeine, unmittelbare, freie, gleiche und geheime Wahl sowie das aktive und passive Wahlrecht. Ein Recht des einzelnen Wählers darauf, daß der Deutsche Bundestag nicht in Anwendung des Art. 68 GG vorzeitig aufgelöst wird, läßt sich aus Art. 38 GG nicht herleiten.

Auch eine Verletzung des Art. 2 Abs. 1 GG scheidet aus. Die von Art. 2 Abs. 1 GG geschützte Handlungsfreiheit des Wählers wird durch die Auflösung des Deutschen Bundestages und die Durchführung von Neuwahlen nicht berührt.

Danach kommt eine einstweilige Anordnung nicht in Betracht (vgl. BVerfGE 7, 367 [371]; 46, 1 [11]).

b) Organstreitverfahren

Die Mitglieder des Deutschen Bundestags

Karl-Heinz Lagershausen, CDU/CSU
Friedhelm Rentrop, FDP
Hansheinrich Schmidt (Kempten), FDP
Karl Hofmann (Kronach), fraktionslos

hatten im Wege des Organstreitverfahrens beantragt, festzustellen, daß die Anordnung des Bundespräsidenten vom 6. Januar 1983, den 9. Deutschen Bundestag aufzulösen, gegen die Verfassung verstoße. Zwei Antragsteller hatten außerdem die Anordnung des Bundespräsidenten über die Festsetzung des Neuwahltermins angegriffen. Das Bundesverfassungsgericht verkündete am 16. Februar 1983 durch Urteil:

„Die Anträge werden zurückgewiesen."

Wegen des Umfangs des Urteils wird von einer vollständigen Wiedergabe abgesehen. Die Pressestelle des Bundesverfassungsgerichts gab zum Urteil die folgende Verlautbarung heraus:

Vier Abgeordnete des Bundestages haben im Wege des Organstreitverfahrens die Feststellung beantragt, daß die Anordnung des Bundespräsidenten vom 6. Januar 1983, den 9. Deutschen Bundestag aufzulösen (BGBl. I S. 1), gegen Art. 68 Abs. 1 Satz 1 des Grundgesetzes verstoße und sie in ihrem durch Art. 38 Abs. 1 des Grundgesetzes verfassungsrechtlich garantierten Status als Bundestagsabgeordnete verletzt oder unmittelbar gefährde. Zwei der Antragsteller haben daneben die Anordnung des Bundespräsidenten vom selben Tage über die Festsetzung des Neuwahltermins auf den 6. März 1983 (BGBl. I S. 2) angegriffen. Der Bundespräsident und die Bundesregierung sind diesen Anträgen entgegengetreten.

Das Bundesverfassungsgericht – Zweiter Senat – hat mit am 16. Februar 1983 verkündetem Urteil die Anträge zurückgewiesen. Die Anträge seien unbegründet, da die Anordnung über die Auflösung des Bundestages mit Art. 68 Abs. 1 Satz 1 des Grundgesetzes vereinbar sei.

Die Anordnung der Auflösung oder ihre Ablehnung im Sinne des Art. 68 Abs. 1 Satz 1 GG sei eine *politische Leitentscheidung,* die dem *pflichtgemäßen Ermessen des Bundespräsidenten* obliege, der bei seiner Entscheidung einen selbständigen politischen *Beurteilungs- und Handlungsbereich* habe. Ein Ermessen sei dem Bundespräsidenten freilich nur dann eröffnet, wenn im Zeitpunkt seiner Entscheidung die verfassungsrechtlichen Voraussetzungen hierfür vorlägen. Seien die formellen oder materiellen Tatbestandserfordernisse des Art. 68 GG nicht in verfassungsgemäßer Weise erfüllt, dürfe der Bundespräsident den Bundestag nicht auflösen. Verfassungswidrigkeiten, die auf den zeitlich vorangehenden Stufen eingetreten seien, wirkten auf die Entscheidungslage fort, vor die der Bundespräsident nach dem Auflösungsvorschlag des Bundeskanzlers gestellt sei.

Die Auflösung des Bundestages über den Weg des Art. 68 des Grundgesetzes setze stets eine politische Lage der Instabilität zwischen Bundeskanzler und Bundestag voraus und erfordere als ungeschriebenes Tatbestandsmerkmal, daß der Bundeskanzler der parlamentarischen Unterstützung durch die Mehrheit des Bundestages nicht sicher sei. Im Regelfall des Art. 68 des Grundgesetzes werde der Bundestag durch die drohende mögliche Auflösung dazu angehalten, dem Bundeskanzler mehrheitlich parlamentarische Unterstützung zu gewähren.

Eine Auslegung dahin, daß Art. 68 GG einem Bundeskanzler, dessen ausreichende Mehrheit im Bundestag außer Zweifel stehe, gestatte, sich zum geeignet erscheinenden Zeitpunkt die Vertrauensfrage negativ beantworten zu lassen mit dem Ziel, die Auflösung des Bundestages zu betreiben, werde dem Sinn des Art. 68 GG nicht gerecht. Desgleichen rechtfertigten besondere Schwierigkeiten der in der laufenden Wahlperiode sich stellenden Aufgaben die Auflösung ebensowenig wie die Forderung, ein über ein konstruktives Mißtrauensvotum neugewählter Bundeskanzler bedürfe neben seiner verfassungsmäßigen Legalität noch einer durch Neuwahlen vermittelten Legitimität.

Art. 68 des Grundgesetzes eröffne dem Bundeskanzler auch die Möglichkeit, die Vertrauensfrage mit dem Ziel zu stellen, Neuwahlen herbeizuführen. Der Bundeskanzler dürfe dieses Ziel jedoch nur dann anstreben, wenn es politisch für ihn nicht mehr gewährleistet sei, mit den im Bundestag bestehenden Kräfteverhältnissen weiterzuregieren. Die politischen Kräfteverhältnisse im Bundestag müßten seine Handlungsfähigkeit so beeinträchtigen oder lähmen, daß er eine vom stetigen Vertrauen der Mehrheit getragene Politik nicht sinnvoll zu verfolgen vermöge.

Die Entstehungsgeschichte stehe dieser Auslegung des Art. 68 des Grundgesetzes nicht entgegen; sie könne vielmehr zu ihrer Bestätigung beitragen. Bei der Auslegung des Art. 68 des Grundgesetzes könne auch nicht unberücksichtigt bleiben, daß im Jahre 1972 der damalige Bundeskanzler die Vertrauensfrage mit dem Ziel der Auflösung des Bundestages gestellt habe.

Ob eine Lage vorliege, die eine vom stetigen Vertrauen der Mehrheit getragene Politik des Kanzlers nicht mehr sinnvoll ermögliche, habe der Bundeskanzler zu prüfen, wenn er beabsichtige, einen Antrag mit dem Ziel zu stellen, darüber die Auflösung des Bundestages anzustreben. Der Bundespräsident habe bei der Prüfung, ob der Antrag und der Vorschlag des Bundeskanzlers nach Art. 68 des Grundgesetzes mit der Verfassung vereinbar sei, andere Maßstäbe nicht anzulegen; er habe insoweit die Einschätzungs- und Beurteilungskompetenz des Bundeskanzlers zu beachten.

In Art. 68 habe das Grundgesetz selbst durch die Einräumung von Einschätzungs- und Beurteilungsspielräumen sowie von Ermessen zu politischen Leitentscheidungen an drei oberste Verfassungsorgane die verfassungsgerichtlichen Überprüfungsmöglichkeiten weiter zurückgenommen als in den Bereichen von Rechtsetzung und Normvollzug; das Grundgesetz vertraue insoweit in erster Linie auf das in Art. 68 selbst angelegte System der gegenseitigen politischen Kontrolle und des politischen Ausgleichs zwischen den beteiligten obersten Verfassungsorganen. Allein dort, wo *verfassungsrechtliche* Maßstäbe für politisches Verhalten normiert seien, könne das Bundesverfassungsgericht ihrer Verletzung entgegentreten.

Die Überprüfung der angegriffenen Anordnungen am dargelegten verfassungsrechtlichen Maßstab ergebe, daß sie mit dem Grundgesetz vereinbar seien.

Der Bundeskanzler und ihm folgend die Mehrheit des Deutschen Bundestages hätten Anlaß gehabt, davon auszugehen, daß aufgrund der außergewöhnlichen Lage, in der sich die Abgeordneten einer Koalitionspartei nach der Beendigung der bisherigen Koalition befunden hätten, eine dauerhafte, stabile parlamentarische Mehrheit nicht hätte zustande gebracht werden können. Gewichtige Gründe hätten dafür gesprochen, daß umfassenden, der besonderen angespannten politischen Situation angemessenen Gestaltungsmöglichkeiten im Bundestag von Anfang an sehr enge Grenzen gesetzt gewesen seien. Es könne von Verfassungs wegen nicht die Feststellung getroffen werden, daß sich der Bundespräsident diese Einschätzung der politischen Situation, die zuvörderst der eigenen Beurteilungskompetenz des Bundeskanzlers unterlegen habe, unter Verstoß gegen die Verfassung zu eigen gemacht habe. Die Einschätzung des Bundeskanzlers sei ihm vielmehr schon durch Verlautbarungen und objektive Anzeichen nahegebracht worden, ohne daß sie eindeutig widerlegt werden könne.

Die Freie Demokratische Partei und die Fraktion der FDP, auf deren politische Unterstützung der Bundeskanzler angewiesen gewesen sei, seien – was im Urteil im einzelnen ausgeführt wird – im Zusammenhang mit der Beendigung der sozialliberalen Koalition in tiefgreifende Richtungskämpfe geraten. Vor diesem Hintergrund sei es plausibel, daß der Bundeskanzler im Dezember 1982 – auch im Blick auf die nicht weiter aufschiebbaren schweren Entscheidungen, die die Probleme der Wirtschaft, des Arbeitsmarktes, der äußeren Sicherheit und der Innenpolitik forderten – angesichts der politischen Kräfteverhältnisse davon ausgegangen sei, daß eine vom stetigen Vertrauen der Mehrheit des Bundestages getragene und unterstützte Politik nicht mehr sinnvoll möglich sein werde. Diesen Tatbestand hätten die Führungskräfte der Koalitionsparteien und eine große Mehrheit der in den Fraktionen der CDU/CSU und der FDP zusammengeschlossenen Abgeordneten bereits Ende September bei den Erörterungen über die Bildung der neuen Koalition vorhergesehen, als sie sich verfassungsrechtlich unbedenklich darum bemüht hätten, durch die Wahl eines neuen Bundeskanzlers gemäß Art. 67 GG und die Herbeiführung einer Koalitionsabsprache über dringlichste politische Entscheidungen das aus ihrer Sicht mindestens Gebotene in einem „Notprogramm" zu verwirklichen. Nach der Verabschiedung des sog. Notprogramms hätten sich die Abgeordneten beider Koalitionsfraktionen ersichtlich nicht mehr imstande gesehen, auch künftig weiterreichende Entscheidungen des Bundeskanzlers mitzutragen, zumal die FDP in diesem Zeitabschnitt noch im Begriff gewesen sei, die aus dem Koalitionswechsel erwachsenen außerordentlichen Schwierigkeiten zu überwinden. Die Vorstellung, die Mitglieder der Fraktionen der FDP und der CDU/CSU hätten, nachdem eine Mehrheit von ihnen den Abgeordneten Dr. Kohl zum Bundeskanzler gewählt hätte, von Verfassungs wegen die neue Koalition bis zum Ende der laufenden Legislaturperiode mitzutragen gehabt, sei verfassungsrechtlich nicht haltbar.

Nachdem sich der Bundesparteitag der FDP mit großer Mehrheit und mit Unterstützung ihrer der Bundesregierung angehörenden Minister dafür ausgesprochen hätte, daß ein Wahltermin im März 1983 unverzichtbar sei, könne es als ausgeschlossen gelten, daß ein Versuch des Bundeskanzlers, seine Regierungsarbeit desungeachtet bis zum Ende der Wahlperiode weiterzuführen, von der Fraktion der FDP mitgetragen worden wäre.

Zu dieser Entscheidung haben Vizepräsident Zeidler zur Begründung und die Richter Rinck und Rottmann zum Ergebnis abweichende Meinungen beigefügt.

Urteil vom 16. Februar 1983 – 2 BvE 1/83, 2/83, 3/83, 4/83 –.

Karlsruhe, den 16. Februar 1983

In den Leitsätzen zum Urteil des Zweiten Senats vom 16. Februar 1983 führte das Bundesverfassungsgericht aus:

1. Im Organstreit kann der einzelne Bundestagsabgeordnete die behauptete Verletzung jedes Rechts, das mit seinem Status als Abgeordneter verfassungsrechtlich verbunden ist, im eigenen Namen geltend machen. An der Gewährleistung der in Art. 39 Abs. 1 Satz 1 GG festgelegten Dauer der Wahlperiode hat der Status des Abgeordneten Anteil.

2. Die Anordnung der Auflösung des Bundestages oder ihre Ablehnung gemäß Art. 68 GG ist eine politische Leitentscheidung, die dem pflichtgemäßen Ermessen des Bundespräsidenten obliegt. Ein Ermessen im Rahmen des Art. 68 Abs. 1 Satz 1 GG ist dem Bundespräsidenten freilich nur dann eröffnet, wenn im Zeitpunkt seiner Entscheidung die verfassungsrechtlichen Voraussetzungen hierfür vorliegen.

3. Art. 68 GG normiert einen zeitlich gestreckten Tatbestand. Verfassungswidrigkeiten, die auf den zeitlich vorangehenden Stufen eingetreten sind, wirken auf die Entscheidungslage fort, vor die der Bundespräsident nach dem Auflösungsvorschlag des Bundeskanzlers gestellt ist.

4. a) Art. 68 Abs. 1 Satz 1 GG ist eine offene Verfassungsnorm, die der Konkretisierung zugänglich und bedürftig ist.

   b) Die Befugnis zur Konkretisierung von Bundesverfassungsrecht kommt nicht allein dem Bundesverfassungsgericht, sondern auch anderen obersten Verfassungsorganen zu. Dabei sind die bereits vorgegebenen Wertungen, Grundentscheidungen, Grundsätze und Normen der Verfassung zu wahren.

   c) Bei der Konkretisierung der Verfassung als rechtlicher Grundordnung ist zumal ein hohes Maß an Übereinstimmung in der verfassungsrechtlichen wie verfassungspolitischen Beurteilung und Bewertung der in Rede stehenden Sachverhalte zwischen den möglichen betroffenen obersten Verfassungsorganen unabdingbar und eine auf Dauer angelegte, stetige Handhabung unerläßlich. Eine politisch umkämpfte und rechtlich umstrittene Praxis von Parlaments- und Regierungsmehrheiten reicht als solche hierfür nicht aus.

5. Vertrauen im Sinne des Art. 68 GG meint gemäß der deutschen verfassungsgeschichtlichen Tradition die im Akt der Stimmabgabe förmlich bekundete gegenwärtige Zustimmung der Abgeordneten zu Person und Sachprogramm des Bundeskanzlers.

6. Der Bundeskanzler, der die Auflösung des Bundestages auf dem Wege des Art. 68 GG anstrebt, soll dieses Verfahren *nur* anstrengen dürfen, wenn es politisch für ihn nicht mehr gewährleistet ist, mit den im Bundestag bestehenden Kräfteverhältnissen weiterzuregieren. Die politischen Kräfteverhältnisse im Bundestag müssen seine Handlungsfähigkeit so beeinträchtigen oder lähmen, daß er eine vom stetigen Vertrauen der Mehrheit getragene Politik nicht sinnvoll zu verfolgen vermag. Dies ist ungeschriebenes sachliches Tatbestandsmerkmal des Art. 68 Abs. 1 Satz 1 GG.

7. Eine Auslegung dahin, daß Art. 68 GG einem Bundeskanzler, dessen ausreichende Mehrheit im Bundestag außer Zweifel steht, gestattete, sich zum geeignet erscheinenden Zeitpunkt die Vertrauensfrage negativ beantworten zu lassen mit dem Ziel, die Auflösung des Bundestages zu betreiben, würde dem Sinn des Art. 68 GG nicht gerecht. Desgleichen rechtfertigen besondere Schwierigkeiten der in der laufenden Wahlperiode sich stellenden Aufgaben die Auflösung nicht.

8. a) Ob eine Lage vorliegt, die eine vom stetigen Vertrauen der Mehrheit getragene Politik nicht mehr sinnvoll ermöglicht, hat der Bundeskanzler zu prüfen, wenn er beabsichtigt, einen Antrag mit dem Ziel zu stellen, darüber die Auflösung des Bundestages anzustreben.

b) Der Bundespräsident hat bei der Prüfung, ob der Antrag und der Vorschlag des Bundeskanzlers nach Art. 68 GG *mit der Verfassung vereinbar* sind, andere Maßstäbe nicht anzulegen; er hat insoweit die Einschätzungs- und Beurteilungskompetenz des Bundeskanzlers zu beachten, wenn nicht eine andere, die Auflösung verwehrende Einschätzung der politischen Lage der Einschätzung des Bundeskanzlers eindeutig vorzuziehen ist.

c) Die Einmütigkeit der im Bundestag vertretenen Parteien zu Neuwahlen zu gelangen, vermag den Ermessensspielraum des Bundespräsidenten nicht einzuschränken; er kann hierin jedoch einen zusätzlichen Hinweis sehen, daß eine Auflösung des Bundestages zu einem Ergebnis führen werde, das dem Anliegen des Art. 68 GG näher kommt als eine ablehnende Entscheidung.

9. In Art. 68 GG hat das Grundgesetz selbst durch die Einräumung von Einschätzungs- und Beurteilungsspielräumen sowie von Ermessen zu politischen Leitentscheidungen an drei oberste Verfassungsorgane die verfassungsgerichtlichen Überprüfungsmöglichkeiten weiter zurückgenommen als in den Bereichen von Rechtsetzung und Normvollzug; das Grundgesetz vertraut insoweit in erster Linie auf das in Art. 68 GG selbst angelegte System der gegenseitigen politischen Kontrolle und des politischen Ausgleichs zwischen den beteiligten obersten Verfassungsorganen. Allein dort, wo *verfassungsrechtliche* Maßstäbe für politisches

Verhalten normiert sind, kann das Bundesverfassungsgericht ihrer Verletzung entgegentreten.

Zu der Entscheidung des Bundesverfassungsgerichts gab Bundespräsident **Karl Carstens** am 16. Februar 1983 über Rundfunk und Fernsehen folgende Erklärung ab:

> „Ich begrüße die Entscheidung des Bundesverfassungsgerichts, durch die es meine Anordnungen über die Auflösung des Deutschen Bundestages und über die Neuwahl am 6. März heute bestätigt hat.
>
> Damit ist vom höchsten deutschen Gericht verbindlich festgestellt worden, daß die beiden Entscheidungen mit dem Grundgesetz vereinbar sind.
>
> Ich hoffe, daß die politische Diskussion über diesen Vorgang nunmehr ihr Ende findet. Zugleich bezeuge ich den Richtern meinen Respekt, auch denen, die eine andere Rechtsauffassung als die Mehrheit vertreten haben.
>
> Ich benutze diese Gelegenheit, um meinen Appell an alle Parteien zu wiederholen, den Wahlkampf fair zu führen, den politischen Gegner nicht zu verunglimpfen und sich an das Gebot der Wahrheit zu halten."

Bundeskanzler Dr. **Helmut Kohl** erklärte zur Entscheidung des Bundesverfassungsgerichts am 16. Februar 1983:

> „Das Bundesverfassungsgericht hat bestätigt, daß die Anordnung des Bundespräsidenten über die Auflösung des Deutschen Bundestages verfassungsgemäß ist. Der Bundespräsident hatte auf meinen Vorschlag am 7. Januar 1983 den Bundestag aufgelöst.
>
> Das Gericht hat mit seiner Entscheidung endgültig den Weg zur Bundestagswahl am 6. März 1983 freigemacht. Ich begrüße dieses Urteil.
>
> Das Bundesverfassungsgericht hat seinen Spruch zu einer Frage von großer verfassungsrechtlicher und politischer Bedeutung in kurzer Zeit gefällt. Das höchste deutsche Gericht hat in eindrucksvoller Weise verfassungsrechtliche Klarheit geschaffen und damit wesentlich zum Rechtsfrieden in einer schwierigen innenpolitischen Situation beigetragen.
>
> Das Urteil bekräftigt die gegenseitige Kontrolle und den politischen Ausgleich zwischen den Verfassungsorganen in der parlamentarischen Demokratie.
>
> Die Koalition aus CDU/CSU und FDP hat von Anfang erklärt, daß sie sich nach Erledigung der dringensten Probleme Neuwahlen stellen will. Das Gericht hat jetzt den eingeschlagenen Weg bestätigt. Nun hat nach dem Grundgesetz der Wähler das Wort."

Als Bevollmächtigter der Bundesregierung im Organstreitverfahren vor dem Bundesverfassungsgericht gab der Bundesminister des Innern, Dr. **Friedrich Zimmermann**, zu der Entscheidung am 16. Februar 1983 die folgende Erklärung ab:

> „Das Bundesverfassungsgericht hat das verfassungsgemäße Handeln von Bundeskanzler, Bundestag und Bundespräsident bestätigt. Die Bundestagswahl am 6. März findet statt.
>
> Das Bundesministerium des Innern hat mit seinem Gutachten den Weg zur Parlamentsauflösung nach Artikel 68 GG gewiesen. In der mündlichen Ver-

handlung am 25. Januar habe ich auf die besonderen politischen Umstände des Regierungswechsels, das Einvernehmen aller im Bundestag vertretenen Parteien zu Neuwahlen zu kommen und schließlich auf das voneinander unabhängige Handeln der drei Verfassungsorgane Bundeskanzler, Bundestag und Bundespräsident, hingewiesen.

Als viertes Verfassungsorgan und letzte Instanz hat jetzt das Bundesverfassungsgericht gesprochen.

Das heute verkündete Urteil ist von höchster staatspolitischer und verfassungsrechtlicher Bedeutung.

Der Respekt vor dem höchsten deutschen Gericht und seiner Entscheidung gebietet es die Urteilsbegründung einer gründlichen Analyse zu unterziehen und etwaige Schlußfolgerungen des Gesetzgebers sorgfältig vorzubereiten. Vorschnelle Festlegungen sind nicht angebracht, vor allen Dingen nicht im Eifer des Wahlkampfes.

Dieser Aufgabe wird sich der neugewählte Deutsche Bundestag annehmen müssen."

Auch der Präsident des Bundesverfassungsgerichts, Prof. Dr. Ernst Benda, äußerte sich am 16. Februar 1983 in einem Interview des *Deutschen Fernsehens:*

Frage (R. Gerhardt): ... kann das Urteil mißverstanden werden, daß in Zukunft Regierungen auf Zeit denkbar sind, oder kann auch einmal zu schnell gewählt werden? Wie verstehen Sie diese Entscheidung, die ja von dem anderen Senat stammt, dem Sie nicht vorsitzen?

Antwort: Es kann nicht meine Aufgabe sein, die Entscheidung zu bewerten oder zu deuten. Dafür ist sie zu umfangreich. Es bedarf einer sehr sorgfältigen Lektüre. Es könnte sein – wie es in manchen anderen Entscheidungen des Bundesverfassungsgerichts auch ist, daß noch einige Minen vergraben sind, die vielleicht bei erster Durchsicht noch nicht gefunden worden sind, bei denen man aber eine Überraschung erleben kann, wenn man auf sie drauftreten sollte.

Ich glaube also, daß in diesem frühen Zeitpunkt für niemanden der Beteiligten Anlaß zu voreiligem Triumph oder zu voreiliger Enttäuschung ist. Erst die sorgfältige Untersuchung des Urteils kann die Fragen abschließend beantworten.

Frage: Einer der Kläger, der Abgeordnete Schmidt (Kempten) hatte ja damals in der mündlichen Verhandlung gesagt, wenn es zu einer Neuwahl kommt, dann haben wir eine andere Republik ... Es kommt zu Neuwahlen. Wie sehen Sie jetzt diese sehr dramatische Bemerkung?

Antwort: Nun, das war natürlich die entscheidende Frage, die dem Prozeß zugrunde gelegen hat: Liegt die Auflösung des Bundestages, die Festsetzung von vorzeitigen Neuwahlen innerhalb oder außerhalb der verfassungsmäßigen Ordnung. Und in dieser Frage ist die Entscheidung ganz eindeutig.

Die Entscheidung des Bundespräsidenten hält sich innerhalb unserer verfassungsmäßigen Ordnung, innerhalb des Grundgesetzes. Und die Befürchtung, daß dadurch unser Verfassungsgefüge aus der Ordnung gebracht würde, sind damit unbegründet.

Frage: Es hat ja hier das Gericht etwas mehr Selbstbeschränkung walten lassen, als man es früher ihm einmal vorgehalten hat. Sehen Sie das auch in dieser Linie, daß man sagt, hier mögen erst mal die verfassungsmäßigen Organe in diesem Dreieck der Kräfte entscheiden, und nur in ganz extremen Situationen wollen wir dann als Gericht eingreifen?

Antwort: Das allgemein Bedeutsame über den konkreten Fall hinaus, scheint mir darin zu liegen, daß die Zuordnung der einzelnen Verfassungsorgane zueinander in der Tat in einer höchst bemerkenswerten Weise untersucht worden ist. Mir scheint bei einer ersten Durchsicht, daß die Stellung des Bundeskanzlers eher gestärkt worden ist. Auch die Stellung des Bundespräsidenten ist in einer bemerkenswerten Weise herausgehoben. Und das Bundesverfassungsgericht behält sich das Prüfungsrecht und die Prüfungspflicht – so, wie es seine Aufgabe nach dem Grundgesetz ist – selbstverständlich vor, läßt aber auch den andern den ihnen gebührenden Anteil, wie es an einer Stelle heißt, auch in der Ermittlung des Inhalts des Grundgesetzes.

Frage: Und die Befürchtung, die damals in der mündlichen Verhandlung anklang, ... daß es zu einem Karussell der Auflösung kommen könne, daß wir auf dem Weg nach Weimar sind, oder auf dem Weg zu englischen Verhältnissen, das sehen Sie in dem Urteil nicht?

Antwort: Das Gericht hat in seinen grundsätzlichen Ausführungen eine ganze Reihe von Sicherungen eingebaut, die für die Zukunft beachtet werden müssen. Der Bundesinnenminister hat ja in der mündlichen Verhandlung – wie ich meine zu Recht – gesagt, daß es sich um einen singulären Fall handele. Singulär heißt in der wörtlichen Übersetzung, ein einmaliger Fall. Und mir scheinen eine Reihe von Vorkehrungen dafür getroffen zu sein, daß es hierbei auch bleiben wird.

Frage: (Das Urteil) war ja wieder umwittert von Spekulationen. In diesem Fall waren an den Spekulationen auch Politiker beteiligt, zumindest wurden sie als Quelle genannt. Wie ist eine Situation eines Gerichts, das in der Beratung oder kurz vor der Urteilsverkündung noch so unter Beschuß gerät?

Antwort: Ich finde, daß jedermann, auch der Inhaber eines Staatsamtes, über die Aussichten eines Prozesses natürlich nachdenken kann. Ich würde es für stilvoller halten, wenn er dies, insbesondere, wenn er ein Staatsamt hat, während des Verfahrens und in den letzten Wochen vor der Urteilsverkündung nicht laut tut. Es könnte dann der unzutreffende Eindruck entstehen, er wolle in irgendeiner Weise die Entscheidungsfindung des Gerichts beeinflussen. Ich finde, die Richter, die eine sehr schwierige Aufgabe – hier noch unter einem großen Zeitdruck – zu bewältigen haben, haben einen Anspruch gegenüber jedermann, insbesondere aber gegenüber den Vertretern von Staatsämtern, in Ruhe gelassen zu werden. Bemerkungen, wie die über eine Staatskrise, auch Bemerkungen in umgekehrter Richtung, finde ich – zumal in den letzten Tagen vor Ergehen des Urteils – durchaus unpassend.

Frage: Nun war ja der Art. 68 nicht ganz klar und nicht eindeutig in seinem Wortlaut. Er ist jetzt ausgelegt worden. (Kann) eigentlich ... ein Verfassungsgericht in einem solchen Fall, wenn die Norm noch nicht eindeutig umrissen ist, ... wenn alle Signale auf Wahl gestellt sind, kann ein Gericht dann eigentlich noch in die Speichen eines fahrenden Wagens greifen?

Antwort: Das Bild eines fahrenden Wagens – jemand hat gesagt, es sei ein Omnibus, also ein sehr großer und schwerer Wagen – ist vielleicht nicht schlecht gewählt. Natürlich bestimmt der Fahrer, wo es hingehen soll, aber er fährt ja nicht über einen freien Acker. Er fährt, so wie es in unseren Städten der Fall ist, innerhalb geordneter Straßen, er hat Verkehrszeichen zu beachten,

Sicherheitsvorschriften. Und er wird hier und da auf Ampeln, die mal auf grün, mal auf gelb, mal auf rot stehen, stoßen. Und das Bundesverfassungsgericht ist in der Rolle, wenn ich das so bildlich sagen darf, einer Verkehrsregelung. Es bestimmt nicht den Kurs, den dieses Fahrzeug nimmt, hat aber schon die Aufgabe, für die gehörige Ordnung zu sorgen.

Ich glaube, daß ein Ergebnis dieses Verfahrens wohl ist, daß dieses vielen unserer Bürger noch deutlicher als bisher zum Ausdruck gebracht worden ist, und sie das gesehen haben. Ich finde dies neben allem, was in der Sache liegt, gar kein schlechtes Ergebnis.

(Fragen des Interviewers wurden unwesentlich gekürzt)

Als einer der Antragsteller äußert sich der Bundestagsabgeordnete Hansheinrich Schmidt (Kempten) am 16. Februar 1983 in der Tagesschau des Deutschen Fernsehens:

„Ich fürchte, daß der Mißbrauch des Artikel 68 des Grundgesetzes, der zwar jetzt eingeschränkt worden ist durch das, was die Richter dazu gesagt haben, trotzdem Schule macht, daß damit die Verfassung eine andere Qualität bekommt, daß beispielsweise das Konstruktive Mißtrauensvotum nicht mehr die Bedeutung, die es zur stabilisierenden Wirkung hatte und daß darüber hinaus – was ich für besonders bedenklich halte – die Parteien und kleine Gruppen der Spitzen der Parteien im Grunde genommen in Zukunft auch die Verfassungspolitik mit beeinflussen, daß damit plebiszitäre Elemente stärker in unsere Verfassungswirklichkeit eingebaut werden – was die Väter des Grundgesetzes mit Sicherheit nicht wollten – und daß damit zumindest die Möglichkeit einer Entwicklung zu Weimarer Verhältnissen nicht mehr aufgehalten werden kann."

Der Bundesgeschäftsführer der SPD, Dr. Peter Glotz, erklärte zum Urteil im Norddeutschen und Westdeutschen Rundfunk:

„Mit dem heutigen Urteil des Verfassungsgerichtes ist klar, daß die Wahl am 6. März stattfindet. Ich begrüße dies im Namen der Sozialdemokraten, für die Sozialdemokraten. Die Urteilsgründe und auch schon die ganzen Diskussionen im Vorfeld dieses Urteils zeigen allerdings deutlich, daß der amtierende Bundeskanzler Kohl mit seiner verfassungspolitischen Verantwortung ziemlich leichtfertig umgegangen ist und auch Bundestag, Bundespräsident und das Verfassungsgericht selbst in eine schwierige Situation gebracht hat. Die Peinlichkeiten, mit denen dieser Kohlsche Weg zu Neuwahlen gepflastert war, werden ihm als dauernder Makel anhaften, wobei ich allerdings als noch peinlicher und fragwürdiger die Rolle der Rest-FDP und des Herrn Genscher bewerte."

Die deutsche und internationale Presse kommentierten die Entscheidung des Bundesverfassungsgerichts wie folgt (Auszüge):

W. Hertz-Eichenrode in *Die Welt* vom 17. Februar 1983
DES KANZLERS WAHL

Das Bundesverfassungsgericht hat nur in einem einzigen, allerdings im aktuell entscheidenden Punkt eine innenpolitisch friedensstiftende Klarheit hergestellt: Es darf am 6. März gewählt werden. Damit hat Bundeskanzler Kohl sein Ziel erreicht. Wie jedoch das höchste Gericht seine Entscheidung begründet, das bietet Zündstoff für hitzige Diskussionen.

1. Mit der deutlichen Mehrheit von sechs zu zwei haben die Richter besiegelt, daß die Verfassungswirklichkeit die einst konstituierende Absicht der Väter unseres Grundgesetzes hinter sich gelassen hat. Ursprünglich sollte der Artikel 68 eine vorzeitige Auflösung des Bundestages verhindern. Nunmehr kann er dazu benutzt werden, die Auflösung des Parlaments zu erreichen.

2. Das vom Grundgesetz gewollte Vorrecht des Parlaments, zu bestimmen, wer Bundeskanzler sein soll, beschränkt sich immer mehr auf den eigentlich als Ausnahme vorgesehenen Fall eines Kanzlerwechsels mitten in der Legislaturperiode (immerhin sind Erhard, Kiesinger, Schmidt und Kohl auf diesem Wege Kanzler geworden). In Bundestagswahljahren entwertet die plebiszitäre Volkswahl des Kanzlers dieses Vorrecht der Volksvertretung zur Formalie. Die vorzeitige Wahl am 6. März leistet dieser Entwicklung Vorschub.

3. Das Bundesverfassungsgericht hat die ohnehin beherrschende Stellung des Bundeskanzlers noch zweifach gestärkt. Einmal dadurch, daß es ihm ein – wenn auch auf das Zusammenwirken mit dem Bundestag und dem Bundespräsidenten angewiesenes – Recht einräumt, die Auflösung des Parlaments zu erwirken; zum anderen, daß es in einem solchen Falle die kontrollierende Funktion des Bundespräsidenten einschränkt, indem es das Staatsoberhaupt im Prinzip an die „Einschätzungs- und Beurteilungskompetenz des Bundeskanzlers" bindet.

Kohl empfindet durchaus das Zwiespältige der Situation. Darum erklärt er, er strebe an, durch Änderung des Grundgesetzes dem Bundestag das Recht zu verschaffen, sich mit qualifizierter Mehrheit selbst aufzulösen. Damit bestätigt der Kanzler nur, daß ein Damm des Grundgesetzes gebrochen ist.

Frankfurter Rundschau vom 17. 2. 1983

„EIN VERFASSUNGSMÄSSIG ANSTÖSSIGES WERK IN GANG GESETZT"
Warum die BVG-Richter Rinck und Rottmann die Entscheidung nicht mittragen wollten / Sondervotum auch vom Vorsitzenden

Die Entscheidung des Bundesverfassungsgerichts, die Klagen von vier Abgeordneten gegen die Bundestagswahl am 6. März abzuweisen, wurde nicht von allen Richtern des Zweiten Senats mitgetragen. Die beiden Verfassungsrichter Hans Justus Rinck und Joachim Rottmann vertraten von der Mehrheit abweichende Meinungen. Ein Sondervotum gab auch der Vorsitzende Richter des Zweiten Senats, Wolfgang Zeidler, ab. Er zeigte sich zwar mit der Entscheidung selbst, nicht jedoch mit ihrer Begründung einverstanden.

Nach Meinung von Hans Justus Rinck schließt es schon der Wortlaut von Artikel 68 Grundgesetz aus, „daß ein Bundeskanzler, der sichtlich das Vertrauen der Mehrheit der Mitglieder des Bundestages hat, die Auflösung des Bundestags nach dieser Norm anstrebt, einleitet und erreicht". Der Artikel 68 setze voraus, daß das Vertrauen gesucht werde, nicht aber das Mißtrauen. „Finden setzt Suchen voraus", erklärte Rinck. Diese Absicht habe aber nicht bestanden, folglich sei der ganze Weg verfassungswidrig.

Rinck nannte es unzulässig, „die Verfassung im Einzelfall außer acht zu lassen". Das gelte auch dann, wenn es mit verfassungsändernden Mehrheiten geschehe. So könnte eine „Nebenverfassung" entstehen, die das Grundgesetz innerlich aushöhlen müßte, auch wenn es formal unangetastet bleibe, fürchtet Rinck.

Im Gegensatz zum jetzigen Fall hätten früher die erforderlichen Krisensituationen bestanden, meinte Rinck. Für die Vertrauensfrage von Willy Brandt ergebe sich das eindeutig daraus, daß Änderungen zur Rentenreform noch kurz zuvor gegen die Regierung durchgesetzt werden konnten.

Rincks Kollege Verfassungsrichter Joachim Rottmann vertrat ebenfalls den Standpunkt, daß Bundespräsident Karl Carstens den Bundestag nicht hätte auflösen dürfen. Nach Ansicht Rottmanns wurde ein „verfassungsmäßig anstößiges Werk" in Gang gesetzt, um das „voreilig gegebene Versprechen" zu Neuwahlen einzulösen. Das gewählte Verfahren dokumentiere eine Verfassungsfremdheit der Spitzen der Fraktionen der neuen Koalition und eine „Unbefangenheit, mit der versucht worden ist, die Vorschriften der Verfassung zurechtzubiegen", sagte Rottmann. Nach seiner Auffassung gehe der Zweite Senat zu Unrecht bereits dann von einer Instabilität der Regierung aus, wenn der Kanzler zwar noch über eine Mehrheit im Parlament verfüge, diese jedoch in absehbarer Zeit zu verlieren fürchte.

Rottmann wollte dem Bundespräsidenten auch kein Ermessen zugestehen, die Frage zu prüfen, ob die Auflösung des Bundestages politisch zweckmäßig oder unzweckmäßig sei, weil bereits alle vorangegangenen Verfahrensabschnitte grundgesetzwidrig gewesen seien. Der Bundespräsident hätte die Auflösung des Bundestages ablehnen müssen, meinte Rottmann, der die von ihm vertretene Meinung „im Einklang mit der von der überwiegenden Mehrheit der deutschen Staatsrechtslehre vertretenen Auffassung" sah.

Anders als Rinck und Rottmann hielt der Vorsitzende des Zweiten Senats, Wolfgang Zeidler, das Verfahren selbst nicht für verfassungswidrig, teilte jedoch die von seinen fünf Kollegen gegebene Begründung nicht. Vielmehr erklärte er seine Zustimmung zur Verfassungsmäßigkeit mit der „Tatsache", daß sich die Bundestagswahlen immer stärker zu „Kanzlerwahlen" entwickelt hätten. So könne Kohl durchaus im Sinne der Verfassung nach Neuwahlen streben, um nicht zu einem „Kanzler zweiter Güte" zu werden. Wenn es dafür auch keinen Platz im Grundgesetz gäbe, so könnte dieses Argument dennoch hinzugezogen werden, wenn „Verfassungsbestimmungen einen Bedeutungswandel erfahren haben".

Das Verfassungsgericht könnte nicht im einzelnen die Überzeugungsbildung des Präsidenten nachprüfen, sagte Zeidler. Wenn der Bundespräsident sich unter Abwägung aller Umstände für die Auflösung des Bundestages entschieden habe, sei dies verfassungsrechtlich nicht zu beanstanden.

Robert Leicht in der *Süddeutschen Zeitung* vom 17. 2. 1983
DIE RICHTER HABEN SICH GEBEUGT

Auch die Karlsruher Richter haben sich dem Druck der parteitaktisch erzeugten Verhältnisse gebeugt. Wer ihre Entscheidung vom Mittwoch rein politisch betrachtet, wird überwiegend Erleichterung verspüren. Die drückenden Spekulationen über das Schlamassel, das einem anderen Urteil hätte folgen müssen, sind gegenstandslos geworden. Wenn man freilich die Maßstäbe der verfassungsrechtlichen Präzision und Autorität in den Vordergrund stellt, also die wesentlich auch kontrollierende und erziehende Funktion des höchsten

Gerichts, muß man die Nachgiebigkeit der Richter beklagen. Daß es überdies Wahlkämpfer gibt, die aus ganz politischen Gründen lieber einen anderen verfassungsrechtlichen Bescheid aus Karlsruhe bekommen hätten, steht auf einem anderen Blatt. Ohnedies mag die Entwicklung so verlaufen, daß sich mancher nach dem 6. März fragen muß, ob all die windigen und gewagten Manöver um die Verfassung herum sich auch nur im Sinne der eigenen Interessen wirklich ausgezahlt haben.

Heute freilich zählen solche Überlegungen wenig. Vielmehr kommt es zunächst allein darauf an, ob die Richter der Verfassung und ihrer eigenen Rolle gerecht geworden sind. Wer sich hierzu kritisch äußern will, muß zunächst einmal daran erinnern, wie oft die Karlsruher Richter doch aufgefordert worden waren, sich aus hochpolitischen Entscheidungen so gut es eben geht herauszuhalten. Diese Forderung gilt auch noch heute. Die Frage ist nur, was aus ihr im vorliegenden Falle zu folgern gewesen wäre.

Es war ja niemals darum gegangen, den Richtern den Mund zu verbinden und ihnen ein entschiedenes Wort zu verwehren, sondern allein darum, für den legitimen demokratischen Prozeß der Politik einen notwendigen Freiraum der Kontroversen, Kompromisse und Konstruktionen zu gewährleisten. Wenn es aber so ist, daß aus der Sicherung der demokratischen und parlamentarischen Legitimationsprozesse ein großer Spielraum für das Hin und Her im politischen Entscheidungskampf erwächst, so muß aus der richterlichen Zurückhaltung gegenüber einzelnen Entscheidungen in der *Sache* im Gegenzug eine um so stärkere Garantenstellung des Gerichts für die unverbrüchliche Geltung der politischen *Verfahrensordnung* folgen. In diesem Punkt liegt der außerordentlich enge Zusammenhang zwischen Form und Sache begründet, der von jenen verkannt wird, die parlamentarische Prozeduren als Ausdruck einer bloß formalen Demokratie abwerten.

Wenn man das Urteil aus dieser Perspektive betrachtet, wird man – trotz möglicher Erleichterung wegen ersparter politischer Kalamitäten – zu dem Ergebnis kommen, daß die Richter ihre eigentliche Aufgabe verfehlt haben. Gewiß, der parteipolitische Druck, der zu der freihändigen Festsetzung des vorgezogenen Wahltermins am 6. März und zu der manipulierten Vertrauensfrage geführt hatte, war ungemein stark geworden. Dies hatte bereits der Bundespräsident mit all den ihm zugemuteten Taktlosigkeiten empfindlich zu spüren bekommen. Aber wozu haben wir unabhängige Verfassungsrichter, wenn nicht aus dem einzigen Grund, daß es eine Institution geben muß, die allein unter Berufung auf die Verfassung und völlig frei von taktischen Ängsten, von politischen Kalkulationen so zu entscheiden vermag, daß die Prozeßordnung im notwendigerweise rauhen Kampf unbeschädigt bleibt?

Die Entscheidung vom Mittwoch steht, darauf hat der Richter Rottmann in seinem *Abweichenden Votum* hingewiesen, im Widerspruch zur absolut überwiegenden und gefestigten Meinung der deutschen Staatsrechtslehre. Das allein wäre noch hinzunehmen, wenn die Begründung des Urteils imstande wäre, die herrschenden Lehre zu übertreffen. Doch die Urteilsbegründung stellt in vielen Punkten eine Mischung aus rein politischen Spekulationen und Stilisierungen dar.

Wenn es zum Beispiel heißt, der Bundespräsident habe bei seiner Entscheidung über vorzeitige Wahlen einen „selbständigen politischen Beurteilungs- und Handlungsbereich", so muß dies angesichts der krassen Nötigungen, denen Karl Carstens unterworfen worden war (längst bevor er zum Zuge kommen konnte), als eine Karikatur der Realität erscheinen, wo es doch in Wirklichkeit darauf angekommen wäre, durch ein Veto gegen dieses parteipolitische Geschiebe den Entscheidungsspielraum für den Präsidenten überhaupt offen zu halten, wenigstens für die Zukunft. In den Leisätzen zum Urteil aber wird der Präsident eher noch dazu verpflichtet, einem Auflösungsbegehren des Kanzlers in aller Regel zu folgen – eine Interpretation, die bisher dem Grundgesetz fremd war.

Steckt schon an dieser Stelle das Urteil voller Widersprüche, so muß die Formulierung, man könne ausschließen, daß die FDP eine Regierungsarbeit des Bundeskanzlers bis zum Ende der Wahlperiode mitgetragen hätte, beinahe das Zwerchfell strapazieren – weiß man doch, wie gerne die FDP in ihrer jetzigen Verfassung gerade dazu bereit gewesen wäre. Und wenn das Gericht für eine vorzeitige Parlamentsauflösung nicht einmal eine akute Mehrheitskrise voraussetzt, sondern schon das Risiko des späteren Mehrheitsverlustes genügen läßt, so stehen fast alle Schleusen offen. Denn irgendwann kann jeder Kanzler seine Mehrheit verlieren. Wer also glaubte, das Gericht werde seine aktuellen Konzessionen mit harten Mahnungen für die Zukunft bewehren, sieht sich enttäuscht.

Wie tief auch immer eine nähere Urteilsanalyse in weitere Konfusionen führen mag – eines steht fest: Am 6. März wird gewählt. Und das heißt, daß erst jetzt der Wahlkampf zu seiner ganzen Unerbittlichkeit aufflammen wird.

Neue Zürcher Zeitung vom 18. 2. 1983

DEUTSCHE WAHLEN DEFINITIV AM 6. MÄRZ
Klares Urteil des deutschen Verfassungsgerichtes

„Unbegründete" Klagen von vier Abgeordneten

Die Klagen von vier Bundestagsabgeordneten, die dem nächsten Parlament nicht mehr angehören werden, sind als *zulässig* bezeichnet und als unbegründet zurückgewiesen worden. Die Anordnungen des Bundespräsidenten *Carstens* vom 6. Januar 1983 über die Auflösung des 9. Deutschen Bundestags und über die Festsetzung der Wahl zum nächsten Bundestag auf den 6. März 1983 verstossen nach dieser Entscheidung nicht gegen das Grundgesetz. Sie sind vereinbar mit dem Artikel 68 Absatz 1 des Grundgesetzes. Die vier Antragsteller werden nicht in ihrem geschützten Status nach Artikel 38 des Grundgesetzes als Abgeordnete des Bundestags verletzt oder gefährdet.

Im Ergebnis wird jeder deutsche Bundeskanzler nach diesem Urteil noch weiter gestärkt in seiner Position gegenüber dem Bundestag und dem Bundespräsidenten. Das Bundesverfassungsgericht räumt der *politischen Dynamik* einen weiten Raum zur Entfaltung ein. Sein Urteil spricht zwar von der hohen Hemmschwelle, die im Artikel 68 des Grundgesetzes gegen eine vorzeitige Auflösung des Deutschen Bundestags materiell-rechtlich und verfahrensmässig errichtet worden sei. Aus der komplizierten Begründung des Urteils läßt sich dann jedoch entnehmen, daß diese Hemmschwelle ohne sonderliche Mühe von Bundeskanzler Kohl und von Bundespräsident Carstens überwunden werden konnte ...

Der Artikel 68 des Grundgesetzes gestattet binnen 21 Tagen die Auflösung des Bundestags durch den Bundespräsidenten, wenn der Bundeskanzler bei der Vertrauensfrage nicht die Mehrheit der Abgeordneten erhalten hatte. Sobald aber der Bundestag mit einer Mehrheit innerhalb dieser 21 Tage einen anderen Kanzler wählt, erlischt die Möglichkeit zur Auflösung. Nach dem neuen Urteil kommt noch der ungeschriebene Sachverhalt der Instabilität hinzu. Das Ganze stellt sich als ein langgestreckter Vorgang dar, wie das Urteil feststellt. Jedes der drei Verfassungsorgane kann die Auflösung zu jeder Zeit unterbrechen. In gewissem Sinne halten sich alle drei die Balance. Hinzu kommt die Kontrolle durch das Bundesverfassungsgericht, die in diesem Verfahren *zum ersten Male* ausgeübt worden ist.

Die Rolle des Bundespräsidenten

Das Urteil spricht aus, daß die Stoßrichtung dieses Artikels 68 auf den Bundespräsidenten zielt. Er darf nicht jederzeit den Bundestag auflösen und nach Hause schicken, wie das in der Weimarer Republik die Reichspräsidenten *Ebert* und *Hindenburg* mit jedem Reichstag getan hatten. Vielmehr kann der Bundespräsident in Bonn den Bundestag nur unter bestimmten Voraussetzungen auflösen. Anderseits ist der Bundespräsident nach diesem Urteil gehalten, die Beurteilung der politischen Lage durch den Kanzler zu beachten, wenn dieser bei ihm die Parlamentsauflösung beantragt. Der Präsident darf nicht statt dessen seine eigene Lagebeurteilung bevorzugen. Insoweit besteht eine Grenze für sein Ermessen.

In den Debatten der letzten Monate hatte die Entstehungsgeschichte des Artikels 68 im Parlamentarischen Rat 1948/49 eine große Rolle gespielt. Insbesondere war aus den Debatten der damaligen Abgeordneten geschlossen worden, daß nur ein *Minderheitskanzler* die Auflösung des Bundestags beantragen dürfe. Diesen Überlegungen und der Entstehungsgeschichte mißt das neue Urteil nur eine geringe Bedeutung bei. Ausdrücklich festgestellt wird aber, daß der Bundestag keinesfalls aus seinem eigenen Entschluß heraus seine Auflösung beschließen dürfte, und zwar nicht einmal, wenn alle seine Fraktionen gemeinsamer Auffassung sein sollten.

Eine Gefahr der Auflösungspraxis nach *englischem* Vorbild zum politisch vorteilhaft erscheinenden Zeitpunkt sieht das Gericht dagegen nicht, weil viele Abgeordnete befürchten müßten, daß sie nicht mehr wiederaufgestellt oder gewählt würden, und weil zudem die bisherigen Mehrheitsparteien oder Koalitionen nicht die Garantie besäßen, die nächste Wahl zu gewinnen.

Dem Urteil zufolge sind Regierung und Abgeordnete vielmehr gehalten, gegenüber allen Aufgaben und Problemen, die sich ihnen während der vollen Wahlperiode von vier Jahren stellen, ihre Pflicht zu erfüllen. Insbesondere ergebe sich die Legitimität für einen neu gewählten Kanzler ohne weiteres aus der *Legalität seiner Wahl,* und zwar auch bei einem konstruktiven Mißtrauensvotum. Kein Bundeskanzler braucht daher die Auflösung des Bundestags zu beantragen, um sich eine neue Vertrauensbasis unter den Wählern zu verschaffen.

Beginn einer neuen Staatspraxis?

In dem Verfahren der Auflösung des Bundestags aus schwerwiegenden Gründen erblickt das Urteil keinen Wandel der Verfassung, sondern den Beginn einer neuen Staatspraxis in der Bundesrepublik. Als Vorbild hierfür diente den Richtern die erste vorzeitige Auflösung des Bundestags unter der Regierung *Brandt* im Jahre 1972. Dieser Vorgang sei zwar nicht völlig deckungsgleich mit der Bundestagsauflösung von 1982. Jedoch bestünden große *Ähnlichkeiten,* die von den Richtern beachtet werden mußten. Die vorzeitige Auflösung erscheint den Richtern gerechtfertigt, um einem *neuen politischen Sachverhalt* gerecht zu werden und außergewöhnliche Verhältnisse zu meistern, von denen die Väter des Grundgesetzes vor 34 Jahren noch nichts ahnen konnten. Die moderne Massendemokratie solle funktionsfähig bleiben.

Von hier aus vollzieht das Urteil dann den nächsten Schritt und übernimmt in seinem letzten Kapitel weitgehend die Argumentation der neuen Regierung Kohl/Genscher in diesem Prozess. Danach war die Vorgabe einer dauerhaften stabilen Regierungsmehrheit nicht mehr gesichert angesichts der Zerreissprobe der FDP nach dem Ende der „sozial-liberalen" Aera.

19. Die Bundestagswahl vom 6. März 1983 und die Landtagswahlen in Rheinland-Pfalz und Schleswig-Holstein

Die Bundestagswahl am 6. März 1983 wurde allgemein als Entscheidung darüber angesehen, ob die Wähler der Wende und damit auch nachträglich dem Koalitionswechsel zustimmen würden. Während anfangs eine deutliche Mehrheit der CDU/CSU und ein Scheitern der FDP an der 5%-Hürde vorausgesagt wurde, änderten sich die Prognosen der Meinungsforschungsinstitute kurz vor der Wahl noch entscheidend. Über das Abschneiden von CDU/CSU und SPD lagen die Voraussagen zum Teil weit auseinander, während der FDP und den Grünen der Einzug in den Bundestag vorausgesagt wurde.

Das Wahlergebnis entsprach bei der FDP und den Grünen weitgehend diesen Voraussagen. Die CDU/CSU wurde mit 48,8 % der Zweitstimmen stärkste Fraktion und verfehlte nur knapp die absolute Mehrheit. Die SPD verlor gegenüber der Bundestagswahl 1980 immerhin 4,7 % ihrer Zweitstimmen und kam auf 38,2 %. Die FDP schaffte trotz erheblicher Verluste (1980 = 10,6 %) den Einzug in den Bundestag mit 7,0 % der Zweitstimmen. Auch die Grünen überwanden die 5%-Hürde mit 5,6 % der Stimmen und waren damit ebenfalls im Deutschen Bundestag vertreten. Aufgrund des Wahlergebnisses ergab sich die folgende Sitzverteilung im Bundestag:

CDU/CSU 244 Sitze + 11 Berliner Abgeordnete
SPD 193 Sitze + 9 Berliner Abgeordnete
FDP 34 Sitze + 1 Berliner Abgeordneter
Grüne 27 Sitze + 1 Berliner Abgeordneter.

Aufgrund je eines Überhangmandats in Hamburg und Bremen für die SPD besteht der 10. Deutsche Bundestag aus 520 Abgeordneten. CDU, CSU und FDP verfügen über eine starke absolute Mehrheit. Der 10. Deutsche Bundestag konstituierte sich am 29. März 1983 und wählte den Abgeordneten Dr. Rainer Barzel zu seinem Präsidenten. Am 30. März 1983 wurde Dr. Helmut Kohl im ersten Wahlgang mit 271 Stimmen zum Bundeskanzler der Bundesrepublik Deutschland gewählt. 214 Abgeordnete stimmten mit Nein, ein Abgeordneter enthielt sich der Stimme.

Die neue Bundesregierung unter Bundeskanzler Dr. Helmut Kohl setzt sich aus 8 Ministern der CDU, 5 Ministern der CSU und 3 Ministern der FDP zusammen.

Erstmals in der Geschichte der Bundesrepublik Deutschland war mit der Bundestagswahl auch eine Landtagswahl verbunden. Am 6. März 1983 wurde in Rheinland-Pfalz gleichzeitig der neue Landtag gewählt. Die CDU konnte dort ihre bisherige absolute Mehrheit von 50,1 % auf 51,9 % ausbauen. Die SPD mußte auch hier Stimmeneinbußen hinnehmen. Ihr Stimmenanteil verringerte sich von 42,3 % auf 39,6 %. Die FDP scheiterte auch in Rheinland-Pfalz an der 5 %-Hürde. Während sie 1979 noch 6,4 % der Stimmen erreichte, fiel sie bei der Landtagswahl 1983 auf 3,5 % der Stimmen zurück. Die Grünen sind mit 4,5 % der Stimmen ebenfalls an der 5 %-Hürde gescheitert. Der neue Landtag setzt sich aus 57 Abgeordneten der CDU und 43 Abgeordneten der SPD zusammen. Als Ministerpräsident wurde Dr. Bernhard Vogel wiedergewählt.

Eine Woche später wurde in Schleswig-Holstein gewählt. Hier hatte die FDP eine Koalitionsaussage für die SPD abgegeben. Das Ergebnis fiel eindeutig zugunsten der CDU aus: sie errang die absolute Mehrheit. FDP und Grüne scheiterten wiederum an der 5 %-Klausel.

Das Wahlergebnis im einzelnen:

CDU   49,0 % der Stimmen (1979 = 48,3 %)
SPD   43,7 % der Stimmen (1979 = 41,7 %)
FDP   2,2 % der Stimmen (1979 = 5,7 %)
Grüne   3,6 % der Stimmen (1979 = 2,4 %).

Hiernach ergibt sich folgende Sitzverteilung im Landtag: CDU 39, SPD 34, Südschleswiger Wählerverband 1. Ministerpräsident Uwe Barschel wurde wiedergewählt.

Auch auf die Zusammensetzung der Bundesversammlung, die im Mai 1984 den Bundespräsidenten wählt, wirkten sich die Bundestagswahl und die Landtagswahlen entscheidend aus. Während vor diesen Wahlen die CDU/CSU unter der absoluten Mehrheit lag, ergibt sich nach einer Berechnung über die Zusammensetzung der Bundesversammlung nach dem Stande von März 1982 die absolute Mehrheit der Stimmen für die CDU/CSU.

Von den 1 040 Mitgliedern der Bundesversammlung wird demnach die CDU/CSU 529, die SPD 427, die FDP 44 und die Grünen 40 Mitglieder stellen. Zusammen verfügen CDU/CSU und FDP über eine starke absolute Mehrheit von 573 der 1 040 Sitze. Damit dürfte der künftige Bundespräsident wieder aus den Reihen der CDU/CSU kommen.

Auch ein Ergebnis der Wende ist, daß die CDU/CSU derzeit die drei wichtigsten Staatsämter besetzt:

Bundespräsident, Bundestagspräsident und Bundeskanzler.

II.
Verfassungs- und geschäftsordnungsrechtliche Fragen

Vorbemerkung zum II. Teil

Der erste Teil hat sich im wesentlichen mit dem historischen Ablauf der politischen Ereignisse in Bonn im Zusammenhang mit den zwei Vertrauensanträgen und dem Mißtrauensantrag befaßt; außerdem wurde der Weg zu vorgezogenen Neuwahlen dargestellt. Im Rahmen der Darstellung des zeitlichen Ablaufs der Geschehnisse wurde auf verfassungs- bzw. geschäftsordnungsrechtliche Fragen nur insoweit eingegangen, als sie für das Verständnis des Zusammenhangs erforderlich sind bzw. als unumstritten angesehen werden können. Obwohl es sich bei dem Antrag gemäß Art. 68 des Grundgesetzes bei Bundeskanzler Schmidt am 3. Februar 1982 um den zweiten und bei Bundeskanzler Dr. Kohl vom 13. Dezember 1982 um den dritten Vertrauensantrag handelte und auch der Mißtrauensantrag der Fraktion der CDU/CSU am 28. September 1982 bereits der zweite Mißtrauensantrag in der Geschichte der Bundesrepublik Deutschland war, ergaben sich bei den Anträgen im Jahre 1982 eine Reihe von Fragen, die in dieser Brisanz bei den früheren Anträgen nicht aufgetreten waren. Diese Fragen sollen deshalb auch im nachfolgenden Kapitel einer rechtlichen Würdigung unterzogen werden.

1. Der Weg zu Neuwahlen

Die Wahlperioden des Deutschen Bundestages betragen grundsätzlich vier Jahre. Art. 39 Abs. 1 Satz 1 GG bestimmt: „Der Bundestag wird auf vier Jahre gewählt."
Während in der Weimarer Reichsverfassung abstrakt festgelegt wurde, daß der Reichspräsident den Reichstag auflösen konnte, wenn auch nur einmal aus dem gleichen Anlaß (Art. 35 Weimarer Reichsverfassung), hat das Grundgesetz die Auflösung des Parlaments an konkrete Voraussetzungen geknüpft.

a) Rechtsfolgen der Änderung von Art. 39 GG

Bevor näher auf diese Voraussetzungen eingegangen wird, soll zuvor die verfassungsrechtlich geänderte Situation untersucht werden, die durch die Änderung des Artikel 39 des Grundgesetzes beabsichtigt war. Bis zur Änderung des Art. 39 während der 7. Wahlperiode hatte Artikel 39 des Grundgesetzes folgenden Wortlaut:

> (1) „Der Bundestag wird auf vier Jahre gewählt. Seine Wahlperiode endet vier Jahre nach dem ersten Zusammentritt oder mit seiner Auflösung. Die Neuwahl findet im letzten Vierteljahr der Wahlperiode statt, im Falle der Auflösung spätestens nach 16 Tagen.
> (2) Der Bundestag tritt spätestens am 30. Tage nach der Wahl, jedoch nicht vor Ende der Wahlperiode des letzten Bundestages zusammen.
> (3) Der Bundestag bestimmt den Schluß und den Wiederbeginn seiner Sitzung. Der Präsident des Bundestages kann ihn früher einberufen. Er ist hierzu verpflichtet, wenn ein Drittel der Mitglieder, der Bundespräsident oder der Bundeskanzler es verlangen."

Um die durch diese Fassung mögliche „parlamentslose" Zeit zu überbrücken, war in Artikel 45 des Grundgesetzes die Bestellung eines „Ständigen Ausschusses" geregelt, der die Rechte des Bundestages gegenüber der Bundesregierung zwischen zwei Wahlperioden zu wahren hatte. Das gleiche galt für den Artikel 45 a des Grundgesetzes in der früheren Fassung, der die Rechte des Auswärtigen Ausschusses und des Ausschusses für Verteidigung zwischen den Wahlperioden regelte.
Auf BT-Drucksache 7/5307 beantragte die Fraktion der CDU/CSU eine Änderung des Art. 39 des Grundgesetzes, um die sogenannte parlamentslose Zeit auch verfassungsrechtlich auszuschließen. In der Begründung des Antrags wird ausgeführt:

> „Der vorliegende Antrag soll dieses für das Jahr 1976/77 und für alle folgenden Wahlperioden ausschließen. Da auch im Falle der Auflösung die Wahlperiode erst mit dem Zusammentritt des neugewählten Bundestages endet, gibt es eine Zeit zwischen den Wahlperioden nicht mehr. Die in den Artikeln 1 Nr. 2 genannten Artikel können daher entfallen."

Der Rechtsausschuß legte zusammen mit den Änderungsvorschlägen zu den Artikeln 29 und 74 einen Vorschlag zur Änderung des Artikels 39 vor (Drucksache 7/5491).

Dieser Vorschlag wurde in der Sitzung des Deutschen Bundestages vom 1. Juli 1976 unverändert angenommen und entspricht damit der derzeit geltenden Fassung. Zur Begründung der Änderung des Artikels 39 des Grundgesetzes wurde von den Berichterstattern, Dr. Arndt und Dr. Klein, u. a. ausgeführt:

> „Durch die Neufassung wird das Ende der Legislaturperiode insofern beweglich gestaltet, als frühestens 45, spätestens 47 Monate nach Beginn der Wahlperiode die Wahl zum nächsten Bundestag stattfindet und spätestens 30 Tage nach dem Wahltag der neue Bundestag zusammentritt mit der Folge der Beendigung der alten Legislaturperiode (vgl. im übrigen die Ausführungen unter I.). Der Rechtsausschuß war sich darüber einig, daß nach der geltenden Formulierung auch im Falle der Auflösung die Wahlperiode des aufgelösten Bundestages erst mit dem Zusammentritt des neugewählten Bundestages endet. Eine entsprechende Klarstellung im Text wurde für entbehrlich gehalten. Absatz 1 Sätze 1 und 4 des neuen Artikels 39 entspricht dem geltenden Recht.
>
> Da auch im Falle der Auflösung die Wahlperiode erst mit dem Zusammentritt des neugewählten Bundestages endet, kann es künftig keine Zeiten zwischen den Wahlperioden mehr geben. Die Interimsausschüsse nach den Artikeln 45 und 45 a GG sowie die Sonderrechte der in Artikel 49 GG genannten Personen sind deshalb entbehrlich."

Offensichtlich gibt die Neufassung des Artikels 39 des Grundgesetzes die Absicht des Gesetzgebers nicht in aller Deutlichkeit wieder. Die Beibehaltung des Begriffes „Auflösung" hat zu unklaren Kommentierungen geführt (so z. B. Maunz/Dürig/Herzog/Scholz Art. 39 Rdn. 28 – 23, vgl. auch Handbuch für die Parlamentarische Praxis Vorbemerkung zu § 1, Kretschmer, in: Bonner Kommentar zu Art. 39 Rdn. 17).

Wie schon zur Weimarer Zeit bedeutete bis zur Änderung des Artikels 39 des Grundgesetzes die Auflösung den Verlust aller Rechtsfunktionen des so konkret personell zusammengesetzten Parlaments, gleichzeitig auch den Verlust sämtlicher Mitgliedschaftsrechte der Abgeordneten. Der Mandatsverlust galt in gleicher Weise für diejenigen Mitglieder des Deutschen Bundestages, die als Mitglieder oder Vertreter in die drei Gremien

Ständiger Ausschuß (Art. 45 a GG),
Ausschuß für Auswärtige Angelegenheiten und
Ausschuß für Verteidigung (Art. 45 a Abs. 1 GG)

gewählt worden waren. (Die angegebenen Artikel des Grundgesetzes beziehen sich jeweils auf die Fassung vor der Änderung während der 7. Wahlperiode). An dem Verlust ihrer Eigenschaft als Abgeordnete änderte nichts die in Artikel 49 a. F. des Grundgesetzes enthaltene Regelung, daß die Mitglieder der genannten Gremien weiterhin den Schutz der Immunität und Indemnität hatten und sich auf Artikel 47 des Grundgesetzes – Zeugnisverweigerungsrecht – berufen konnten. (Vgl. hierzu Kremer, in: Parlamentsauflösung, S. 33 ff)

Wenn auch der Begriff „Auflösung" in der Neufassung des Art. 39 des Grundgesetzes beibehalten wurde, ergibt sich aus der eindeutigen Begründung durch den Rechtsauschuß, daß die nach altem Recht unmittelbar eintretende Rechtsfolge der Auflösungsanordnung nicht mehr gelten, der Funktionsverlust des Parlaments und seiner Mitglieder vielmehr erst mit dem Zusammentritt des neugewählten Bundestages beginnen sollte. Daraus folgt, daß sich die Rechtswirkung der vom Bundespräsidenten vorzunehmenden Amtshandlung eigentlich auf die Festlegung vorgezogener Neuwahlen beschränkt.

Das Grundgesetz hat dem Bundespräsidenten in Art. 63 Abs. 4 das Recht eingeräumt, den Bundestag aufzulösen, wenn in der sogenannten letzten Wahlphase – nach Ablauf von vierzehn Tagen – keiner der vorgeschlagenen Kandidaten für das Amt des Bundeskanzlers die absolute Mehrheit auf sich vereinigt. Art. 63 Abs. 4 Satz 3 hat folgenden Wortlaut:

„Erreicht der Gewählte diese Mehrheit nicht, so hat der Bundespräsident binnen sieben Tagen entweder ihn zu ernennen oder den Bundestag aufzulösen."

Gemäß Art. 68 Abs. 1 des Grundgesetzes hat der Bundespräsident das Recht, den Bundestag aufzulösen, wenn ein Antrag des Bundeskanzlers, ihm das Vertrauen auszusprechen, nicht die Zustimmung der Mehrheit der Mitglieder des Bundestages findet und der Bundeskanzler ihm vorschlägt, den Bundestag aufzulösen.

Der Begriff der Auflösung des Bundestages findet sich ferner noch in Art. 39 Abs. 1 und in Art. 81 Abs. 1 des Grundgesetzes. Beide Bestimmungen enthalten jedoch lediglich Regelungen für die Folge der „Auflösung".

b) Auflösung des Bundestages über den Rücktritt des Bundeskanzlers

Tritt ein Bundeskanzler zurück, geht das Vorschlagsrecht des Art. 63 Abs. 1 des Grundgesetzes an den Bundespräsidenten zurück. Er ist hinsichtlich seines Vorschlagsrechtes frei, wird jedoch die Vorstellungen der Fraktionen des Deutschen Bundestages berücksichtigen. Der Bundespräsident hat somit die Möglichkeit, den zurückgetretenen Bundeskanzler erneut vorzuschlagen oder einen anderen Kandidaten zu nominieren. Erhält der von ihm Vorgeschlagene trotz gegenteiliger Absprachen die erforderliche Mehrheit, so ist der Bundespräsident dennoch verpflichtet, den so Gewählten zu ernennen, es sei denn, daß dieser die Wahl nicht annimmt. In diesem Fall würde das Vorschlagrecht erneut an den Bundespräsidenten zurückgehen; d. h. der erste Wahlgang wäre zu wiederholen.

Erreicht der vom Bundespräsidenten vorgeschlagene Kandidat vereinbarungsgemäß nicht die erforderliche Mehrheit, so finden Art. 63 Abs. 3 und 4 des Grundgesetzes Anwendung, d. h., innerhalb eines Zeitraums von 14 Tagen können beliebig viele Wahlgänge stattfinden, in denen der Kandidat jeweils noch die Kanzlermehrheit, d. h. die Mehrheit der Stimmen der Mitglieder des Bundestages erreichen muß, um vom Bundespräsidenten ernannt werden zu können. Für die Wahlhandlungen während dieser Wahlphase können auch Kandidaten von einem Viertel der Mitglieder des Bundestages oder einer Fraktion, die mindestens ein Viertel der Mitglieder des Bundestages umfaßt, vorgeschlagen werden (§ 4 GOBT).

Erst wenn im „letzten Wahlgang" – dritte Wahlphase – keiner der vorgeschlagenen Kandidaten die Kanzlermehrheit erreicht, hat der Bundespräsident die Möglichkeit, binnen 7 Tagen entweder den Kandidaten mit den meisten Stimmen zu ernennen oder den Bundestag aufzulösen. Das Recht, von der Möglichkeit, den Bundestag aufzulösen, Gebrauch zu machen, ist in diesem Falle nicht von einem Vorschlagsrecht des Bundeskanzlers wie bei der Auflösung gemäß Art. 68 Abs. 1 des Grundgesetzes abhängig.

Aus dieser eindeutigen Rechtslage ergibt sich damit, daß der Bundespräsident lediglich aufgrund einer Rücktrittserklärung des Bundeskanzlers nicht berechtigt ist, den Bundestag aufzulösen. Der aufgezeigte Weg zu einem entsprechenden Recht des Bundespräsidenten muß jedoch als umständlich und letztlich auch als fragwürdig bezeichnet werden. Soll es vereinbarungsgemäß zu dem Recht des Bundespräsidenten kommen, den Bundestag aufzulösen, stellt sich zunächst die Frage, wen der Bundespräsident für den ersten Wahlgang als Kandidaten vorschlägt. Selbst wenn dies der zurückgetretene Bundeskanzler ist und er vereinbarungsgemäß im ersten Wahlgang nicht die erforderliche Mehrheit der Stimmen der Mitglieder des Bundestages erhält, muß es eine Desavouierung des Bundespräsidenten bedeuten, wenn ihm seitens der Fraktionen bzw. einer Koalition ein Kandidat präsentiert wird, der vereinbarungsgemäß nicht die absolute Mehrheit erhalten soll.

Nicht weniger schwierig und fragwürdig stellt sich das Nominierungsverfahren in der sogenannten zweiten Wahlphase dar. Zwar können für die Wahlgänge während der 14-Tage-Frist nach dem ersten Wahlgang von einem Viertel der Mitglieder des Bundestages oder einer Fraktion, die mindestens ein Viertel der Mitglieder des Bundestages umfaßt (§ 4 GOBT), Zählkandidaten vorgeschlagen werden – der zurückgetretene Kanzler würde sich kaum als solcher zur Verfügung stellen. Da es sich damit aber weitgehend um Scheinwahlen bzw. Scheinwahlgänge handeln würde, kämen diese Wahlhandlungen einer Farce gleich, die dem Ansehen des Parlaments erheblich abträglich sein müßten.

Letztlich würde sich für die „dritte Wahlphase" das Problem stellen, daß eine qualifizierte Minderheit einen „echten" Kandidaten nominieren könnte, der dann die „meisten Stimmen" auf sich vereinigen würde. Damit könnte der Bundespräsident in eine nicht unerhebliche Verlegenheit gebracht werden hinsichtlich seiner Entscheidungsfreiheit, den so Gewählten zu ernennen oder den Bundestag aufzulösen.

Aus den dargelegten Gründen erscheint der Weg, über den Rücktritt des Bundeskanzlers zu vorgezogenen Neuwahlen zu kommen, nicht nur recht beschwerlich und fragwürdig, sondern auch verfassungsrechtlich anfechtbar, mindestens aber verfassungsethisch bedenklich.

c) Neuwahlen über eine gescheiterte Vertrauensfrage

Der andere Weg, um unter Umständen zu vorgezogenen Neuwahlen zu kommen, geht über Artikel 68 Abs. 1 des Grundgesetzes. Findet ein Antrag des Bundeskanzlers, ihm das Vertrauen auszusprechen, nicht die Zustimmung der Mehrheit der Mitglieder des Bundestages, so kann der Bundespräsident auf Vorschlag des Bundeskanzlers binnen 21 Tagen den Bundestag auflösen. Gemäß Artikel 68 Abs. 1 Satz 2 des Grundgesetzes erlischt das Recht zur Auflösung, sobald der Bundestag mit der Mehrheit seiner Mitglieder einen anderen Bundeskanzler wählt.

Über diesen Weg kam es erstmals in der 6. Wahlperiode zu vorgezogenen Neuwahlen.

Der Fall aus der 6. Wahlperiode zeigt, daß der Weg über Artikel 68 des Grundgesetzes sehr viel weniger zeitraubend ist, als der Weg über den Rücktritt des Bundeskanzlers. Nicht nur theoretisch, sondern auch in der Praxis, kann wenige Tage nach Stellung der Vertrauensfrage und dem gewollten Scheitern dieses Antrags, der Bundespräsident auf Vorschlag des Bundeskanzlers eine vorgezogene Neuwahl anordnen.

Über die Frage, ob es verfassungsrechtlich zulässig war, daß Bundeskanzler Kohl über ein gewolltes Scheitern der Vertrauensfrage zu Neuwahlen kommen wollte, ist in der Literatur und in den Massenmedien viel und häufig kontrovers diskutiert worden (auf die verfassungsrechtliche Zulässigkeit im konkreten Fall soll hier nicht mehr eingegangen werden; Bundespräsident Carstens hat hierzu in abgewogenen Worten die von ihm allein zu treffende Entscheidung sachgerecht und einleuchtend begründet (vgl. Bulletin vom 10. Januar 1983 und Entscheidung des Bundesverfassungsgericht vom 16. Februar 1983, 2 BvE 1-4/83).

Interessant ist jedoch, wenn in älteren Kommentaren zum Grundgesetz ausgeführt wird: „Der Artikel regelt die Begründung von Befugnissen zur Auflösung des BT. und zur Einleitung des Gesetzgebungsnotstands-Verfahrens (Art. 81) durch Verneinung der Vertrauensfrage des BK. (v. Mangoldt, Das Bonner Grundgesetz, 2. Auflage S. 1304). Ebenso erstaunlich ist, wenn darauf hingewiesen wird, Sinn und Zweck des Artikels seien aufgrund der nach dieser Richtung hin sehr eindeutigen Entstehungsgeschichte sowohl negativ als auch positiv klar erkennbar: „Der Artikel will in erster Linie nicht etwa die überkommene Einrichtung der Vertrauensfrage als eines Mittels zur öffentlichen Bestätigung der bisherigen und (oder) öffentlichen Zustimmung zur künftigen Regierungspolitik mit der Folge des mehr oder weniger freiwilligen Abgangs von Mitgliedern der Regierung aus ihren Ämtern bei Verneinung...; vielmehr bezweckt er gerade umgekehrt, für den Fall erheblich politischer Differenzen, zwischen BReg. und BT. eine Möglichkeit zur Auflösung des letzteren oder zur Einleitung des Gesetzgebungsnotstands-Verfahrens gemäß Art. 81 zu schaffen und damit bei Regierungskrisen ein Mittel für ihre Lösung an die Hand zu geben..." (s. v. Mangoldt/Klein, Das Bonner Grundgesetz, Art. 68, S. 1304 f.).

Aus der bisherigen Anwendung des Artikels 68 des Grundgesetzes ist eindeutig zu entnehmen, daß das Ziel der Vertrauensanträge war, über diesen Weg zu vorzeitigen Neuwahlen zu kommen. Entsprechend haben in der 6. Wahlperiode Bundeskanzler Brandt und in der 9. Wahlperiode Bundeskanzler Kohl ihren Vertrauensantrag begründet. Daß Bundeskanzler Schmidt seinen Vertrauensantrag vom Februar 1982 anders motivierte, widerspricht dieser Feststellung nur scheinbar. Von der Möglichkeit, über einen Vertrauensantrag zur Notstandsgesetzgebung gemäß Art. 81 des Grundgesetzes zu kommen, wurde jedenfalls noch kein Gebrauch gemacht.

d) Verbindung der Vertrauensfrage mit einer Gesetzesvorlage

Bei den Auseinandersetzungen vor Einreichung des Vertrauensantrags über die Frage, ob die vom Bundeskanzler Kohl über ein Scheitern der Vertrauensfrage angestrebte Neuwahl verfassungsmäßig sei oder dem Geist der Verfassung widerspreche, wurde am Rande auch die Überlegung angestellt, ob zur Vermeidung des Anscheins einer manipulierten Auflösung des Bundestages nicht die Möglichkeit bestehe, durch eine Verbindung der Vertrauensfrage mit einer Gesetzesvorlage (Art. 68 Abs. 1 und Art. 81 Abs. 1 Satz 2 GG) auch nur den Anschein der Verfassungswidrigkeit einer vorzeitigen Neuwahl auszuschließen.

Die Erwägungen zielten darauf ab, die Fraktion der CDU/CSU solle einen Gesetzentwurf auf rechtspolitischem Gebiet vorlegen, dem die Fraktion der FDP aufgrund früherer Erklärungen nicht hätte zustimmen können. Da davon ausgegangen wurde, daß auch die Fraktion der SPD dem Entwurf die Zustimmung verweigert hätte, wäre abgesichert gewesen, daß Bundeskanzler Kohl – wie gewünscht – nicht die sogenannte Kanzlermehrheit erreicht hätte.

Gemäß Art. 81 Abs. 1 Satz 2 des Grundgesetzes hat der Bundeskanzler die Möglichkeit, mit einer Gesetzesvorlage die Vertrauensfrage gemäß Art. 68 Abs. 1 des Grundgesetzes zu verbinden. Zu dieser Verbindung bedarf es keines Beschlusses des Bundestages, noch kann sie vom Bundestag erzwungen werden.

Wäre die Vertrauensfrage mit einer entsprechenden Gesetzesvorlage verbunden worden, hätte es folgende Möglichkeiten gegeben:

– die mit der Vertrauensfrage verbundene Gesetzesvorlage wird mit Mehrheit abgelehnt,
– für die mit einer Gesetzesvorlage verbundene Vertrauensfrage spricht sich zwar die Mehrheit der anwesenden Mitglieder des Bundestages aus, der Bundeskanzler erhält aber nicht die sogenannte Kanzlermehrheit,
– für den verbundenen Vertrauensantrag sprechen sich mehr als die Hälfte der gesetzlichen Mitglieder des Bundestages aus.

Im ersten Falle wären sowohl die Gesetzesvorlage als auch die Vertrauensfrage gescheitert und dem Bundeskanzler die Möglichkeit eingeräumt worden, dem Bundespräsidenten die Auflösung des Bundestages zum Zwecke vorzeitiger Neuwahlen vorzuschlagen.

Im zweiten Falle wäre die Streitfrage aufgekommen, ob es ein gespaltenes Ergebnis bei einer verbundenen Abstimmung geben kann, d. h. Annahme des Gesetzes (JA) – Ablehnung der Vertrauensfrage (NEIN). Die Frage, ob ein derartiges, gespaltenes Ergebnis nach der Verfassung zulässig ist oder nicht, ist in der Literatur umstritten (vgl. hierzu Handbuch für die Parlamentarische Praxis, Anhang zu § 98 und die dort angegebene Literatur; nachfolgend zitiert „Handbuch").

Verfassungsrechtliche, formal-logische und sprachanalytische Argumente sprechen jedoch dafür, daß das Abstimmungsergebnis nur einheitlich gewertet werden kann. Wird somit die Vertrauensfrage mit einer Gesetzesvorlage verbunden, bedarf auch die Gesetzesvorlage der Mehrheit, die für die Vertrauensfrage erforderlich ist. Das würde im zweiten Fall bedeuten, daß sowohl das Gesetz als auch die Vertrauensfrage gescheitert wären.

Wenn auch das tatsächliche Abstimmungsergebnis vom 17. Dezember 1982 über die abstrakte Vertrauensfrage nicht auf die hier dargestellte Möglichkeit einer mit einer Gesetzesvorlage verbundenen Vertrauensfrage übertragen werden kann, wäre dennoch rein theoretisch möglich gewesen, daß bei Bejahung der Zulässigkeit eines gespaltenen Ergebnisses die Gesetzesvorlage bei nur ganz wenigen Ja-Stimmen angenommen worden wäre; wenn unterstellt wird, die Mitglieder der Fraktion der SPD hätten sich der Stimme enthalten oder hätten – aus welchen Gründen auch immer – an der Abstimmung nicht teilgenommen, hätte die Vertrauensfrage dagegen als gescheitert angesehen werden müssen. Auch aus diesem, sicherlich krassen, in der Praxis wohl kaum vorkommenden, Ergebnis läßt sich dennoch begründen, daß bei einer Verbindung der Vertrauensfrage mit einer Gesetzesvorlage das Ergebnis für beide Fragen nur einheitlich sein kann.

Im letzteren Falle – mehr als 249 der vollstimmberechtigten Mitglieder des Bundestages stimmen für die mit einer Gesetzesvorlage verbundenen Vertrauensfrage – wäre die Gesetzesvorlage angenommen und die Vertrauensfrage bejaht worden. Damit wäre auch dem Bundeskanzler die Möglichkeit genommen gewesen, dem Bundespräsidenten vorzuschlagen, den Bundestag vorzeitig aufzulösen.

Offensichtlich sind die Überlegungen über den Weg einer verbundenen Vertrauensfrage zur Auflösung des Bundestages wegen der rechtlichen und tatsächlichen Unsicherheiten nicht weiterverfolgt worden.

e) Konkurrenz zwischen Mißtrauens- und Vertrauensantrag

Obwohl bei den Ereignissen im Jahre 1982 die Frage nicht aufkam, wie zu verfahren wäre, wenn einem Mißtrauensantrag gemäß Art. 67 des Grundgesetzes ein Vertrauensantrag gemäß Art. 68 des Grundgesetzes entgegengesetzt würde, soll hier noch kurz auf die mögliche Behandlung eines Zusammentreffens beider Anträge eingegangen werden.

Rechtsgrundlage für den Mißtrauensantrag ist Art. 67 GG. Er hat folgenden Wortlaut:

> (1) Der Bundestag kann dem Bundeskanzler das Mißtrauen nur dadurch aussprechen, daß er mit der Mehrheit seiner Mitglieder einen Nachfolger wählt und den Bundespräsidenten ersucht, den Bundeskanzler zu entlassen. Der Bundespräsident muß dem Ersuchen entsprechen und den Gewählten ernennen.
>
> (2) Zwischen dem Antrage und der Wahl müssen achtundvierzig Stunden liegen.

Für die Vertrauensfrage ergibt sich die Rechtsgrundlage aus Art. 68; dieser hat folgenden Wortlaut:

> (1) Findet ein Antrag des Bundeskanzlers, ihm das Vertrauen auszusprechen, nicht die Zustimmung der Mehrheit der Mitglieder des Bundestages, so kann der Bundespräsident auf Vorschlag des Bundeskanzlers binnen einundzwanzig Tagen den Bundestag auflösen. Das Recht zur Auflösung erlischt, sobald der Bundestag mit der Mehrheit seiner Mitglieder einen anderen Bundeskanzler wählt.
>
> (2) Zwischen dem Antrage und der Abstimmung müssen achtundvierzig Stunden liegen.

Diese beiden Verfassungsartikel werden durch die Paragraphen 97 und 98 der Geschäftsordnung ergänzt:

§ 97 Mißtrauensantrag gegen den Bundeskanzler

> (1) Der Bundestag kann auf Antrag gemäß Artikel 67 Abs. 1 des Grundgesetzes dem Bundeskanzler das Mißtrauen aussprechen. Der Antrag ist von einem Viertel der Mitglieder des Bundestages oder einer Fraktion, die mindestens ein Viertel der Mitglieder des Bundestages umfaßt, zu unterzeichnen und in der Weise zu stellen, daß dem Bundestag ein namentlich benannter Kandidat als Nachfolger zur Wahl vorgeschlagen wird. Anträge, die diesen Voraussetzungen nicht entsprechen, dürfen nicht auf die Tagesordnung gesetzt werden.
>
> (2) Ein Nachfolger ist, auch wenn mehrere Wahlvorschläge gemacht sind, in einem Wahlgang mit verdeckten Stimmzetteln (§ 49) zu wählen. Er ist nur dann gewählt, wenn er die Stimmen der Mehrheit der Mitglieder des Bundestages auf sich vereinigt.
>
> (3) Für den Zeitpunkt der Wahl gilt Artikel 67 Abs. 2 des Grundgesetzes.

§ 98 Vertrauensantrag des Bundeskanzlers

> (1) Der Bundeskanzler kann gemäß Artikel 68 des Grundgesetzes beantragen, ihm das Vertrauen auszusprechen; für den Zeitpunkt der Abstimmung über den Antrag gilt Artikel 68 Abs. 2 des Grundgesetzes.

(2) Findet der Antrag nicht die Zustimmung der Mehrheit der Mitglieder des Bundestages, kann der Bundestag binnen einundzwanzig Tagen auf Antrag eines Viertels der Mitglieder des Bundestages gemäß § 97 Abs. 2 einen anderen Bundeskanzler wählen.

Zunächst kann festgehalten werden, daß über beide Anträge getrennt abgestimmt werden muß; eine Verbindung der Beratung gemäß § 24 GOBT ist deshalb nicht möglich, weil die Beratung die Abstimmung bzw. Wahl mit umfaßt. Im übrigen ergibt sich bereits aus der Fassung der Absätze 2 der Artikel 67 und 68 des Grundgesetzes, daß es sich bei der Entscheidung über den Mißtrauensantrag im eigentlichen Sinne um eine Wahl, bei der Entscheidung über die Vertrauensfrage jedoch um eine Abstimmung handelt.

In diesem Zusammenhang kann zugleich darauf hingewiesen werden, daß die Geschäftsordnung des Deutschen Bundestages keine geheimen Abstimmungen kennt und deshalb eine geheime Abstimmung über einen Vertrauensantrag, wenn überhaupt, erst aufgrund einer Abweichung gemäß § 126 GOBT ermöglicht würde.

Trifft ein Mißtrauensantrag gemäß Art. 67 des Grundgesetzes mit einem Vertrauensantrag des Bundeskanzlers gemäß Art. 68 des Grundgesetzes zusammen und kommt es nicht zu einer Vereinbarung im Ältestenrat über die Reihenfolge der Abstimmung bzw. Wahl muß, unter Berücksichtigung der 48-Stunden-Frist, über den Mißtrauensantrag zunächst abgestimmt werden, da er als der weitergehende Antrag anzusehen ist.

Diese Reihenfolge ergibt sich daraus, daß über den Vertrauensantrag des Bundeskanzlers nicht mehr abgestimmt werden kann, wenn der Mißtrauensantrag zum Erfolg geführt hat. Erreicht andererseits der Mißtrauensantrag nicht die erforderliche Mehrheit, muß gleichwohl noch über den Vertrauensantrag des Bundeskanzlers abgestimmt werden. Würde über den Vertrauensantrag zunächst abgestimmt, müßte in jedem Fall (Ausnahme Zurückziehung des Antrags) auch bei Zustimmung der Mehrheit der Mitglieder des Bundestages noch der Mißtrauensantrag zur Entscheidung gestellt werden, weil das Ergebnis von – nicht geheimer – Abstimmung bei der Vertrauensfrage und – geheimer – Wahl beim Mißtrauensantrag durchaus verschieden sein könnte.

In diesem Zusammenhang sei noch darauf hingewiesen, daß es für das Erlöschen des Rechts des Bundespräsidenten, den Bundestag aufzulösen, nicht ausreicht, wenn innerhalb der 21-Tage-Frist ein Antrag gemäß Art. 67 Abs. 1 des Grundgesetzes eingereicht wird, wonach dem Bundeskanzler das Mißtrauen dadurch ausgesprochen werden soll, daß mit der Mehrheit der Mitglieder ein anderer zum Bundeskanzler gewählt wird. Der Wahlvorgang muß innerhalb der 21-Tage-Frist des Art. 68 Abs. 1 des Grundgesetzes abgeschlossen sein. Andererseits wird der Bundespräsident die Entscheidung über ein Konstruktives Mißtrauensvotum abwarten, wenn der Antrag gemäß Art. 67 Abs. 1 des Grundgesetzes frühzeitig eingereicht wurde.

f) Zusammentreffen von Mißtrauensantrag und Rücktritt des Bundeskanzlers

Ob ernsthaft erwogen, mag dahingestellt bleiben, jedoch nicht nur in Journalistenkreisen wurde die Frage erörtert, wie die Rechtslage aussähe, wenn Bundeskanzler Schmidt nach Einreichung des Mißtrauensantrags seinen Rücktritt erklärt hätte.

Der Bundeskanzler hat ebenso wie die Bundesminister das Recht zu jederzeitigem Rücktritt. Die Motive zum Rücktritt können verschiedener, z. B. politischer, aber auch unpolitischer Art sein. Überhaupt braucht der um Entlassung Nachsuchende keine Begründung für seinen Rücktritt anzugeben.

Für die Frage, welche Rechtsfolge ein Rücktritt des Bundeskanzlers Schmidt nach Einreichung des Mißtrauensantrags gehabt hätte, wäre entscheidend gewesen, zu welchem Zeitpunkt er seinen Rücktritt erklärt hätte und zu welchem Zeitpunkt diese Rücktrittserklärung wirksam geworden wäre.

Entscheidend für die Frage, ob Bundeskanzler Schmidt durch seinen Rücktritt das Verfahren gemäß Art. 67 des Grundgesetzes noch hätte unterlaufen können, wäre deshalb gewesen, in welchem Stadium des Verfahrens die Rücktrittserklärung wirksam geworden wäre:

- Eine Erklärung des Bundeskanzlers gegenüber dem Bundespräsidenten bzw. gegenüber dem Deutschen Bundestag hätte lediglich als Ankündigung eines Rücktritts ohne konstitutive Bedeutung gewertet werden müssen.

- Aushändigung der Entlassungsurkunde aufgrund einer vorherigen Rücktrittserklärung vor der Abstimmung über den Antrag gemäß Art. 67 des Grundgesetzes.

Für die Begründung des Amtsverhältnisses als Bundeskanzler bedarf es dreier Voraussetzungen:

- Wahl durch den Deutschen Bundestag,

- Eidesleistung vor dem Deutschen Bundestag und

- Ernennung durch den Bundespräsidenten, die verbunden mit der Übergabe der Ernennungsurkunde ist.

Wie das Amtsverhältnis mit der vom Bundespräsidenten vollzogenen Urkunde über die Ernennung beginnt, endet im Falle der Entlassung das Amtsverhältnis mit der Aushändigung der Entlassungsurkunde (siehe § 10 i. V. § 2 des Bundesministergesetzes).

Im ersten Fall hätte das Verfahren gemäß Art. 67 des Grundgesetzes weiter durchgeführt werden können. Da im zweiten Falle das Recht zum Vorschlag, einen Bundeskanzler zu wählen, auf den Bundespräsidenten zurückgefallen wäre (Art. 63 Abs. 1 des Grundgesetzes), wäre rechtlich eine neue Situation eingetreten und die Frage des Vorrangs bezüglich der Kanzlerwahl aufgetreten.

Hätte jedoch der Bundespräsident vor Beginn der Abstimmung dem Deutschen Bundestag die Neuwahl eines anderen Nachfolgers vorgeschlagen, wäre für ein konstruktives Mißtrauensvotum gemäß Art. 67 des Grundgesetzes keine Möglichkeit mehr gegeben gewesen. Das Mißtrauensvotum kann sich seiner Natur nach nicht gegen einen geschäftsführenden Bundeskanzler richten.

Auch wenn der Bundespräsident gemäß Art. 69 Abs. 3 des Grundgesetzes den Bundeskanzler ersucht, die Geschäfte bis zur Ernennung eines Nachfolgers zu führen, bleibt der Bundeskanzler entlassen und ist lediglich geschäftsführender Bundeskanzler. Er hat damit beispielsweise nicht mehr die Möglichkeit, die Vertrauensfrage gemäß Art. 68 des Grundgesetzes zu stellen, noch kann er ein zweites Mal zurücktreten.

2. Formale Fragen

a) Form der Antragstellung beim Vertrauensantrag

Der Vertrauensantrag gemäß Art. 68 des Grundgesetzes kann sowohl mündlich als auch schriftlich gestellt werden. Für den Vertrauensantrag gibt es keine dem § 97 Abs. 1 Satz 2 und 3 GOBT (Mißtrauensantrag) entsprechende Vorschrift. Die vom Bundeskanzler gewählte Form des Antrags ist für den Fristbeginn gemäß Art. 68 Abs. 2 von Bedeutung:

Stellt der Bundeskanzler den Antrag während einer Plenarsitzung, beginnt die 48-Stunden-Frist mit der Antragstellung.

Leitet der Bundeskanzler seinen Antrag gemäß Art. 68 des Grundgesetzes schriftlich dem Bundestag zu, so findet § 77 Abs. 1 GOBT Anwendung, wonach alle Vorlagen gedruckt und an die Mitglieder des Bundestages, des Bundesrates und an die Bundesministerien verteilt werden.

Das Recht des Bundeskanzlers, den Antrag gemäß Art. 68 des Grundgesetzes zu stellen, ist ein persönliches und ein uneinschränkbares Recht, d. h. der Bundeskanzler kann weder vom Bundestag noch vom Kabinett gezwungen werden, die Vertrauensfrage zu stellen. Andererseits ist der Bundeskanzler nicht verpflichtet – mündlich oder schriftlich – persönlich mitzuteilen, daß er den Vertrauensantrag gemäß Art. 68 des Grundgesetzes stelle. Aus diesem Grunde wäre es durchaus möglich, daß der Bundeskanzler den Bundestagspräsidenten telefonisch bittet, dem versammelten Bundestag mitzuteilen, er stelle die Vertrauensfrage gemäß Art. 68 des Grundgesetzes. In diesem Fall beginnt die 48-Stunden-Frist mit der Bekanntgabe durch den amtierenden Präsidenten vor dem Plenum.

b) Form des Mißtrauensantrags

Wie bereits im ersten Teil dargestellt, besteht der Mißtrauensantrag aus drei Teilen, dessen wesentlichster der Vorschlag zur Wahl eines Nachfolgers des Bundeskanzlers ist. Mit Art. 67 hat das Grundgesetz eine Bestimmung übernommen, die im wesentlichen aufgrund geschichtlicher Erfahrungen dazu dient, die Regierungsstabilität in größeren Maße zu gewährleisten und insbesondere Regierungskrisen durch nur negative – destruktive – Mehrheiten vermeiden zu helfen.

Während der Vertrauensantrag formlos gestellt werden kann, schreibt § 97 GOBT für den Mißtrauensantrag die Schriftform vor und legt – in Abweichung von § 76 Abs. 1 – fest, daß er von einem Viertel der Mitglieder des Bundestages oder einer Fraktion, die mindestens ein Viertel der Mitglieder des Bundestages umfaßt, zu unterzeichnen ist. In Abweichung von dem für die üblichen Vorlagen erforderlichen Quorum entspricht § 97 Abs. 1 GOBT dem Quorum, das gemäß § 4 GOBT für Wahlvorschläge bei der Wahl des Bundeskanzlers nach erfolglosem ersten Wahlgang zu den Wahlgängen gem. Artikel 63 Abs. 3 und 4 des Grundgesetzes erforderlich ist. In beiden Fällen soll durch das Erfordernis eines qualifizierten Quorums verhindert werden, daß Kandidaten zur Wahl vorgeschlagen werden, die offensichtlich keine Aussicht haben, gewählt zu werden. (s. Handbuch § 4 Anm. 2 a) Von der Möglichkeit nach Art. 67 des Grundgesetzes machte erstmals die Fraktion der CDU/CSU am 27. April 1972 Gebrauch. Auf Drucksache 6/3380 stellte sie den Antrag:

> Der Bundestag wolle beschließen:
>
> „Der Bundestag spricht Bundeskanzler Willy Brandt das Mißtrauen aus und wählt als seinen Nachfolger den Abgeordneten Dr. Rainer Barzel zum Bundeskanzler der Bundesrepublik Deutschland.
>
> Der Bundespräsident wird ersucht, Bundeskanzler Willy Brandt zu entlassen."

Da sich von den 260 vollstimmberechtigten Abgeordneten, die an der geheimen Wahl teilnahmen, nur 247 vollstimmberechtigte Mitglieder für den Antrag aussprachen, war er damit abgelehnt. (s. Stenographisches Protokoll S. 10714) Aus der Teilnahme von 260 vollstimmberechtigten Abgeordneten ergibt sich, daß auch einige Abgeordnete der Koalition (SPD, FDP) an der Wahl teilnahmen. Die übrigen Mitglieder der Fraktionen der SPD und FDP blieben zwar im Plenarsaal, nahmen jedoch an der Wahl nicht teil.

c) Berechnung der 48-Stunden-Frist

Sowohl in Art. 67 als auch in Art. 68 des Grundgesetzes wird bestimmt, daß eine 48-Stunden-Frist einzuhalten ist, die gegebenenfalls eine Beruhigung zwischen den bzw. innerhalb der Fraktionen bringen oder aber auch neue Verhandlungen ermöglichen soll (vgl. Maunz/Dürig/Herzog/Scholz, Art. 67 Rdn. 7).

Während es jedoch in Artikel 67 Abs. 2 GG heißt, zwischen dem Antrage und der *Wahl* müssen 48 Stunden liegen, lautet Art. 68 Abs. 2, zwischen dem Antrag und der *Abstimmung* müssen 48 Stunden liegen.

Im ersten Teil wurde bereits darauf hingewiesen, daß bezüglich der 48-Stunden-Fristen eine Rechtsunsicherheit herrscht. Diese Rechtsunsicherheit ist im wesentlichen darauf zurückzuführen, daß das Grundgesetz sowohl in Art. 67 als auch in Art. 68 auf Stunden abstellt, während die vom Bundestag zu beachtenden Vorschriften der Geschäftsordnung keine Stundenfristen kennen. Käme die Geschäftsordnung hinsichtlich der Fristenberechnung zur Anwendung, würde aus der 48-Stunden-Frist des Grundgesetzes eine Zwei-Tage-Frist.

Von den Befürwortern der Anwendbarkeit der Vorschriften der Geschäftsordnung auf die Berechnung der Fristen wird geltend gemacht, bei den 48-Stunden-Fristen des Grundgesetzes handele es sich um Mindestfristen, die auf jeden Fall eingehalten werden müßten; diese könnten aber ohne Verletzung des Grundgedankens des Grundgesetzes durch Geschäftsordnungsrecht verlängert werden. Es ist jedoch unzulässig, mindestens fragwürdig, aus dem Charakter der 48-Stunden-Frist als Mindestfrist herleiten zu wollen, die Geschäftsordnung, insbesondere § 123, sei anwendbar. Da das Grundgesetz dem Geschäftsordnungsrecht im Rang vorgeht, kann über die Anwendbarkeit des Geschäftsordnungsrechts aus der verfassungsmäßigen 48-Stunden-Frist keine Zwei-Tage-Frist werden; zulässig kann deshalb nur sein, die Regel des § 123 GOBT entsprechend anzuwenden, wie auch die Regel des § 187 BGB bei der Berechnung von Stundenfristen sinngemäße Anwendung findet (s. Stein/Jonas, § 222 ZPO Anm. IV).

Kann aus der Tatsache, daß 48 Stunden zwei volle Tage sind, nicht gefolgert werden, der Verfassungsgeber habe auch eine Zweitagefrist mit der Folge gemeint, daß der Tag, in dessen Lauf das für den Fristbeginn maßgebende Ereignis fällt, bei der Berechnung der Frist nicht mitgerechnet werden solle, erscheint die entsprechende Anwendung des Grundgedankens des § 187 BGB und des § 123 GOBT nicht nur sinnvoll, sondern auch angebracht. (vgl. hierzu Josef, Die Tagesstunde im Rechtsverkehr, in: Archiv für civilistische Praxis, Bd. 96, Tübingen 1905 und Handbuch für die Parlamentarische Praxis zu § 98 GOBT, s. insbesondere auch: Hans Peters, Lehrbuch der Verwaltung, Berlin/Göttingen/Heidelberg, 1949, S. 157)

Aus der sinngemäßen Anwendung der Regeln des § 187 BGB und des § 123 GOBT ergibt sich, daß bei der Stundenfrist diese nach vollen Stunden zu berechnen ist. Daraus folgt wiederum, wenn ein Ereignis, das für den Beginn einer Frist maßgeblich ist, in den Lauf einer Stunde fällt, daß diese bei der Berechnung der Frist nicht mitgerechnet wird. Tritt beispielsweise das Ereignis bei einer 24-Stunden-Frist um 10.15 Uhr ein, beginnt die Frist um 11.00 Uhr und endet um 11.00 Uhr des nachfolgenden Tages (vgl. zur Fristberechnung des Art. 39 GG Kretschmer, Bonner Kommentar, Rdn. 16 und 17, Wolff/Bachof, Verwaltungsrecht I, neunte, neubearbeitete Auflage, München 1974, S. 263)

Da es bei den Anträgen gemäß Art. 67 und 68 des Grundgesetzes auf die Kenntnisnahme (bzw. Kenntnismöglichkeit) der Mitglieder des Bundestages ankommt, ergibt sich für den Fristbeginn folgendes:

— Wird der Vertrauensantrag gemäß Art. 68 des Grundgesetzes mündlich, d. h. vor dem versammelten Bundestage gestellt, zählt die Stunde, in der dem Plenum der Antrag bekanntgemacht wurde, nicht mit; die 48-Stunden-Frist beginnt mit der nachfolgenden vollen Stunde und endet 48 Stunden später.

— Da bei schriftlicher Antragstellung der Antrag gedruckt und an die Mitglieder des Bundestages verteilt werden muß, beginnt die 48-Stunden-Frist mit der vollen Stunde nach Beendigung der Verteilung der Drucksache.

— Da der Antrag gemäß Art. 67 des Grundgesetzes (Mißtauensantrag) aufgrund der geschäftsordnungsmäßigen Bestimmungen nur in Schriftform gestellt werden kann, gilt dasselbe wie bei schriftlicher Stellung der Vertrauensfrage (Art. 68 GG).

Ergänzend sei noch darauf hingewiesen, daß die Bestimmung des § 124 GOBT – Wahrung der Frist – nicht zur Anwendung kommen kann, weil es auf Grund des Selbstversammlungsrechts des Bundestages durchaus möglich ist, daß er an einem Sonnabend oder Sonntag bzw. an einem am Sitz des Bundestages gesetzlich anerkannten Feiertag zusammentritt, um über einen Antrag gemäß Art. 67 oder Art. 68 des Grundgesetzes abzustimmen. Da es andererseits auf die Kenntnisnahmemöglichkeit des Hauses ankommt, kann bei schriftlichen Anträgen gemäß Art. 67 oder 68 des Grundgesetzes der Beginn der 48-Stunden-Frist bei einer Verteilung der Drucksachen nach 18.00 Uhr nicht mehr mit der vollen Stunde nach Beendigung der Verteilung der Drucksachen beginnen, sondern mit dem üblichen Dienstbeginn am nachfolgenden Tag.

Gegen die Möglichkeit, die Frist um 0.00 Uhr des nachfolgenden Tages beginnen zu lassen, spricht die mögliche Verkürzung der Mindestfrist von 48 Stunden dadurch, daß die Möglichkeit zur Kenntnisnahme erst vom üblichen Dienstbeginn – 8 Uhr – angesetzt werden könnte. Auf die Möglichkeit der Kenntnisnahme durch die Massenmedien darf in diesen Fällen nicht abgestellt werden, weil es sich bei den Anträgen nicht um Staatsakte oder „hoheitliche Erklärungen" handelt; sie stehen bis zur Abstimmung oder Wahl zur Disposition der Antragsteller.

Wenn auch in den bisher entschiedenen Fällen des Vertrauensantrags bzw. Mißtrauensantrags von der Möglichkeit ausgegangen wurde, daß die Geschäftsordnung gleichwohl Anwendung finde und deshalb rein vorsorglich, zur Vermeidung von Geschäftsordnungsdebatten, von der theoretisch weitestgehenden Frist ausgegangen wurde, kann dennoch nicht von einer entsprechenden Staatspraxis gesprochen werden. Zur Vermeidung der verbliebenen Rechtsunsicherheit wäre es aber sicher sinnvoll, in den §§ 97 und 98 GOBT entsprechende Klarstellungen vorzunehmen.

3. Fristen für die Anordnung vorgezogener Neuwahlen

a) Die 7-Tage-Frist des Artikels 63 des Grundgesetzes

Artikel 63 Abs. 4 Satz 3 des Grundgesetzes räumt dem Bundespräsidenten das Ermessen ein, den Bundestag binnen sieben Tagen aufzulösen, wenn in der sogenannten dritten Wahlphase keiner der Kandidaten für die Wahl zum Bundeskanzler die absolute Mehrheit auf sich vereinigt.

Bei dieser 7-Tage-Frist handelt es sich nicht nur begrifflich, sondern auch tatsächlich um eine Tagesfrist – im Gegensatz zur 48-Stunden-Frist in Artikel 67 Abs. 2 und Artikel 68 Abs. 2 des Grundgesetzes – so daß die allgemeinen Regeln über Tagesfristen Anwendung finden (vgl. dazu auch Palandt, 39. neubearbeitete Auflage, Paragraph 186, Anmerkung 2, Otto Kimminich, in: Bonner Kommentar, Art. 54 GG, Rdn. 30). Daraus folgt, daß § 187 Abs. 1 BGB auch für die Fristenberechnung des Art. 63 Abs. 4 des Grundgesetzes Anwendung finden muß. Hätte das Grundgesetz eine andere, von der allgemeinen Fristenregelung abweichende, Berechnung gewollt, so hätte dies ausdrücklich in das Grundgesetz aufgenommen werden müssen (vgl. beispielsweise § 53 a des Bundeswahlgesetzes).

Da somit der Tag, an dem in der sogenannten dritten Wahlphase keiner der Kandidaten für das Amt des Bundeskanzlers die Mehrheit der Mitglieder des Bundestages auf sich vereinigen kann, nicht mitzählt, beginnt die 7-Tage-Frist um 0.00 Uhr des nächsten Tages zu laufen und endet gemäß § 188 Abs. 1 BGB mit dem siebten Tag. Fiele beispielsweise das Ereignis – gescheiterte Kanzlerwahl mit absoluter Mehrheit – auf einen Montag, begönne die 7-Tage-Frist am Dienstag um 0.00 Uhr zu laufen und würde am darauffolgenden Montag um 24.00 Uhr enden.

Da die 7-Tage-Frist des Grundgesetzes nicht in eine Ein-Wochen-Frist umgedeutet werden kann, findet § 188 Abs. 2 BGB keine Anwendung.

Nicht anwendbar ist auch § 193 BGB, wonach im Falle, daß der letzte Tag einer Frist auf einen Sonntag, einen staatlich anerkannten allgemeinen Feiertag oder Sonnabend fällt, an die Stelle eines solchen Tages der nächste Werktag tritt. Diese Bestimmung des bürgerlichen Gesetzbuches, die die „Sonntagsruhe der arbeitenden Bevölkerung sicherstellen" soll (Palandt, § 193 Anmerkung 2), gilt weder für das Parlament noch für das Staatsoberhaupt.

b) Die 21-Tage-Frist des Art. 68 Abs. 1 GG

Auch bei der 21-Tage-Frist des Art. 68 Abs. 1 Satz 1 des Grundgesetzes handelt es sich eindeutig um eine Tagesfrist, innerhalb der der Bundespräsident den Bundestag auflösen kann. Gegenüber der 7-Tage-Frist des

Art. 63 Abs. 4 des Grundgesetzes ist die 21-Tage-Frist des Art. 68 Abs. 1 des Grundgesetzes von größerer Bedeutung, weil die Rechtsfolgen eines gescheiterten Vertrauensvotums verschieden sein können und es im Ermessen des Bundespräsidenten steht, dem Vorschlag des Bundeskanzlers auf Auflösung des Bundestages oder dem Antrag der Bundesregierung auf Erklärung des Gesetzgebungsnotstandes zu folgen. Darüber hinaus erlischt das Recht des Bundespräsidenten, den Bundestag aufzulösen, sobald der Bundestag mit der Mehrheit seiner Mitglieder einen anderen Bundeskanzler wählt (Art. 68 Abs. 1 Satz 1 GG).

Aus der oben unter a) dargelegten Ratio muß auch für den Beginn der 21-Tage-Frist § 187 Abs. 1 BGB Anwendung finden. Dabei könnte lediglich streitig sein, ob als „Ereignis" die Abstimmung im Bundestag oder die Übergabe des Vorschlags des Bundeskanzlers beim Bundespräsidenten anzusehen wäre. War Sinn der Stellung der Vertrauensfrage auf diesem Wege zu Neuwahlen zu kommen, wird man davon ausgehen können, daß der Bundeskanzler bei dem erwarteten negativen Ergebnis der Abstimmung noch am selben Tage den Bundespräsidenten aufsucht, um diesem seinen Vorschlag zur vorzeitigen Neuwahl zu übermitteln; theoretisch ist jedoch der Fall denkbar, daß – aus welchen Gründen auch immer – die Übergabe des Auflösungsvorschlags erst einige Tage später erfolgt. Aus diesem Grunde ist es nicht möglich, als „Ereignis" die Übergabe des Auflösungsvorschlages anzusehen. Würde nämlich der Fristbeginn von der Übergabe des Auflösungsvorschlages abhängig gemacht, läge es ausschließlich in der Hand des Bundeskanzlers, den Fristbeginn zu bestimmen, wodurch ein mit Rechtsunsicherheit verbundener Schwebezustand nicht unerheblich verlängert werden könnte.

Auch aus dem Wortlaut des Art. 68 Abs. 1 Satz 1 des Grundgesetzes muß man entnehmen, daß als „Ereignis" die Abstimmung des Bundestages über die Vertrauensfrage angesehen werden muß. Da es sich bei der Abstimmung um ein „öffentliches Ereignis" handelt (vgl. auch Art. 42 Abs. 1 Satz 1 GG), kann der Fristbeginn auch nicht von der Mitteilung des Bundestagspräsidenten an den Bundespräsidenten über das Abstimmungsergebnis abhängig gemacht werden. Die schriftliche Mitteilung seitens des Bundestagspräsidenten ist dennoch kein bloßes nobile officium. Die Mitteilung des Abstimmungsergebnisses ist wegen des Öffentlichkeitsprinzips zwar keine „empfangsbedürftige Erklärung", dient andererseits jedoch – ähnlich wie bei der Verkündung eines Gesetzes im Bundesgesetzblatt – der Bestimmung des Zeitpunktes an dem der Deutsche Bundestag seine Entscheidung getroffen hat.

Kommt es somit ausschließlich auf die Abstimmung im Deutschen Bundestag über die Vertrauensfrage an, oder vielmehr auf Verkündung des Abstimmungsergebnisses, beginnt die 21-Tage-Frist um 0.00 Uhr des nachfolgenden Tages; ist der nachfolgende Tag beispielsweise ein Donnerstag, endet die Frist am dritten nachfolgenden Donnerstag um 24.00 Uhr.

c) **Die 60-Tage-Frist des Art. 39 Abs. 1 GG**

Art. 39 Abs. 1 Satz 4 des Grundgesetzes bestimmt, daß im Falle der Auflösung des Bundestages die Neuwahl innerhalb von 60 Tagen stattfinden muß.

Auch hier handelt es sich um eine Tagesfrist im Sinne des § 187 Abs. 1 BGB mit der Folge, daß der Tag der „Auflösung" nicht mitgerechnet wird. Fraglich kann nur sein, zu welchem Zeitpunkt die Auflösung wirksam wird.

Nach der alten Rechtslage war die Auflösungsanordnung des Bundespräsidenten eine empfangsbedürftige Erklärung. Es kam also auf die Zustellung an den Bundestagspräsidenten an, oder, wenn das Haus versammelt war, auf eine entsprechende Verkündung im Plenum (s. von Mangoldt/Klein, GG, Art. 63, S. 1239). Entsprechend wurde die Auflösungsanordnung vom 22. September 1972 dem Bundestagspräsidenten durch den Chef des Präsidialamtes am selben Tage überreicht.

Aufgrund der geänderten Rechtslage handelt es sich bei der „Auflösungsanordnung" im eigentlichen Sinne nicht mehr um eine Anordnung der Auflösung des Bundestages (s. o.). Dies ergibt sich im übrigen auch daraus, daß der Bundespräsident den Tag, an dem die Rechtsfolgen der Auflösung eintreten sollen, nicht benennen kann. Während nach der alten Fassung des Art. 39 des Grundgesetzes die Rechtsfolgen unmittelbar nach Eingang beim Bundestagspräsidenten bzw. beim Deutschen Bundestag eintraten, insoweit der Tag also bei der Anordnung der Auflösung bereits fixierbar war, ist der Tag des Funktionsverlusts des Bundestages und seiner Mitglieder nach neuem Recht nur insoweit näher zu bestimmen, als der neugewählte Bundestag spätestens am 30. Tag nach der Neuwahl zusammengetreten sein muß. Für den Bundestag, dessen Wahlperiode vorzeitig beendet wird, treten somit durch die „Auflösungsanordnung" keine unmittelbaren Rechtswirkungen ein, seine Wahlperiode endet vielmehr erst mit dem Zusammentritt des vorzeitig gewählten neuen Bundestages (Art. 39 Abs. 1 S. 2 GG).

Als Zeitpunkt der „Auflösung" und damit für den Beginn der 60-Tage-Frist könnten folgende Termine in Betracht kommen:

- Übermittlung der „Auflösungsanordnung" an den Präsidenten des Deutschen Bundestages
- Verteilung einer entsprechenden Mitteilung des Bundespräsidenten als Drucksache an die Mitglieder des Bundestages
- Bekanntmachung der „Auflösungsanordnung" im Bundesgesetzblatt

Nach Artikel 39 a. F. des Grundgesetzes war die Mitteilung des Bundespräsidenten über die Auflösung des Bundestages von konstitutiver Bedeutung, weil mit dem Empfang dieser Anordnung unmittelbar die Rechtsfolge des Funktionsverlusts eintrat. Die Frage des Beginns der 60-Tage-Frist stellte sich nur dann noch, wenn der Bundestag nicht versammelt war, die Mitglieder des Parlaments somit nur über eine Drucksache von der Auflösungsanordnung Kenntnis erlangen konnten. Aufgrund der Rechtssprechung des Bundesverfassungsgerichts zum Prinzip der formellen Gesetzesverkündung (vgl. BundesverGE 7, 337) wird man jedoch davon ausgehen können, daß es für den Beginn der Frist ausreiche, wenn der Bundespräsident sich seiner hoheitlichen Erklärung so entäußert hatte, daß seine Anordnung ohne sein weiteres Zutun nach außen drang. Mit der Übergabe der Auflösungsanordnung war diese der Verfügungsgewalt des Bundespräsidenten entzogen, und es konnte wegen der Bedeutung des Vorganges davon ausgegangen werden, daß die Auflösung des Bundestages nicht nur den Mitgliedern des Bundestages, sondern der Öffentlichkeit allgemein bekannt wurde.

Die Verteilung der Drucksache mit dem Text der Auflösungsanordnung an die Mitglieder des Bundestages diente deshalb lediglich der Unterrichtung über den Zeitpunkt der Übergabe der Auflösungsanordnung und war selbst kein integrierender Bestandteil der hoheitlichen Erklärung des Bundespräsidenten.

Da Rechtsakte eines Staatsorgans, durch die die Rechtsstellung eines anderen Staatsorgans unmittelbar berührt wird, zur Erlangung der Rechtswirksamkeit der Bekanntgabe an das betroffene Staatsorgan bedürfen, war es deshalb als ausreichend anzusehen, wenn die Auflösungsanordnung dem Bundestagspräsidenten als Vertreter des betroffenen Organs (Bundestag, § 7 Abs. 1 GOBT) bekannt gemacht wurde.

Die Regeln der Geschäftsordnung über die Fristenberechnung (§ 123 GOBT) konnten für diesen Fall auch nicht ergänzend oder analog herangezogen werden. Wegen der Bedeutsamkeit des „Auflösungsaktes" konnte nämlich davon ausgegangen werden, daß die interessierte Öffentlichkeit noch am selben Tag von der hoheitlichen Erklärung des zuständigen Verfassungsorgans Kenntnis erlangte, so daß es auf die fiktive Kenntnisnahme durch die erfolgte Verteilung einer entsprechenden Drucksache an die Mitglieder des Bundestages nicht mehr ankommen konnte.

Wurde bis zur Neufassung des Artikels 39 des Grundgesetzes die Auflösungsanordnung mit Bekanntgabe an das betroffene Staatsorgan (Bundestag) wirksam und kam der förmlichen Bekanntmachung im Bundesgesetzblatt deshalb lediglich deklaratorische Bedeutung zu, hat die Bekanntmachung der „Auflösungsanordnung" durch die Neufassung des Artikels 39 des Grundgesetzes eine andere Rechtsqualität erhalten. Da, wie bereits oben dargelegt, die „Auflösungsanordnung" keine unmittelbare Rechtsfolge in bezug auf die Funktionsfähigkeit des Bundestages und auf die Statusrechte seiner Mitglieder zur Folge hat, tritt sie in ihrer Bedeutung gegenüber der Anordnung vorgezogener Neuwahlen völlig in den Hintergrund.

Daß vorgezogene Neuwahlen begrifflich eine vorzeitige Beendigung der Wahlperiode bedeuten und diese Entscheidungsbefugnis ausschließlich dem Bundespräsidenten auf Vorschlag des Bundeskanzlers übertragen wird (Art. 68 Abs. 1 Satz 1 GG), bedeutet lediglich, daß der Bundespräsident begriffslogisch vor der Anordnung von vorgezogenen Neuwahlen über das vorzeitige Ende der Wahlperiode entscheiden muß. Da aus der einen Entscheidung der Zwang zur anderen folgt, bzw. die zweite Entscheidung die erste impliziert, wäre es durchaus möglich oder sogar angebracht, beide Entscheidungen in einer Anordnung zu treffen oder sogar die Anordnung der vorgezogenen Neuwahl alleine als ausreichend anzusehen.

Dafür spricht auch, daß die Bestimmung des Tages der Hauptwahl (des Wahltages) zugleich die Anordnung der Wahl zum Inhalt hat (vgl. § 16, dazu Wolfgang Schreiber, Handbuch des Wahlrechts zum Deutschen Bundestage, 2. völlig überarbeitete Auflage Anmerkung 1). Zwar kann man Wahltagsbestimmung und Wahlanordnung theoretisch begrifflich trennen (s. Schreiber, aaO.); abgesehen davon, daß Bestimmung und Anordnung nach bisheriger Praxis uno aktu erfolgten, spricht die mögliche begriffliche Trennung aber nicht gegen die hier vertretene Auffassung.

Da die Bestimmung des Tages der Wahl in Form einer Anordnung ergeht, die gemäß Art. 58 des Grundgesetzes der Gegenzeichnung durch den Bundeskanzler oder/und den zuständigen Bundesminister des Innern bedarf, wird sie mit ihrer förmlichen Bekanntmachung im Bundesgesetzblatt wirksam.

Bei der Anordnung des Bundespräsidenten handelt es sich um einen „staatsorganisatorischen Akt mit Verfassungsfunktion" (s. Schreiber aaO. Anmerkung 5); aus diesem Grunde findet Artikel 82 Abs. 2 des Grundgesetzes keine Anwendung, wonach bei Fehlen einer Bestimmung des Inkrafttretens das Gesetz oder die Rechtsverordnung mit dem vierzehnten Tage nach dem Ablauf des Tages in Kraft tritt, an dem das Bundesgesetzblatt ausgegeben wurde. Das bedeutet: Gibt der Bundespräsident bei der Verkündung im Bundesgesetzblatt keinen Tag für das Inkrafttreten an, tritt sie am nachfolgenden Tag um 0.00 Uhr in Kraft. Daß der Tag der Verkündung selbst nicht mitgezählt werden darf, kann als allgemein gültiges Prinzip für die Fristenberechnung auch aus Art. 82 Abs. 2 des Grundgesetzes hergeleitet werden (vgl. dazu auch: Wolff/Bachoff a.a.O.; Peters, a.a.O; Forsthoff, Lehrbuch des Verwaltungsrechts, München 1973, S. 174).

Da der Bundespräsident die von ihm am 6. Januar 1983 unterzeichnete Auflösungsanordnung am 7. Januar 1983 im Bundesgesetzblatt verkünden ließ mit dem Zusatz: „Diese Anordnung tritt am 7. Januar 1983 in Kraft", begann die 60-Tage-Frist des Artikels 39 des Grundgesetzes am 8. Januar 1983, da die Verkündung im Bundesgesetzblatt als „Ereignis" im Sinne des § 187 des BGB angesehen werden muß, d. h. der 7. Januar 1983 kann als Tag, in dessen Lauf das „Ereignis", die Verkündung, fiel, bei der Berechnung der 60-Tage-Frist nicht mitgerechnet werden.

Diese Fristenberechnung kann auch nicht dadurch in Frage gestellt werden, daß Bundespräsident Carstens am Abend des 7. Januar 1983 über Rundfunk und Fernsehen seine Entscheidung der Öffentlichkeit vortrug. Wenn es für den Fristbeginn auf die Möglichkeit der Kenntnisnahme durch die Öffentlichkeit ankommen sollte (vgl. Rechtssprechung des Bundesverfassungsgerichts zur Frage der Bedeutung der Verkündung von Gesetzen), muß diese Art der Bekanntmachung ebenfalls als „Ereignis" im

Sinne des § 187 BGB angesehen werden, mit der Folge, daß der Tag der „Bekanntgabe" bei der Fristenberechnung nicht mitgezählt werden kann.

Obgleich der Bundespräsident die Anordnung vorgezogener Neuwahlen in zwei Anordnungen traf, und zwar einmal bezüglich der „Auflösung" des 9. Deutschen Bundestages und zum anderen bezüglich der Anordnung der vorgezogenen Neuwahlen am 6. März 1983, kann dies an der hier vertretenen Rechtsauffassung nichts ändern. Die Zweiteilung der Anordnung geht offensichtlich auf die mißverständliche Neufassung des Art. 39 des Grundgesetzes zurück, die nach wie vor den Begriff „Auflösung" verwendet.

d) Die 60-Tage-Frist und ihre Bedeutung für die Termine nach dem Bundeswahlgesetz

Es wird oft gefragt, ob die 60-Tage-Frist nicht zu lang sei, es gehe ja schließlich darum, die Zeit einer „handlungsunfähigen" Regierung möglichst zu begrenzen. So berechtigt diese Frage erscheinen mag, – in Großbritannien muß beispielsweise innerhalb von 21 Tagen nach Auflösung des Unterhauses gewählt werden – sie berücksichtigt jedoch nicht, daß auch, vielleicht sogar in besonderem Maße, für vorgezogene Neuwahlen umfangreiche Vorbereitungen erforderlich und Termine nach dem Bundeswahlgesetz und der Bundeswahlordnung eingehalten werden müssen, wenn Wahlanfechtungen aus formellen Gründen ausgeschlossen werden sollen. Aus diesem Grunde sollen nachfolgend die sich aus dem Bundeswahlgesetz (BWG) und der Bundeswahlordnung (BWO) ergebenden Termine – auch bezogen auf den Wahltag 6. März – dargestellt werden.

(Die angegebenen Bestimmungen des BWG und der BWO sind im Anschluß an den „Terminplan" abgedruckt.)

47. Tag = 18. 1. 1983 (§ 18 Abs. 2 BWG)	Letzter Tag für die *Anzeige* der Beteiligung an der Wahl durch *Parteien,* die im Bundestag oder in einem Landtag seit deren letzter Wahl nicht aufgrund eigener Wahlvorschläge ununterbrochen mit mindestens fünf Abgeordneten vertreten waren, beim Bundeswahlleiter
bis zum 38. Tag	Einladung der Vereinigungen, die ihre Beteiligung an der Wahl angezeigt haben, zu der Sitzung über ihre Anerkennung als Partei für die Wahl durch den Bundeswahlleiter
37. Tag = 27. 1. 1983 (§ 18 Abs. 3 BWG)	Letzter Tag für die für alle Wahlorgane verbindliche Feststellung durch den Bundeswahlausschuß und Verkündung durch den Bundeswahlleiter

- welche Parteien im Deutschen Bundestag oder in einem Landtag seit deren letzter Wahl aufgrund eigener Wahlvorschläge ununterbrochen mit mindestens fünf Abgeordneten vertreten waren

- welche Vereinigungen, die ihre Beteiligung an der Wahl angezeigt haben, für die Wahl als Parteien anzuerkennen sind

35. Tag = 30. 1. 1983
(§ 16 Abs. 1 BWO)

Stichtag für die Eintragung aller Personen in das Wählerverzeichnis, bei denen an diesem Tag feststeht, daß sie am Wahltag wahlberechtigt sind

34. Tag = 31. 1. 1983
(§ 19 BWG)

Letzter Tag – *bis 18 Uhr* – für die *Einreichung von Kreiswahlvorschlägen* beim Kreiswahlleiter *und von Landeslisten* beim Landeswahlleiter

30. Tag = 4. 2. 1983
(§ 26 Abs. 1 BWG)

1. Bis zur Zulassung am gleichen Tag

   - Ablauf der Frist für die Zurücknahme oder Änderung eines Wahlvorschlages (§§ 23, 24 BWG)

   - Ablauf der Frist für die Beseitigung von Mängeln des Wahlvorschlages, die die Gültigkeit nicht berühren (§ 25 BWG)

2. Entscheidung

   - der Kreiswahlausschüsse über die Zulassung der Kreiswahlvorschläge (§ 26 Abs. 1 BWG)

   - der Landeswahlausschüsse über die Zulassung der Landeslisten (§ 28 Abs. 1 BWG)

3. Frühester Termin für die Erteilung von Wahlscheinen (§ 28 Abs. 1 BWO)

27. Tag = 7. 2. 1983
(§ 26 Abs. 2 BWG)

Letzter Tag für die Einlegung

- einer Beschwerde an den Landeswahlausschuß gegen die Zurückweisung oder Zulassung eines Kreiswahlvorschlages

(§ 28 Abs. 2 BWG)

- einer Beschwerde an den Bundeswahlausschuß gegen die Zurückweisung oder Zulassung einer Landesliste

24. Tag = 10. 2. 1983 (§ 26 Abs. 2 BWG)	Letzter Tag für die Entscheidung – des Landeswahlausschusses über Beschwerden gegen die Zurückweisung oder Zulassung eines Kreiswahlvorschlages
(§ 28 Abs. 2 BWG)	– des Bundeswahlausschusses über Beschwerden gegen die Zurückweisung oder Zulassung einer Landesliste
(§ 20 BWO)	– für die öffentliche Bekanntmachung über die Auslegung der Wählerverzeichnisse
21. Tag = 13. 2. 1983 (§ 19 Abs. 1 BWO)	1. Letzter Tag zur *Benachrichtigung der Wahlberechtigten* über deren Eintragung in das Wählerverzeichnis
(§ 18 Abs. 1 BWO)	2. Letzter Tag zur Stellung eines Antrags auf Eintragung in das Wählerverzeichnis durch Wahlberechtigte, die nur auf Antrag eingetragen werden
20. Tag = 14. 2. 1983 (§ 20 Abs. 3 BWG)	1. Letzter Tag für die öffentliche Bekanntmachung – der zugelassenen Kreiswahlvorschläge durch die Kreiswahlleiter
(§ 28 Abs. 3 BWG)	– der zugelassenen Landeslisten durch die Landeswahlleiter
(§ 29 Abs. 1 BWG)	2. Letzter Tag – bis 18.00 Uhr – für die Abgabe der schriftlichen Erklärung über den Ausschluß von der Listenverbindung gegenüber dem Bundeswahlleiter
20. – 15. Tag = 14. 2. – 19. 2. 1983 (§ 17 Abs. 1 BWG)	Öffentliche Auslegung des Wählerverzeichnisses und Einspruchsmöglichkeit wegen Unrichtigkeit oder Unvollständigkeit des Wählerverzeichnisses
16. Tag = 18. 2. 1983 (§ 29 Abs. 2 BWG)	Letzter Tag für die Entscheidung des Bundeswahlausschusses über die Erklärungen über den Ausschluß von der Listenverbindung
15. Tag = 19. 2. 1983 (§ 29 Abs. 3 BWG)	Letzter Tag – für die Bekanntmachung des Bundeswahlleiters über die Landeslisten, die von einer Listenverbindung ausgeschlossen sind

(§ 17 Abs. 1 BWG) (§ 22 Abs. 1 BWO)	– der Auslegung der Wählerverzeichnisse – für die Erhebung von Einsprüchen gegen die Richtigkeit der Wählerverzeichnisse
10. Tag = 24. 2. 1983 (§ 22 Abs. 4 BWO)	Letzter Tag für die Zustellung der Entscheidung über die Einsprüche gegen die Richtigkeit des Wählerverzeichnisses
8. Tag = 26. 2. 1983 (§ 22 Abs. 5 BWO)	Letzter Tag für die Einreichung der Beschwerde an den Kreiswahlleiter gegen die Entscheidung der Gemeindebehörde über Einsprüche gegen die Richtigkeit der Wählerverzeichnisse; die Beschwerde ist bei der Gemeindebehörde einzulegen
6. Tag = 28. 2. 1983 (§ 48 Abs. 1 BWO)	Spätester Termin für die Wahlbekanntmachung über Wahlleiter, Wahlbezirke, Wahlräume, Stimmzettel und Wahlverfahren
4. Tag = 2. 3. 1983 (§ 22 Abs. 5 BWO)	Letzter Tag für die Entscheidung des Kreiswahlleiters über Beschwerden gegen Entscheidungen der Gemeindebehörde in bezug auf Einsprüche gegen das Wählerverzeichnis
Wahltag	1. Stimmabgabe in der Regel in der Zeit ab 8.00 Uhr bis 18.00 Uhr (§ 47 Abs. 1 BWO) 2. bis 12 Uhr – Entgegennahme von Wahlscheinanträgen in den Fällen des § 25 Abs. 2 BWO und bei nachgewiesener plötzlicher Erkrankung (§ 27 Abs. 4 BWO) 3. 12 Uhr – letzter Termin für die Anforderung von Briefwahlunterlagen (§ 28 Abs. 3 BWO) 4. 18.00 Uhr spätester Zeitpunkt für den rechtzeitigen Eingang der Wahlbriefe bei der zuständigen Stelle bzw. beim Zustellpostamt der zuständigen Stelle (§ 74 Abs. 2 BWO) 5. nach 18.00 Uhr Feststellung und Bekanntgabe des vorläufigen Wahlergebnisses (§ 67 i. V. m. § 70 BWO)

§ 17 Wählerverzeichnis und Wahlschein

(1) Die Gemeindbehörden führen für jeden Wahlbezirk ein Verzeichnis der Wahlberechtigten. Das Wählerverzeichnis wird vom zwanzigsten bis fünfzehnten Tage vor der Wahl zur allgemeinen Einsicht öffentlich ausgelegt.

(2) Ein Wahlberechtigter, der verhindert ist, in dem Wahlbezirk zu wählen, in dessen Wählerverzeichnis er eingetragen ist, oder der aus einem von ihm nicht zu vertretenden Grunde in das Wählerverzeichnis nicht aufgenommen worden ist, erhält auf Antrag einen Wahlschein.

§ 18 Wahlvorschlagsrecht

(1) Wahlvorschläge können von Parteien und nach Maßgabe des § 20 von Wahlberechtigten eingereicht werden.

(2) Parteien, die im Deutschen Bundestag oder einem Landtag seit deren letzer Wahl nicht auf Grund eigener Wahlvorschläge ununterbrochen mit mindestens fünf Abgeordneten vertreten waren, können als solche einen Wahlvorschlag nur einreichen, wenn sie spätestens am siebenundvierzigsten Tage vor der Wahl dem Bundeswahlleiter ihre Beteiligung an der Wahl angezeigt haben und der Bundeswahlausschuß ihre Parteieigenschaft festgestellt hat.

(3) Der Bundeswahlausschuß stellt spätestens am siebenunddreißigsten Tage vor der Wahl für alle Wahlorgane verbindlich fest,
1. welche Parteien im Deutschen Bundestag oder in einem Landtag seit deren letzter Wahl auf Grund eigener Wahlvorschläge ununterbrochen mit mindestens fünf Abgeordneten vertreten waren,
2. welche Vereinigungen, die nach Absatz 2 ihre Beteiligung angezeigt haben, für die Wahl als Parteien anzuerkennen sind.

(4) Eine Partei kann in jedem Wahlkreis nur einen Kreiswahlvorschlag und in jedem Land nur eine Landesliste einreichen.

§ 19 Einreichung der Wahlvorschläge

Kreiswahlvorschläge sind dem Kreiswahlleiter, Landeslisten dem Landeswahlleiter spätestens am vierunddreißigsten Tage vor der Wahl bis 18 Uhr schriftlich einzureichen.

§ 20 Inhalt und Form der Kreiswahlvorschläge

(1) Der Kreiswahlvorschlag darf nur den Namen eines Bewerbers enthalten. Jeder Bewerber kann nur in einem Wahlkreis und hier nur in einem Kreiswahlvorschlag benannt werden. Als Bewerber kann nur vorgeschlagen werden, wer seine Zustimmung dazu schriftlich erteilt hat; die Zustimmung ist unwiderruflich.

(2) Kreiswahlvorschläge von Parteien müssen von dem Vorstand des Landesverbandes oder, wenn Landesverbände nicht bestehen, von den Vorständen der nächstniedrigen Gebietsverbände (§ 7 Abs. 2 des Parteiengesetzes), in

deren Bereich der Wahlkreis liegt, persönlich und handschriftlich unterzeichnet sein. Kreiswahlvorschläge der in § 18 Abs. 2 genannten Parteien müssen außerdem von mindestens 200 Wahlberechtigten des Wahlkreises persönlich und handschriftlich unterzeichnet sein; die Wahlberechtigung der Unterzeichner ist bei Einreichung des Kreiswahlvorschlages nachzuweisen.[2] Das Erfordernis von 20 Unterschriften gilt nicht für Kreiswahlvorschläge von Parteien nationaler Minderheiten.

(3) Andere Kreiswahlvorschläge müssen von mindestens 200 Wahlberechtigten des Wahlkreises persönlich und handschriftlich unterzeichnet sein. Absatz 2 Satz 2 zweiter Halbsatz gilt entsprechend.

(4) Kreiswahlvorschläge von Parteien müssen den Namen der einreichenden Partei und, sofern sie eine Kurzbezeichnung verwendet, auch diese, andere Kreiswahlvorschläge ein Kennwort enthalten.

§ 23 Zurücknahme von Kreiswahlvorschlägen

Ein Kreiswahlvorschlag kann durch gemeinsame schriftliche Erklärung des Vertrauensmannes und seines Stellvertreters zurückgenommen werden, solange nicht über seine Zulassung entschieden ist. Ein von mindestens 200 Wahlberechtigten unterzeichneter Kreiswahlvorschlag kann auch von der Mehrheit der Unterzeichner durch eine von ihnen persönlich und handschriftlich vollzogene Erklärung zurückgenommen werden.

§ 24 Änderung von Kreiswahlvorschlägen

Ein Kreiswahlvorschlag kann nach Ablauf der Einreichungsfrist nur durch gemeinsame schriftliche Erklärung des Vertrauensmannes und seines Stellvertreters und nur dann geändert werden, wenn der Bewerber stirbt oder die Wählbarkeit verliert. Das Verfahren nach § 21 braucht nicht eingehalten zu werden, der Unterschriften nach § 20 Abs. 2 und 3 bedarf es nicht. Nach der Entscheidung über die Zulassung eines Kreiswahlvorschlages (§ 26 Abs. 1 Satz 1) ist jede Änderung ausgeschlossen.

§ 25 Beseitigung von Mängeln

(1) Der Kreiswahlleiter hat die Kreiswahlvorschläge unverzüglich nach Eingang zu prüfen. Stellt er bei einem Kreiswahlvorschlag Mängel fest, so benachrichtigt er sofort den Vertrauensmann und fordert ihn auf, behebbare Mängel rechtzeitig zu beseitigen.

(2) Nach Ablauf der Einreichungsfrist können nur noch Mängel an sich gültiger Wahlvorschläge behoben werden. Ein gültiger Wahlvorschlag liegt nicht vor, wenn

1. die Form oder Frist des § 19 nicht gewahrt ist,
2. die nach § 20 Abs. 2 Sätze 1 und 2 sowie Absatz 3 erforderlichen gültigen Unterschriften mit dem Nachweis der Wahlberechtigung der Unterzeichner fehlen, es sei denn, der Nachweis kann infolge von Umständen, die der Wahlvorschlagsberechtigte nicht zu vertreten hat, nicht rechtzeitig erbracht werden,

3. bei einem Parteiwahlvorschlag die Parteibezeichnung fehlt, die nach § 18 Abs. 2 erforderliche Feststellung der Parteieigenschaft abgelehnt ist oder die Nachweise des § 21 nicht erbracht sind,
4. der Bewerber mangelhaft bezeichnet ist, so daß seine Person nicht feststeht, oder
5. die Zustimmungserklärung des Bewerbers fehlt.

(3) Nach der Entscheidung über die Zulassung eines Kreiswahlvorschlages (§ 26 Abs. 1 Satz 1) ist jede Mängelbeseitigung ausgeschlossen.

(4) Gegen Verfügungen des Kreiswahlleiters im Mängelbeseitigungsverfahren kann der Vertrauensmann den Kreiswahlausschuß anrufen.

§ 26 Zulassung der Kreiswahlvorschläge

(1) Der Kreiswahlausschuß entscheidet am dreißigsten Tage vor der Wahl über die Zulassung der Kreiswahlvorschläge. Er hat Kreiswahlvorschläge zurückzuweisen, wenn sie

1. verspätet eingereicht sind oder
2. den Anforderungen nicht entsprechen, die durch dieses Gesetz und die Bundeswahlordnung aufgestellt sind, es sei denn, daß in diesen Vorschriften etwas anderes bestimmt ist.

Die Entscheidung ist in der Sitzung des Kreiswahlausschusses bekanntzugeben.

(2) Weist der Kreiswahlausschuß einen Kreiswahlvorschlag zurück, so kann binnen drei Tagen nach Bekanntgabe der Entscheidung Beschwerde an den Landeswahlausschuß eingelegt werden. Beschwerdeberechtigt sind der Vertrauensmann des Kreiswahlvorschlages, der Bundeswahlleiter und der Kreiswahlleiter. Der Bundeswahlleiter und der Kreiswahlleiter können auch gegen eine Entscheidung, durch die ein Kreiswahlvorschlag zugelassen wird, Beschwerde erheben. In der Beschwerdeverhandlung sind die erschienenen Beteiligten zu hören. Die Entscheidung über die Beschwerde muß spätestens am vierundzwanzigsten Tage vor der Wahl getroffen werden.

(3) Der Kreiswahlleiter macht die zugelassenen Kreiswahlvorschläge spätestens am zwanzigsten Tage vor der Wahl öffentlich bekannt.

§ 27 Landeslisten

(1) Landeslisten können nur von Parteien eingereicht werden. Sie müssen von dem Vorstand des Landesverbandes oder, wenn Landesverbände nicht bestehen, von den Vorständen der nächstniedrigen Gebietsverbände (§ 7 Abs. 2 des Parteiengesetzes), die im Bereich des Landes liegen, bei den in § 18 Abs. 2 genannten Parteien außerdem von 1 vom Tausend der Wahlberechtigten des Landes bei der letzten Bundestagswahl, jedoch höchstens 2 000 Wahlberechtigten, persönlich und handschriftlich unterzeichnet sein. Die Wahlberechtigung der Unterzeichner eines Wahlvorschlages einer der in § 18 Abs. 2 genannten Parteien ist bei Einreichung der Landesliste nachzuweisen. Das Erfordernis zusätzlicher Unterschriften gilt nicht für Landeslisten von Parteien nationaler Minderheiten.

(2) Landeslisten müssen den Namen der einreichenden Partei und, sofern sie eine Kurzbezeichnung verwendet, auch diese enthalten.

(3) Die Namen der Bewerber müssen in erkennbarer Reihenfolge aufgeführt sein. Fehlt die erkennbare Reihenfolge, so gilt die alphabetische Reihenfolge der Familiennamen und bei gleichen Familiennamen die der Vornamen.

(4) Ein Bewerber kann nur in einem Land und hier nur in einer Landesliste vorgeschlagen werden. In einer Landesliste kann nur benannt werden, wer seine Zustimmung dazu schriftlich erklärt hat; die Zustimmung ist unwiderruflich.

(5) § 21 Abs. 1, 3, 5 und 6 sowie die §§ 22 bis 25 gelten entsprechend mit der Maßgabe, daß die Versicherung an Eides Statt nach § 21 Abs. 6 Satz 2 sich auch darauf zu erstrecken hat, daß die Festlegung der Reihenfolge der Bewerber in der Landesliste in geheimer Abstimmung erfolgt ist.

§ 28 Zulassung der Landeslisten

(1) Der Landeswahlausschuß entscheidet am dreißigsten Tage vor der Wahl über die Zulassung der Landeslisten. Er hat Landeslisten zurückzuweisen, wenn sie

1. verspätet eingereicht sind oder
2. den Anforderungen nicht entsprechen, die durch dieses Gesetz und die Bundeswahlordnung aufgestellt sind, es sei denn, daß in diesen Vorschriften etwas anderes bestimmt ist.

Sind die Anforderungen nur hinsichtlich einzelner Bewerber nicht erfüllt, so werden ihre Namen aus der Landesliste gestrichen. Die Entscheidung ist in der Sitzung des Landeswahlausschusses bekanntzugeben.

(2) Weist der Landeswahlausschuß eine Landesliste ganz oder teilweise zurück, so kann binnen drei Tagen nach Bekanntgabe der Entscheidung Beschwerde an den Bundeswahlausschuß eingelegt werden. Beschwerdeberechtigt sind der Vertrauensmann der Landesliste und der Landeswahlleiter. Der Landeswahlleiter kann auch gegen eine Entscheidung, durch die eine Landesliste zugelassen wird, Beschwerde erheben. In der Beschwerdeverhandlung sind die erschienenen Beteiligten zu hören. Die Entscheidung über die Beschwerde muß spätestens am vierundzwanzigsten Tage vor der Wahl getroffen werden.

(3) Der Landeswahlleiter macht die zugelassenen Landeslisten spätestens am zwanzigsten Tage vor der Wahl öffentlich bekannt.

§ 29 Ausschluß von der Verbindung von Landeslisten

(1) Der Ausschluß von der Listenverbindung (§ 7) ist dem Bundeswahlleiter von dem Vertrauensmann der Landesliste und seinem Stellvertreter durch gemeinsame schriftliche Erklärung spätestens am zwanzigsten Tage vor der Wahl bis 18 Uhr mitzuteilen.

(2) Der Bundeswahlausschuß entscheidet spätestens am sechzehnten Tage vor der Wahl über die Erklärungen nach Absatz 1. § 28 Abs. 1 Satz 2 gilt entsprechend. Die Entscheidung ist in der Sitzung des Bundeswahlausschusses bekanntzugeben.

(3) Der Bundeswahlleiter macht die Listenverbindungen und die Landeslisten, für die eine Erklärung nach Absatz 1 abgegeben wurde, spätestens am fünfzehnten Tage vor der Wahl öffentlich bekannt.

Bundeswahlordnung

§ 16 Eintragung der Wahlberechtigten in das Wählerverzeichnis

(1) Von Amts wegen sind in das Wählerverzeichnis alle Wahlberechtigten einzutragen, die am 35. Tage vor der Wahl (Stichtag) bei der Meldebehörde gemeldet sind

1. für eine Wohnung, es sei denn, daß sie ihre Wohnung, bei mehreren Wohnungen ihre Hauptwohnung, im Land Berlin innehaben,

2. auf Grund eines Anstellungs-, Heuer- oder Ausbildungsverhältnisses als Kapitän oder Besatzungsmitglied für ein Seeschiff, das nach dem Flaggenrechtsgesetz in der im Bundesgesetzblatt Teil III, Gliederungsnummer 9514-1, veröffentlichten bereinigten Fassung, zuletzt geändert durch Artikel 3 des Gesetzes vom 10. Mai 1978 (BGBl. I S. 613), die Bundesflagge zu führen berechtigt ist (§ 12 Abs. 4 Nr. 1 des Gesetzes),

3. für ein Binnenschiff, das in einem Schiffsregister im Geltungsbereich des Gesetzes eingetragen ist (§ 12 Abs. 4 Nr. 2 des Gesetzes),

4. für eine Justizvollzugsanstalt oder die entsprechende Einrichtung (§ 12 Abs. 4 Nr. 3 des Gesetzes).

(2) Auf Antrag sind in das Wählerverzeichnis einzutragen Wahlberechtigte

1. nach § 12 Abs. 1 des Gesetzes,

   a) die ihre Hauptwohnung im Land Berlin und eine Nebenwohnung im übrigen Geltungsbereich des Gesetzes innehaben,

   b) die ohne eine Wohnung innezuhaben sich im Wahlgebiet sonst gewöhnlich aufhalten,

2. nach § 12 Abs. 1 und 4 Nr. 1 des Gesetzes,

   a) die nicht nach Absatz 1 Nr. 2 von Amts wegen in das Wählerverzeichnis einzutragen sind, weil der Sitz des Reeders außerhalb des Geltungsbereiches des Gesetzes liegt,

   b) die als Angehörige des Hausstandes von Seeleuten nicht von Amts wegen in das Wählerverzeichnis einzutragen sind,

3. nach § 12 Abs. 2 des Gesetzes, die nicht nach Absatz 1 Nr. 1 von Amts wegen in das Wählerverzeichnis einzutragen sind.

(3) Verlegt ein Wahlberechtigter, der nach Absatz 1 in das Wählerverzeichnis eingetragen ist, seine Wohnung und meldet er sich vor Beginn der Auslegungsfrist für das Wählerverzeichnis (§ 17 Abs. 1 Satz 2 des Gesetzes) bei der Meldebehörde des Zuzugsortes an, so wird er in das Wählerverzeichnis der Gemeinde des Zuzugsortes nur auf Antrag eingetragen. Ein nach Absatz 1 in das Wählerverzeichnis eingetragener Wahlberechtigter, der sich innerhalb derselben Gemeinde für eine Wohnung anmeldet, bleibt in dem Wählerverzeichnis des Wahlbezirks eingetragen, für den er am Stichtag gemeldet war. Der Wahlberechtigte ist bei der Anmeldung über die Regelung in den Sätzen 1 und 2 zu belehren. Erfolgt die Eintragung auf Antrag, benachrichtigt die Gemeindebehörde des Zuzugsortes hiervon unverzüglich die Gemeindebehörde des Fortzugsortes, die den Wahlberechtigten in ihrem Wählerverzeichnis streicht. Wenn im Falle des Satzes 1 bei der Gemeindebehörde des Fortzugsortes eine Mitteilung über den Ausschluß vom Wahlrecht vorliegt oder nachträglich ein-

geht, benachrichtigt sie hiervon unverzüglich die Gemeindebehörde des Zuzugsortes, die den Wahlberechtigten in ihrem Wählerverzeichnis streicht; der Betroffene ist von der Streichung zu unterrichten.

(4) Für Wahlberechtigte, die am Stichtag nicht für eine Wohnung gemeldet sind und sich vor dem Beginn der Auslegungsfrist für das Wählerverzeichnis bei der Meldebehörde für eine Wohnung anmelden, gilt Absatz 3 Satz 1 und 3 entsprechend.

(5) Bezieht ein Wahlberechtigter, der nach Absatz 1 in das Wählerverzeichnis eingetragen ist, in einer anderen Gemeinde eine weitere Wohnung, die seine Hauptwohnung wird, oder verlegt er seine Hauptwohnung in eine andere Gemeinde, so gilt, wenn er sich vor Beginn der Auslegungsfrist für das Wählerverzeichnis bei der Meldebehörde anmeldet, Absatz 3 entsprechend.

(6) Welche von mehreren Wohnungen eines Wahlberechtigten seine Hauptwohnung ist, bestimmt sich nach den Vorschriften des Melderechts.

(7) Bevor eine Person in das Wählerverzeichnis eingetragen wird, ist zu prüfen, ob sie die Wahlrechtsvoraussetzungen des § 12 des Gesetzes erfüllt und ob sie nicht nach § 13 des Gesetzes vom Wahlrecht ausgeschlossen ist. Erfolgt die Eintragung in das Wählerverzeichnis nur auf Antrag, ist außerdem zu prüfen, ob ein frist- und formgerechter Antrag gestellt ist.

(8) Personen, die nicht wahlberechtigt sind, dürfen nicht in das Wählerverzeichnis aufgenommen werden. Gleiches gilt für antragsberechtigte Personen, die keinen frist- oder formgerechten Antrag auf Eintragung in das Wählerverzeichnis gestellt haben. Gibt eine Gemeindebehörde einem Eintragungsantrag nicht statt oder streicht sie eine in das Wählerverzeichnis eingetragene Person, hat sie den Betroffenen unverzüglich zu unterrichten. Gegen die Entscheidung kann der Betroffene Einspruch einlegen; § 22 Abs. 2 bis 5 gilt entsprechend. Auf die Möglichkeit der Einspruchseinlegung ist hinzuweisen.

(9) Wahlberechtigte, die nach Absatz 1 Nr. 2 und 4 von Amts wegen in das Wählerverzeichnis einzutragen sind, werden, solange die hierfür erforderlichen Vorschriften über die Meldepflicht für diesen Personenkreis nicht in allen Ländern in Kraft getreten sind, nur auf Antrag in das Wählerverzeichnis eingetragen. Der Bundesminister des Innern macht den Zeitpunkt, von dem ab die Eintragung in das Wählerverzeichnis von Amts wegen erfolgt, öffentlich bekannt.

(10) Wer wegen geistigen Gebrechens unter Pflegschaft steht, ist in das Wählerverzeichnis einzutragen, wenn er die Voraussetzungen des § 12 Abs. 1 Nr. 1 und 2 des Gesetzes erfüllt und bis spätestens zum 21. Tage vor der Wahl nachweist, daß die Pflegschaft aufgrund seiner Einwilligung angeordnet ist. Der Nachweis ist gegenüber der für die Eintragung zuständigen Gemeinde durch Vorlage einer schriftlichen Bescheinigung des Vormundschaftsgerichts, das die Pflegschaft angeordnet hat, mit Angabe von Familienname, Vornamen, Tag der Geburt, Geburtsort und genauer Anschrift zu führen. Im übrigen gelten, auch für die Zuständigkeit für die Eintragung in das Wählerverzeichnis, die allgemeinen Bestimmungen.

§ 18 Verfahren für die Eintragung in das Wählerverzeichnis auf Antrag

(1) Der Antrag auf Eintragung in das Wählerverzeichnis ist schriftlich bis spätestens zum 21. Tage vor der Wahl bei der zuständigen Gemeindebehörde zu stellen. Er muß Familiennamen, Vornamen, Tag der Geburt, Geburtsort und

die genaue Anschrift des Wahlberechtigten enthalten. Sammelanträge sind zulässig; sie müssen von allen aufgeführten Wahlberechtigten persönlich und handschriftlich unterzeichnet sein. Ein behinderter Wahlberechtigter kann sich hierbei einer Person seines Vertrauens bedienen; § 57 gilt entsprechend.

(2) In den Fällen des § 16 Abs. 2 Nr. 1 Buchstabe a hat der Wahlberechtigte zusammen mit seinem Antrag auf Eintragung in das Wählerverzeichnis der Gemeindebehörde gegenüber durch Abgabe einer Erklärung nach Anlage 1[1] den Nachweis für das Innehaben einer Wohnung im Sinne des Melderechts zu erbringen. Vordrucke hierfür sind vom Wahlberechtigten bei dem für seine Hauptwohnung zuständigen Bezirksamt (Bezirkseinwohneramt) im Land Berlin anzufordern. Dieses hat den Antrag auf Vollständigkeit zu prüfen und zu bestätigen, daß der Antragsteller mit Hauptwohnung im Land Berlin gemeldet ist, die Wahlrechtsvoraussetzungen des § 12 des Gesetzes erfüllt und nicht nach § 13 des Gesetzes vom Wahlrecht ausgeschlossen ist, sowie außerden anzugeben, welche Nebenwohnungen im Melderegister verzeichnet sind. Bestehen Zweifel an den Angaben des Wahlberechtigten, hat die für die Nebenwohnung zuständige Gemeindebehörde den Sachverhalt unverzüglich aufzuklären. Das für die Hauptwohnung zuständige Bezirksamt ist von der Eintragung in das Wählerverzeichnis unverzüglich zu unterrichten, indem ihm eine Ausfertigung des Antrages nach Anlage 1, auf der die Eintragung in das Wählerverzeichnis vermerkt ist, übersandt wird. Erhält das für die Hauptwohnung zuständige Bezirksamt Mitteilungen verschiedener Gemeindebehörden über die Eintragung desselben Antragstellers in das Wählerverzeichnis, so hat es diejenige Gemeindebehörde, deren Unterrichtung über die Eintragung in das Wählerverzeichnis nach der ersten Mitteilung eingeht, unverzüglich von der Eintragung des Wahlberechtigten in das Wählerverzeichnis der zuerst mitteilenden Gemeinde zu benachrichtigen. Die vom Bezirksamt benachrichtigte Gemeindebehörde hat den Wahlberechtigten im Wahlverzeichnis zu streichen und ihn davon zu unterrichten.

(3) In den Fällen des § 16 Abs. 2 Nr. 1 und 2 sind Wahlberechtigte bis zum Wahltage im Wählerverzeichnis der Gemeinde zu führen, die nach § 17 Abs. 2 zuständig ist, auch wenn nach dem Stichtag eine Neuanmeldung bei einer anderen Meldebehörde des Wahlgebietes erfolgt. Sie sind bei der Anmeldung entsprechend zu unterrichten.

(4) In den Fällen des § 16 Abs. 2 Nr. 2 haben die Wahlberechtigten der Gemeindebehörde gegenüber den Nachweis zu erbringen, daß sie zu dem berechtigten Personenkreis gehören.

(5) In den Fällen des § 16 Abs. 2 Nr. 3 haben Wahlberechtigte, die nicht in das Wählerverzeichnis einer benachbarten Gemeinde einzutragen oder die Bedienstete von diplomatischen oder konsularischen Vertretungen der Bundesrepublik Deutschland sowie der Ständigen Vertretung der Bundesrepublik Deutschland bei der Deutschen Demokratischen Republik sind, ihren Antrag über die für sie zuständige oberste Dienstbehörde zu leiten. Diese hat zu bestätigen, daß der Antragsteller nach § 12 des Gesetzes wahlberechtigt, nicht nach § 13 des Gesetzes vom Wahlrecht ausgeschlossen und nicht nach § 16 Abs. 1 Nr. 1 von Amts wegen in das Wählerverzeichnis einzutragen ist.

§ 19 Benachrichtigung der Wahlberechtigten

(1) Spätestens am Tage vor der Auslegung des Wählerverzeichnisses benachrichtigt die Gemeindebehörde jeden Wahlberechtigten, der in das Wählerver-

zeichnis eingetragen ist, nach dem Muster der Anlage 2.[1] Die Mitteilung soll enthalten

1. den Familiennamen, den Vornamen und die Wohnung des Wahlberechtigten,
2. die Angabe des Wahlraumes,
3. die Angabe der Wahlzeit,
4. die Nummer, unter der der Wahlberechtigte in das Wählerverzeichnis eingetragen ist,
5. die Aufforderung, die Wahlbenachrichtigung bei der Wahl mitzubringen und den Personalausweis bereitzuhalten,
6. die Belehrung, daß die Wahlbenachrichtigung einen Wahlschein nicht ersetzt und daher nicht zur Wahl in einem anderen als dem angegebenen Wahlraum berechtigt,
7. die Belehrung über die Beantragung eines Wahlscheines und über die Übersendung von Briefwahlunterlagen. Sie muß mindestens Hinweise darüber enthalten,
   a) daß der Wahlscheinantrag nur auszufüllen ist, wenn der Wahlberechtigte in einem anderen Wahlraum seines Wahlkreises oder durch Briefwahl wählen will,
   b) unter welchen Voraussetzungen ein Wahlschein erteilt wird (§ 25 Abs. 1 und § 27 Abs. 4 Satz 3) und
   c) daß der Wahlschein von einem anderen als dem Wahberechtigten nur beantragt werden kann, wenn die Benachrichtigung zur Antragstellung durch Vorlage einer schriftlichen Vollmacht nachgewiesen wird (§ 27 Abs. 3).

Bei Wahlberechtigten, die nach § 16 Abs. 3 bis 5 auf Antrag oder nach § 16 Abs. 10 in das Wählerverzeichnis eingetragen werden, hat die Benachrichtigung unverzüglich nach der Eintragung zu erfolgen.

(2) Der Benachrichtigung nach Absatz 1 ist ein Vordruck für einen Antrag auf Ausstellung eines Wahlscheines nach dem Muster der Anlage 3[1] beizufügen.

(3) Auf Wahlberechtigte, die nach § 16 Abs. 2 und 9 nur auf Antrag in das Wählerverzeichnis eingetragen werden und bereits einen Wahlschein und Briefwahlunterlagen beantragt haben, finden die Absätze 1 und 2 keine Anwendung.

§ 20 Bekanntmachung über die Auslegung des Wählerverzeichnisses und die Erteilung von Wahlscheinen

Die Gemeindebehörde macht spätestens am 24. Tage vor der Wahl nach dem Muster der Anlage 4 öffentlich bekannt,

1. wo, wie lange und zu welchen Tagesstunden das Wählerverzeichnis ausliegt,
2. daß bei der Gemeindebehörde innerhalb der Auslegungsfrist schriftlich oder durch Erklärung zur Niederschrift Einspruch gegen das Wählerverzeichnis eingelegt werden kann (§ 22),
3. daß Wahlberechtigten, die in das Wählerverzeichnis eingetragen sind, bis spätestens zum 21. Tage vor der Wahl eine Wahlbenachrichtigung zugeht

und daß Wahlberechtigte, die nur auf Antrag in das Wählerverzeichnis eingetragen werden und bereits einen Wahlschein mit Briefwahlunterlagen beantragt haben, keine Wahlbenachrichtigung erhalten,

4. wo, in welcher Zeit und unter welchen Voraussetzungen Wahlscheine beantragt werden können (§§ 25 ff.),
5. wie durch Briefwahl gewählt wird (§ 66).

§ 22 Einspruch gegen das Wählerverzeichnis und Beschwerde

(1) Wer das Wählerverzeichnis für unrichtig oder unvollständig hält, kann innerhalb der Auslegungsfrist Einspruch einlegen.

(2) Der Einspruch wird bei der Gemeindebehörde schriftlich oder durch Erklärung zur Niederschrift eingelegt. Soweit die behaupteten Tatsachen nicht offenkundig sind, hat der Einspruchsführer die erforderlichen Beweismittel beizubringen.

(3) Will die Gemeindebehörde einem Einspruch gegen die Eintragung eines anderen stattgeben, so hat sie diesem vor der Entscheidung Gelegenheit zur Äußerung zu geben.

(4) Die Gemeindebehörde hat ihre Entscheidung dem Antragsteller und dem Betroffenen spätestens am 10. Tage vor der Wahl zuzustellen und auf den zulässigen Rechtsbehelf hinzuweisen. Einem auf Eintragung gerichteten Einspruch gibt die Gemeindebehöde in der Weise statt, daß sie dem Wahlberechtigten nach Berichtigung des Wählerverzeichnisses die Wahlbenachrichtigung zugehen läßt. In den Fällen des § 18 Abs. 2 unterrichtet sie unverzüglich die zuständigen Stellen von der Eintragung.

(5) Gegen die Entscheidung der Gemeindebehörde kann binnen zwei Tagen nach Zustellung Beschwerde an den Kreiswahlleiter eingelegt werden. Die Beschwerde wird bei der Gemeindebehörde schriftlich oder durch Erklärung zur Niederschrift eingelegt. Die Gemeindebehörde legt die Beschwerde mit den Vorgängen unverzüglich dem Kreiswahlleiter vor. Der Kreiswahlleiter hat über die Beschwerde spätestens am vierten Tage vor der Wahl zu entscheiden; Absatz 3 gilt entsprechend. Die Beschwerdeentscheidung ist den Beteiligten und der Gemeindebehörde bekanntzugeben. Sie ist vorbehaltlich anderer Entscheidung im Wahlprüfungsverfahren endgültig.

§ 47 Wahlzeit

(1) Die Wahl dauert von 8 bis 18 Uhr.

(2) Der Landeswahlleiter kann im Einzelfall, wenn besondere Gründe es erfordern, die Wahlzeit mit einem früheren Beginn festsetzen.

§ 48 Wahlbekanntmachung der Gemeindebehörde

(1) Die Gemeindebehörde macht spätestens am sechsten Tage vor der Wahl nach dem Muster der Anlage 26 Beginn und Ende der Wahlzeit sowie die Wahlbezirke und Wahlräume öffentlich bekannt; an Stelle der Aufzählung der Wahlbezirke mit ihrer Abgrenzung und ihren Wahlräumen kann auf die Angaben in der Wahlbenachrichtigung verwiesen werden. Dabei weist die Gemeindebehörde darauf hin,

1. daß der Wähler eine Erststimme und eine Zweitstimme hat,
2. daß die Stimmzettel amtlich hergestellt und im Wahlraum bereitgehalten werden,
3. welchen Inhalt der Stimmzettel hat und wie er zu kennzeichnen ist,
4. in welcher Weise mit Wahlschein und besonders durch Briefwahl gewählt werden kann,
5. daß nach § 14 Abs. 4 des Gesetzes jeder Wahlberechtigte sein Wahlrecht nur einmal und nur persönlich ausüben kann,
6. daß nach § 107a Abs. 1 und 3 des Strafgesetzbuches mit Freiheitsstrafe bis zu fünf Jahren oder mit Geldstrafe bestraft wird, wer unbefugt wählt oder sonst ein unrichtiges Ergebnis einer Wahl herbeiführt oder das Ergebnis verfälscht oder eine solche Tat versucht.

(2) Die Wahlbekanntmachung oder ein Auszug aus ihr mit den Nummern 1, 3, 4 und 6 der Anlage 26 ist vor Beginn der Wahlhandlung am oder im Eingang des Gebäudes, in dem sich der Wahlraum befindet, anzubringen. Dem Auszug ist ein Stimmzettel als Muster beizufügen.

§ 67 Ermittlung und Feststellung des Wahlergebnisses im Wahlbezirk

Im Anschluß an die Wahlhandlung ermittelt der Wahlvorstand ohne Unterbrechung das Wahlergebnis im Wahlbezirk und stellt fest

1. die Zahl der Wahlberechtigten,
2. die Zahl der Wähler,
3. die Zahlen der gültigen und ungültigen Erststimmen,
4. die Zahlen der gültigen und ungültigen Zweitstimmen,
5. die Zahlen der für die einzelnen Bewerber abgegebenen gültigen Erststimmen,
6. die Zahlen der für die einzelnen Landeslisten abgegebenen gültigen Zweitstimmen.

§ 70 Bekanntgabe des Wahlergebnisses

Im Anschluß an die Feststellungen nach § 67 gibt der Wahlvorsteher das Wahlergebnis im Wahlbezirk mit den in dieser Vorschrift bezeichneten Angaben mündlich bekannt. Es darf vor Unterzeichnung der Wahlniederschrift (§ 72) anderen als den in § 71 genannten Stellen durch die Mitglieder des Wahlvorstandes nicht mitgeteilt werden.

§ 74 Behandlung der Wahlbriefe, Vorbereitung der Ermittlung und Feststellung des Briefwahlergebnisses

(1) Die für den Eingang der Wahlbriefe zuständige Stelle (§ 66 Abs. 2) sammelt die Wahlbriefe ungeöffnet und hält sie unter Verschluß. Sie vermerkt auf jedem am Wahltage nach Schluß der Wahlzeit eingegangenen Wahlbrief Tag und Uhrzeit des Eingangs, auf den vom nächsten Tag an eingehenden Wahlbriefen nur den Eingangstag.

(2) Die zuständige Stelle trifft durch nähere Vereinbarung mit dem Postamtsvorsteher Vorkehrungen dafür, daß alle am Wahltage bei dem Zustellpostamt ihres Sitzes noch vor Schluß der Wahlzeit eingegangenen Wahlbriefe zur Abholung bereitgehalten und von einem Beauftragten gegen Vorlage eines von ihr erteilten Ausweises am Wahltage bis 18.00 Uhr in Empfang genommen werden.

(3) Verspätet eingegangene Wahlbriefe werden von der zuständigen Stelle angenommen, mit den in Absatz 1 vorgeschriebenen Vermerken versehen und ungeöffnet verpackt. Das Paket wird von ihr versiegelt, mit Inhaltsangabe versehen und verwahrt, bis die Vernichtung der Wahlbriefe zugelassen ist (§ 90). Sie hat sicherzustellen, daß das Paket Unbefugten nicht zugänglich ist.

(4) Die zuständige Stelle ordnet die Wahlbriefe nach Wahlscheinnummern und, sofern erforderlich, nach den darauf vermerkten Gemeinden (Ausgabestellen).

(5) Die zuständige Stelle, in den Fällen der Bildung eines Briefwahlvorstandes für mehrere Gemeinden nach § 7 Nr. 3 die mit der Durchführung der Briefwahl betraute Gemeindebehörde,

verteilt die Wahlbriefe auf die einzelnen Briefwahlvorstände,

übergibt jedem Briefwahlvorstand die Wahlscheinverzeichnisse der diesem zugeteilten Wahlbriefe (§ 28 Abs. 8),

sorgt für die Bereitstellung und Ausstattung des Wahlraumes und

stellt dem Briefwahlvorstand etwa notwendige Hilfskräfte zur Verfügung.

(6) Ist für mehrere Gemeinden ein Briefwahlvorstand gebildet, haben die Gemeindebehörden der mit der Durchführung der Briefwahl betrauten Gemeindebehörde

alle bis zum Tage vor der Wahl bei ihnen eingegangenen Wahlbriefe bis 12.00 Uhr am Wahltage zuzuleiten und

alle anderen noch vor Schluß der Wahlzeit bei ihnen oder den in Betracht kommenden Zustellpostämtern eingegangenen Wahlbriefe auf schnellstem Wege nach Schluß der Wahlzeit zuzuleiten.

4. Vorschläge zur Änderung des Grundgesetzes

Zur Beseitigung der Mißverständnisse, die mit der Beibehaltung des Begriffs „Auflösung" verbunden waren und nach wie vor sind, sollte der Terminus Auflösung, der sowohl begrifflich als auch historisch „belastet" ist, durch die Worte „vorgezogene Neuwahl" ersetzt werden. Auf das Wort „vorgezogene" könnte verzichtet werden, wenn nicht in Art. 39 Abs. 1 Satz 3 des Grundgesetzes der Begriff „Neuwahl" für die „normale" Bundestagswahl verbraucht wäre.

Einer Klarstellung würde deshalb dienen, wenn Art. 39 Abs. 1 Satz 3 und 4 wie folgt mit folgendem Text zusammengefaßt würden.

> Die Neuwahl findet frühestens 45, spätestens 47 Monate nach Beginn der Wahlperiode statt, im Falle einer vorgezogenen Neuwahl gemäß Artikel 63 Abs. 4 Satz 3 und Artikel 68 innerhalb von 60 Tagen nach der Anordnung durch den Bundespräsidenten.

Der Artikel 68 Abs. 1 des Grundgesetzes könnte dann folgende Fassung erhalten:

> „Findet ein Antrag des Bundeskanzlers, ihm das Vertrauen auszusprechen, nicht die Zustimmung der Mehrheit der Mitglieder des Bundestages, so kann der Bundespräsident auf Vorschlag des Bundeskanzlers binnen 21 Tagen vorgezogene Neuwahlen anordnen, es sei denn, daß der Bundestag innerhalb dieser Frist mit der Mehrheit seiner Mitglieder einen anderen Bundeskanzler wählt."

In Art. 81 Abs. 1 könnte Satz 1 folgenden Wortlaut erhalten:

> „Ordnet der Bundespräsident im Falle des Artikel 68 keine vorgezogene Neuwahlen an, so kann er auf Antrag der Bundesregierung ...".

In Art. 58 Satz 2 des Grundgesetzes müßten die Worte „Auflösung des Bundestages" ersetzt werden durch die Worte „die Anordnung vorgezogener Neuwahlen"; in Art. 63 Abs. 4 Satz 3 wären die Worte „den Bundestag auflösen" durch die Worte „vorgezogene Neuwahlen anzuordnen" zu ersetzen.

Entsprechend könnte in Art. 115 h Abs. 3 wie folgt gefaßt werden:

> „Für die Dauer des Verteidigungsfalles ist die Anordnung vorgezogener Neuwahlen (Artikel 68) ausgeschlossen"

und Art. 136, in dem sich in Abs. 2 der Begriff „Auflösung" findet, ganz gestrichen werden.

5. Rechtsfolgen der Entscheidung des Bundespräsidenten

Vor der Änderung des Artikels 39 des Grundgesetzes in der 7. Wahlperiode konnte noch zurecht festgestellt werden: „Die Mitglieder des Deutschen Bundestages verlieren mit der Auflösung des Bundestages ihr Mandat. Zum einen bewirkt die Bundestagsauflösung eine vorzeitige Beendigung der Wahlperiode, zum anderen gehört zu den Rechtsfolgen der Beendigung einer Wahlperiode die konkret-personelle Diskontinuität" (Kremer a. a. O. S. 33).

Die Rechtsfolgen der Auflösung des Bundestages waren somit absolut, d. h. der Bundestag wurde mit der Auflösung unmittelbar funktionsunfähig; auch die Mitglieder des aufgelösten Bundestages verloren ihre Rechtsstellung und die mit dem Status eines Abgeordneten verbundenen Schutzrechte (Art. 46 u. 47 GG).

Nicht betroffen war lediglich die Mitgliedschaft von Abgeordneten in Gremien, in denen sie aufgrund gesetzlicher Bestimmungen berufen worden waren. Ihre Mitgliedschaft dauerte bis zur Neuwahl durch den Bundestag.

Das Gesetz über das Bundesverfassungsgericht berücksichtigt die Möglichkeit einer vorzeitigen Auflösung des Bundestages; in § 5, in dem festgelegt wird, daß die Richter jedes Senats je zur Hälfte vom Bundestag und vom Bundesrat gewählt werden, heißt es in Absatz 2: „Die Richter werden frühestens drei Monate vor Ablauf der Amtszeit ihrer Vorgänger oder, wenn der Bundestag in dieser Zeit aufgelöst ist, innerhalb eines Monates nach dem ersten Zusammentritt des Bundestages gewählt".

Während die Auflösung des Bundestages auf die Mitglieder der Bundesregierung, also Bundeskanzler und Bundesminister, keinen Einfluß hatte, da sie gemäß Artikel 69 Abs. 2 des Grundgesetzes erst mit dem Zusammentritt des neugewählten Bundestages ihr Amt verlieren, verloren die Parlamentarischen Staatssekretäre nach dem Wortlaut des Gesetzes über die Rechtsstellung der Parlamentarischen Staatssekretäre mit der Bundestagsauflösung ihr Amt, das an ein Parlamentsmandat gebunden ist. Auf die teilweise in der Literatur vertretene Auffassung, die strikte Bindung des Amtes als Parlamentarischer Staatssekretär an das Parlamentsmandat könne für den Fall einer Auflösung des Bundestages nicht gelten, braucht hier nicht näher eingegangen zu werden (vgl. Zeh und Herzog in: Parlamentsauflösung S. 105 ff).

Aufgrund der mit der Neufassung des Artikels 39 des Grundgesetzes verfolgten Absicht, eine parlamentslose Zeit auszuschließen, können diese Rechtsfragen nicht mehr auftreten. Trotz der „Auflösungsanordnung" bzw. der Anordnung vorgezogener Neuwahlen, bleibt der Bundestag voll funktionsfähig, behalten die Mitglieder des Bundestages die ihnen Kraft Verfassung zustehenden Statusrechte. Es ist deshalb auch unstrittig, daß § 13 des Abgeordnetengesetzes nach der Anordnung vorgezogener Neuwahlen keine Anwendung finden kann. Abgesehen davon, daß der Wortlaut des § 13 AbgG. in seinem Wortlaut wenig glücklich ist – er hat folgende Fassung:

„Ein Mitglied des Bundestages, das im letzten Vierteljahr der Wahlperiode in den Bundestag eintritt, hat keinen Anspruch auf die Leistungen nach § 12 Abs. 2 und 3, wenn der Bundestag seine Tätigkeit bereits abgeschlossen hat" – ist kaum ein Fall denkbar, daß der Bundestag in den letzten Monaten vor einer Neuwahl beschließt, seine Tätigkeit als abgeschlossen zu betrachten. Ein entsprechender Beschluß müßte wohl auch als verfassungswidrig angesehen werden. Sicher kann, wie bereits mehrfach geschehen, im Ältestenrat vereinbart werden, ab einem bestimmten Zeitpunkt innerhalb einer Wahlperiode keine Vorlagen mehr drucken zu lassen; die Einstellung der Drucklegung der eingehenden Vorlagen kann jedoch nicht mit dem Abschluß der Tätigkeit gleichgesetzt werden. Eine derartige Gleichsetzung würde die Funktion eines Parlaments weitgehend auf die legislative Aufgabe einschränken und andere Funktionen des Parlaments – insbesondere z. B. die Kontrollfunktion – in unzulässiger Weise außer Betracht lassen.

Ergibt sich aus der Neufassung des Artikels 39 des Grundgesetzes, daß eine „parlamentslose Zeit" nicht mehr möglich ist, folgt aus der vollen Funktionsfähigkeit des Parlaments, daß nicht nur der Bundestag selbst sich jeder Zeit auch nach Anordnung der vorgezogenen Neuwahlen versammeln kann, sondern auch, daß seine Ausschüsse zu Sitzungen einberufen werden können. Dasselbe gilt für die anderen Gremien des Deutschen Bundestages.

Dennoch sind tatsächlich einige Fragen im Zusammenhang mit dem Regierungswechsel und der Anordnung vorgezogener Neuwahl aufgeworfen worden, deren Lösung im folgenden kurz angedeutet werden soll.

6. Einzelfragen nach der Regierungsumbildung und der Anordnung vorgezogener Neuwahlen

Wenn trotz der an sich eindeutigen Rechtslage im Zusammenhang mit dem Regierungswechsel und der Anordnung vorgezogener Neuwahlen weitere Fragen aufgetaucht sind, ist dies wohl zuletzt darauf zurückzuführen, daß erstmals nach der Neufassung des Artikels 39 des Grundgesetzes vorgezogene Neuwahlen angeordnet wurden und dieser Anordnung kurz zuvor ein Regierungswechsel vorausging.

a) Mißtrauensantrag nach Anordnung vorgezogener Neuwahlen

Gemäß Artikel 68 Abs. 1 Satz 2 des Grundgesetzes erlischt das Recht des Bundespräsidenten, den Bundestag auf Vorschlag des Bundeskanzlers nach gescheiterter Vertrauensfrage aufzulösen, sobald der Bundestag mit der Mehrheit seiner Mitglieder einen anderen Bundeskanzler wählt. Aus dieser Formulierung könnte geschlossen werden, daß nach der Anordnung vorgezogener Neuwahlen ein Antrag gemäß Art. 67 des Grundgesetzes unzulässig wäre.

Da ein Scheitern der Vertrauensfrage gemäß Art. 68 des Grundgesetzes – ob beabsichtigt herbeigeführt oder nicht, – an der Stellung des Bundeskanzlers und der Bundesregierung nichts ändert, – der Bundeskanzler deshalb nicht zum mit der Wahrnehmung der Geschäfte beauftragter Kanzler und die Bundesregierung nicht zur geschäftsführenden Regierung wird, – muß davon ausgegangen werden, daß auch nach der Anordnung vorgezogener Neuwahlen durch den Bundespräsidenten ein Mißtrauensantrag gemäß Art. 67 des Grundgesetzes gestellt werden kann. Ein erfolgreiches konstruktives Mißtrauensvotum würde jedoch an der Anordnung vorgezogener Neuwahlen nichts ändern können. Der Bundespräsident wäre auch nicht berechtigt, seine Anordnung zurückzuziehen.

In diesem Zusammenhang sei auch darauf hingewiesen, daß der Bundeskanzler nicht erneut die Vertrauensfrage hätte stellen müssen, wenn das Bundesverfassungsgericht die Anordnungen des Bundespräsidenten für verfassungswidrig erklärt hätte. Wenn nach einer gescheiterten Vertrauensfrage der Bundeskanzler zu einem späteren Zeitpunkt erneut die Vertrauensfrage stellt, so ist seine Entscheidung und die Abstimmung des Bundestages – unabhängig davon, ob der Vertrauensantrag die erforderliche Mehrheit findet oder nicht – rein politischer Natur und ohne rechtlichen Einfluß auf seinen Status bzw. auf den der Bundesregierung.

Ergibt sich aus der Neufassung des Art. 39 des Grundgesetzes, daß eine „parlamentslose Zeit" nicht mehr möglich ist, folgt aus der vollen Funktionsfähigkeit des Parlaments, daß nicht nur der Bundestag selbst sich jederzeit auch nach Anordnung der vorgezogenen Neuwahlen versammeln kann, sondern auch seine Ausschüsse zu Sitzungen einberufen werden können. Dasselbe gilt für die anderen Gremien des Deutschen Bundestages.

b) Zurückziehung von Vorlagen der abgelösten Bundesregierung bzw. der vorausgegangenen Koalition

Nach der Ablösung der SPD/FDP-Koalition durch die CDU/CSU/FDP-Koalition stellte sich die Frage, wie die von der vorausgegangenen Bundesregierung eingebrachten Vorlagen weiter zu behandeln waren; das gleiche galt für Vorlagen, die von der vorangegangenen Koalition eingebracht worden waren. In diesem Zusammenhang gehörte auch die Frage, ob und wie lange beim Bundestag eingereichte Vorlagen zurückgenommen werden dürfen.

Weder das Grundgesetz noch die Geschäftsordnung des Deutschen Bundestages regeln die Frage, bis zu welchem Zeitpunkt eine Vorlage zurückgezogen werden kann. Während der Geltung der Weimarer Reichsverfassung wurde die Auffassung vertreten, daß Gesetzesvorlagen bis zum endgültigen Gesetzesbeschluß ergänzt, abgeändert und zurückgenommen werden konnten. In der früheren Fassung der Geschäftsordnung des Deutschen Bundestages befand sich in § 100 der Satz:

„Ein zurückgezogener Antrag kann unter gleichen Voraussetzungen wieder aufgenommen werden."

Diese Bestimmung ging auf eine Vorschrift der Geschäftsordnung der Zweiten Kammer des Preußischen Landtags vom 28. März 1849 zurück, die in § 27 festlegte:

„Jeder Antrag kann zurückgezogen, jedoch von jedem anderen Mitglied wieder aufgenommen werden. Er bedarf alsdann keiner weiteren Unterstützung."

Die Geschäftsordnung des Reichstags übernahm eine ähnliche Bestimmung in § 51 Abs. 2, wonach ein zurückgezogener Antrag von 15 anwesenden Mitgliedern aufgenommen werden konnte. Diese Bestimmung wurde dahingehend interpretiert, daß eine Zurückziehung eines Antrags dann nicht mehr zulässig sei, wenn eine Kommission (Ausschuß) über ihn bereits Bericht erstattet habe. Zur Begründung wurde angeführt, es handele sich nach der Berichterstattung nicht mehr allein um den Antrag, sondern zugleich um den Bericht der Kommission (des Ausschusses); durch den Bericht werde eine rechtliche Situation geschaffen, die durch die Zurückziehung des Antrags nur beseitigt werden könne, wenn niemand widerspreche (vgl. Perels, Reichstagsrecht, S. 64).

Obwohl sich die herangezogenen Bestimmungen in verschiedenen Geschäftsordnungen befanden, kann darauf hingewiesen werden, daß es sich bei dem Recht auf Zurücknahme einer Initiative mehr um ein verfassungsrechtliches als um ein geschäftsordnungsmäßiges Problem handelt.

Für das Recht auf Zurücknahme einer Vorlage spricht, daß es für die Initianten unter Umständen als unzumutbar angesehen werden muß, ihre Namen auf einer Vorlage verzeichnet zu sehen, die während des Gesetzgebungsverfahrens in ihr Gegenteil verkehrt worden ist. Dem kann nicht entgegengehalten werden, mit dem Einbringen einer Vorlage sei ein gewisser Aufwand verbunden, mit dem sich eine beliebige Rücknahme nicht vertrage. Entscheidend kann letztlich nur sein, ob bei der Zurücknahme einer Vorlage durch die Initianten ein anderer Initiativberechtigter das Recht hat, die Vorlage im jeweiligen Stadium der Beratung zu übernehmen. Diese Frage muß bejaht werden, da durchaus die Möglichkeit bestehen kann, daß Initiativberechtigte im Hinblick auf die bereits eingebrachte und unter Umständen bereits in Beratung befindliche Vorlage darauf verzichtet haben, selbst initiativ zu werden. Würde das Übernahmerecht in einem solchen Falle verneint, könnten andere Initiativberechtigte dadurch beeinträchtigt werden, daß sie gezwungen werden müßten, das Gesetzgebungsverfahren neu in Gang zu setzten. Es bedarf keiner Frage, daß dies möglicherweise zu höchst unerfreulichen Folgerungen führen könnte, zumal dann, wenn Fristen einzuhalten sind oder gegen Ende einer Wahlperiode die neueinzubringende Vorlage nicht mehr verabschiedet werden könnte.

Entsprechen sich so die Befugnis zur Rücknahme einer Vorlage und das Recht anderer Initiativberechtigter, die zurückgenommene Vorlage zu übernehmen, kann auch nicht geltend gemacht werden, Zurücknahme und Übernahme einer Vorlage verstießen gegen das formalisierte Gesetzgebungsverfahren nach dem Grundgesetz. Erst durch die Anerkennung beider Befugnisse wird gewährleistet, daß kein aufgrund der Verfassung am Gesetzgebungsverfahren beteiligtes Organ in seinen Rechten beeinträchtigt wird.

In diesem Zusammenhang muß ergänzend darauf hingewiesen werden, daß ein Regierungs- bzw. Koalitionswechsel die beim Bundestag bereits eingereichten Vorlagen nicht berührt. Für die Bundesregierung gibt es keine Regelung bezüglich der Diskontinuität, die der für das Parlament entspricht (vgl. § 125 GOBT). Für die Bundesregierung gilt vielmehr der Grundsatz der Organkontinuität. Daraus folgt, daß eine neue Bundesregierung, will sie Vorlagen der vorausgegangenen Bundesregierung zurückziehen, dies ausdrücklich gegenüber dem Parlament als dem Adressaten der Vorlage erklären muß.

Da ein Koalitionswechsel die Kontinuität des konkret-personell zusammengesetzten Bundestages nicht berührt, können die von einer früheren Koalition eingebrachten Vorlagen weiterbehandelt werden. Das schließt nicht aus, daß ein Koalitionspartner als Mitinitiant seine Unterstützung der Vorlage zurückzieht; die Vorlage kann dann, wenn der bisherige andere Koalitonspartner die Vorlage aufrechterhalten will, weiterbehandelt werden.

Handelt es sich um Vorlagen einzelner Mitglieder des Bundestages, gilt der allgemeine Grundsatz, daß bei Zurückziehung einiger Unterschriften die Vorlage so lange „anhängig" bleibt, als noch so viele Unterschriften verbleiben, wie sie von der Geschäftsordnung als Minimum vorgesehen sind. Gemäß § 76 Abs. 1 GOBT müssen Vorlagen von Mitgliedern des Bundestages von einer Fraktion oder von fünf vom Hundert der Mitglieder des Bundestages unterzeichnet sein, es sei denn, daß die Geschäftsordnung etwas anderes vorschreibt oder zuläßt.

Da eine vollständige Zurücknahme einer Vorlage als zulässig angesehen werden muß, muß man es auch als zulässig ansehen, Teile einer Vorlage zurückzuziehen. Dies kann allerdings nur dann gelten, wenn durch die Teilzurücknahme nicht Rechte anderer am Gesetzgebungsverfahren beteiligter Organe beeinträchtigt werden. Als eine solche Beeinträchtigung müßte angesehen werden, wenn beispielsweise aus der Stellungnahme des Bundesrates zu einer Regierungsvorlage erkennbar wäre, daß der Bundesrat die Vorlage „als Einheit" betrachten möchte. Unzulässig wäre dagegen, den zurückgezogenen Teil durch eine ergänzende Initiative zu ersetzen.

Wird eine Vorlage zurückgezogen, ist dies durch eine amtliche Mitteilung bekanntzugeben. Das gleiche gilt für die Wiederaufnahme der Vorlage durch andere Initiativberechtigte.

c) Inkompatibilitäten

aa) Parlamentarischer Staatssekretär – Mitgliedschaft im Fachausschuß

Nach dem erfolgreichen Konstruktiven Mißtrauensvotum stellte sich, insbesondere für die Fraktion der FDP, die Frage nach einer eventuellen Neubesetzung der ihr zustehenden Sitze in den verschiedenen Ausschüssen des Bundestages. Da aufgrund des Abstimmungsverhaltens in der Fraktion vor der Abstimmung über den Mißtrauensantrag nicht davon ausgegangen werden konnte, daß alle Mitglieder der Fraktion die neue Koalition mittragen würden, andererseits aber das Bestreben dahingehen mußte, zu verhindern, daß die neue Koalitionsmehrheit nicht in den Ausschüssen konterkariert würde, stellte sich die Frage, ob gegebenenfalls auch Parlamentarische Staatssekretäre als ordentliche Mitglieder eines Ausschusses benannt werden konnten.

Diese Frage stellte sich erstmals nach Bildung der sozialliberlaen Koalition im Jahre 1969. Die knappen Mehrheitsverhältnisse zwangen die damaligen Koalitionsparteien zumindest in der Anfangszeit auch mit dem Amt eines Parlamentarischen Staatssekretärs beauftragte Mitglieder des Bundestages als Mitglieder von Ausschüssen zu benennen. Es kann keinem Zweifel unterliegen, daß, obwohl die Parlamentarischen Staatssekretäre eindeutig dem Bereich der Regierung zugeordnet werden müssen, sie dennoch alle Rechte haben, die den Mitgliedern des Bundestages zustehen. Nur soweit diese Rechte mit der Ausübung des Regierungsamtes konkurrieren oder kollidieren, unterliegen sie bestimmten Einschränkungen. Diese Einschränkung ist keine grundgesetzwidrige Beeinträchtigung ihrer Statusrechte; sie ergeben sich vielmehr aus dem im Grundgesetz verankerten parlamentarischen Regierungssystem. Aus diesen immanenten Schranken ergibt sich für die Parlamentarischen Staatssekretäre, daß sie nicht ordentliches oder stellvertretendes Mitglied in jenen Ausschüssen sein können, die sich mit Angelegenheiten des Ressorts befassen, dem sie als Parlamentarische Staatssekretäre angehören. Diese Inkompatibilität ist eine Folge der Tatsache, daß die Fachausschüsse des Bundestages nicht lediglich zur Gesetzesberatung, sondern auch zur parlamentarischen Kontrolle der Regierung berufen sind. Werden die Ausschüsse im Rahmen ihrer Kontrollbefugnis tätig, stehen die Mitglieder des Ausschusses und die Mitglieder der Regierung bzw. ihrer Beauftragten oder Vertreter sich einander gegenüber.

Während es einem Mitglied der Bundesregierung – d. h. dem Bundeskanzler und den Bundesministern – wegen ihrer verfassungsrechtlich eindeutigen Zuordnung zur Regierung versagt ist, ordentliches oder stellvertretendes Mitglied in einem Ausschuß zu sein, kann es den Parlamentarischen Staatssekretären nicht versagt werden, in anderen Ausschüssen als ordentliches oder stellvertretendes Mitglied mitzuarbeiten, die zu dem Ressort, dem sie angehören, in keiner Beziehung stehen.

Diese generellen Feststellungen mögen hier genügen; doch sei darauf hingewiesen, daß mit ihnen die gesamte Problematik nicht aufgezeigt wurde, z. B. Übernahme der Funktion als Berichterstatter, Mitgliedschaft in einem Untersuchungsausschuß, Rechte in der Fragestunde, Berufung auf das jederzeitige Rederecht (Art. 43 Abs. 2 GG).

bb) Regierungsamt – Mitgliedschaft im Wahlmännerausschuß

Wenige Tage nach der Regierungsumbildung tauchte auch die Frage auf, ob Mitglieder der Bundesregierung bzw. Parlamentarische Staatssekretäre weiterhin Mitglieder des Wahlmännerausschusses sein konnten, der gemäß § 6 Abs. 1 des Gesetzes über das Bundesverfassungsgericht die vom Bundestag zu berufenen Richter zu wählen hat.

Paragraph 6 Abs. 2 des Bundesverfassungsgerichtsgesetzes hat folgenden Wortlaut:

> „Der Bundestag wählt 12 seiner Mitglieder als Wahlmänner nach den Regeln der Verhältniswahl. Jede Fraktion kann einen Vorschlag einbringen. Aus den Summen der für jeden Vorschlag abgegebenen Stimmen wird nach dem Höchstzahlverfahren (d'Hondt) die Zahl der auf jeden Vorschlag gewählten Mitglieder errechnet. Gewählt sind die Mitglieder in der Reihenfolge in der ihr Name auf dem Vorschlag erscheint. Scheidet ein Wahlmann aus oder ist er verhindert, so wird er durch den nächsten auf der gleichen Liste Vorgeschlagenen ersetzt".

Da von den auf Vorschlag der Fraktionen der CDU/CSU und FDP gewählten Wahlmännern vier als Bundesminister bzw. Parlamentarische Staatssekretäre ein Regierungsamt übernahmen, ergab sich insbesondere für die Fraktion der CDU/CSU die Frage der Inkompatibilität, weil von den Ersatzwahlmännern auf der Liste der CDU/CSU-Fraktion einer ebenfalls ein Regierungsamt übernommen hatte und ein anderer als Mitglied einer Landesregierung bereits ausgeschieden war.

Muß man aus dem zitierten Abs. 2 des § 6 des Bundesverfassungsgerichtsgesetzes entnehmen, daß der Bundestag nur einmal während seiner Wahlperiode die Wahlmänner und Ersatzwahlmänner wählt und bei Erschöpfung der Ersatzmännerwahlliste keine Nachwahl erfolgt, diese Bestimmung somit genau auszulegen ist, wie § 48 Abs. 1 S. 3 des Bundeswahlgesetzes, – „Ist die Liste erschöpft, so bleibt der Sitz unbesetzt" –, hätte die Fraktion der CDU/CSU nicht mehr die ihr zustehende Zahl von Wahlmännern besetzen können, wenn hier ein Fall der Inkompatibilität vorgelegen hätte.

Wenn es auch in der bisherigen Praxis des Deutschen Bundestages nicht üblich war, Mitglieder der Bundesregierung bzw. Parlamentarische Staatssekretäre zu Wahlmännern zu bestimmen, gibt es jedoch keinen Grund, eine Unvereinbarkeit von Regierungsamt und Mitgliedschaft im Wahlmännerausschuß anzunehmen. Dies ergibt sich nicht zuletzt daraus, daß beispielsweise dem Richterwahlausschuß, der nach dem Richterwahlgesetz die Richter bei den oberen Bundesgerichten zu wählen hat, als Mitglieder kraft Amtes die Landesminister angehören, zu deren Geschäftsbereich die dem jeweiligen oberen Bundesgericht im Instanzenzug zugeordneten Gerichte des Landes gehören (vgl. § 3 Richterwahlgesetz).

7. Konstituierung des neugewählten Bundestages

Abschließend soll noch auf einige Frist- bzw. Terminfragen eingegangen werden, die mit dem ersten Zusammentreten des neugewählten Bundestages zusammenhängen. Gemäß Artikel 39 Abs. 2 tritt der neugewählte Bundestag spätestens am 30. Tage nach der Wahl zusammen. Diese Bestimmung des Grundgesetzes wird durch § 1 Abs. 1 GOBT ergänzt: „Der neugewählte Bundestag wird zur seiner ersten Sitzung vom bisherigen Präsidenten spätestens zum dreißigsten Tage nach der Wahl (Artikel 39 des Grundgesetzes) einberufen."

Obwohl in beiden Bestimmungen das Wort „spätestens" enthalten ist, ist der Präsident bei der Festlegung des Termins der ersten Sitzung des neugewählten Bundestages nicht völlig frei. Zwar steht am Abend der Wahl oder am nachfolgenden Tag aufgrund des vorläufigen Wahlergebnisses die prozentuale Sitzverteilung auf die Fraktionen im neugewählten Bundestag fest, die konkret personelle Zusammensetzung kann jedoch erst aufgrund der endgültigen Feststellung durch den Bundeswahlausschuß erfolgen. Dieser stellt gemäß § 42 des Bundeswahlgesetzes (BWG) fest, wieviel Sitze auf die einzelnen Landeslisten entfallen und welche Bewerber gewählt sind.

Die Mitgliedschaft im Deutschen Bundestag erwirbt ein gewählter Bewerber mit dem frist- und formgerechten Eingang der auf die Benachrichtigung – durch den Kreiswahlleiter bei den gewählten Wahlkreisabgeordneten (§ 41 Abs. 2 BWG) oder durch den Landeswahlleiter bei den gewählten Listenbewerbern – folgenden Annahmeerklärung beim zuständigen Wahlleiter, (§ 42 Abs. 3 BWG), jedoch nicht vor Beendigung der vorausgegangenen Wahlperiode; diese endet mit dem Zusammentritt des neugewählten Bundestages (Art. 39 Abs. 1 Satz 2 GG).

In beiden Fällen fordern der Kreiswahlleiter bzw. der Landeswahlleiter den gewählten Bewerber auf, binnen einer Woche schriftlich zu erklären, ob er die Wahl annehme (§ 41 Abs. 2 und § 42 Abs. 3 BWG). Gibt der Gewählte innerhalb dieser Frist keine entsprechende Erklärung ab, gilt dieses „Verschweigen" als Annahme. Entscheidend ist jedoch für die endgültige Feststellung der konkret personellen Zusammensetzung des neugewählten Bundestages, daß die Annahme der Wahl durch Verschweigen erst nach Ablauf der gesetzlich vorgeschriebenen Ein-Wochen-Frist (§ 41 und 42 BWG) als erfolgt gilt. (§ 45 Satz 2 BWG).

Geht man davon aus, daß der Bundeswahlausschuß aufgrund der erforderlichen Feststellungen der Kreis- und Landeswahlleiter frühestens in der zweiten auf die Wahl folgenden Woche tagen kann und ferner, daß für die Benachrichtigung der Gewählten, insbesondere der über die Landeslisten Gewählten, mindestens zwei Tage anzusetzen sind, bleiben dem Präsidenten für die Einberufung des neugewählten Bundestages zur konstituierenden Sitzung in etwa nur der 24. bis 30. Tag nach der Bundestagswahl. So wurde auch in fast allen Fällen die Konstituierung des neugewählten Bundestages am 29. Tag nach der vorangegangenen Wahl durchgeführt.

Für die Konstituierung des 10. Deutschen Bundestages ergaben sich insofern noch besondere Schwierigkeiten, als in die Zeit vom 25. bis zum 30. Tag nach der Wahl Karfreitag und die Osterfeiertage fielen. Unter Berücksichtigung der Sitzung des Bundeswahlausschusses am 21. März 1983 konnte zur Vermeidung sonst möglicher Unrichtigkeiten in der Zusammensetzung bei der konstituierenden Sitzung diese nur in der Zeit vom 30. März bis zum 5. April 1983, d. h. dem letzten nach der Verfassung möglichen Termin durchgeführt werden.

Ergänzend sei noch darauf hingewiesen, daß zur Einberufung des neugewählten Bundestages nach der Geschäftsordnung (§ 1 Abs. 1 GOBT), der bisherige Präsident verpflichtet ist, gleichgültig, ob er dem neugewählten Bundestag als Mitglied angehört oder nicht. Will oder kann er von seiner Verpflichtung keinen Gebrauch machen, obliegt einem seiner Stellvertreter die Einberufungspflicht (vgl. § 7 Abs. 5 GOBT).

Motive · Texte · Materialien

1 Mindestgrundsätze für die Behandlung der Gefangenen
Europäische Fassung
Gemeinsame Übersetzung für die Bundesrepublik Deutschland, die Republik Österreich und die Schweizerische Eidgenossenschaft. 1975. 99 S. Kt. DM 12,-.
Staffelpreis ab 5 Exemplare

2 Die politische Treuepflicht
Rechtsquellen zur Geschichte des deutschen Berufsbeamtentums
Herausgegeben von Edmund Brandt. Mit einer Einleitung von Hans Mommsen: Beamtentum und demokratischer Verfassungsstaat. 1976. 256 S. Kt. DM 19,80

3 Verständigungsschwierigkeiten zwischen Gericht und Bürger
Eine Modellstudie
Herausgegeben vom Rechtssoziologischen Arbeitskreis Hannover. 1976. 80 S. Kt. DM 12,-

4 Gleiche Chancen für Frauen?
Berichte und Erfahrungen in Briefen an die Präsidentin des Deutschen Bundestages
Von Annemarie Renger, Vizepräsidentin des Deutschen Bundestages. Mit einer rechtichen Würdigung von Irene Maier, Ministerialdirigent. 1977. 178 S. Kt. DM 16,80

5 Testaufgaben in der Rechtswissenschaft
Konstruktionsprinzipien und Auswertung durch den Computer
Von Prof. Dr. Lothar Phillips. 1978. 95 S. Kt. DM 18,80

6 Der Laienrichter im Strafprozeß
Vier empirische Studien zur Rechtsvergleichung
Herausgegeben von Prof. Dr. Gerhard Casper und Prof. Dr. Hans Zeisel. 1979. 185 S. Mit Tab. Kt. DM 28,-

7 Der § 218 StGB vor dem Bundesverfassungsgericht
Dokumentation zum Normenkontrollverfahren wegen verfassungsrechtlicher Prüfung des Fünften Strafrechtsreformgesetzes (Fristenregelung)
Herausgegeben von Dr. Claus Arndt, Benno Erhard und Liselotte Funcke. 1979. XIV, 465 S. Gb. DM 88,-

8 Das Urteil des Bundesverfassungsgerichts vom 2. März 1977 zur Öffentlichkeitsarbeit von Staatsorganen in Bund und Ländern
Dokumentation des Verfahrens und Materialien
Herausgegeben vom Presse- und Informationsamt der Bundesregierung in Zusammenarbeit mit dem Bundesverfassungsgericht. 1978. 654 S. Gb. DM 78,-

9 Die Verteidigung
Gesetzentwurf mit Begründung
Herausgegeben vom Arbeitskreis Strafprozeßreform. 1979. VIII, 149 S. Gb. DM 48,-

10 IPR-Gesetz-Entwurf
Entwurf eines Gesetzes zur Reform des internationalen Privat- und Verfahrensrechts.
Von Prof. Dr. Gunther Kühne. LL.M. 1980. 240 S. Gb. DM 88,-

C. F. Müller Juristischer Verlag
Im Weiher 10 · Postfach 102 640 · 6900 Heidelberg 1

Motive · Texte · Materialien

11 Von der bürgerlichen zur sozialen Rechtsordnung
5. Rechtspolitischer Kongreß der SPD vom 29.2. bis 2.3.1980 in Saarbrücken. Dokumentation: Teil 1. Herausgegeben von Dr. Dieter Posser und Rudolf Wassermann. 1981. XII, 314 S. Gb. DM 88,-

12 Soziale Grundrechte
Von der bürgerlichen zur sozialen Rechtsordnung 5. Rechtspolitischer Kongreß der SPD vom 19.2. bis 2.3.1980 in Saarbrücken. Dokumentation: Teil 2. Herausgegeben von Prof. Dr. Ernst-Wolfgang Böckenförde, Dr. Jürgen Jekewitz und Prof. Dr. Thilo Ramm. 1981. VIII, 148 S. Gb. DM 48,-

13 Die Behandlung sowjetischer Kriegsgefangener im Fall „Barbarossa"
Eine Dokumentation. Unter Berücksichtigung der Unterlagen deutscher Strafverfolgungsbehörden und der Materialien der Zentralen Stelle der Landesjustizverwaltungen zur Aufklärung von NS-Verbrechen. Von Alfred Streim, Oberstaatsanwalt. 1981. XII, 443 S. Gb. DM 148,-

14 Das Sonderrecht für die Juden im NS-Staat
Eine Sammlung der gesetzlichen Maßnamen und Richtlinien - Inhalt und Bedeutung. Herausgegeben von Dr. Joseph Walk. Mit einer Einführung von Prof. Dr. h.c. Robert M. W. Kempner und einem Nachwort von Dr. Adalbert Rückel, Leiter der Zentralen Stelle der Landesjustizverwaltungen zur Aufklärung von NS-Verbrechen. 1981. XVII, 425 S. Gb. DM 148,-

15 Die rechtliche Regelung der intersystemaren Wirtschaftsbeziehungen der DDR
Ein Grundriß. Herausgegeben vom Institut für ausländisches Recht und Rechtsvergleichung an der Akademie für Staats- und Rechtswissenschaften der DDR unter Leitung von Prof. Dr. Helga Rudolph und Prof. Dr. Heinz Strohbach. 1982. 383. S. DM 48,-

16 Europäischer Menschenrechtsschutz
Schranken und Wirkungen. Verhandlungen des 5. Internationalen Kolloquiums über die Europäische Menschenrechtskonvention in Frankfurt/Main veranstaltet von der Regierung der Bundesrepublik Deutschland und dem Europarat. Herausgegeben von Irene Maier. 1982. Gb. XVIII, 406 S. DM 148,-.
Englische Ausgabe: DM 168,-

17 Deutsche Landesreferate zum Öffentlichen Recht und Völkerrecht
XI. Internationaler Kongreß für Rechtsvergleichung, Caracas 1982. Herausgegeben von Prof. Dr. Rudolf Bernhardt und Dr. Ulrich Beyerlin. 1982. XII, 283 S. Gb. DM 118,-

18 Deutsche Landesreferate zum Privatrecht und Handelsrecht
XI. Internationaler Kongreß für Rechtsvergleichung, Caracas 1982. Herausgegeben von Prof. Dr. Ulrich Drobnig und Dr. Hans-Jürgen Puttfarken. 1982. VIII, 207 S. Gb. DM 108,-

19 Lokalmodelle nationalsozialistischer Machtergreifung
Dokumente - Bilder - Unterrichtsmodelle. Herausgegeben von der Landeszentrale für politische Bildung Baden-Württemberg. Von Thomas Schnabel (Red.) 1982. X, 285 S. Gb. DM 18,-

20 Kooperation, Kompensation, Gesellschaft, Konsortium
Handbuch der Außenhandelsverträge Bd. 4. Herausgegeben vom Institut für ausländisches Recht und Rechtsvergleichung an der Akademie für Staats- und Rechtswissenschaft der DDR. Bearbeitet von einem Autorenkollektiv unter Leitung von Prof. Dr. jur. sc. oec. Fritz Enderlein. 1983. 416 S. Gb. DM 54,- (Recht der DDR-2-)

21 Kommentar zum Gesetz über internationale Wirtschaftsverträge –GIW– der DDR
Von einem Autorenkollektiv unter Leitung von Prof. Dr. Dietrich Maskow und Dr. Hellmut Wagner. 1983. Ca. 700 S. Gb. In Vorbereitung.

22 Die Wende in Bonn
Deutsche Politik auf dem Prüfstand. Von Dr. Joseph Bücker und Helmut Schlimbach. 1983. VIII, 274 S. Gb.

C. F. Müller Juristischer Verlag
Im Weiher 10 · Postfach 102 640 · 6900 Heidelberg 1

C. F. Müller
Großes Lehrbuch

Schneider

Gesetzgebung

Von Prof. Dr. Hans Schneider, Heidelberg. 1982.
XVII, 422 Seiten. Leinen. Großoktav. DM 138,-.
ISBN 3-8114-4082-9

Dieses Lehrbuch bietet *die erste systematische Darstellung der Gesetzgebung,* wie sie sich in der Bundesrepublik Deutschland entwickelt hat. Das Gesetz als Regel, als Plan, als Statusbestimmung oder als Ermächtigung erfüllt unterschiedliche Funktionen. Es enthält aber stets eine allgemeinverbindliche Festlegung dessen, was für das Gemeinwesen rechtlich maßgebend ist. In der inhaltlichen Maßgabe liegt der normative Kern auch der Haushaltsgesetze und der Vertragsgesetze. Neben dem parlamentarisch beschlossenen Gesetz auf Bundes- und Landesebene wird der Erlaß von Rechtsverordnungen und von öffentlich-rechtlichen Satzungen in die Darstellung einbezogen und der für allgemeinverbindlich erklärten Tarifverträge und anderer Regelwerke gedacht. Der Autor erläutert, welchen Mindestanforderungen alle gesetzten Rechtsnormen genügen müssen, welcher technischen Kunstgriffe sich ein Normsetzer zu bedienen pflegt und was ihm dabei verwehrt ist, wie die zeitliche und räumliche Geltung von Rechtsvorschriften geregelt werden kann und soll, und wie die Verkündung zu handhaben ist. Stil und Sprache der modernen Gesetze werden kritisch untersucht, die Bemühungen um eine Rechtsbereinigung und um eine zeitnahe Gesetzesdokumentation geschildert. Durch zahlreiche Beispiele aus allen Rechtsbereichen, durch historische Rückblicke und rechtsvergleichende Seitenblicke gewinnt die Darstellung Anschaulichkeit und Farbe. Sie führt dem Leser vor Augen, daß Gesetzgebung ein ständiger Vorgang ist und jedes Gesetz das Ergebnis eines kanalisierten politischen Prozesses bildet, an dem in der freiheitlichen Demokratie viele Kräfte beteiligt sind.

C. F. Müller Juristischer Verlag
Im Weiher 10 · Postfach 102 640 · 6900 Heidelberg 1